오스 기니스는 하나님의 부르심을 받는다는 것이 무엇인지, 소명이 우리 삶에서 어떻게 체화되어 나타나는지를 깊은 묵상과 통찰로 풀어낸다. 한 줄 한 줄이 마음을 울리는 이 책을 부르심의 음성을 듣기 원하는 모든 이들과 꼭 나누고 싶다.
고(故) 옥한흠 사랑의교회 원로목사

흥분과 감격으로 이 책을 읽었다. 읽다가 멈추고, 읽다가 또 멈추며 내 자신을 돌아보았다. 소명을 자각해야 할 모든 젊은이들의 손에 이 책을 들려주고 싶다. 제자의 길을 걸어가는 모든 그리스도인의 손에 이 책을 들려주고 싶다. 저자는 소명에 관한 주제를 말하면서 나를 부르신 하나님을 더욱 생각나게 만들었다. 그래서 이 책은 보배다.
강준민 새생명비전교회 담임목사

소명에 대한 바른 이해는 타락하고 오염된 세상의 리듬으로부터 자신을 보호하고 열등감과 비교의식을 강요하는 무한 경쟁주의적인 세상 분위기를 해독할 수 있는 좋은 해독제가 된다. 독자들은 이 책을 통하여 이미 우리 안에 '소명'이라는 엄청난 자원을 감춰 두신 하나님을 찬양하게 될 것이다.
김회권 숭실대 기독교학과 교수

'나는 왜 태어났을까?' '어떤 목적을 갖고 살아야 할까?' 이런 질문을 하는 이들에게 책 한 권을 추천하라면, 나는 성경책 다음으로 오스 기니스의 『소명』을 권한다. 이 책은 소명을 'Doing'이 아니라 'Being'으로 이해하도록 함으로써 그리스도와 함께 걷는 여정 자체가 얼마나 귀한 삶인지를 잘 설명해 준다. 소명을 오해하여 삶의 단추를 잘못 꿴 이들을 만날 때마다 무척 안타까웠는데 그들 중 많은 이들이 이 책을 통해 삶이 변화된 것을 나는 분명하게 목격했다.
문애란 드라마 바이블 프로덕션 글로벌 헤드

잠들어 있던 나를 깨워 준 소중한 책, 주님을 위해 '뭔가'를 해야겠는데 그것이 무엇인지를 몰라 조급해하며 알려 달라고 기도하던 내게 하나님은 이 책을 선물하였다. 밑줄 쳐 가며 읽고 또 읽었다. 더 많은 분들이 나와 같은 경험을 하길 간절히 바란다.
최윤영 전 MBC 아나운서

중요한 주제, 진지한 목적, 생생한 문체, 오스 기니스는 분명한 식견을 갖고 역사, 문학, 성경, 경험, 전기 등을 넘나든다. 본서는 분명 수십 년에 걸친 묵상의 열매다.
존 스토트 「그리스도의 십자가」 저자

마침내 우리는 하나님의 행진 명령을 듣는다는 것이 무슨 의미인지 분명히 알게 되었다. 나는 지난 35년이 넘도록 이 하나님의 행진 명령에 기초해서 살려고 애써 왔지만 『소명』을 읽고 나서야 그 의미에 대해 내가 얼마나 모르고 있었는지 비로소 깨닫게 되었다.
고든 맥도날드 「내면세계의 질서와 영적 성장」 저자

현대 기독교 서적 중에서 오스 기니스의 고전 『소명』에 비할 작품은 거의 없다. 이 책이 전면 개정되어 더 가치 있는 작품이 되었다. 적극 추천한다!
팀 켈러 전 뉴욕 리디머 교회 담임목사

소명

IVP(InterVarsity Press)는
캠퍼스와 세상 속의 하나님 나라 운동을 지향하는
IVF(InterVarsity Christian Fellowship)의 출판부로
생각하는 그리스도인을 위한 문서 운동을 실천합니다.

Copyright ⓒ 1998, 2003, 2018 by Os Guinness
Originally published in English under the title
The Call by Thomas Nelson
501 Nelson Place, Nashville, Tennessee 37214, USA
All Rights reserved

Published by arrangement with Thomas Nelson,
a division of HarperCollins Christian Publishing Inc.
through rMaeng2, Seoul, Republic of Korea.

This Korean Edition copyright ⓒ 2019 by Korea InterVarsity Press
156-10 Donggyo-Ro, Mapo-Gu, Seoul 04031, Republic of Korea.

이 한국어판 저작권은 알맹2 에이전시를 통하여
Thomas Nelson과 독점 계약한 IVP에 있습니다.
신 저작권법에 의하여 한국 내에서 보호받는 저작물이므로
무단 전재와 무단 복제를 금합니다.

소명

인생의 목적을 발견하고
성취하는 길

오스 기니스
홍병룡 옮김

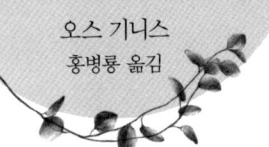

DOM
그리고 CJ에게
사랑, 감사, 한없는 자부심을 담아

차례

서론. 세계를 바꾼 한마디   11

1. 소명: 궁극적인 존재 이유   19
2. 진정한 추구자는 그 어디에   29
3. 차이점은 차이를 만든다   43
4. 반문화적 소명   51
5. 하나님의 웅대한 지구촌 프로젝트   63
6. 나는 누구인가?   79
7. 모든 사람이, 모든 곳에서, 모든 것에서   95
8. 하나님에 의한, 하나님을 향한, 하나님을 위한   109
9. 당신에게 걸맞은 일을 하라   119
10. 역사상 가장 거대한 도전   137
11. 하나님을 진정 하나님 되게 하라   147
12. 유일한 청중   161
13. 불꽃같은 인생   173
14. 책임성: 과연 누구에 대한 책임인가?   187
15. 소명의 공동체   199
16. 그 도를 따르는 자들   213

17. 시대의 징표 227
18. 고상한 마음이 짓는 탁월한 죄악 237
19. 네게 무슨 상관이냐? 251
20. 더 많이, 더 많이, 더 빨리, 더 빨리 265
21. 나태함이란 이름의 질병 279
22. 창문이 있는 세계 291
23. 신앙의 세 가지 함정 303
24. 일편단심으로 사는 인생 317
25. 한낮에 꿈꾸는 사람 331
26. 평범한 것에서 광채를 347
27. 네게 있는 것 중에 받지 아니한 것이 무엇이냐? 363
28. 그리스도를 위한 바보 377
29. 때가 왔도다 395
30. 최후의 부르심 413

인생의 기업가들 428
감사의 글 431
토론 문제 433

🍃 일러두기: 이 책은 개인 묵상을 위한 것으로, 하루에 한 장씩 읽도록 쓰였다.

서론

세계를 바꾼 한마디

삶에서 가장 큰 선물은 삶 그 자체다. 당신의 삶은 결코 우연이 아니다. 하나님이 원하셨기에 당신이 존재하게 된 것이다. 그렇다면 당신은 당신 삶의 목적, 즉 당신이 하는 모든 행위의 궁극적 이유를 어떻게 찾고 있는가? 당신의 주의를 남김없이 끌 만큼 큰 목적, 당신의 열정을 그 밑바닥까지 잴 만큼 깊은 목적, 최후의 한숨까지 당신을 고무시킬 만큼 영구적인 목적을. 우리 창조주 하나님의 소명에 귀 기울이고 어디까지나 그 소명을 따름으로써 삶과 우주의 목적에 스스로를 맞추는 것보다 더 강력하고, 더 친밀하고, 더 중요한 것은 절대로 없다. 하나님이 원하셔서 당신이 존재하게 되었다. 그래서 그분의 부르심에 반응하는 것이야말로 인생을 가장 보람 있게 사는 비결, 가장 깊은 관계를 여는 열쇠, 자기지식과 목적에 이르는 가장 확실한 경로, 인생을 사는 가장 도전적이고 매혹적이고 자연스런 길, 그리고 모험으로 사는 인생을 최대한 활용하는 방식이다.

하나님의 부르심은 역사상 최고의 소식, 곧 하나님의 복음의 핵심에 있다. 그런데 하나님의 부르심이 우리에게 무슨 뜻인지 발견하려면, 오늘까지 소명을 둘러싸고 있는 상투어, 혼동, 무지, 불확실성의 짐에서 그것을 구출할 필요가 있다. 우리가 하나님의 부르심이란 위대한 진리를 탐구하다 보면 이런 왜곡된 현상을 많이 접하게 되리라. 하지만 처음부터 두 가지 큰 왜곡 현상을 부각시킬 필요가 있다. 하나는 소명의 위축 현상이고, 다른 하나는 소명의 공동화(空洞化) 현상이다.

첫째, 우리가 하나님의 부르심을 이해할 때 그 엄청난 중요성을 개인의 삶으로만 축소시키는 위축 현상이 있어 왔다. 그래서 소명이 오로지 우리에 관한 것이 되고 말았다. 나, 나 자신에 관한 것이고 '우리가 그만한 가치가 있기 때문'이라는 식이다. 소명은 물론 우리 각자에게 개인적으로, 친밀하게 다가오는 것이지만, 그와 동시에 하나님의 부르심, 즉 새로운 인류, 새로운 생활 방식, 새 하늘과 새 땅을 바라보며 노력하는 어떤 역할로의 부르심이다. 그러므로 놀랄 만큼 창조적 능력을 갖고 있고 또한 포괄적인 명령이다. 그래서 하나님의 소명이 역사를 빚어냈고, 개인적 차원에서는 평생 동안 영향을 미치고 사회적 차원에서는 문화 전체를 바꾸는 결과를 초래한 것은 놀랄 일이 아니다. 우리는 처음부터 그런 놀라움과 엄청난 영향력을 다시 포착하고 우리 각자가 우리보다 훨씬 큰 그 방대한 그림에 어떻게 들어맞는지 살펴볼 필요가 있다.

땅을 뒤흔들고 역사를 빚어내는 것

나는 중국에서 태어나 난징에서 자랐다. 난징은 당시 중화민국의 수도

이자 명나라 제국의 옛 수도였다. 그 도시는 1937년에 끔찍한 '난징대학살'로 잔혹한 짓을 당했고 제2차 세계대전 후에는 북쪽에서 접근하던 적군(赤軍)의 위협을 받고 있었다. 그러나 장엄한 성벽, 아름다운 가로수 길, 역사적인 명나라 무덤 등은 여전히 찬란했던 과거의 흔적을 지니고 있었다. 15세기만 해도 난징은 세계에서 가장 부유하고 가장 막강한 나라의 자랑스러운 수도였기 때문이다.

수천 년 누린 위대한 중국 권력에서 태어난 확신과 그 배후의 일련의 눈부신 혁신을 겸비한 명나라 황제들은 광대한 제국을 다스릴 수 있었다. 그들은 콜롬비아의 선박보다 훨씬 더 크고 빠른 배들을 거느린 함대와 해군 제독을 아프리카로 파병했고, 북경에 십만 채로 된 새로운 자금성을 짓기 위해 백만 명을 급파했다. 그런즉 주후 1500년에 제정신을 가진 사람이라면 도대체 누가, 중국이 갑자기 문화적으로 침체된 지방―광대한 아시아 대륙의 다른 쪽 끝에 있던 작은 변방인 서유럽―에 의해 빛을 잃고 추월당하고 지배되리라고 믿었겠는가?

그러나 실제로 그런 일이 발생했다. 그리고 몇 세기가 흐른 후 중국이 자존심을 회복하고 세계 무대에서 초강대국의 지위를 되찾았을 때, 중국인은 유럽이, 그리고 훗날 서양이 어떻게 그들을 뛰어넘어 근대 세계의 선봉이 되었는지 물어보았다. 역사학자 『니얼 퍼거슨의 시빌라이제이션』(21세기북스 역간)은 책에서 중국사회과학원 소속 학자의 글로 그들의 물음을 이렇게 묘사했다.

우리는 서양이 온 세계 위에 군림하는 탁월성을 얻게 된 이유를 들여다보라는 요청을 받았다.…맨 처음 우리는 당신네가 우리보다 더 강력한 무기를 갖고 있었기 때문이라고 생각했다. 이후 우리는 당신네가 최상의 정치 제도를 갖고 있었기 때문이라고 생각했다. 그 다음에는 우리가 당신네 경제 제도에 초점을 맞추었다. 그러나 지난 20년 동안에는 당신네 문화의 핵심에 종교가 있다는 사실을 알아차렸다. 바로 기독교다. 그 때문에 서양이 그처럼 강했던 것이다.

이런 중국인의 조사를 엿들어 보면 그 결론이 뛰어나긴 해도 딱 맞는다고 말할 수 없는데, 그것은 중요한 질문을 제기하게 만들기 때문이다. 기독교는 유럽에서 테오도시우스 황제가 로마의 국교로 선포한 4세기 이래 유럽을 지배한 종교였다. 그런데 서유럽은 왜 이전에 지배력을 얻지 못했고, 어째서 16세기에 그토록 빨리 그처럼 우월한 지위를 확보했는가? 정답은 일반적인 '기독교'가 아니라 특별히 종교개혁에 있다. 마르틴 루터과 장 칼뱅을 비롯한 종교개혁자들은 중세의 타락과 왜곡을 온통 배격하고 교회에 복음뿐만 아니라 성경의 권위와 평신도의 중요성도 회복시켰다. 오랫동안 왜곡되고 잊혔던 많은 성경적 진리들을 되찾았던 것이다.

근대 세계의 발흥을 도왔던 강력한 진리들 가운데는 종교개혁의 유명한 여섯 가지 C가 있었다. 소명(calling, 그리고 이것이 목적과 일과 자본주의 발흥에 미친 영향), 언약(covenant, 헌법주의와 헌법적 자유로 이끌었다), 양심(conscience, 그리고 종교의 자유 및 인권의 발생), 하나님의 백성인 유대인에 대한 헌신(commitment, 그리고 중세 교회를 얼룩지게 한 끔찍한 반유대주의의 역전), 일관성(coherence, 사람들이 모든 것을 예수님의 주되심 아래서 생각하려 하는 것), 그리고 교정 가능성(corrigibility, 항상 개혁되어야 한다는 개념과 우리 모두 언제나 지속적으로 갱신되고 개혁될 필요가 있다는 원리)이다.

물론 종교개혁의 이런 '선물들'은 결코 승리주의 방식으로 진술되면 안 되고, 그것들은 오늘날 교회 내 어느 분파의 독점물도 아니다. 이 선물들은 그 결점까지 모두 신중하게 묘사되고 평가될 필요가 있고, 구약과 신약에 있는 그 뿌리까지 거슬러 올라갈 필요가 있다. 그러나 이런 종교개혁의 핵심 진리들이 근대 세계의 발흥에 기여했다는 사실은 의심의 여지가 없다. 미처 예측하지 못한 결과와 미지의 영향은 종교개혁자들을 놀라게 했을 테지만 말이다. 그리고 그중에 하나님의 부르심과 우리의 소명에 관한 성경적 진리의 재발견보다 더 큰 영향을 미친 진리는 없었다.

달리 말해, 우리가 처음부터 꼭 알아야 할 점이 있다. 우리는 소명을 순전히 개인적, 영적, 신앙적 차원으로만—당신의 개인적 목적과 나의 개인적 목적의 견지에서만—얘기하고 있는 것이 아니란 점이다. 소명은 이 모든 것들이되 당신과 나에 관한 진리 그 이상의 것이기도 하다. 하나님은 우리를 불러 우리 몫을 다하도록 하시는데, 세상의 불의를 바로잡고, 땅을 새롭게 회복시키고, 하나님의 메시지를 땅 끝까지 들고 가는 일과 같은 것들이다. 그러므로 소명은 놀랍도록 의미심장한 진리, 그 함의가 지극히 중대한 진리를 지니고 있다. 그 명령은 온 땅과 역사의 흐름 전체, 그리고 우리 삶의 모든 순간을 포괄한다. 그런즉 우리는 소명을 그보다 못한 것으로 위축시키면 안 된다.

말할 필요도 없이, 이처럼 소명이 종교개혁을 통해 온 세계에 영향을 미친 사례는 그보다 더 오래되고 더 깊고 더 놀라운 이야기, 곧 창조와 보편적인 인간의 시초, 이후 하나님이 아브라함을 부르시고 아브라함이 새로운 비전을 품게 된 것으로 거슬러 올라가는 그 이야기의 한 본보기일 뿐이다. 하나님의 부르심이라는 진리를 탐구한다는 것은 바로 인류와 땅의 회복과 갱신을 위한 하나님의 세계적 프로젝트를 이해하는 것이다. 그리고 우리의 몫도 알게 되는 것이다. 그러나 그 사례만으로도 다음의 진리, 즉 하나님의 부르심이 그 부르심을 경청하는 모든 이들과 부르시는 분을 따르기로 헌신한 모든 이들에게 세계를 전혀 다른 장소로, 인생을 전혀 다른 프로젝트로 만들되 그 위대한 날, 곧 그 완전한 실체가 드러나서 듣는 것이 보는 것으로, 믿음이 아는 것으로 바뀌는 날까지 그렇게 할 것이라는 진리를 입증하기에 충분하다.

상투적인 것과 위조품

우리가 처음부터 정리해야 할 두 번째 왜곡은 오늘날 목적을 둘러싼 과대 선전에서 볼 수 있는 소명의 공동화 현상이다. 현대 세계의 분위기는 얄팍하고 텅 빈 목적에 대한 번지르르한 얘기로 소란스럽다. 오늘날에는 누구나 예외 없이 '의도적'이고 '고의적'이고 '선교적'이며, (새해 첫날만이 아니라) 날마다 새로운 결의와 새롭고 또 새로운 결의를 다지기에 적절하다. 이제껏 그토록 많은 책, 세미나, 자문들이 우리를 5분 내지 10분 만에 목적 지향적이고 역동적으로 만들기 위해 그처럼 간단한 단계들과 쉬운 방법들을 제공한 적이 없었다. 우리가 '사명 선언문', '감동적 슬로건', '측정 가능한 결과'로 무장하면 15분 단위로 깨어 있는 순간을 '극대화'시키고, 우리 인생의 '업적'을 조사하고, 우리의 '유산'을 평가할 수 있다. 여기서 우리는 치명적 자만심을 너무도 명백하게 보게 된다.

어떤 사람들은 당신에게 권하는 목적에 관해 너무 거창하게 떠벌리는 바람에 마치 그것이 새로운 발견이고 우리가 사전의 생각과 계획이 중요함을 역사상 처음 깨달은 사람들인 듯 생각하게 만든다. 서양의 다이어트 열풍처럼, 그런 얘기는 마음에 와 닿지만 실체가 없고 때로는 사기성이 농후하다. 어떤 것을 '완전한 신상품'이나 '최신의, 최고의 상품'이라고 떠벌이듯이, 그런 소리는 속임수이자 과대 선전일 가능성이 많다. 그 결과를 충분히 조사한다면 그들을 거짓 광고로 기소하고 싶을 것이다. 그러나 조만간에 우리는 그 다음 책에 손을 대고, 그 다음 세미나에 몰입되고, 그 다음 제안에 끌리고, 또 다른 새로운 것을 추구하게 된다.

이와 달리, 하나님의 부르심은 상투적인 것이 아니다. 그것은 명료하고 강력하며 실체가 있다. 그 부르심은 하나님에게서 오고 그 시작과 끝이 그분께 달려 있기 때문에 모든 것이 우리에게 달려 있는 듯한 모습은 없다. 물론 하나님의 부르심이 물속에 잠기고 탈선하고 묻혀 버릴 수는 있지만 결코 위축되어서는 안 되고 빈껍데기가 되어서도 안 된다. 이런 일이 발생하면 그 결과는 항상 우리의 손실이고, 우리는 비틀거리다 우리 인생의 큰 목적에 못 미치게 된다.

이 책은 하나님의 부르심의 여러 면에 대한 짧은 성찰을 모은 것이다. 하나님의 부르심이 얼마나 놀라운지 그 경이로움을 기록하려면 100장(章)을 써도 모자랄 터이다. 100장이면 단테나 셰익스피어가 쓴다 해도 독자는 부담스러울 것이다. 나로서는 당신이 여기에 담긴 내용을 천천히 읽되 항상 우리를 부르시는 그분의 임재 아래 있음을 인식하고, 언제나 당신의 인생과 소명에 비추어 곰곰이 생각하기를 바랄 뿐이다. 인간이 쓴 책은 아무리 길어도 소명의 경이로움을 제대로 다룰 수 없다. 오직 감사와 경배, 그리고 제대로 영위한 인생만 그럴 수 있다.

하나님의 부르심은 우리 각자에게 주신, 강력하고 귀하고 개인적인 하나님의 말씀이다. 소명에 관한 글과 독서는 그분의 말씀에 대한 인간의 어설픈 글의 수준을 벗어날 수 없다. 장차 그런 어설픈 글이 더 이상 필요 없게 될 날, 얼굴을 맞대고 하나님을 볼 날, 평생 듣던 것이 보는 것으로 대체될 날이 오고 있어 하나님께 감사드린다. 우리가 그분을 처음 보는 순간은 단순한 언어로 표현할 수 없을 터이고, 그때에는 모든 인간 언어가 거지 신세를 면치 못할 것이다. 그 위대한 날이 올 때까지는 우리에게 언어, 그것도 어설픈 언어만 있을 뿐이다. 그런즉 우리는 과거에 세계를 바꾼 한마디, 현재 세계를 바꾸고 있는 한마디, 우리의 기대 이상으로 우리와 우리의 삶을 바꿀 수 있는 한마디를 이해하고 또 반응하려고 노력하자. 부르심인 동시에 명령인 사령관 예수님의 초대에 귀를 기울이라. "나를 따르라."

2017년 9월
버지니아 주 맥린에서
오스 기니스

1
소명: 궁극적인 존재 이유

"여러분도 아시다시피 저는 하는 일마다 행운이 따라서 엄청난 돈을 벌었습니다. 제가 상상했던 것보다 훨씬 더 많이, 평생 다 못 쓸 만큼 말이지요. 저희 가족이 필요로 하는 것보다 훨씬 더 많은 돈을 벌었습니다." 옥스퍼드 대학교 근처에서 열린 한 집회에서 어떤 저명한 사업가가 강연을 하고 있었다. 그의 얼굴에는 확고한 의지와 강한 성품이 배어 있었으나, 일순간의 망설임은 강렬한 외모 뒤에 숨겨진 속 깊은 감정을 노출시키고 말았다. 멋지게 그을린 그의 뺨 위로 눈물 한 방울이 천천히 흘러내리고 있었다.

"솔직히 말씀드리자면, 제가 그처럼 돈을 많이 벌려고 애쓴 동기는 단순합니다. 돈으로 사람을 사서 제가 하기 싫은 일을 맡기려고 했습니다. 그런데 결코 다른 사람이 대신 해 줄 수 없는 일이 한 가지 있습니다. 그것은 바로 제 인생의 목적을 발견해서 그것을 성취하는 것입니다. 그것을 발견할 수만 있다면 저는 어떤 대가든 지불할 준비가 되어 있습니다."

나는 지난 30여 년 동안 전 세계를 다니면서 강연을 하고 수많은 대화를 나누는 과정에서, 이 주제가 다른 어떤 것보다 더 자주 등장하는 것을 보았다. 우리 개개인은 인생의 어느 시점에서든 이 질문에 봉착하기 마련이다. 즉 어떻게 내 인생의 중심 목적을 발견하고 그것을 성취할 것인가? 물론 이 질문보다 논리적으로 선행하는, 어쩌면 더 깊은 질문들도 있다. 예를 들면, 나는 누구인가, 삶의 의미는 도대체 무엇인가 등이다. 하지만 오늘날 이 첫 번째 질문만큼 큰소리로 집요하게 제기되는 것은 거의 없다. 우리 현대인은 한결같이 진정한 의미를 추구하고 있다. 우리는 뭔가 변화를 도모하고 싶어 한다. 우리는 좋은 유산을 남기기 원한다. 랠프 왈도 에머슨(Ralph Waldo Emerson)의 말처럼 우리는 "좀더 나은 세상을 만들어 놓고 떠나기를" 원한다. 우리 가슴속에는 우리가 이 땅에 존재하는 목적을 성취하고자 하는 열망이 있다.

우리 속에 있는 이 깊은 갈망이—충족되지 않는 한 다른 모든 성공의 척도—부, 권력, 지위, 지식, 친구 관계 등—는 하찮고도 허무한 것이 되고 만다. 어떤 사람들은 그 공허감 때문에 헨리 소로우(Henry Thoreau)가 묘사한 '조용한 자포자기의 인생'을 살게 되기도 한다. 그리고 어떤 경우에는 공허감과 무목적성으로 인해 더 큰 절망의 심연으로 빠져들기도 한다. 도스토옙스키가 쓴 『카라마조프가의 형제들』 초고에는 인간이 그 목적에 대해 회의할 때 영혼에 어떤 무시무시한 일이 일어나는지를 묘사하는 대심문관의 말이 나온다. "왜냐하면 인간 존재의 비밀은 그저 생존하는 것뿐 아니라…무언가 확실한 것을 위해 사는 것이기 때문이다. 자신이 무엇을 위해 사는지 확고하게 이해하지 못한다면, 인간은 삶을 받아들일 수 없고 이 땅에 남아 있기보다는 차라리 자신을 파괴하게 될 것이다."

그것을 최고선(*summum bonum*), 궁극적인 목적, 인생의 의미 등 무엇이라 불러도 좋다. 하지만 인생의 목적을 발견하고 성취하는 문제는 우리 인생의 모든 단계에 걸쳐 무수한 방식으로 부각되기 마련이다.

- 십대들은, 가정과 학교라는 울타리 너머 어지러울 정도로 선택의 폭이 넓은 자유의 세계가 손짓할 때 이것을 느낀다.
- 대학생들은, 한때 "세계는 나의 밥이다"라고 느끼던 흥분이, 하나를 선택하면 다른 모든 것을 포기해야 하는 엄연한 현실 앞에서 식어 갈 때 이 문제에 직면하게 된다.
- 삼십대 초반이 되면, 이전에 중요했던 그들 부모의 기대와 동년배들의 유행 그리고 연봉과 승진의 매력 너머에 있는 잔인한 현실을 일상적인 일터에서 직면할 때 이 문제를 알게 된다.
- 중년에 접어든 사람들은 자신의 은사와 일이 맞지 않아 날마다 자신이 부적격자라는 생각이 들 때 이 문제와 맞닥뜨린다. "과연 남은 생애 동안 이 일을 계속 할 수 있을까?"
- 어머니들은 자식을 다 키운 후 인생의 다음 단계의 공백을 메워 줄 고상한 목적이 무엇일까 고민하면서 이것을 느끼게 된다.
- 굉장한 성공을 거둔 사십대와 오십대의 경우에는, 자신의 성취가 그 성공의 사회적 책임에 대해, 그리고 더 깊은 차원에서 인생의 목적에 대해 의문을 제기할 때 갑자기 이 문제에 직면한다.

- 사람들은 인생의 모든 다양한 전환기에 이 문제에 부딪힌다. 이사를 할 때, 직업을 바꿀 때, 결혼 관계가 깨어질 때, 건강에 적신호가 켜질 때 등이 그러한 때다. 이러한 전환은 우리가 개인적으로 의미 있다고 생각하는 것에 도전하기 때문에 변화 자체보다도 그 변화를 분석하고 다루는 것이 더 길고도 어렵게 느껴진다.
- 인생의 황혼기에 접어든 이들 역시 때로 이 문제에 다시 직면한다. 인생은 결국 무엇인가? 지금까지 성취한 것들은 진정한 성공이었는가? 그 성공은 다른 것들을 희생하면서까지 이룰 만한 가치가 있었는가? 크든 작든 온 세상을 얻으려고 영혼을 싼값에 팔아넘겼지만 정말 중요한 것은 놓치지 않았는가? 워커 퍼시(Walker Percy)가 썼듯이 "만점을 얻고도 인생에서 낙제할 수 있다."

바로 이 문제, 곧 자신의 인생 목적에 관한 의문이 19세기 덴마크의 철학자 쇠렌 키르케고르(Søren Kierkegaard)를 사로잡았다. 그가 잘 알고 있었듯이 한 사람의 목적은 철학이나 이론의 문제가 아니다. 그것은 순전히 객관적인 문제도 아니고 유산처럼 상속되는 것도 아니다. 많은 과학자들은 이 세계에 대한 박식한 지식을 갖고 있고, 많은 철학자들은 거대한 사상 체계를 섭렵할 수 있고, 많은 신학자들은 종교의 심오한 경지를 파헤칠 수 있으며, 많은 저널리스트들은 어떤 주제든 그럴듯하게 말할 수 있다. 그러나 이 모든 것은 이론에 불과하며 개인적인 목적 의식이 없다면 그저 허망한 것이다.

우리는 가슴 깊숙한 곳에서 우리 자신보다 더 큰 목적을 발견하고 그것을 성취하기를 원하고 있다. 그처럼 더 큰 목적만이 우리로 하여금 우리 스스로는 결코 도달할 수 없는 높은 곳까지 이르도록 이끌 수 있다. 우리 각자에게 진정한 존재 목적은 참으로 개인적인 것이요 열정의 대상이다. 그것은 우리가 무엇을 하기 위해 그리고 왜 여기에 있는지를 아는 것이다. 키르케고르는 그의 『일기』(Journal)에 이렇게 썼다. "그것은 나 자신을 이해하는 것이요, 하나님이 진정 **내가 무엇을 하기 원하시는지를 아는 것이다. 그것은 나에게 참된 진리를 발견하는 것이며, 내가 그것을 위하여 살기도 하고 죽을 수도 있는 이념을 찾는 것이다.**"

오늘날 고도로 현대화된 세상에서 이 질문은 매우 절박한 것인데 이유는 간단하다. 오늘날 인생의 의미를 찾고자 하는 열망이 인류 역사상 전례가 없을 정도로 강렬한 데는 세 가지 요인이 있다. 첫째, 인생의 목적을 추구하는 것은 인간의 경험 가운데 가장 깊은 차원의 문제다. 둘째, 현대 사회가 모든 영역에 걸쳐 선택과 변화의 기회를 최대로 제공하게 되면서, 우리 모두가 목적 지향적인 인생을 살 수 있다는 기대감을 한층 드높였다. 셋째, 현대 사회의 특징은 목적을 찾는 데 크게 방해가 되고 있다. 인류 역사상 있었던 수많은 문명 중 현대 서구 문명은 인생의 목적에 관해 합의된 대답이 없는 최초의 문명이기 때문이다. 따라서 오늘날은 역사상 그 어떤 시기보다도 이 문제를 둘러싼 무지와 혼돈과 갈망이 크다고 하겠다. 현대인의 고민은 우리가 너무나 많은 것을 소유하고 있지만 삶의 목적은 너무나 빈약하다는 것이다. 어떤 이들은 시간은 있지만 돈이 별로 없다고 느끼고, 또 어떤 이들은 돈은 있지만 시간이 별로 없다고 생각한다. 그러나 우리 대부분에게 공통적인 것은 물질적으로는 풍요롭지만 영적으로는 빈곤한 상태에 있다는 점이다.

이 책은 인생의 목적을 발견해서 그것을 성취하려는 사람들을 위한 책이다. 본서의 주장은, 우리가 창조된 구체적인 목적, 곧 우리가 부름받은 목적을 발견할 때에만 비로소 이 목적을 찾을 수 있다는 것이다. 우리 창조주의 부르심에 응답하는 것이 삶의 '궁극적인 존재 이유'이며 인간의 존재 목적의 가장 고상한 근원이다. 그러한 소명을 떠나서는, 목적을 발견하고자 하는 모든 희망('성공에서 의미로' 옮겨 가는 요즘 현상처럼)은 결국 실망으로 끝날 것이다. 분명 소명은 머릿속에 흔히 떠오르는 주제가 아니다. 우리는 무지와 혼돈으로 뒤섞인 광산에서 그것을 캐내야 한다. 그리고 애석하게도 그것은 종종 우리의 인간적인 성향을 정면으로 거스른다. 그러나 하나님의 부르심에 못 미치는 것은 그 어떤 것도, 목적을 찾겠다는 인간의 열망을 충족시킬 수 없다.

다른 대답들이 부적합하다는 것은 갈수록 분명해지고 있다. 자본주의는 창의성과 유용성을 다 발휘해도 '왜'라는 질문에 대해서는 만족스러운 답을 줄 수 없다. 그것은 자체만으로는 문자 그대로 의미 없는 것으로서, 단지 하나의 메커니즘에 불과할 뿐 의미의 근원이 아니기 때문이다. 그 밖에 정치, 과학, 심리학, 경영, 기술, 수많은 현대 이론도 마찬가지다. 톨스토이가 과학에 관해 말한 바는 다른 모든 것에도 적용된다. "과학이 무의미한 이유는 우리에게 가장 중요하고 유일한 질문, 즉 우리가 무엇을 할 것이며 어떻게 살 것인지에 대해 아무런 대답을 주지 못하기 때문이다." 목적을 찾는 탐구를 벗어나서는 어떤 대답도 있을 수 없으며, 그 탐구에 대한 답 가운데 소명에 응답하는 것보다 더 깊고 만족스러운 대답은 없다.

그러면 '소명'(calling)이란 무엇인가? 나는 다음과 같이 정의해 보겠다. 소명이란, 하나님이 우리를 너무나 결정적으로 부르셨기에, 그분의 소환과 은혜에 응답하여 우리의 모든 존재, 우리의 모든 행위, 우리의 모든 소유가 헌신적이고 역동적으로 그분을 섬기는 데 투자된다는 진리다.

이 진리―소명―는 세계 역사에서 위대한 '도약'의 원동력이었다. 시내 산에서 있었던 유대 민족의 형성, 갈릴리에서 있었던 기독교 운동의 탄생, 16세기의 종교개혁과 그로 인한 근대 세계의 발흥이 그러한 예다. 따라서 오늘날 소명을 재발견하는 것이 지극히 중요하다는 것, 특히 인생의 목적을 추구하는 수많은 현대인의 열망을 충족시키는 데 결정적인 중요성을 지닌다는 것은 전혀 이상한 주장이 아니다.

이 책은 누구를 위해 쓰였는가? 바로 그와 같은 목적을 추구하는 모든 이들을 위해서다. 역사상 가장 영향력이 컸던 인물인 나사렛 예수의 부르심에 마음이 열려 있는 신자와 구도자 모두를 위한 책이다. 특히 이 책은 인생의 목적이 자율적인 인본주의자들의 희망을 넘어서는 것이어야 한다고 생각하는 사람들, 현대 세계의 모든 도전에 직면하여 살아 있는 온전한 신앙을 지키려고 애쓰는 사람들을 위한 책이다.

개인적인 이야기를 잠시 하고자 한다. 나는 지금까지 여러 권의 책을 썼는데, 이 책만큼 내 속에서 오래도록 뜨겁게 타오른 책은 없다. 나의 신앙 여정에서 소명의 진리는 예수님이 주신 복음의 어떤 진리에도 뒤지지 않는 중요한 진리였다. 신앙생활 초기에 나는 다른 이들의 말을 듣고 지금과는 다른 진로를 선택할 뻔했다. 그들은 그 일이 나에게 적합하고 만인을 위해 가치 있는 일이라 생각했다. 그들은 내가 정말 헌신했다면 목사나 선교사의 길로 들어서야 한다고 말했다(이 같은 '전임 사역'의 오류에 대해서는 7장에서 살펴볼 것이다). 그러나 나는 소명을 이해하게 되면서 그들의 (의도는 좋으나) 잘못된 가르침에서 해방될 수 있었고 하나님이 예비하신 길로 발을 내디딜 수 있었다.

당시에는 몰랐지만, 나의 탐색(그리고 이 책의 탄생)은 1960년대에 어떤 주유소에서 있었던 우연한 대화에서 시작되었다. 나는 자동차에 기름을 가득 채우고는 주유소 직원과 굉장히 풍성한 대화를 나누었다. 그러고 나서 열쇠를 돌려 40년 된 내 차 엔진의 시동을 거는 순간 어떤 생각이 갑자기 밀려들었다. 이 남자가 지난 한 주 동안 내가 대화를 나눈 상대 중 유일한 비그리스도인이라는 사실이었다. 나는 종교적 게토(ghetto)에 빠져 익사할 위험에 처해 있었던 것이다.

나는 신앙을 가진 이상 기독교 전임 사역에 몸담아야 한다는 통념에 갇혀, 잘 알려진 교회에서 9개월간 일하기로 자원했다. 결과는 비참했다. 솔직히 말해서 나는 목사님과 성도들을 존경했고 상당 부분 즐겁게 일했다. **하지만 그것은 내가 아니었다.** 나는 1960년대 초 유럽에 확대되던 세속 세계와 나의 신앙을 연계시키고 싶은 마음이 간절했다. 하지만 목회 사역에는 그럴 수 있는 여지가 거의 없었다. 그 아름다운 봄날 저녁 영국 사우샘프턴에서 한 친절한 주유소 직원과 10분간 대화를 나누다가 내가 사역자가 되어서는 안 된다는 것을 분명히 알게 되었다.

두말할 필요도 없이, 우리가 무엇이 되서는 안 된다는 것을 아는 것은 우리가 누구인지를 아는 첫걸음에 불과하다. 인생의 목적에 대한 잘못된 지식에서 벗어나는 것은 참된 목적으로 이어질 때 의미가 있는 법이다. 저널리스트 앰브로즈 비어스(Ambrose Bierce)는 절반까지만 갔던 사람이다. "20대의 어느 날 나는 시인이 아니라는 결론에 도달했다. 내 생애에서 가장 쓰라린 순간이었다."

주유소에서 대화를 나눈 이후의 시간들을 돌이켜볼 때, 소명이란 나에게 긍정적인 것이지 부정적인 것이 아니었다는 사실을 깨닫게 된다. 나는 '내가 아닌 것'에서 해방되어 내 소명을 발견하면서 비로소 내가 누구인지 알게 되었다. 나는 소명과 관련된 역사 속 찬란한 모험담과 씨름하면서 그리고 나 개인을 향한 하나님의 부르심이라는 도전을 붙드는 가운데 이 진리에 압도되고 말았다. 내가 내 길을 찾으려고 노력하며 우리가 살아가는 이 시대의 도전에 맞서 나가는 동안, 하나님의 부르심은 내 앞을 비추는 밝은 빛이 되었고 내 속에서 타오르는 불길이 되었다. 앞으로 전개될 내용은 학문적이거나 이론적인 것이 아니다. 그 내용은 내 체험을 거쳐 정련되어 나온 것이다.

당신의 목적을 발견하고 성취하고 싶은가? 분명히 말하건대 이 책에서 당신의 남은 생애를 위한 '한 장짜리 실행 요약본'이나 '방법론', 혹은 '12단계 프로그램'이나 '작전 계획' 따위를 발견할 수는 없을 것이다. 당신은 지금까지 인간의 마음을 사로잡은 가장 강력하고 진정 놀랄 만한 진리를 발견하는 길로 나아가게 될 것이다.

알렉시 드 토크빌(Alexis de Tocqueville)은 "신앙의 시대에 인생의 최종 목표는 인생 저 너머에 있다"고 썼다. 그것이 바로 소명의 역할이다. 예수님은 2,000년 전에 "나를 따르라"고 말씀하셨다. 그리고 그분은 역사의 방향을 바꾸셨다. 이 때문에 소명은 신앙이 세계를 움직이는 데 필요한 아르키메데스 점(아르키메데스는 움직이지 않는 한 점이 주어지면 그 점을 받침대로 삼아 지렛대를 이용해 지구를 들어 올릴 수 있다고 말한 바 있다-역주)을 제공하는 것이다. 이 때문에 소명이야말로 인간 경험 중 가장 포괄적인 방향 전환이요 가장 심오한 동기 부여, 곧 모든 역사에서 삶의 궁극적인 이유가 된다. 소명은 삶의 궁극적인 목표를 이 세상 너머에 설정함으로써 신앙의 시대들을 그리고 신앙의 인생들을 시작하고 끝맺는다. 소명에 응답하는 것이 인생의 중심 목적, 곧 당신의 인생을 향한 하나님의 목적을 발견하고 그것을 성취하는 길이다.

❖ 묵상 질문

당신은 존재 이유, 곧 인생의 목적에 대한 뚜렷한 의식을 가지고 있는가? 혹은 당신의 인생은 변화무쌍한 결의의 산물이거나 당신 외부에 있는 무수한 힘들이 작용한 결과인가? 당신은 성공 지향적인 삶을 넘어 진정 의미 있는 인생을 살기 원하는가? 자기를 의지하는 인생은 항상 기대에 못 미치며, 세상을 부정하는 해결책은 결국 진정한 해답이 될 수 없다는 점을 인식하고 있는가? 부르심인 동시에 명령인 사령관 예수님의 초대에 귀를 기울이라. "나를 따르라."

2
진정한 추구자는 그 어디에

그는 64세였지만 인생의 질곡에 시달려 70대는 되어 보였다. 햇살이 비치는 조국 이탈리아에서 멀리 떨어져 인생을 마감하면서, 그는 깊은 우울증에 빠져 있었다. 그는 자신의 최고 걸작이 회생 불가능할 정도로 망가져 마음이 짓눌려 있었고 자신의 인생이 대실패라고 생각했다. 그는 종이 한 장을 집어 들고는 낙서하듯이 작은 직사각형들을 그려 나갔다. 각각의 직사각형은 그의 인생의 위대한 꿈과 열망, 노력을 상징했다. 그를 당대 최고의 예술가로, 아니 어쩌면 역사상 가장 다재다능하고 창의적인 발명가로 만들어 주었던 것 말이다.

먼저 그는 똑바로 선 작은 직사각형들을 그렸다. 그러고 나서는 마치 자기 손으로 그것들을 밀어낸 듯, 쓰러지는 도미노같이 직사각형 위에 직사각형이 넘어지는 그림을 그렸다. 그리고 그 아래에 다음과 같이 썼다. "하나가 다른 것을 쓰러뜨린다. 이 조그마한 블록들은 인간의 노력과 인생을 상징한다."

레오나르도 다 빈치의 인생 여정을 아는 사람이라면 누가 그를 비난할 수 있겠는가? 강하고, 잘생기고, 다재다능하고, 자신감 넘치고, 야심에 찬 사람이었던 그는 비상한 확신을 갖고 인생을 출발했지만 참신한 겸손함도 가지고 있었다. 젊은 시절 플로렌스에 살 때 공책에 다음과 같은 문구를 옮겨 적을 정도였다.

할 수 없는 것은 포기하고 할 수 있는 것을 하려 하라.
할 수 있는 능력이 없는 것을 하려는 것은 어리석다.
할 수 없는 것을 꿈꾸지 않는 자는 지혜롭다.

그러나 다 빈치는 얼마 지나지 않아 그 신중한 겸손함을 잃어버렸다. 성인이 된 그는 피렌체, 밀라노, 로마, 프랑스 등 어디서든지 자기 능력의 한계를 넓히는 일에 늘 열중하였다. 어떤 사람들은 그가 당시 르네상스 예술계와 후견인들의 세계를 풍미하던 경쟁심과 질투심, 편애주의의 한복판에서 수많은 예술가들의 척박한 운명을 따랐을 뿐이라고 말한다. 르네상스 시대의 예술가요 역사가인 바사리(Giorgio Vasari)는 이렇게 썼다. "피렌체가 예술가들을 대하는 방식은 시간이 피조물을 대하는 방식과 같다. 그들을 창조해 낸 다음 서서히 파괴시키고 결국은 삼켜 버리는 것이다."

당대와 후대에 걸쳐 또 다른 사람들은 다 빈치가 그의 천재성을 많은 영역에서 발휘하기보다 오히려 몇 가지 재능에만 집중했더라면 더 현명했을 것이라고 말했다. 그들에 따르면, 미켈란젤로를 비롯한 다른 예술가들은 '생산적인' 삶을 산 반면에 다 빈치의 경우는 초점이 결여되어 '미적거리는' 인생을 살았다는 것이다. 교황 레오 10세는 다 빈치에 대해 "안타깝도다. 이 사람은 결코 아무것도 해내지 못할 것이다. 그는 시작도 하기 전에 끝을 생각하고 있기 때문이다"라고 한탄했다. 바사리도 다 빈치가 수십 년 혹은 수 세기나 앞선 수많은 발명품을 연구하느라 그림에 집중하지 못했다고 유감을 표했다.

그러나 진짜 문제는 다른 데 있었다. "최후의 만찬"과 "모나리자"와 같은 타의 추종을 불허하는 걸작들을 남긴 다 빈치는 지식에 대한 끝없는 갈증과 인생무상(人生無常)을 절감했던 열정적인 추구자였다. 하지만 그의 창의적인 재능과 강한 지적 욕구, 인생의 덧없음에 대한 자각은, 완전성을 추구하는 것은 불가능하다는 비극적인 깨달음으로 귀결될 뿐이었다. 항상 "시간은 너무나 적고, 할 일은 너무나 많다"는 것이었다. 그의 비범한 정신이 생각해 낸 것 중에 실제로 성취할 수 있었던 것은 극히 작은 부분에 불과했다.

1519년 죽음을 맞기 몇 개월 전, 밀라노에 있는 산타마리아 교회에 돌아간 그는 벽화 "최후의 만찬"이 습기 때문에 손상되고 있다는 것을 알게 되었다. 이 대가의 최고 걸작들은 미완성인 채 당대에 파괴되거나 부패하고 있었다. 그는 애석하지만 자신의 방대한 지식과 비범한 발명품들이 사용되지도 않고, 자신의 엄청난 저작들은 출판되지 못한 채 사장되었다고 결론 내릴 수밖에 없었다. 죽기 얼마 전 그는 이상할 정도로 작은 글씨로(어느 작가가 언급했듯이 약간 부끄러운 듯) 공책에 다음과 같이 썼다. "우리는 불가능한 것을 원해서는 안 된다."

인간 정신의 위대함은 지식, 진리, 정의, 아름다움, 완전함, 사랑 등을 열정적으로 추구하는 데 있다. 동시에, 가장 위대한 추구자들의 이야기마저 결국 부족한 것으로 판명난다는 사실 역시 우리의 뇌리에서 떠나지 않는다. 레오나르도 다 빈치의 장엄한 실패는 소명의 경이로움으로 향하는 매우 개인적인 출발점을 보여 준다. **어떤 추구를 충족시키기 위해서 인간적인 추구 이상의 것이 필요할 때, 그때 소명은 추구자 자신이 추적당한다는 것을 의미한다.**

두 가지 사랑 이야기

오늘날 **추구자**(seeker)라는 말은 유행어가 되었다. 그런데 이 용어를 너무나 피상적으로 사용한 나머지 그 중요성이 가려지는 현상은 참으로 유감스럽다. 서구 세계에서 이 단어는 종종 영적으로 무소속에 해당하는 사람을 가리키는 데 사용된다. 이렇게 느슨한 의미에서 추구자는 자신을 그리스도인, 유대인, 무슬림, 무신론자 등으로 인정하지 **않는** 사람, 즉 교회, 회당, 모스크, 기타 어떤 집회 장소에도 출석하거나 소속되지 **않는** 사람을 지칭한다.

    그런 탐구자들이 어떤 특정한 것을 찾는 경우는 매우 드물다. 많은 경우 그들은 탐구자가 아니라 표류자인데, 이들은 포스트모던 시대의 대중 매체와 대형 쇼핑 센터를 배회하는 자들과 별로 다르지 않다. 그들은 아무 데도 헌신하지 않고 안착하지 못하며, 사방으로 열린 마음을 가진 '회심하기 쉬운' 사람들이다. 따라서 그들은 선천적으로 지겹도록 회심하고 또 회심하는 유의 사람들이다. 어지러울 정도로 빨리 돌아가는 것을 멈추고 어디에든 정착할 수 있다는 확신이 없는 자들인 것이다. 유대인 철학자이자 그리스도의 추종자인 시몬 베유(Simone Weil)는 추구자라는 용어가 풍기는 거만한 뉘앙스를 싫어했다. 그녀는 반발조로 이렇게 썼다. "내 인생의 어느 한 순간도 '하나님을 추구한' 적은 결코 없다고 말할 수 있다. 너무 주관적인 이유일지 모르나 바로 이런 이유로 나는 이 표현이 달갑지 않다. 그것은 잘못된 표현이라 생각한다."

진정한 추구자는 이와 다르다. 그런 사람을 만나 보면 일종의 목적의식, 정열, 성실성, 이상주의, 해답을 찾으려는 욕구 등을 느낄 수 있다. 그는 어떤 계기로 인생에 의문을 제기하게 되고, 무언가 부족하다는 것을 인식하게 되며, 해결책이 어디에 있는지를 깊이 숙고하지 않을 수 없게 된다. 그가 추구자가 된 것은, 무언가가 그로 하여금 의미를 추구하도록 자극했고 또한 해답을 발견해야 한다고 느끼게 했기 때문이다.

진정한 추구자는 무언가를 찾고 있는 사람이다. 그런 사람에게는 어느 날 갑자기 인생 전체나 인생의 일부분이 큰 의문이나 문제로 혹은 위기나 신비로 다가온다. 그리고 그것은 너무나 격렬한 경험이기에 현재 자신의 수중에 있는 대답들을 넘어서는 해답을 찾아 나서게 되고, 인생에서 자신의 위치를 확인하고 싶어 한다. 이러한 필요가 어떤 경위로 발생하든, 그리고 그것이 무엇을 요구하든 이런 필요에 대한 인식이 그 사람을 사로잡아서 그로 하여금 의미를 추구하게 만든다.

그러나 '필요에 대한 인식'(a sense of need)이 사람들의 믿음을 정당화해 주지는 않는다는 점을 유의하라. 사람들은 어떤 필요 **때문에** 자신이 추구하는 대답을 믿게 되는 것이 아니다. 그것은 비합리적일 뿐 아니라 그렇게 된다면 신자들은 신앙이 버팀목에 불과하다는 비난을 모면하기 어렵다. 오히려 추구자들은 자신이 이전에 믿어 왔던 것을 **불**

신하기에 이르는데, 그 믿음이 새롭게 제기된 의문들에 제대로 대답해 주지 못하기 때문이다. 그러고 나서 그들이 무엇을 왜 믿게 되는지는 나중 단계에서 밝혀진다. 영국의 위대한 저널리스트 맬컴 머거리지(Malcolm Muggeridge)의 전기 작가는 그의 회심에 대해 이렇게 썼다. "그는 자신이 믿는 바를 알기 오래 전에 이미 자신이 믿지 않는 바를 알았다."

이처럼 추구 그 자체도 매우 다양한 관점에서 일어날 수 있고, 이러한 차이가 추구의 결과에도 중대한 영향을 미친다는 점을 유의하라. 지난 수십 년 동안 나는 많은 추구자들과 대화를 나누면서 그들에게서 크게 네 가지 다른 관점을 관찰할 수 있었다. 대부분 사람에게 그중 두 가지는 별로 만족스럽지 않고, 다른 두 가지는 좀더 진지하게 고려할 만한데 그중에서도 궁극적으로 만족할 만한 것은 단 한 가지다.

별로 만족스럽지 않은 한 가지 관점은 교육 수준이 높고 개방적인 사람들에게 흔한 태도로서, 추구 자체가 전부이고 발견은 별로 중요하지 않다는 입장이다. "추구 자체가 보상이다", "소망을 품은 채 여행하는 것이 도착하는 것보다 낫다" 등의 말이 이 관점을 대변해 준다. 이런 태도는 궁극적인 해답을 의심하는 현대의 회의주의와 잘 맞아떨어지며, 관용, 열린 마음, 모호함, 양면성 등을 높이 사는 현대적 성향에 어울린다.

진지한 추구자에게는 이 견해가 불만족스럽다는 것이 금방 판명된다. '열린 마음'은 '텅 빈 머리'를 뜻할 수 있고, '관용'은 아무것도 믿지 않는 것과 구별될 수 없기 때문이다. 이런 것들은 정직하고 중요한 의문에 대해 정직한 대답을 찾는 데 전혀 도움이 되지 않는다. "소망을 품은 채 여행하는 것이 도착하는 것보다 낫다"는 생각은, 희망에 찬 여행이 어떤 목적지에 도달하고자 하는 여행임을 망각하고 있다. 어디든 도착할 것이라는 전망 없이 여행하는 것은 유령선의 선장으로 저주받아 영원히 방황하는 것과 다름없다.

만족스럽지 않은 또 다른 관점은 고대 남아시아에서 나온 견해로서 욕망 자체를 근본적인 문제로 본다. 이 견해는 욕망이 좋은 것이지만 잘못될 수 있다고 보는 것이 아니라 욕망을 본질적으로 악한 것으로 간주한다. 욕망이야말로 우리를 고통과 망상의 세계에 구속시키는 것이다. 그러므로 해결책은 욕망을 충족시키는 것이 아니라 그것을 중단시키는 것이며, 궁극적으로는 '열반'(nirvana)이라고 불리는 '소멸'의 상태에서 욕망을 초월하는 것이다. 이 동양 견해는 그 나름의 가정(假定) 안에서는 매우 정교하고 일관성 있으며 실천 가능한 것으로 보이지만 근본적으로 이 세계를 부정한다. 따라서 이 견해가 우리처럼 세계를 긍정하는 문화에 미치는 호소력은 지극히 제한적이기 마련이다.

그러므로 대부분의 진지한 추구자들은 의식하든 그렇지 않든 간에 이 같은 불만족스러운 관점에 등을 돌리고, 사랑에 대한 두 가지 대조적인 견해 중 하나를 택하여 자기 길을 간다. 이는 지난 3천 년간 서구 세계의 추구에 대한 노력을 일으켜 온 관점이다.

그중 한 가지 견해는 '에로스'(eros)의 길이다. 에로스는 추구를, 갈망하는 목표를 향한 인간의 '위대한 상승'으로 본다. 일반적으로 고대 세계에서, 특히 헬라인의 경우 에로스란 욕망의 대상―명예, 인정, 진리, 정의, 미, 사랑, 신이든 무엇이든―이 지닌 매력적인 특징이 야기하는 욕구, 동경, 욕망으로서의 사랑을 뜻했다. 따라서 추구하는 것은 사랑하기를 갈구하는 것이고, 욕망과 사랑을 한 대상에게 향하도록 하고 그 대상을 소유함으로써 행복해지기를 기대하는 것이다. 이러한 관점에서는 추구하는 것이 사랑하는 것인데, 사랑은 욕망이 되고, 욕망은 소유가 되며, 소유는 행복이 된다. 키케로(Cicero)가 『호르텐시우스』(Hortensius)에서 말했듯이, 경험적으로 보아도 "우리는 모두 행복해지기를 원한다." 그리고 합리적으로 생각해 보아도 최대의 행복은 최대의 선(善)을 소유하는 데서 오기 때문이다.

이와 쌍벽을 이루는 견해는 '아가페'(agape)의 길이다. 이는 추구에 담긴 비밀을 '위대한 하강'으로 본다. 사랑은 추구자를 찾아 나선다. 그 추구자가 사랑받을 가치가 있기 때문이 아니라, 사랑의 본질이 상대방의 가치와 상관없이 사랑하는 것이기 때문이다. 이 견해는 욕망이 인간 존재의 핵심부에 자리 잡고 있다고 본다는 면에서 동양 및 헬라적 견해와 일치한다. 하지만 이 견해는 욕망 자체는 악한 것이 아니라 선한 것이라고(혹은 선한 것일 수 있다고) 주장하는데, 이는 헬라적 견해와는 일치하지만 동양적 입장과는 상반된다. 욕망의 정당성 여부는 욕망이 주목하는 대상의 정당성에 달려 있다. 모든 인간은 행복을 추구한다는 면에서 닮았다. 사람들의 차이점은 각자 행복을 찾는 대상이 다르고 갈망하는 대상에 이르기 위해 쓰는 힘이 다르다는 데 있다.

아가페의 길은 예수님이 소개하신 길이다. 이 길은 에로스의 길과 두 가지 면, 곧 추구의 목표 및 수단의 면에서 다르다. 먼저 아가페의 길은 이렇게 말한다. "물론 사랑도 좋고 욕망도 좋다. 그러나 당신이 사랑하는 대상과 당신이 욕망하는 대상이 **무엇인지**를 신중하게 생각해 보라." 에로스의 길을 따르는 자의 경우, 행복을 원하는 것은 잘못이 아니지만 그들이 추구하는 곳에서 행복을 발견하리라고 생각하는 것은 오산이다. 우리 인간이 욕망을 느낀다는 사실 자체가 우리가 피조물임을 입증한다. 우리 스스로는 불완전하기 때문에 우리를 완성시켜 주리라고 생각되는 것이면 무엇이든 욕망한다.

자신 이외에 그 어떤 것도 필요하지 않은 존재는 하나님밖에 없다. 그분은 최고의 선이며 유일하게 영존하는 선이기 때문이다. 따라서 우리가 원하는 것이 하나님에 못 미치는 대상이라면 그 어떤 것이라도 우리와 마찬가지로 유한하고 불완전하다. 그러한 것들을 궁극적인 욕망의 대상으로 삼는 한 우리는 실망할 수밖에 없을 것이다.

우리 인간의 욕망은 두 가지 방향으로 잘못 나아갈 수 있다. 하나는 우리 자신 바깥에 있는 어떤 것에 대해서도 소유하려는 욕망을 끊음으로써 자신만으로 충분하다는 병적인 환상에 빠지는 것이다. 또 하나는 우리 자신만큼이나 유한한 것들, 곧 명성, 부, 아름다움, 지혜, 인간의 사랑 등 절대적인 헌신을 바치기에는 부족한 것들을 추구하는 것이다.

이에 대해 아가페의 길은 다음과 같이 외친다. 참된 만족과 진정한 안식은 최고의 영존하는 선에게서만 발견되기 때문에, 하나님을 추구하는 것에 못 미치는 추구는 불안만 줄 뿐이라고 말이다. 이것이 바로 아우구스티누스가 『고백록』에서 한 유명한 말의 의미다. "당신은 당신을 위해 우리를 만드셨습니다. 그래서 우리의 마음은 당신 안에서 안식을 찾기 전에는 늘 불안할 뿐입니다."

둘째, 아가페의 길은 추구의 수단이 에로스의 길과 다르다. 피조물과 창조주 사이의 거리를 생각할 때 다 빈치와 같은 추구자―아무리 헌신적이고, 총명하고, 후덕하며, 지칠 줄 모르고, 인간적인 기준으로 굉장한 천재라 할지라도―인들 그 간격을 메울 수 있겠는가? 현실적인 대답은 '불가능'이다. 우리는 하나님 없이는 하나님을 찾을 수 없다. 우리는 하나님 없이는 하나님께 도달할 수 없다. 우리는 하나님 없이는 하나님을 만족시킬 수 없다. 이를 달리 표현하면, 하나님의 은혜가 우리의 추구를 주도하지 않는 한, 그리고 하나님의 부르심이 우리를 그분께로 나아가게 해서 추구를 완성시키지 않는 한 우리의 추구는 항상 부족한 것이 될 뿐이다.

이 간격을 메우려면 하나님이 다리를 놓으셔야 한다. 우리가 최고선을 추구하게 되어 있다면, 그 최고선이 아래로 내려와서 우리를 이끌어 줌으로써 우리가 갈망하는 실재가 되어야 한다. 이런 관점에서 보면 추구하는 노력이나 발견하려는 몸부림은 전혀 자랑할 것이 못 된다. 모든 것이 은혜다. 추구에 담긴 비밀은 우리 인간이 하나님께로 올라가는 데 있는 것이 아니라, 하나님이 우리에게 내려오시는 데 있다. 우리가 탐색을 시작하지만 결국에는 우리가 발견된다. 우리가 무엇인가를 찾고 있다고 생각하지만, 우리가 절대적인 존재에게 발견되었음을 깨닫는다. 프랜시스 톰슨(Francis Thompson)의 유명한 표현처럼 "하늘의 사냥개"(the hound of heaven)가 우리를 추적한 것이다. 우리가 집으로 갈 수 있는 것은 우리가 집으로 가는 길을 발견했기 때문이 아니라, 그곳에서 줄곧 우리를 기다리고 계셨던 아버지가 부르셨기 때문이며, 그분의 임재야말로 집을 **진정한 집**으로 만든다.

쥐가 고양이를 찾는다?

'추적당하는 추구자'라는 이 오래된 이야기는 C. S. 루이스(Lewis)가 신앙을 찾은 여정에서 분명하게 나타난다. 루이스는 20세기에 가장 존경받는 옥스퍼드의 철학자요 문학자로서 그의 명저들은 널리 읽히고 있다. 루이스는 훗날 자신을 '변절한 무신론자'라고 지칭하면서 자신이 무신론에서 그리스도를 믿는 신앙으로 옮겨 간 움직임을 자세히 묘사했다.

첫 번째 움직임에서 중요한 대목은 루이스가 "예기치 못한 기쁨"이라고 묘사한 경험에 초점이 맞추어진다[루이스는 자서전의 제목을 『예기치 못한 기쁨』(Surprised by Joy, 홍성사 역간)이라 붙였다]. 갑자기 아무런 사전 경고도 없이, 일상적인 평범한 경험들이 그의 내면에서 표현할 수도 없고 규정할 수도 없는 무엇인가를 향한 '갈망', '기억', '감동', '욕망'을 불러일으켰다. 그러한 경험은 "충족되지 못한 욕망의 경험으로서 그 자체는 다른 여타의 만족보다 더 매혹적인 것이다"라고 그는 말했다. 그래서 그는 그것을 행복이나 쾌락이라 부를 수 없었는데, 그런 것들은 너무 환경에 의존하고 오감에 좌우되기 때문이다. 따라서 그는 그것을 '기쁨'(joy)이라 불러야만 했다.

나중에 루이스는 "영광의 무게"(The Weight of Glory)라는 유명한 글에서 그러한 암시를 다음과 같이 묘사했다. "멀리 떨어진 조국을 향한 갈망…우리가 발견하지 못한 꽃의 향기, 우리가 들어 보지 못한 곡조의 메아리, 우리가 한 번도 방문해 보지 못한 나라에서 온 소식."

이 체험으로 충격을 받은 루이스는 무신론에서 빠져나와 추구자가 되었다. '예기치 못한 기쁨'에 놀라는 순간들은 모두 모순인 동시에 동경이었다. 그 경험들은 그가 본래 믿고 있었던 무신론에 모순되었다. 그 경험들이 그의 세속적·자연주의적 세계관에 구멍을 뚫었으며 그 세계관 너머를 가리켰기 때문이다. 그것들은 또한 새로운 것을 향한 동경이었다. 초월적인 무언가를 가리켰기 때문이다. 그는 그것 없이는 이러한 동경—그가 부정할 수도 없는 실재였던—을 이해할 수 없었을 것이다.

그 후 루이스의 추구가 절정에 이른 때는 1929년 여름이었다. 그는 이전부터 열정적으로 탐구해 왔는데 놀랍게도 이 단계에 대해 "하나님이 나를 포위하듯 다가온" 때라고 말한다. 그의 말에 따르면, 자신이 놀랄 정도로 아니 공포를 느낄 정도로 사물들이 갑자기 추상적이고 이론적이며 친근한 성격을 잃어버렸다.

에스겔서에 나오는 무시무시한 골짜기에서 마른 뼈들이 움직이면서 함께 맞추어진 것처럼, 이제 이지적으로 정립된 철학적 원리가 꿈틀거리기 시작하더니 솟아올라 그 수의를 벗어 던지고 똑바로 서서 살아 있는 모습이 되었다. 나는 더 이상 철학을 가지고 놀 수 없게 되었다. 나의 '영'(Spirit)은 어떤 면에서 대중 종교의 신과는 달랐다고 말하는 것이 옳을 것이다. 나의 대적(大敵)은 논점 자체를 철회했다. 그것은 하찮은 것으로 전락해 버렸다. 그분은 그것에 대해 논쟁하려 하시지 않았다. 단지 이렇게 말씀하실 뿐이었다. "나는 주다." "나는 나다." "나다."

선천적으로 종교적인 사람들은 이러한 계시가 무시무시하다는 것을 잘 이해하지 못한다. 상냥한 불가지론자들은 '하나님을 찾는 인간의 탐색'에 대해 쾌활하게 얘기할 것이다. 그러나 당시의 나에게는, 차라리 쥐가 고양이가 찾아다닌다고 말하는 편이 나을 것 같았다.

루이스는 자신의 추구가 갑자기 충격적인 경험으로 수렴되었던 과정을 돌아보면서 비꼬듯이 이렇게 말했다. "정말이지, 젊은 무신론자는 아무리 조심스럽게 자신의 신앙을 지키려 해도 안전할 수 없다."

오늘날 **추구자**란 용어는 종종 아무렇게나 사용된다. 그러나 다행히도 그 용어가 제대로 사용되도록 촉구하는 경험들도 증가하고 있다. 불신이 믿음만큼이나 신랄하게 도전받고, 최근의 현대 정통주의가 오래된 전통적 정통주의만큼이나 공격받게 됨에 따라 진정한 추구자와 진정한 추구를 위한 특별한 시대가 열렸다. 그러나 다 빈치와 같은 화려한 인생에 매혹을 느끼지만 인간이 도움 없이 밀고 나가는 유한한 추구로는 불가능하다는 비극을 직시하는 사람들에게는 소명의 진리가 위안과 약속을 준다. 우리에게는 예수님의 명시적인 약속, 곧 추구하는 자는 얻을 것이라는("찾으라 그러면 찾아낼 것이요") 약속이 있을 뿐더러, 추구자 자신이 오히려 탐색의 대상이 되고 있음을 보여 주는 그분의 직접적인 예가 있다. 사실상, 현인들의 추구가 계속되어 온 이래 예수님은 모든 역사를 통틀어 추구자들을 끌어당기는 가장 강력한 자석과 같은 분이다. 마가복음에서 바디매오가 들었던 말, 곧 예수님께 고쳐 달라고 절박하게 구했던 맹인 거지에게 주어진 말은 진정으로 추구하는 모든 이에게 주시는 하나님의 격려다. "안심하여라. 그가 너를 부르신다."

❖묵상 질문

의식적으로든 무의식적으로든 당신이 지금까지 찾아 나선 그분을 당신 마음의 진정한 본향이자 단 하나의 소원으로 알고자 하는 간절함이 있는가? 부르심인 동시에 명령인 사령관 예수님의 초대에 귀를 기울이라. "나를 따르라."

3
차이점은 차이를 만든다

몇 년 전 나는 유로스타 특급 열차를 타고 브뤼셀에서 런던으로 돌아오는 중이었다. 열차가 세인트판크라스 역으로 접근하면서 선로 곁에 있는 황폐한 빅토리아 건물들을 지나갔다. 다수는 낙서, 슬로건, 항의의 상징 등으로 지저분하게 뒤덮여 있었다. 그런데 열차가 역에 진입하면서 속도를 줄이자 한쪽 벽에 적힌 뚜렷한 메시지 하나가 눈에 띄었다.

인생은 한 번뿐, 영원하지 않아.
그러니 신나게 살아. 단숨에 들이켜. 웃어넘겨.
진하게 살아.
인생은 한 번뿐, 싸 짊어지고 갈 순 없어.

이 말은 물론 덧없는 욜로 철학(YOLO: "You Only Live Once")의 요

약판이다. 이 철학은 유명한 에피쿠로스의 금언—"내일이면 죽을 테니 먹고 마시고 즐기라"—의 대중판으로서 잠깐이나마 많은 대학 캠퍼스를 휩쓸었다. 그러나 욜로의 신봉자 가운데 그 철학을 출범시킨 본래 어구를 알고 있는 사람은 별로 없을 것이다. 여기에는 꼬리에 날카로운 침이 달려 있다. "인생은 한 번뿐—**그렇다면.**"

이 투박한 욜로 철학과 오늘날 열광적인 목적 추구 현상—책, 세미나, 대회, 인생 코칭, 슬로건 등—은 중요한 의문을 제기한다. 인생의 의미는 무엇인가? 그것은 삶과 우리가 몸담은 우주에 관해 무엇을 말하기에 그토록 많은 사람이 '칠십 평생'을 살아 낼 기회조차 갖지 못하는가? 그리고 오직 한 번 살 뿐이라면, 수명이 길든 짧든 우리 각 사람은 이 잠깐의 인생을 충분히 가치 있게 만들 목적을 어떻게 발견할 것인가? 그리고 그런 조건 아래, 풍성한 삶 내지는 보람 있는 삶에 관해 얘기한다는 것은 무슨 뜻인가? 이렇게 생각하기 시작하면 사방에서 의문이 생기기 시작하고, 이 대목에서 차이점이 나타나기 시작한다. 거의 모든 사람이 오늘날 목적에 관해 얘기하지만, 많은 이들은 완전히 다른 것을 가리키고 또 확연히 다른 방식으로 응답한다.

의문이 늘어나고 그에 따른 답들도 늘어나면, 그 모든 의문과 답에 대한 태도들도 아울러 늘어나기 마련이다. 목적 추구에 대한 관점들이 이처럼 많아지면 우리는 당연히 그 관점들 사이에서 어떻게 결정할 것인지 묻게 된다. 그리고 우리가 꼭 결정해야 할까? 우리는 그냥 각자 갖고 있는 방식에 만족하고 결국 모든 것이 다 옳은 것으로 판명되길 바랄 수는 없을까? 우리가 어떤 답을 선택하는지가 그토록 많은 차이를 초래하는가? 예를 들어 오늘날 유행하는 현대 사고방식은 상대주의와 관용과 포용성을 자랑하는데, 이는 차이를 확인하는 것조차 불필요하게 만드는 풍조다. 그런 사고방식이 옳다면, 우리는 당장 이 논의를 중단할 수 있다. 우리 각자 나름의 답을 갖고 있는 한, 우리가 서로 다른 답을 갖고 있다는 사실은 별다른 차이를 만들지 않는다. 왜냐하면 모든 답이 결국에는 대체로 동일하기 때문이다. 어떤 답은 약간 더 낫고 어떤 답은 약간 더 못할 뿐이지 정답도 없고 오답도 없다. 그런 사고방식에 따르면, 그 모든 답들은 단지 '사람마다 다르게 마련'인 문제에 불과하다. 중요한 것은 당신의 답이 당신에게, 나의 답이 나에게 효과가 있느냐다.

하지만 좀 더 명료하게 생각하고 역사의 흐름을 조망하면 그런 태도가 얼마나 그릇되고 어리석은지 알 수 있다. 어떤 사실들은 도무지 부인할 수 없다. 첫째, 서로 다른 답들 사이에는 중요한 차이점들이 존재한다. 둘째, 이런 차이점들은 중요한 차이를 만든다. 셋째, 그 차이점들이 만드는 중요한 차이는 개개인에게만 아니라 전체 사회들과 심지어 문명에도 적용된다. 요컨대, 진리는 중요하고, 모든 사상은 결과를 보유하며, 언제나 "대조는 명료성의 어머니"라는 금언을 기억해야 한다. 소크라테스가 제시한 이상, 곧 '성찰하는 삶'은 삶의 다른 부분에서만큼 목적에 관한 사유에서도 중요하다. 식당에서 받은 계산서를 검토할 때 신중을 기울인다거나 자동차 보험이 아직 유효한지 확인할 때 엄밀한 태도를 고수한다면 터무니없는 일이겠지만, 자기 인생의 목적에 대해 아무렇게나 가볍게 생각하는 것이야말로 터무니없는 태도다. 우리는 목적이라는 개념 자체가 굳건한지 확인하지도 않고 목적에 관한 사유에 뛰어들어서는 안 된다.

잊어버리거나 알아서 해라?

인생의 목적에 대한 대표적인 답변들을 보면 차이점이 뚜렷하고, 그 답변들은 서로 완전히 다른 방향들로 인도한다. 다음에 소개하는 '3대' 답변을 보면, 모든 실제 목적들이 사실상 현대 세계에 제시된 다양한 선택지를 모두 포괄한다.

첫째는 동양의 답변으로, 여기에는 힌두교와 불교가 포함된다. 만일 궁극적 실재가 비인격적 토대(이른바 '미분화된 비인격성')라면, 우리 각 사람의 인생은 그 목적이 무엇인가? 이에 대한 간략한 답은 "그것을 잊어버리고 네 자신도 잊어버리라"는 것이다. 우리가 우리 자신을 진지하게 여기는 것은 환상의 세계에 사로잡혀 있기 때문이다. 그런즉, 개개인으로서 성취를 추구하는 것은 문제를 더 어렵게 만들고, 우리를 고통의 수레바퀴에 묶어 놓는 애착과 집착을 영속화하는 갈망을 영속화하는 욕심을 영속화할 뿐이다. 이 관점에서 보면, 자유는 개인이 되는 자유가 아니라 개체성으로부터의 자유다. 이런저런 길로 초연과 단념을 통해 그렇게 된다. 인류는 '망상의 캄캄한 숲'에서 단절되어야 한다고 크리슈나 신이 힌두교 경전인 『바가바드기타』에서 말한다. 위대한 일본인 선승 스즈키 다이세쓰(D. T. Suzuki)는 불교의 가르침을 요약하면서 선(禪)의 목표는 성육신이 아니라 '탈육신'(excarnation)이라고 말했다.

둘째는 세속주의자의 답변으로, 여기에는 무신론자, 대다수의 불가지론자, 과학 분야의 자연주의자, 수많은 인본주의자가 포함된다. 만일 궁극적 실재가 우연이고, 신(또는 신들이나 초자연적 존재)이 존재하지 않는다면, 목적이란 것은 우리 자신이 우리 자신을 위해 우리 자신의 힘으로 결정하고 성취하기에 달렸다. 우리는 목적을 발견하는 게 아니라 목적을 정하면 된다. 니체의 말을 빌리면, 우리의 도전거리는 "모든 '그랬다'를 '내가 그렇게 원했다'로 바꾸는 것"이다. 버트런드 러셀의 견해에 따르면, 우리는 제각기 우리 스스로 만든 세계를 우리 어깨로 떠받치고 있는 "지쳤으나 굴하지 않는 아틀라스"가 되어야 한다. 프랭크 시나트라의 노래처럼 우리는 각자 "내 방식"(my way)대로 해 나가야 한다.

셋째는 성경의 답변으로 유대인과 그리스도인이 공유하고 있으며, 서구 문명 특유의 역동적인 목적의식을 빚어내는 힘이다. 이 관점에 따르면, 궁극적 실재는 우연도 아니고 비인격적 토대도 아니며, 우리를 자신의 형상으로 창조하셨고 자신과 관계를 맺도록 부르시는 무한한 인격적 하나님이다. 그러므로 우리 인생의 목적은 두 가지 근원에서 동시에 나온다. 즉, 우리는 어떤 존재가 되도록 창조되었는가, 그리고 우리가 어떤 존재가 되도록 부름받았는가 하는 것이다. 우리 창조주의 이런 부르심은 속 깊은 자아 발견과 성장의 근원일 뿐만 아니라 우리 인생을 비할 데 없는 하나의 기업으로 변모시키는 영감과 역동성을 부여하기도 한다.

혹시 당신은 목적을 향한 열망이 하나의 환상이라고 결론지었는가? 그렇다면 동양의 대가들을 좇아 다양한 초연함의 상태에 도달하라. 혹시 당신의 목적은 당신 스스로 만들어 내서 당신 힘으로 성취해야 하는 것이라고 결정 내렸는가? 많은 세속주의 사상가들이 당신의 그런 시도를 격려해 줄 것이다. 아니면, 당신을 지금 모습으로 창조했고 장차 당신이 될 모습을 유일하게 알고 그 모습이 되도록 당신을 부르는 누군가가 있을 수 있다고 생각하는가? 그렇다면 나사렛 예수와 세상을 바꾼 그의 한마디—"나를 따르라"—에 귀를 기울이라.

지금은 서로 다른 차이점이 별다른 차이를 만들지 않는다는 게으른 자의 주문에 미혹될 때가 아니다. 지금은 "그저 살지 말고 삶을 만들라"(Making a life, not a living)—이는 말장난에 불과하다—와 같은 헛된 슬로건을 외칠 때가 아니다. 지금은 부르는 자 없이는 소명도 없다는 것을 깨닫지 못한 사람들이 '소명'에 대해 마음대로 중얼거리도록 허용할 때가 아니다. 인간이 목적과 성취를 추구해 온 쉼 없는 파노라마를 조사해 보라. 그러면 헛되고 부적합한 답변들이 도중에 떨어져 나가는 장면을 보게 되리라. 조사가 끝날 때는 소명의 진정한 개념이 인간의 삶을 위한 '궁극적 이유'임을 알게 되리라. 당신의 위대한 창조주의 부르심에 응답하라. 인생의 기업가가 되어 삶 전체를 그분의 부르심으로 변화된 하나의 기업으로 보라. 비용을 계산하고, 위험 부담을 고려하고, 날마다 당신의 재능과 기회를 늘리는 모험을 시작하고, 하나님께 영광을 돌리며, 우리의 세계에 가치를 더해 주라. 그 부르심에 응답하는 것이 인생의 목적과 성취에 이르는 길이다.

❖ 묵상 질문

당신은 온갖 슬로건과 상투어가 난무하는 오늘날의 열광적인 목적 추구 현상에 만족하는가? 아니면, 목적에 대해 깊이 성찰하고 싶은가? 성경적인 관점은 다른 종교의 답변들과 어떻게 다른가? 성경적 관점이 역사에 얼마나 큰 흔적을 남겼는지 탐구한 적이 있는가? 역사를 통틀어 목적의식을 품으라는 가장 명료하고 가장 담대한 부르심은 바로 예수 그리스도의 입술에서 나왔다. 부르심인 동시에 명령인 사령관 예수님의 초대에 귀를 기울이라.
"나를 따르라."

4

반문화적 소명

네이선 로스차일드(Nathan Rothschild), 금융가이자 자선가이며 초대 로스차일드 남작인 그는 후기 빅토리아 시대에 세계 최고의 갑부였다. 아울러 그의 유능함과 끈기로 동료 유대인들에게 공적인 삶의 문을 영원히 열어 주었던 인물이다. 벤저민 디즈레일리(Benjamin Disraeli)는 유대인으로서 대영 제국의 전성기에 집권했던 가장 위대한 수상 중 한 명으로 손꼽힌다. 그는 열두 살 때 아버지에 의해 그리스도인으로 세례를 받았으니 공식적으로는 유대교에서 개종한 사람이자 영국 국교도였다. 그러므로 사회적 신분 상승에 아무런 장벽이 없었다. 그와 달리 로스차일드는 유대교도로 남기를 고집했고, 따라서 자신의 천부적 재능과 기업의 힘으로 영국 사회에서 신분 상승을 이루었다.

케임브리지의 트리니티 칼리지에서 공부한 로스차일드는 하원에 네 번이나 선출된 후에야 그의 자리를 차지하도록 허락받았다. 마침내, 평생 그의 원칙을 용감하게 견지하고 싸움을 줄줄이 이긴 후에야 기나긴 영국 상원의 역사상 최초의 유대인 의원으로 귀족의 반열에 오른 것이다. 그 위대한 승리의 날, 로스차일드는 흥분을 감추지 못한 채 동료 귀족들의 축하 세례를 받았다. 하지만 그는 웨스트민스터와 동료 귀족들, 그리고 그 모든 찬사와 축하의 현장에서 조용히 빠져나갔다. 나중에 그는 당시 런던 동부의 게토였던 화이트채플의 자그마한 회당에서 모습을 드러냈다. 그는 바닥에 엎드린 채 낮은 목소리로 이렇게 기도했다고 한다. "이 자유가 우리 신앙의 약화를 의미하지 않게 하소서."

모든 위대한 유대인 지도자들과 사상가들이 그랬듯이, 로스차일드는 유대인이 판연히 구별되도록 하나님께 부름받았다는 것, 동화(同化)는 패배만큼 비참한 일이라는 것, 성공을 구가하는 시대가 배척과 핍박을 받는 시대보다 믿음을 지키기에 더 위험하다는 것을 잘 이해했다. 요컨대, 하나님의 부르심을 따르는 면에서 유대교는 철두철미 반문화적이 되라는 소명을 받은 것이다. 이는 예수님을 따르는 자들에게도 적용된다.

결별로의 소명

즉 유대교와 기독교 신앙 모두 아주 처음부터, 어떤 대가를 치르든지 결별하라는 소명, 다르게 되라는 소명과 함께 시작한다는 뜻이다. 성경에 처음 기록된 부르심은 역사상 가장 결정적인 말로 시작한다. 그 부르심은 (후에 아브라함이 된) 아브람에게 임했는데, 바로 오늘날 세계 인구의 절반 이상을 차지하는 아브라함의 종교들—유대교, 이슬람교, 기독교—의 아버지였다. "너는 너의 고향과 친척과 아버지의 집을 떠나 내가 네게 보여 줄 땅으로 가라"(창 12:1). 떠나라는 명령은 우발적인 것도 아니고 한시적인 것도 아니었다. 아브라함에게 철저한 떠남을 요구한 그 부르심은 항상 우리에게 주변 사회에 순응케 하는 모든 것, 그리하여 하나님이 우리 각 사람과 인류를 향해 품고 계신 목표 및 요구 조건과 충돌하는 모든 것에서 결별할 것을 요구한다.

물론 하나님이 아브라함을 부르신 사건은 결코 부정적인 것이 아니다. 아브라함은 철저한 금욕주의로 부름받은 것도, 힌두교와 불교의 성자들처럼 속세와 인연을 끊도록 또는 세상을 등지는 기독교 수도사가 되도록 부름받은 것도 아니었다. 그 부르심은 긍정적인 것, 대단히 긍정적인 것이었다. 하나님은 믿는 자들의 조상인 아브라함을 새로운 땅, 약속의 땅을 향하는 여정으로 부르셨다. 그분은 아브라함 안에서 땅의 모든 족속이 복을 받게 하시려고 그를 위대한 민족, 하나님의 백성이 되도록 부르셨다. 전 지구적 차원의 미래가 하나님의 부르심의 DNA 속에 들어 있었다. 그러나 아브라함은 긍정적인 말을 듣기 전에 부정적인 말을 들었다. 그 복에 닿으려면 아브라함은 먼저 결별하지 않으면 안 되었다. 약속의 땅에 들어가려면 하란을 떠나야 했다. 삼중의 유익—자녀, 땅, 온 인류에 미칠 영향력—을 얻기 위해 그는 세 가지와 결정적으로 갈라서라는 부르심을 받았다. 그 세 가지는 나라와 문화와 친척이었다. 우리의 경우에는 고국과 고향과 직계 가족이라는 거대한 사회적 세력이 될 것이다.

달리 말해, 아브라함에 대한 하나님의 부르심은 에덴동산에서의 추방 이후 인류 역사의 흐름을 크게 역전시키는 것이었고, 그 부르심은 기존의 방식과 단호하고 철저하게 결별할 것을 요구했다. 이 세상은 에덴 이래 악화일로를 밟아 왔고 대홍수와 바벨탑이라는 쌍둥이 재난에서 절정에 달했다. 전자는 무질서한 자유의 무정부 상태를 보여 주었고, 후자는 오만과 편협한 질서의 권위주의를 드러냈다.

이런 결별로의 부르심과 그것이 나타내는 근본적인 역전을 통해, 아브라함은 당시 사람들의 정체성과 오늘 우리의 정체성을 빚어내는 세 가지 주요 세력과 결별하는 여정에 나서게 되었다. 모두 하나님의 부르심과 그 부르심의 차별된 인생관에 대한 충실함의 발로였다. 그때부터 아브라함은 여정을 시작했다. 그는 어디에도 집이 없었고 결코 주변 사람들에게 순응하지 않았다. 그는 출신 지역인 우르와 하란에서 떠났고, 조카 롯에게 매력을 풍겼던 소돔에 동화되지 않았으며, 그 자신이 장막을 쳤던 가나안에서도 마찬가지였다. 언제 어디서나 아브라함은 어느 땅을 거치든지 거기서 '거류민'이자 '나그네'였다. 고향에서 추방되는 것을 죽음보다 더 심한 형벌로 여겼던 시대에, 아브라함은 하나님의 부르심을 좇아 인생을 (후대에 아우구스티누스가 붙인 표현대로) '거주 외국인'으로 살았다.

결별하라는 소명은 기나긴 유대 민족의 이야기에서 볼 수 있는 명명백백한 주제다. 이스라엘 백성을 저주하도록 고용되었으나 오히려 축복했던 이방인 선지자 발람의 말에 따르면, 이스라엘 백성은 "홀로 사는 저 백성"(민 23:9, 새번역)이었다. 그리고 그들의 가장 위대한 지도자 모세는 이스라엘이 다른 민족들을 만날 것을 내다보며 이렇게 도전했다. "너는 그들의 신을 경배하지 말며 섬기지 말며 그들의 행위를 본받지 말[라]"(출 23:24). 히브리식 예배와 히브리식 생활 방식을 독특하고 구별되게 유지해야 했다. 결별의 불가피성은 선지자 에스겔이 잘 포착한 바 있다. "너희가 스스로 이르기를 우리가 이방인 곧 여러 나라 족

속같이 되어서 목석을 경배하리라 하거니와"(겔 20:32). 하나님의 부르심을 받은 하나님의 백성은 주변 세상을 본받지 말아야 했다. 그들은 다른 북소리에 맞춰 행진해야 했던 것이다. 그들은 거룩한 나라, 불가능한 백성이 되어야 했다. 즉, 조작과 뇌물과 곤봉이 안 통하는 백성, 구별되는 독특한 백성이 되어야 했다.

랍비들은 '독특한'에 해당하는 히브리어 *metzuyan*이 시온(Zion)과 동일한 어원을 가지며 현대 히브리어에서는 '탁월한'이라는 뜻이라고 말한다. 달리 말해, 이 단어는 문자적으로 뛰어난(outstanding) 사람이나 사물을 가리킨다. 그들은 주변 환경과 주변 사람들 바깥에 드러나 있다. 동시에, 주변에 묻히지 말고 드러나게 구별되라는 이 부르심이 유대인에게 값비싼 대가를 치르게 했다는 사실을 미화하면 안 된다. 동화는 패배만큼이나 나쁘지만 독특함의 대가는 종종 차별과 핍박이라는 것이 이 부르심의 의미이기 때문이다.

중동에서 태어나 강력한 두 제국 메소포타미아와 이집트 사이의 위험한 지역에서 살아가는 유대 민족에게, 하나님을 따르고 주변 나라들의 예배 방식과 생활 방식에 휩쓸리지 않는 것은 크나큰 도전이었다. 그들은 하나님의 새로운 방식, 세상의 옛 방식에 반하는 저항 운동, 하나님의 새로운 인류의 원형이 되어야 했고, 그들을 통해 온 땅이 고침받고 회복되는 일이 이뤄져야 했다. 하나님은 신들 가운데 유일무이하시며, 주변의 모든 우상들과 다른 참된 예배를 받으셔야 했다. 그리고 하나님의 백성은 모든 백성과 나라 중에 유일무이한 백성이 되어야 하고, 청지기로서 하나님을 신실하게 섬겨야 했다.

유대인의 이야기는 달라야 했다. 그들의 예배는 달라야 했다. 그들의 생활 방식은 달라야 했다. 시간과 역사에 대한 그들의 개념은 달라야 했다. 그들이 역사를 대하는 자세와 우주적 존재 방식이 달라야 했다. 이 모든 것은 세계가 본래의 모습을 회복하게 하기 위해서다. 그리고 유대 민족에게 영원한 명예는, 그들의 유전적 특질과 상호 혼인의 기록이 입증하듯이, 다르라는 소명에 대해 전반적으로 훌륭하게 또 고집스럽게 충실했다는 점이다. 선지자들이 한탄했듯이, 그들은 하나님의 온전한 부르심에는 거듭 미치지 못했던 것이 사실이다. 그러나 그들의 최고 작가들과 다른 많은 비평가들이 인정했듯이, 그들은 그 옛날에 받았던 호칭 "홀로 사는 저 백성"에 걸맞게 살았다.

세상적이라서 연약한

예수님을 따르는 우리는 이제까지 결별하고 달라지라는 소명에 충실했던가? 막스 베버가 '내면의 금욕주의'라고 불렀던 이 급진적 부르심을 그리스도인들은 유대 민족만큼 예민하게 받아들였는가? 그런 단호한 결별이 그리스도인에게는 덜 부담스럽게 다가왔는가? 예수님은 친히 그의 부르심을 단호한 언어로 표명하셨다. 첫 번째 복음서의 증거만 살펴보아도 다음과 같다. "아버지나 어머니를 나보다 더 사랑하는 자는 내게 합당하지 아니하고 아들이나 딸을 나보다 더 사랑하는 자도 내게 합당하지 아니하며"(마 10:37). "누구든지 나를 따라오려거든 자기를 부인하고 자기 십자가를 지고 나를 따를 것이니라"(마 16:24). "만일 네 손이나 네 발이 너를 범죄하게 하거든 찍어 내버리라 장애인이나 다리 저는 자로 영생에 들어가는 것이 두 손과 두 발을 가지고 영원한 불에 던져지는 것보다 나으니라"(마 18:8).

예수님의 부르심의 부정적 측면은 단순하고 직접적이며 불가피하다. 예수님이 우리에게 그를 따르라고 부르신 것은 그의 부르심에 상충되는 모든 것, 우리 삶의 전 영역에서 그의 주되심에 상충되는 모든 것을 버리라는 뜻이다. 디트리히 본회퍼가 표현했듯이, "그리스도께서 한 사람을 부르실 때는 그 사람에게 와서 죽으라고 명하신다." 우리는 한 주님을 모시며, 경쟁자가 있어서는 안 된다. 우리는 한 목소리를 청종하며, 다른 모든 목소리는 부차적이다. 우리는 한 권위, 오직 한 권위에만 순복한다. 다른 모든 주인, 목소리, 권위, 영향은 저마다 나름의 자리가 있으나 주님의 부르심보다 열등하고, 후자와 상충할 때는 파기되어야 한다. 우리는 아브라함과 이삭과 야곱처럼 나그네 거류민이며, 우리나라에서도 마찬가지다. 아우구스티누스가 말했듯이, 우리가 인간의 도시에 살 때에도 우리의 참 시민권은 하나님의 도시에 있기 때문에 우리는 이 세상에서 '거주 외국인'인 셈이다. 우리는 세상 '속에' 있으나 세상에 '속하지' 말고, 세상을 '본받지 말고' 마음을 새롭게 함으로 '변화를 받아야' 한다. 하트포드 선언의 표현을 빌리면, 우리는 "세상을 위해 세상에 반하는" 존재가 되어야 한다.

결별하라는 부르심은 도전적인 것임에 틀림없다. 죽은 몸은 하류로 떠내려가겠지만, 흐름을 거슬러 올라가려면 힘이 필요하다. 그런 힘은 뛰어난 용기가 주변의 어둠에 반해 반짝거릴 때 가장 쉽게 볼 수 있다. 제2차 세계대전이 발발했을 때 본회퍼는 뉴욕에서 강의를 하고 있었고 많은 친구들로부터 신학 연구와 출판을 위해 더 큰 자유를 이용하라는 권면을 받았다. 하지만 거의 즉각적으로, 그는 그 선택이 잘못이란 것을 알았다. 그는 결별을 해야 했다. 그의 고국, 그가 그토록 사랑한 나라, 종교개혁의 심장부였고 최고의 교육과 문명을 자랑하는 나라와 결별해야 했다. 그는 이렇게 썼다.

나는 내 상황과 내 조국의 상황에 대해 생각하고 기도하며, 나를 향한 하나님의 뜻이 분명해지도록 시간을 가졌다. 내가 미국에 온 것이 실수였다는 결론에 도달했다. 만일 내가 이 시대의 시련에 동포들과 함께 참여하지 않는다면, 전쟁 이후 독일에서 그리스도인의 삶을 재건하는 일에 참여할 권리를 갖지 못할 것이다. 독일의 그리스도인들은 **끔찍한 양자택일**에 직면해 있다. 문명의 생존을 위해 자기 나라의 패배를 원할 것이냐, 아니면 자기 나라의 승리로 문명이 파괴되기를 바랄 것이냐 하는 것이다. 내가 이 가운데 무엇을 선택해야 하는지는 알지만, 그 결정을 안전한 상태에서 내릴 수는 없다. (강조체는 추가한 것)

편안한 날과 정상적인 시대에는 그러한 중대한 결별에 극심한 고뇌나 선명한 판단이 수반되지 않지만, 그 도전은 여전히 약화되지 않는다. 오늘날 서양의 후기 기독교 사회에서 그리스도인들은 점증하는 편견과 적대감에 직면해 있다. 이런 것들은 초기 교회가 겪은 시련과 전 세계 형제와 자매들이 겪는 시련과 비교해 보면 아무것도 아니다. 그래도 우리가 부르심에 대해 탐구하는 초반에 결별의 소명을 분명히 밝힐 필요가 있다. 왜냐하면 불편한 사실이 서양에 사는 우리에게 결별의 소명을 도전하고 있기 때문이다. 아시아와 아프리카, 그리고 중동에 사는 우리의 자매들과 형제들은 그들의 믿음을 위해 무거운 값을 치르고 있다. 그들은 비용을 계산하고 있고, 그들은 일정한 입장을 견지하고 있으며, 그들은 값을—때로는 최고의 값을—치르고 있다. 서양에 사는 우리는 우리를 둘러싼 나라에서 위협이 되거나 도전을 주는 경우가 거의 드문데, 이유인즉 우리가 숫자는 많아도 세상적이라서 약하기 때문이다. 하나부터 열까지, 우리는 주변 문화에 동화되다시피 했다. 그러므로 예수님이 우리를 부르신 소금과 빛이 되도록 만들어 주는 독특성을 잃고 말았다. 지금은 결별을 해야 할 때다. 수도원으로 들어가라는 것이 아니라, 더 신실하게 또 효과적으로 세상에 관여하기 위해 세상의 방식들과 결별할 때라는 뜻이다.

유대인에 대해, 여러 세기에 걸친 어려운 시대에는 유대인이 유대인으로 남았지만 현대 세계에서 시대가 편안해지자 유대인이 유대인이길 그치고 기록적인 수가 변절하거나 동화되었다고들 말한다. 미국 교회도 비슷하다. 미국은 아직도 그리스도인이 절대 다수를 차지하는 유일한 나라지만, 그들은 유대인과 같은 소수 집단들보다 문화적 영향력이 약하다. 우리 친구인 유대인은 미국 인구의 2퍼센트에도 못 미치지만 많은 사회 영역에서 큰 영향력을 발휘하고 있다. 내가 잉글랜드의 한 교회에서 강연을 할 때, 나이지리아에서 온 한 형제가 서양의 세속성에 대해 이렇게 표현했다. "우리는 나이지리아에서 믿음을 위해 죽음을 불사하고 있습니다. 나는 여러분에게 제발 타협하지 말라고 간청합니다."

그리스도인은 달라야 할 의무가 있다. "사람들과 어울리려면 그들 방식에 따라야 한다"는 금언은 우리를 위한 것이 아니다. 가장 쉬운 길을 택하는 집단 순응 사고는 우리를 위한 것이 아니다. 갈수록 더 많은 서양 사회들이 하나님을 외면하고 있는 만큼, 우리는 우리보다 더 낮은 법을 갖고 있거나 아예 법이 없는 사람들 사이에서 더 높은 법에 따라 사는 것이다. 결별의 소명은 하나님의 부르심에 내재되어 있으며, 소명을 진지하게 여기는 모든 사람에게 신선한 도전이 된다. 슬프게도, 소명조차 세상적인 것이 될 수 있기 때문이다. 오늘날은 '모든 것이 나에 관한' 문화인 고로 하나님의 부르심조차 '나와 내 인생의 목적'을 승인하는 것으로 전용될 수 있다. 이와 대조적으로, 미국 해안경비대의 금언은 우리 그리스도인들에게 퇴로가 없다는 것을 상기시켜 준다. "[국가의] 부름이 있으면 당신은 가야 한다는 것이 규칙이다. 당신이 돌아와야 한다는 규칙은 없다."

앞서 말했듯이, 결별하라는 소명은 축복의 약속 앞에 나온다. 부정문이 긍정문 앞에 나온다. 그리고 떠남이 들어감 앞에 나온다. 따라서 소명을 나르시시즘을 가리는 무화과 잎으로 오용하고, 소명을 개인적 목적의식과 개인적 성취감을 북돋우기 위해 높이 쳐드는 것은 위험하다. 마치 하나님의 전 존재와 예수님의 삶과 죽음과 부활이 모두 나의 '열망'을 성취하고 내가 '최적 지점'에 살도록 나를 해방시키기 위해서인 것처럼, 내 욕망에 서명하기 위해 하나님의 이름을 끌어오는 것은 실로 위험하다. 지금은 그리스도인 개개인, 기독교 가정들, 그리고 교회들이 우리를 둘러싼 '나라, 문화, 친척'(즉, '세상')의 사회적 세력과 결별했는지를 주님께 물어볼 때다. 이 결별이야말로 하나님의 부르심이 요구하는 바다. 다른 길은 없다.

❖묵상 질문

당신은 당신을 향한 하나님의 부르심을 돌아보고, 당신의 인생과 생활 방식을 하나님의 요구사항에 비추어 고찰한 적이 있는가? 당신이 과연 그런 결별을 하고 있는지 질문해 보았는가? 당신 주변의 사회적 세력들이 지닌 힘, 그들의 생활 방식, 그들의 우상을 섬기는 그들의 예배에 대해 살펴본 적이 있는가? 부르심인 동시에 명령인 사령관 예수님의 초대에 귀를 기울이라. "나를 따르라."

5

하나님의 웅대한 지구촌 프로젝트

성경은 그 속에 천 개의 이야기가 들어 있는 한 이야기이고, 이 사실은 무척 의미심장하다. 그리스인은 진리를 초시간적이고 추상적인 관념들의 시스템으로 보았다면, 유대인은 진리를 우리 같은 사람들의 이야기, 가꾸지 않은 날것 그대로의 인간을 보여 주는 이야기 속에 구현된 것으로 보았기 때문이다. 쏠쏠하거나 터무니없이 어리석은 유대인의 농담마저 대다수 농담보다 진리를 더 날카롭게 표현한다. 우리 세계를 비평하며 하나님이 아브라함을 부르신 사건의 중요성과 창세기 초반에 배치된 그 위치의 의미를 포착하는 현대 유대인의 이야기가 있다. 그 이야기에 따르면, 한 랍비가 한 해 동안 무질서한 학급에게 여호수아서의 의미를 가르치려고 열심히 일했으나 그의 노력이 거의 수포로 돌아간 나머지 최종 시험을 최대한 쉽게 내려고 애썼다. 그는 교실 뒤편에 앉은 한 소년에게 "누가 여리고 성벽을 무너뜨렸지?" 하고 물었다.

"죄송합니다만 선생님, 제가 한 짓이 아닙니다"라고 소년이 대답했다.

랍비는 화가 나서 그 대답을 소년의 부모에게 알렸다.

부모는 분개하며 "우리 아들이 자기가 아니라고 말했으면 아닌 것입니다" 하고 응답했다.

사람들의 무지에 더 황당해진 랍비는 회당장에게 가서 그 이야기를 들려주었다. 회당장이 유심히 듣더니 책상으로 가서 서랍을 열고 수표책을 꺼냈다. "자, 여기 1천 달러가 있소. 성벽을 고치고, 더 이상 그 문제에 대해 공공연하게 얘기하지 마시오."

물론 요점은 우리가 오늘날 피해의식이 만연한 문화에 살고 있어서 우리 자신만 제외하고 모든 사람과 모든 것을 비난하는 것이 제2의 본성이 되고 말았다는 것이다. 달리 말해, 우리는 책임을 회피하기 위해 잠수 타기, 짜 맞추기를 비롯해 할 수 있는 온갖 행동을 취하는 법을 교육받는다. 그리고 성경에 따르면, 책임 회피는 아담에서 바벨탑에 이르기까지 아브라함 이전의 초창기 인간 세계에서 반복적으로 나타나는 특징이었다. "아담이 이르되 '하나님이 주셔서 나와 함께 있게 하신 여자 그가 그 나무 열매를 내게 주므로 내가 먹었나이다'"(창 3:12). 가인은 아벨을 살해한 후 하나님께 "내가 내 아우를 지키는 자니이까?" 하고 말했다(창 4:9). 인간은 거듭해서 하나님이 설정하신 제약을 깨기 위해 온갖 행동을 하고, 그와 동시에 그들의 행동이 재난을 몰고 와도 책임을 지지 않는다. 아담과 하와는 개인적 책임을 부인했고, 가인은 도덕적 책임을 부인했으며, 바벨탑을 세운 이들은 그들 존재가 하나님께 달려 있음을 인정해야 할 궁극적 책임을 부인했다.

최초의 응답자

그러나 아브라함의 이야기와 함께 모든 것이 변했다. 아브라함은 하나님의 부르심에 응답한 최초의 인물이라서 '하나님의 친구'라는 호칭을 얻었고 훗날 '믿는 자의 조상'이라 불렸다. 하나님이 부르셨고, 아브라함이 응답했다. 실은 아브라함의 전 생애가 하나님의 부르심에 대한 응답이었고, 그런 면에서 그는 하나님의 새로운 인류 및 하나님의 새로운 길을 보여 주는 원형이다. 그는 믿음의 삶을 살았고, 생애 끝 날까지 하나님의 소명이 이끄는 대로 따라갔다. 그렇게 함으로써 그는 하나님의 임재를 세상 속으로 가져간다는 것, 세상 앞에서 하나님의 방식을 드러낸다는 것이 무슨 뜻인지 보여 주었다.

우리는 아브라함의 발자취를 따른다. 시내산 언약 아래 있는 하나님의 백성-유대인-으로서도 그렇고, 새 언약 아래 있는 하나님의 백성-그리스도인-으로서도 그렇다. 매번 아브라함은 하나님의 부르심을 듣고 즉시, 순종으로, 틀림없이 응답했다. 하나님이 아브라함을 불러 하란을 떠나라고 하셨고 그는 떠났다. 하나님이 그에게 약속을 할 때마다 그는 신뢰했고 기다렸다. 하나님은 심지어 아브라함에게 아들 이삭, 곧 약속의 아들이자 약속들의 성취에 유일한 고리가 되는 그 아들을 희생 제물로 바치라고 말씀하셨다. 그것은 최고의 희생을 치르는 행동일 뿐 아니라 도덕적으로 비열한 이방인의 행습이었다. 그런데도 아브라함은 기꺼이 순종하려고 했다.

중요한 점은 유대인이 아브라함을 창시자로, 인류 역사상 가장 위대한 창시자로 주장한다는 사실이다. 좋든 싫든, 세계 인구의 절반 이상이 아브라함의 종교들 중 하나에 속해 그를 따르고 있고, 하나님의 부르심을 좇는 것이 그들 신앙의 중심에 있다. 그렇지만 하나님의 부르심에 대한 아브라함의 응답은 오해되어서는 안 된다. 먼저, 아브라함은 전형적 의미의 영웅이 아니었다. 말하자면, 그리스 신화에 나오는 아킬레스와 헤라클레스 같은 초인적인 영웅도 아니고, 알렉산더 대왕과 율리우스 카이사르 같은 위대한 군사 영웅도 아니며, 제임스 본드나 슈퍼맨이나 원더우먼 같은 현대의 허구적 슈퍼 영웅도 아니다. 아브라함은 훗날의 유대 영웅들인 모세, 여호수아, 사무엘, 다윗과도 달랐다. 그는 한 전투를 이겼고 재정적으로 성공했지만 영웅과 슈퍼 영웅의 기준에 비춰 보면 놀랄 만큼 평범했다. 아브라함을 특별한 인물로 두드러지게 만드는 것, 그를 모든 사람 위에 높여 주는 것은 바로 그의 믿음이었다. 하나님에 대한 흔들리지 않는 신뢰, 하나님의 부르심을 인생의 중심과 나침반으로 삼고 그 부르심에 늘 즉시 반응한 그 믿음이었다.

그뿐 아니라, 유대인은 아브라함의 신뢰 그리고 성경에 나오는 신뢰의 개념은 '이슬람'(Islam)의 어원적 의미인 '복종'과 같은 맹목적 복종의 문제가 아니라고 강조한다. 토라는 서로 다른 613가지 명령을 제시한다고 알려져 있지만 히브리어에는 '복종'에 해당하는 단어가 없다고 한다. 가장 가까운 동의어는 '경청하다', '주의하다', '귀를 기울이다', '주목해서 그에 따라 행동하다'란 뜻을 지닌 쉐마(shema)다. 달리 말해, 하나님은 우주의 주권자이지만 독재자가 아니고, 시내산 언약은 신정(神政)이 아니었다. 오히려 자유로운 하나님이 자유로운 백성을 불렀고, 후자는 능동적으로 경청하고, 스스로 숙고하고, 주목하고, 이후 어떻게 반응할지 결정할 자유가 있었다. 정확히 말하면, 시내산 언약은 '신정'이 아니라 '법치 정치'였다. 그 언약은 모든 사람에게 자유와 정의를 제공하는 법의 지배를 대변했고, 그것은 피지배자의 동의를 받아 자유로이 제공되고 자유로이 선택되었다. 이스라엘 백성은 세 차례나 "여호와께서 명령하신 대로 우리가 다 행하리이다"(출 19:8)라고 선언한 바 있다.

유대인의 주장은 우리 인간이 본능으로 사는 동물이 아니고, 정한 방식으로 작동하도록 고안되고 계획된 기계도 아니라는 성경적 견해에 기반을 두고 있다. 우리는 하나님의 형상과 모양으로 창조되었기 때문에 자유롭고 또 자유로이 반응할 수 있다. 우리는 반응할 수 있고, 책임질 수 있고, 창조주께 귀를 기울이며 책임 있는 인간으로서 그분의 부르심에 응답하기로 선택할 때 최상의 자유를 향유한다.

새로운 길

하나님의 새로운 길이 지닌 특징들은 하나님이 처음 아브라함을 부르시는 장면부터 나타나므로, 우리는 예수님의 소명이 어떻게 아브라함의 부르심을 확장하고 성취하는지 숙고하기 전에 우선 그 특징들을 분명히 마음에 담아 둘 필요가 있다. 첫째, 아브라함 이래로 하나님의 부르심에 응답하는 믿음의 삶은 **오직 한 목소리**의 인도를 받는 삶이다. 하나님이 부르신 그 첫 순간부터 그것은 언제나 오로지 한 목소리(Voice)였고, 따라서 한 말씀이었다. "여호와께서 아브람에게 이르시되"(창 12:1). 아브라함과 그 후손, 그리고 그들의 후손인 우리는 주변 사람들과 매우 다른 새로운 생활 방식으로 부름을 받았는데, 그것은 그들이 하나님의 음성을 들었고 또 계속 하나님의 음성에 귀를 기울였기 때문이다.

아브라함은 그 당시에나 훗날에나 하나님을 본 적이 없었다. 물론 아브라함과 이후의 수많은 유대인과 그리스도인이 하나님의 일하심은 틀림없이 보았지만, 하나님을 직접 본 사람은 아무도 없다. 잘 알다시피, 성경은 누구든지 하나님을 직접 대면하고는 살아남을 수 없다고 말한다. 모세와 이사야 같은 소수의 위대한 인물이 매우 근접했다. 그러나 그들도 하나님을 완전히, 공개적으로 보진 못했고, 그들의 경험을 묘사하는 텍스트는 신중하게 이 점을 역설한다. 모세는 온 민족이 시내산에서 다 함께 경험한 것을 묘사하면서 이를 힘주어 강조했다. "여호와께서 불길 중에서 너희에게 말씀하시되 음성뿐이므로 너희가 그 말소리만 듣고 형상은 보지 못하였느니라"(신 4:12). 아브라함의 부르심이 시사하는 바와 같이, 유대인과 그리스도인 모두 이생에서 하나님과 관계를 맺는 주된 기관은 눈이 아니라 귀다.

이렇게 음성과 목격, 귀와 눈, 말과 이미지를 구별하고 말에 귀 기울이는 것을 우선시하는 입장은 유대 기독교 신앙을 한편으로는 이방 종교와, 다른 한편으로는 세속주의와 크게 구분하는 중요한 경계선이다. 그것은 또한 한편에는 신앙을, 다른 한편에는 유혹 및 죄를 갈라놓는 구분선이기도 하다. 유대인과 그리스도인 모두 부르심을 받았고 경청하라는 명령을 받았다. 성경에서 결정적인 것은 말씀(the Word)이고 청각의 차원이다. 다른 세계관들에서 중요한 것은 다른 네 가지 감각들이며 특히 시각의 차원이다. 이방 종교는 하나님을 자연의 힘과 동일시하고 세속주의는 하나님을 부인하는데 그 이유는 그들이 그분을 볼 수 없고 과학적 실험으로 찾을 수 없기 때문이다. 성경에 따르면, 말과 언어는 인간의 독특성을 나타내는 핵심이고, 인간을 본능에 따라 움직이는 동물과 구별시켜 준다. 비슷한 방식으로, 시각적으로 발동된 욕망에 따르는 것이 아니라 하나님의 말씀을 경청하는 것은 곧 하나님의 부르심을 따르는 우리의 믿음을 나타내는 핵심이다.

이 점을 생각해 보면 이방 종교에는 언어를 통한 계시가 필요하지 않다. 이방 신들은 의인화되었다가 신으로 우상화된 자연의 힘들이다. 또는 돈과 섹스와 권력 같은 인간적이고 사회적인 힘들이다. 그 모든 우상들은 쉽게 볼 수 있고 이런저런 형태로 나타난다. 해는 뜨고 진다. 별들은 밤하늘을 가로질러 움직인다. 번개는 구름에서 내리친다. 강은 흘러서 땅을 적신다. 돈과 섹스와 권력은 수많은 이미지로 다가온다. 이 다양한 힘들은 모두 그림으로 묘사될 수 있고 그에 따라 경배될 수 있다. 반면에 성경의 하나님인 야웨는 어디에나 존재하고 활동하시지만 단연코 우주의 일부가 아니다. 그분은 초월적이고 보이지 않는 창조주로서 우주 밖에 계신다. 우리는 절대로 하나님을 보지 못하고 그분의 행위만 볼 뿐이다. 주님은 우주와 다른 타자인즉 우주 안에서 우주의 일부로 보일 수 없고, 그분을 피조물의 일부로 표현하려는 것은 우상숭배다.

따라서 우리가 하나님을 알려면, 하나님이 스스로를 드러내셔야 한다. 그래서 그분은 말을 통해 자신을 계시하신다. 물론 말은 양면성을 갖고 있다. 하나님을 드러내고 진실을 알리고 사람들에 대해 좋게 말하는 데 사용될 수 있고, 거짓말을 하고 속이고 비방하는 데 오용될 수도 있다. 그리고 말은 항상 해석이 필요해서 온갖 논쟁이 생길 수 있다. 그러나 성경에서 말은 이미지만큼 부정적인 의미를 자동으로 전달하지 않는다. 성경에서 이미지는 욕망, 유혹, 죄, 우상숭배와 반복적으로 묶여 있기 때문이다.

  말씀과 이미지 간의 운명적인 충돌은 저 멀리 에덴동산까지 거슬러 올라간다. 거기서 뱀은 하나님의 말씀—"하나님이 정말로…말씀하셨느냐?"(창 3:1, 새번역)—을 시각으로 유발된 내적 욕망—"여자가 그 나무의 열매를 보니, 먹음직도 하고, 보암직도 하였다"(창 3:6, 새번역)—과 맞붙였다. 뱀은 사실상 "네 욕망이 곧 너라는 것을 깨닫지 못하느냐?"고 말한 것이다. "너는 이렇게 생겨 먹었다. 왜 너의 참된 본성, 내면의 너를 거스르고 아무리 하나님의 말이라도 그저 말일 뿐인 네 바깥의 것에 귀를 기울이는 것이냐?"

  노년의 이삭은 차남인 야곱이 에서 형을 흉내 내어 아버지를 속이고 형의 복을 훔쳤을 때 큰 실수를 했다. 이삭은 거의 눈이 멀어 있었는데, 그의 실수는 귀의 증거를 묵살하고 촉각과 후각과 미각의 증거에 속아 넘어간 것이었다. "음성은 야곱의 음성이나 손은 에서의 손이로다"(창 27:22). 이보다 훨씬 더 중요한 점이 있다. 창세기는 시각으로 유발된 내적 욕망이 하나님 말씀의 외적이고 객관적인 권위를 압도했을 때 인류가 길을 잃었다는 사실을 우리에게 보여 준다. 그리고 오늘날 그리스도인들이 최신 유행하는 세이렌 소리에 유혹되어, '나는 나', '타고난 욕망', '진정한 나', '내가 느끼는 나'와 같은 개념들을, 우리 바깥 우리 위에서 오는 하나님 말씀의 명백한 뜻과 겨루게 할 때도 같은 일이 일어난다.

  결별로의 소명과 소명의 반문화적 요소는 분명하며 값비싼 대가를 요구한다. 이는 하나님의 부르심에 응답해 믿음의 삶을 따르는 모든 사람은 말의 우선성을, 무엇보다 하나님 말씀의 최우선성을 존중하고 보호해야 한다는 뜻이다. 말은 가벼운 것이 아니다. 우리는 말이 그저 장황한 군말로 전락하도록 허용해서는 안 된다. 이와 동시에, 항상 예민한 분별력으로 이미지를 바라보고, 표면 아래를 꿰뚫어 보는 통찰력으로 외양을 꼼꼼하게 고찰해야 한다. 말과 이미지의 구별이 오늘날 더욱 중요한 이유는 우리가 빠른 속도로 움직이는 이미지, 사진, 동영상, 그래픽, 이모티콘, 외모, 표면에 둘러싸여 포격을 받는 시각 문화, 글과 책과 '말하는 사람'의 중요성을 과소평가하는 사회에 살기 때문이다. 오늘날 음악은 운율을 위해 곡조를 포기했고, 오늘날 의사소통은 언어에서 인상으로 전환했다. 하지만 예수님을 따르는 우리는 다르다. 우리는 그분의 소명을 따르고 모든 말 위에 있는 하나님의 말씀을 경청한다. 그래서 이미지와 겉모습과 욕망의 매력에 빠져 진리와 언어를 경시하는 풍조에 휩쓸려서는 안 된다["사람은 외모를 보거니와 나 여호와는 중심을 보느니라"(삼상 16:7)]. 하나님의 부르심을 따르는 이들은 그분의 목소리에 열심히 귀를 기울인다.

하나님의 새로운 길이 지닌 둘째 특징은, 아브라함 이래로 하나님의 부르심에 응답하는 믿음의 삶은 곧 **사랑으로의 소명**이라는 데 있다. 유대인과 구약성경에 대한 가장 끔찍한 비방 중 하나는 유대교는 율법에 관한 종교이고 기독교는 사랑에 관한 종교라는 주장이다. 토라, 선지서, 또는 아가서를 읽어 본 사람은 아무도 그런 주장을 할 수 없다. 실은 신약성경이 묘사하는 사랑의 깊이와 아름다움은 구약성경의 연장이자 성취이고, 사랑은 처음부터 끝까지 하나님의 새로운 길의 중심에 있다.

랍비들에 따르면, 문제가 생기는 것은 유대인이 열정적으로 강조하는 유일신론(monotheism)의 초점이 유일(mono)에만 머물러 있기 때문이다. 그러므로 질적인 면보다 양적인 면에, 하나님의 성품보다 하나님의 수에 초점을 맞추는 것이다. 물론 하나님은 단일하고 유일무이하다. 단 한 분, 모든 것 위에 계신, 모든 것과 대조되는 유일한 분이다. "나는 여호와라 나 외에 다른 이가 없나니 나 밖에 신이 없느니라"(사 45:5). 그러나 이런 강조는 야웨를 이방 신들, 즉 의인화되고 우상화된 거대한 자연의 힘에 불과한 신들과 뚜렷이 구별하기 위한 것이다. 후자에는 바벨론의 별 숭배, 이집트의 태양 숭배와 나일강 숭배, 서양의 돈과 섹스와 권력에 대한 강박 등이 포함된다. 하나님은 만물의 창조주인 만큼 모든 힘 위에 계시다. 그분은 시간과 공간의 창조주인 만큼 유일하고, 홀로 계시고, 경쟁자가 없다. 그러나 하나님이 유일무이하시다는 진리가 그와 동일한 진리, 즉 거짓 신 및 다른 힘들과의 대조적인 모습과 상관없이 하나님이 본질적으로 누군지를 보여 주신 그 진리를 가려서는 안 된다. 하나님은 '스스로 있는 자'다. **하나님은 그 자체로 그냥 존재하는 분이다**. 그러나 그 자체로 주님은 마음을 갖고 계시고 주님은 성품을 갖고 계시다. 그분은 주권적이고, 참되고, 신실하고, 공의롭고, 자비롭고, 연민이 많고, 무엇보다 사랑하시는 분이다.

이 진리가 낳는 결과는 실로 어마어마하다. 하나님은 유일한 분이고 이방 종교에서처럼 여럿 중 하나가 아니기 때문에 그 유일한 하나님이 누군지는 지극히 중요하다. 하나님의 부르심에 응답하는 것은 신조를 포함하고 윤리를 요구한다. 양자는 하나님의 소명에 이끌리는 삶에서 필수적이다. 그러나 그 부르심에 응답하는 것이 교리나 신조나 윤리로 축소되면 안 된다. 부분적인 이유는 이런 것들을 홀로 두면 무익하고 율법주의로 전락하기 쉽기 때문이고, 더 중요한 이유는 그 부르심에 응답하는 것은 그보다 훨씬 많은 것을 포함하기 때문이다. **하나님의 부르심에 응답하는 믿음의 삶은 그 중심에 관계로의, 즉 사랑의 관계로의 소명이 있다.**

아브라함은 '하나님의 친구'가 되었다. 하나님의 사랑은 신명기에 나오는 모세의 고별사에 담긴 장엄한 명령인 쉐마에서 찬란한 빛을 발한다. "이스라엘아 들으라. 우리 하나님 여호와는 오직 유일한 여호와이시니 너는 마음을 다하고 뜻을 다하고 힘을 다하여 네 하나님 여호와를 사랑하라"(신 6:4-5). 하나님은 유일하다, 그렇다. 그분은 그냥 존재하시고, 다른 신은 없다. 그런데 유일한 하나님은 곧 사랑이시고, 그의 백성을 사랑으로 부르시며, 이를 예수님은 가장 큰 계명이라고 단언하셨다.

많은 그리스도인에게 가장 강한 사랑이 무엇이냐고 물으면 '무조건적 사랑'이라고 대답한다. 그러나 그 용어는 추상적일 때가 너무 많고, 진리를 고려하지 않은 채 무엇이든 용납하는 자유방임으로 빠지면 무책임하고 무분별한 것이 될 수 있다. 이보다 훨씬 낫고 강한 것은 하나님이 사랑으로 부르신다는 성경적 개념 곧 언약적인 사랑의 충성이라는 진리다. 하나님은 우리를 아시고, 우리를 사랑하시며, 우리에게 신실하시고, 우리를 믿어 주시며, 우리는 그 보답으로 그분을 알고, 그분을 사랑하고, 그분을 신뢰하고, 그분께 신실해야 한다. 그리고 신실함, 열정, 충성, 진리에 대한 헌신으로 그분께 신의를 지켜야 한다. 그런 사랑의 충성에 비해, 배신은 간음이고 믿음에서의 탈선은 '첫사랑'의 상실이다(구약성경과 신약성경 둘 다에서). 하나님은 사랑이시다. 이 때문에 하나님의 부르심은 사랑에의 부르심이고 사랑의 삶을 살라는 부르심인 것이다.

하나님의 새로운 길이 지닌 셋째 특징은, 아브라함 이래로 하나님의 부르심에 응답하는 믿음의 삶이 곧 **자유로의 소명**이라는 데 있다. 오늘날에는 마치 하나님이 자유에 관심이 없는 것처럼, 또는 성경이 오직 영적인 자유나 개인적 죄의 속박으로부터의 자유에만 관심 있는 것처럼 말하고 행동하는 그리스도인이 너무나 많다. 앞에서 살펴본 사랑에 관한 오류도 그렇지만, 이런 오해는 참으로 이상하다. 자유는 성경 초반부터, 특히 출애굽기에서 천둥처럼 울려 퍼지기 때문이다. 모세가 바로에게 전한 "내 백성을 보내라"(출 9:1)는 우렁찬 말로부터 여호수아를 따라 약속의 땅에 들어가는 순간까지, 출애굽기는 서구적 자유의 으뜸가는 이야기다. 출애굽은 영국 혁명과 미국 혁명에 직접적으로 영감을 준 사건이자 무수한 개혁가들의 감동적인 이상이었으며, 억압받는 자들의 마음속 외침이었고, 지극히 끔찍하고 불의한 상황 속에서도 언제나 자유의 가능성이 있고 하나님의 해방의 새 날이 임할 수 있다는 희망의 불꽃이었다.

창조와 구속에 대한 성경적 견해는 자유와 자유로운 삶에 대해 타의 추종을 불허하는 토대를 제공한다. 오늘날 서양의 자유는 그 뿌리가 잘려나가 영속될 수 없는 절화(折花)된 자유에 불과하다. 무신론과 같은 일부 궁극적 신념들은 오늘날 인간 자유의 토대를 제공할 수 없다는 것을 솔직하게 인정하고 그것을 환상으로 간주한다. 선불교와 같은 다른 종교들은 자유는 고사하고 개체성을 높이 평가한 적이 없다. "사람은 잔물결조차 일으키지 않는, 연못에 던져진 돌멩이다." 반면에 아브라함과 예수의 제자들처럼 하나님의 부르심을 따르는 모든 사람, 창조와 타락과 구속에 관한 성경적 견해를 이해하는 모든 이들은 그런즉 인간 자유의 옹호자들이다. 하나님은 주권자로서 무엇이든 원할 자유가 있고 원하는 대로 실행할 자유도 있다. 그분의 형상으로 창조된 우리 인간은 주권자는 아니라도 중요한 존재들이다. 연못에 던져지면 끝없는 잔물결을 일으킨다. 그러므로 우리는 자유로이 의지를 발휘한다. 물론 우리의 환경과 우리의 성품—우리가 과거에 자유로이 내린 나쁜 선택으로 형성된 마음의 습관을 포함한—에 상당한 영향을 받지만 결코 절대적으로 좌우되지는 않는다.

넷째, 아브라함 이래로 하나님의 부르심에 응답하는 믿음의 삶은 **일정한 생활 방식으로의 소명**이다. 여기서도 소명을 신조와 윤리의 문제로, 이어서 '하라'와 '하지 말라'는 교리의 목록으로 축소시키는 것은 큰 잘못이다. 하나님은 아브라함에게 "내 앞에서 행하여 완전하라"고 말씀하셨다(창 17:1). "내가 아브라함을 선택한 것은, 그가 자식들과 자손을 잘 가르쳐서, 나에게 순종하게 하고, 옳고 바른 일을 하도록 가르치라는 뜻에서 한 것이다"(창 18:19, 새번역). 우리가 하나님과 인생과 세계에 관해 믿는 바는 우리의 행동방식에 영향을 주기 때문에 중요하지만, 궁극적으로 중요한 것은 우리의 행동방식이지 우리가 말하는 우리의 신념이 아니다. 이 점은 오랜 세월 후에 나타난 예수님의 부르심에서 더 명백해지고 더 확고해진다. 예수님은 하나님의 길을 가리키거나 가르치는 것으로 그치지 않는다. 그분의 엄청난 주장은 자기가 유일한 길이라는 것이다. "내가 곧 길이요 진리요 생명이니"(요 14:6). 그분은 실로 한 몸으로 이상적인 삶과 생활 방식을 구현한 인물이다.

말할 필요도 없이, 하나님의 부르심에 응답한다는 것은 이 네 가지 사항보다 더 많은 것을 의미한다. 시간이 더 있다면 전수의 중요성을 더하고 싶다. 아브라함을 부르신 하나님의 소명은 처음부터 그 중심에 자녀들과 장래 세대들을 두고 있기 때문이다. 그러나 적어도 이 네 가지 사항은 거의 역사의 시초부터 소명의 훨씬 큰 비전을 품는 것이 중요함을 강조한다. 하나님의 부르심은 당신 또는 나, 그리고 우리의 작은 세계들과 지나가는 우리 세대에 국한되지 않는다. 그 부르심은 우리 개개인에 대해 말하되 아울러 완전히 새로운 백성과 완전히 새로운 생활 방식을 거론하는데, 우리의 삶은 단지 그 작은 조각일 뿐이고 우리 세대는 한 번의 심장 박동에 불과하다.

인류는 길을 잃었고 세계는 원래 의도했던 모습이 아니며, 하나님은 사람들을 그분이 창조하시는 새로운 인류의 선봉이 되도록 부르고 계신다. 하나님은 우리 모두를 통해 세계를 고치고 회복시키는 중이며, 구원의 기쁜 소식을 노예 상태로 억압받는 모든 사람에게 전하고 계신다. 물론 소명은 '당신에 관한 것만은 아니다.' 그리고 나에 관한 것만도 아니다. 그러나 당신과 나는 함께, 머나먼 과거에 시작되었고 머나먼 미래까지 지속될 하나님의 부르심의 중심에 있는 그 웅대한 비전의 일부가 될 수 있다. 이 소명의 역사는 아브라함이 지친 세상을 위한 최고의 소식으로 전 세계에 전파한 이래 계속 이어지고 있다.

❖ **묵상 질문**

당신은 소명 의식을 품고 싶은가? 이 소명 의식은 당신의 인생을 전반적인 시간의 궤도에 연결시켜 주고 당신을 대대로 내려오는 하나님의 위대한 사역에 동참하게 해 준다. 인류를 회복시키려는 하나님의 위대한 목적에 기여하고 싶은가? 부르심인 동시에 명령인 사령관 예수님의 초대에 귀를 기울이라. "나를 따르라."

6
나는 누구인가?

1989년 소련 제국의 몰락을 비롯한 일련의 사건을 목격한 사람이라면 누구나 '20세기 최고의 해'로 불리는 그때의 기억을 잊지 못할 것이다. 환희 속에 해체되던 베를린 장벽, 소련 탱크의 포신 끝에 경쾌하게 뿜어져 나오는 듯 꽂혀 있던 꽃들, 마르크스와 레닌과 스탈린 동상을 넘어뜨려 철거하던 모습 등등. 그중에서도 내 머릿속에는 체코슬로바키아에서 일어난 '벨벳 혁명'(공산 독재를 무너뜨린 혁명—역주)의 장면들이 생생하게 남아 있다. 특히 1989년 11월 프라하의 벤체슬라스 광장에서 있었던 대규모 군중집회가 떠오르는데, 당시 엄청난 군중이 자발적으로 모여 환호하던 모습과 가냘픈 소년 같은 몸매에 콧수염을 기른 바츨라프 하벨(Václav Havel)이 사무실 발코니에서 한 강렬한 연설이 감동적이었다.

바츨라프 하벨은 해방된 체코 공화국의 초대 대통령이 되었고 세계적인 유명 인사로 발돋움했다. 그러나 체코 국민에게는 이미 극작가로 잘 알려져 있었다. 그는 소련 전체주의 권력에 대항해서 진실을 말한 작가였으며, 77 헌장 운동의 초대 대변인이자 반체제 인사였다.

하벨은 이런 입장 때문에 두 번이나 옥살이를 해야 했다. 한번은 어떤 재판을 풍자한 일로 1979년 '일급 사상범 교도소'에 끌려가 4년 반 동안 중노동을 해야 했다. 그곳에 있는 동안 하벨은 『올가에게 보내는 편지』(Letters to Olga)를 썼는데, 이것은 매주 아내에게 보내는 편지로 가장하여 쓴 일련의 인생론이다. 곧바로 러시아의 지하 출판물 양식으로 자가(自家) 출판된 『올가에게 보내는 편지』는 제2차 세계대전 중에 디트리히 본회퍼가 쓴 『옥중 서간』(Letters and Papers from Prison, 대한기독교서회 역간)과 6세기에 보에티우스(Boethius)가 쓴 『철학의 위안』(Consolation of Philosophy, 육문사 역간)과 더불어 서구의 고전적인 3대 옥중 서신으로 자리 잡았다.

하벨의 편지들은 항상 엄격한 검열을 받았으며 아내에게 전해질지도 불확실했지만, 그것이 그에게 허용된 유일한 글쓰기였다. 얼마 지나지 않아 그는 편지를 쓰는 데서 감옥살이의 의미를 발견하게 되었다. 나중에 그는 이렇게 회고했다. "편지를 쓰면서 나 자신을 새로운 방식으로 보게 되었고 인생의 근본적인 문제에 대한 내 태도를 점검하게 되었다. 나는 편지를 쓰는 데 점점 더 정신을 빼앗기게 되었고, 다른 어떤 것도 중요하게 여기지 않을 정도로 그 일에 매달렸다."

그 편지들에서 하벨은 마치 원정에 나선 고대 영웅처럼 발걸음을 내딛는다. 그는 자기 앞에 놓인 모든 시련과 옥살이를 견디어 내기로 결단한다. 그러나 감옥에서 육체적인 어려움을 극복한다 하더라도 그보다 훨씬 더 어려운 문제, 즉 인생의 의미를 붙들고 씨름해야 한다는 것을 이내 깨닫는다. 이 모험적인 탐구를 계속하는 중에 하벨은 많은 주제들—신앙의 본질, 광신주의, 현대 세계의 비인간적인 성향 등—을 다루게 된다. 그런데 한 가지 주제가 반복해서 등장하더니 결국 144편의 편지글의 가장 중심부를 차지하게 되었다. 그것은 바로 인간 정체성 문제의 열쇠와도 같은 '책임성'이었다.

우리 각자에게 자신의 정체성은 지극히 중요한 문제다. 다른 사람들이 무슨 생각을 하든, 유행하는 철학이 무슨 말을 하든, 인생의 굴곡이 시사하는 바가 무엇이든, 우리는 직관적으로 자신이 지극히 가치 있는 존재인 양 행동하고 생각한다. 시몬 베유는 이러한 우리 모습을 다음과 같이 잘 대변해 준다. "우리는 '나'라고 말할 수 있는 힘 외에는 이 세상에서 가진 것이 전혀 없다." 하지만 그 이유는 무엇인가? 우리 이전에 존재했고 이후에 존재할 무수한 사람들은 차치하고라도 현재 우리와 함께 살고 있는 수십억의 사람들을 생각해 보건대, 도대체 이 같은 직관을 어떻게 설명할 수 있겠는가?

하벨의 마음속에서는 "인간의 비밀은 책임성(responsibility)이라는 비밀이다"라는 확신이 점차 커져 갔다. 이 세상에 완전한 상태로 오는 사람은 아무도 없고, 스스로 자신을 창조할 수 있는 지혜와 힘을 가진 사람도 없다. 오히려 우리는 외부 세계에 반응하면서 성장하고 성숙해 간다. 하지만 그저 다른 사람이나 사회에 대해서만 반응하는 것은 아니며, 물론 양심이나 유전자와 같은 내적인 것에도 반응한다. 그러나 이러한 반응들은 상대적으로 하찮은 것이다. 우리는 가장 고상하고 인간다운 차원에서, 이 세계와 인생의 배후에 있는 무언가에 대해 반응(response)하고 있다.

하벨의 주장에 따르면, 우리는 오직 반응하고 점점 더 책임 있는 존재로 성장함으로써 "자신의 두 발로 설 수 있다." 그는 자신의 모든 생각이 다음과 같은 결론에 도달했다고 단언한다. "자신에 대한 책임은 우리가 존재의 파노라마에서 자기만의 독특한 모습을 조각하기 위해 사용하는 칼과 같다. 그것은 존재의 역사 속에 새로운 세계 창조—각각의 새로운 인간 존재가 항상 그러하듯—의 이야기를 써 넣는 펜이다."

현실에 우리의 모습을 새겨 넣는 칼? 역사의 두루마리에 우리의 이야기를 써 넣는 펜? 하벨은 매우 생생한 이미지로 책임의 위력에 대해 묘사한다. 계속해서 그는 인간 삶에 대한 이 같은 책임의 관점을 '나'와 '눈'의 대화로 설명한다. 여기서 '나'는 우리 각자가 자기 자신을 볼 때의 '나'이며, '눈'은 우리가 반응을 보이는 모든 대상의 배후에 있는 '눈'이다. 다른 곳에서 그는 우리를 부르는 어떤 '목소리'를 은유로 사용하기도 한다. 그러나 그는 다음의 질문을 하지 않을 수 없음을 깨닫는다. "인간의 책임은 그 단어 자체가 암시하듯이 어떤 것에 대한 책임이다. 그런데 무엇에 대한 책임인가? 이 무소부재하고 전능하며 속일 수 없는 권위는 무엇이며 그것은 도대체 어디에 거하는가?"

여기서 하벨은 깊이 고뇌한다. 만약 책임성이 그처럼 큰 비중을 차지하고 있다면 우리가 무엇 혹은 누구에게 반응하는가 하는 문제는 절대적으로 중요하다. 분명히 이 '눈'이나 '목소리'는 양심보다 우위에 있으며 가까운 친구들이나 공적인 권위보다 우리를 더 재촉한다. 사실 그는 암중모색 끝에 이렇게 주장한다. 그것의 근원은 "영원한 누군가다. 그는 자신을 통하여 나 역시 영원한 존재로 만든다.…그는 내가 전적으로 관계를 맺는 대상이며, 궁극적으로 나는 그 누군가를 위해 모든 것을 한다. 동시에 그 '누군가'는 나에게 직접 그리고 개인적으로 말을 건넨다."

"그러나 그게 누구인가? 하나님?" 하벨은 그 결론까지는 도달하지 못한다. 하지만 그는 이렇게 시인한다. "내 생애 처음으로 나는 주 하나님 그분을 직접 연구하는 데(감히 이런 비유를 할 수 있다면) 참여했다." 편지가 중단된 것은 아쉽지만, 다행스럽게도 바츨라프 하벨은 그 후 얼마 지나지 않아 출옥했다. 그래서 편지는 갑자기 중단된 대화처럼 끝나 버렸고 결론도 제대로 정리되지 못했다. 그러나 그가 씨름한 내용은 현대인의 사고에 담긴 깊은 모순과 동경을 잘 보여 준다.

한편으로는, 인간 개개인의 정체성은 책임을 가정하고 또 그것을 요구한다. 하벨이 말하듯이, "책임은 정체성을 확립한다. 그러나 정체성 때문에 우리가 책임 있는 존재가 되는 것은 아니다. 오히려 우리가 책임 있는 존재이기 때문에 정체성을 갖는 것이다." 다른 한편으로는, 만약 우리가 책임져야 할 대상(무엇 혹은 누군가)이 없다면, 혹은 우리가 반응할 수 있는(response-able) 대상이 존재하지 않는다면 책임이라는 개념과 '소명'에 관한 논의는 이해할 수 없는 공염불에 불과할 것이다. 부르는 자(Caller)가 없다면 소명도 없다.

나는 누구인가?

바츨라프 하벨은 요즘 세상에 보기 드문 정치 지도자다. 그러나 그가 열정적으로 품었던 의문은 그보다 단순한 차원에서 종종 볼 수 있는 딜레마와 유사하다. 이 같은 씨름은 개인적인 차원에서 소명의 진리가 중요하다는 사실을 부각시키는 또 다른 증거다. **소명**('calling' 또는

'vocation')이라는 개념은 개인 정체성의 기반과 인간됨 자체를 이해하려는 현대인의 추구와 연관되기 때문에 우리 각 사람에게 중요하다.

오늘날 우리가 겪고 있는 정체성의 위기는 현대인이 붙들려 있는 불가피한 전기(傳記)적 질문, 곧 '나는 누구인가?' 하는 질문으로 요약할 수 있다. 잡지의 표지부터 정신과 상담실 소파, 대중 세미나에 이르기까지, 우리는 이 질문에 대한 제각각의 답들 속에 파묻혀 있다. 하지만 그 대답들에는 치명적인 결함이 있어 사람들을 만족시키지 못한다. 그것들은 우리가 동경하는 것이 본질적으로 무엇인지를 설명해 주지 못한다. 즉 우리 개개인이 독특하며, 전적으로 개별적인 존재이며, 따라서 인간으로서 중요한 가치를 지니는 이유를 설명하지 못한다.

수년 전 나는 뉴욕 맨해튼에 사는 친구의 아파트에서 나오다가 한 20대 남자를 만났는데 그는 정신과 의사의 진료실에서 방금 나온 긴장된 모습이었다. 그는 복도에 놓인 전화 테이블을 주먹으로 치면서 마구 욕설을 퍼부었다. "저놈에게 갈 때마다 꼭 곤충 채집판에 꽂힌 나비처럼 저놈의 범주에 끼워 박히는 기분이야."

그런 기분이라면 차라리 치료비를 다른 곳에 쓰는 게 나을 거란 생각이 들었다. 하지만 그가 지적한 점은 논란의 여지가 없다. 우리의 문제를 설명하거나 치료하기 위해 사람들이 제시하는 많은 범주는 너무나 일반론적이다. 내가 아파트 복도에서 목격한 그 사람의 경우에도, 이러한 범주는 부정적인 효과를 냈다. 이런 식으로 마르크스주의자들은 계급이라는 범주로, 프로이트 추종자들은 어린 시절의 신경증으로, 여성 해방론자들은 성(gender)으로, 각종 시사 해설자들은 세대를 상징하는 어휘로—'침묵의 세대', '베이비붐 세대', 'X세대', '밀레니얼 세대' 등 - 우리를 해석한다. 모두가 이런 식이다.

각각의 경우 그 관점이 상대적으로 옳을 수도, 틀릴 수도 있고, 도움이 될 수도, 되지 않을 수도 있으나, 가장 깊은 차원의 질문 - 나는 누구인가? 나는 왜 살아 있는가? - 은 다루지 못한다. 그저 일반론적인 범주들은 우리를 개별적인 인간으로 다룰 수 없다. 기껏해야 우리의 개별성이 일반성에 묻힐 뿐이다. 최악의 경우에는 개별성이 부정된다. 그런 범주들은 우리를 프로크루스테스의 침대에 강제로 눕혀서 맞지 않는 부분은 가차 없이 잘라 버린다. 대량 생산된 틀에 맞게 우리의 개성을 다듬어 버리는 것이다.

인간의 개별성을 일반적인 용어로 설명하려는 모든 시도는 다양한 형태의 '속박된 존재'(constrained to be)라 정리할 수 있다. 이것이 잘못임은 명백하다. 우리는 결국 우리가 세운 범주에 갇힌 '죄수'가 된다. 그 범주가 성이든, 계급이든, 인종이든, 세대든, 혈통이든 마찬가지다. 우리의 개별성은 무시되는 것이다.

또 하나의 정반대되는 입장이 있는데, 이 역시 분명한 약점을 안고 있다. 그것은 다양한 형태의 '존재할 용기'(the courage to be)다. 이 견해에 따르면 우리 모두는 자유 - 혹자는 끔찍한 자유라고 여기는 - 를 갖고 있다. 용기와 의지만 있다면 우리가 원하는 무엇이든 될 수 있다. 우리는 사실상 '우리 자신을 발명할 수 있다'고 한다. 이 입장을 대변하는 고전적인 예는 윌리엄 셰익스피어의 작품에 나오는 코리올라누스인데, 그는 "인간이 스스로의 창조자(Author)이며, 누구와도 혈연 관계가 없는 것처럼" 우뚝 서 있었다. 존 키츠(John Keats) 역시 훗날 "창조적인 것은 스스로를 창조해야 한다"고 말했다.

이러한 입장은 오늘날 수많은 방법으로 우리를 유혹하고 있다. 상류 사회의 경우를 보면, 최근 프랑스의 한 향수 회사가 다음과 같은 광고 문구로 영어권 시장을 공략하고 있다. "당신이 손수 쓴 대본으로 연기할 때 최고의 인생이 된다." 얼마 전만 해도 프랑스 지식 사회는 존재할 용기에 대해 거창한 실존주의 용어들을 사용하여, '나쁜 신앙'과 궁극적인 부조리에 반하는 영웅적인 '진정성'(authenticity)이라고 묘사했다. 좀더 피부에 와 닿는 표현으로는 "네가 될 수 있는 모든 것이 되라"(미 육군의 슬로건), "하면 된다", "있는 그대로", "네 꿈을 좇으라", "네 자신을 믿으면 무엇이든 할 수 있다" 등이 있다.

이론의 여지 없이, '존재할 용기'의 가장 위험하고도 매력적인 모습은 프리드리히 니체와 그의 제자들에게서 찾아볼 수 있다. "신은 죽었다." 따라서 의미는 발견될 수 없다고 그들은 주장한다. 또한 자연법의 '허구성'을 신봉하는 자들이 주장하듯, 우리는 우주에서 의미를 읽어 낼 수 없다. 그 대신 우리는 의미 없는 세계의 심연에서 출발하여 오직 의지력으로 우리 자신의 의미를 무(無)에서 창조해 낸다. 그것이 초인(超人)의 존재할 용기다.

니체에 따르면, 우리에게는 단지 두 가지 선택지가 있을 뿐이다. 우리 자신에게 복종하든지 혹은 타인의 명령을 받든지. 따라서 군중의 수준을 넘어 정상을 향해 오르려는 영웅들에게 다른 선택의 여지는 없다. 그들은 용기를 내야 하고, 자기 자신을 위해 행동을 취하여 그들 본연의 개개인이 되어야 한다. 그렇게 하기 위해서는 극기(克己)와 의지력이 필요하다. 그들의 목표는 니체와 같이 "나는 그렇게 되고자 했다"라고 말할 수 있는 것이다.

서구의 중산층 사회에서는 '정체성'이 가장 중요한 개인적 관심사가 되었다. '정체성 확립'을 헌신적으로 추구하는 자들은 무엇보다 먼저 몸에 신경을 쓴다. 그래서 요리책, 몸 만들기, 식이 요법, 건강식품, 의약품, 성형 수술, 피부 및 체형 관리 제품, 운동 기구, 그리고 온갖 유의 교본에 정신이 팔려 있다.

이러한 자기 건설은 끝이 없으며 값비싼 대가를 요구한다. 공중 보건 및 공공 안전에 대한 열정과 금연 운동이 보여 주듯이 정치마저도 다른 수단에 의한 일종의 몸 관리가 되어 버린다. 결국 세속적인 견해로 보면 몸은 우리가 가진 전부이고 우리 존재의 총체인 셈이다. 베스트셀러로 꼽히는 "자연 요리의 모든 것"류의 책에서 말하듯 "부엌은 삶을 창조하는 스튜디오다.…당신만이 당신의 인생을 그려 내는 미술가다."

부자, 강자, 젊은이, 광신자가 아닌 다음에야, 이런 입장이 부조리하다는 것은 자명하다. 우선, 우리가 원하는 것을 할 수 있다 하더라도 여전히 의문은 남는다. '무엇을 원하는가?' 하는 점이다. 우리는 자유를 획득하는 수단에서는 굉장한 능력을 갖고 있지만, 이에 반해 목적은 거의 텅 빈 상태에 있다. 테크닉에 어울리는 목적이 없는 것이다. 그래서 얄궂게도 최대의 능력을 가졌으나 그 능력이 무엇을 위한 것인지 모른다. 우리는 간절하게 추구하는 모든 것을 얻기 위해 '자조'(self-help)의 수단을 약속하는 '전문가들'의 도움을 요청하지만, 결국에는 그들에게 값비싼 대가를 지불하고 새로운 형태의 속박을 얻을 뿐이다.

또 하나, 현실은 세상에 있는 모든 의지를 동원하더라도 우리가 되고 싶어 하는 것이 될 수 없다는 사실을 상기시켜 준다. 의지력의 문제에 대해 논하자면, 의지는 흔하지만 능력은 드물다. 진정한 정체성은 스스로 건설하는 것이기보다는 항상 사회적으로 부여받은 것이기 때문에 우리 스스로 방법을 고안함으로써 얻을 수 있는 것이 아니다. 요컨대 '존재할 용기' 이상의 것이 필요하다는 뜻이다. '속박된 존재'가 우리의 개별성을 유지하는 데 도움이 되지 않는다면, 우리의 개별성은 모두 '존재할 용기'에 달려 있다는 주장 역시 비현실적이다. 그러므로 이제 세 번째 주장이 점점 인기를 얻고 있다.

이 세 번째 관점은, 개별성을 '타고난 존재'(constituted to be)의 문제로 본다. 우리는 출생하는 순간부터 최종적인 성품의 씨앗을 품고 있다는 것이다. 즉 우리는 자신의 인생 이야기가 쓰인 대본을 갖고 시작한다. 이 견해는 종종 '도토리 이론'(도토리는 상수리나무라는 본질을 이미 품고 있는 씨앗이다—역주)이라 불리는데, 이는 뉴에이지 사상의 영향을 받은 것으로서 우리 각자는 영혼뿐 아니라 영혼의 동반자도 함께 지니고 있다고 본다. 이 보호의 영 혹은 '수호신'(daemon)은 우리 몸과 부모의 선택까지도 지시한다. 그러므로 삶의 비밀은 우리 인생 이야기를 '읽는' 것이고, 그 보호의 영을 감지하고 그 영이 자유롭게 활동할 수 있도록 풀어 주는 것이다. 그것을 통해서만 도토리는 나무가 되고, 우리 각자는 개인적인 운명에 따라 성장하게 된다. 파블로 피카소(Pablo Picasso)의 표현처럼 "각 사람의 본성은 이미 결정되어 있다"는 것이다. 이 입장은 우리가 개별적으로 누구인가 하는 점에서 시작하기 때문에 적어도 개별성만은 진지하게 다루는 셈이다. 그러나 '운명'이나 '이미 결정되어 있다'는 말들은 이 관점 역시 부적합하다는 점을 시사한다.

앞에서 언급한 세 가지 입장은 각각 어느 정도 진리를 포함하고 있다. 정도의 차이는 있겠지만 우리는 모두 '속박되어' 있다. 수많은 세력이 우리를 형성하고 있음을 아는 것은 매우 중요하다. 또한 그만큼 우리는 '존재할 용기'를 지녀야 한다. 그래야만 과거의 노예나 환경의 희생자가 되지 않고 진정한 자아가 될 수 있다. 그리고 이 '존재할 용기'는 어느 정도까지는 '타고난 존재'의 궤도에 합류하여 함께 진행될 것이다. 그러나 이 세 가지 접근의 중요성과 약점들을 제대로 인식하는 사람은 누구나, 특히 자신의 강렬한 독특성의 힘을 느끼는 사람이라면 소명에 담긴 놀라운 진리를 볼 수 있을 것이다.

이 관점들이 약점을 드러내고 잘못된 방향으로 치닫는 곳에서 소명은 그 나름의 해결책이 될 수 있다. 우리는 '속박된 존재'가 아니라 '부름받은 존재'다. 우리를 부르시는 분은 우리를 개개인으로 보고 우리에게 개별적으로 말씀하신다. 즉, 우리를 독특하고, 특별하며, 고귀하고, 중요하며, 자유로이 반응하는 존재로 대하신다. 우리를 부르시는 분은 무한하고 인격적인 존재로서, 우리에게 인격적으로 다가올 뿐 아니라 그 자체로 인격인 존재다. 그러므로 부름받은 우리는 개개인으로서 호명되었고, 그분과의 관계로 초대받았다[하나님은 "내가 너를 지명하여 불렀나니"(사 43:1)라고 말씀하셨다]. 우리는 친밀한 관계로서 그분께 알려진 바 되었으므로 감사와 더불어 놀라운 전율을 느끼게 된다[시편 기자는 "이 지식이 내게 너무 기이하니"(시 139:6)라고 썼다]. 인생을 업(業, karma)으로 보는 것이나, 당신의 장래가 바꿀 수 없이 이미 '쓰여져 있다'는 믿음은 소명의 진리와는 거리가 멀다.

인간됨은 하나님의 부르심에 대한 반응이다. 이것은 당신의 인생 대본을 스스로 쓰라는 권면보다 훨씬 더 심오한 것이다. 소명에 응답하는 데는 용기가 필요하지만 그렇다고 해서 우리가 순전히 자율적인 존재인 것은 아니다. 그 도전에 반응하는 것이 우리 손에만 달려 있지는 않다. 우리는 혼자 힘으로 일어설 수 없으며 그럴 필요도 없다. 소명에 응답하는 것은 그 도전을 향해 일어서는 것을 의미하지만 그것은 대화를 통해 함께하는 것이다. 그리고 부르시는 분과 부름받은 자의 친밀한 관계 속에서 반응하는 것이다.

인생을 숙명론적으로 보고 사전에 결정된 것으로 여기는 '타고난 존재'라는 개념과는 대조적으로, '부름받은 존재'라는 개념은 자유와 미래를 강조한다. '나는 누구인가?'라는 질문은 단지 어린 시절의 경험으로 '되돌아가서' 거기에서 훗날 내 운명이 어떻게 암시되고 나타나는지를 살피는 문제가 아니다. 우리가 그분의 부르심에 반응할 때 하나님은 우리를 인도해 나가신다. 우리는 그분의 소명을 좇음으로써 창조 의도에 맞는 존재가 된다. 또한 우리는 앞으로 우리가 될 존재, 그것도 부름받은 백성으로서 재창조될 때에만 될 수 있는 존재가 되는 것이다.

결국, 바츨라프 하벨이 마지막 편지에서 책임에 관해 썼듯이 "한 사람의 정체성은 이미 주어진 어떤 것, 이미 완성되어 의문의 여지가 없는 그런 것이 아니며 따라서 그의 손 안에 있지 않다." 인간의 정체성은 앉을 자리나 쉴 수 있는 베개 같은 것이 아니다. 그것은 이생에 고정되어 있거나 최종적인 것이 결코 아니다. 그것은 불완전한 것이다. 우리는 그러한 성격의 소명을 거부하고 발육 부진에 걸릴 수도 있다. 즉, 반응이 더디고 무책임하게 되는 것이다. 아니면 반대로 소명 곧 부르심에 응답하여 유일하신 부르시는 분(Caller)이 우리를 훌륭한 피조물로 빚으시게 할 수도 있다.

그러나 이러한 처방은 결국 주체성 없는 인격과 갑갑한 인생을 초래하는 것이 아닌가? 오히려 정반대다. C. S. 루이스가 지적했듯이, "지금 우리가 '자신'이라고 부르는 것을 몰아내고 그분이 우리를 취하시게 할수록 우리는 더욱 진정한 자아가 되어 간다." 다른 대안은 파멸을 초래할 뿐이다. "그분께 저항하여 내 마음대로 인생을 살려고 발버둥 칠수록, 나는 물려받은 유전과 성장 배경, 환경과 자연적인 욕망에 더욱 지배당한다. 사실상 내가 그처럼 자랑스럽게 '나 자신'(Myself)이라 부르는 것은, 내가 시작하지도 않았고 중단시킬 수도 없는 수많은 사건들이 만나는 지점에 불과한 것이 된다."

우리는 그리스도께 응답하고 그분의 부르심을 좇을 때에만 진정한 자아가 되고 자기 본연의 모습을 갖게 된다. 그러므로 현대인들은 정체성 문제에 관해 완전히 거꾸로 생각하고 있는 셈이다. 즉 하나님에 대해서는 확신하지 않으면서 자신에 대해서는 확신하는 체하기 때문이다. 그리스도를 따르는 자들은 이와 정반대다. 우리 자신에 대해서는 확신할 수 없지만 하나님에 대해서는 확신을 갖고 있다. 이 같은 긴장을 디트리히 본회퍼만큼 감동적으로 묘사한 사람은 없을 것이다. 다음의 시는 제2차 세계대전이 끝나 갈 무렵 그가 생애의 마지막 순간에 베를린 감옥에서 쓴 것이다.

나는 누구인가?

나는 누구인가? 그들이 종종 말하기를
나는 감방에서 걸어 나올 때

마치 지주가 자기 저택에서 나오듯
침착하고, 쾌활하고, 단호하다고 한다.

나는 누구인가? 그들이 종종 말하기를
나는 간수에게 말을 건넬 때
마치 명령하는 권한이 있는 듯
자유롭고, 친근하고, 분명하다고 한다.

나는 누구인가? 그들이 또한 말하기를
나는 불행한 날들을 견디면서
마치 승리하는 데 익숙한 듯
평온하고, 미소 지으며, 당당하다고 한다.

그러면 나는 정말 다른 이들이 말하는 그런 존재인가?
아니면 나 자신이 아는 그런 존재일 뿐인가?
새장에 갇힌 새처럼, 불안하고 뭔가를 갈망하며 병든,
손들이 내 목을 조르고 있는 듯 숨가쁜,
빛깔과 꽃들과 새소리에 굶주린,
친절한 말과 이웃에 목마른,
압제와 사소한 모욕에 분노로 치를 떠는,
위대한 사건들을 간절히 고대하는,
무한히 멀리 있는 친구들로 인해 힘없이 슬퍼하는,
기도하고, 생각하고, 만드는 데 지치고 허무해진,

무기력하게 그 모든 것과 이별할 채비를 갖춘 그런 존재?
나는 누구인가? 이것인가, 저것인가?
오늘은 이 사람이고 내일은 저 사람인가?
나는 동시에 둘 다인가? 타인 앞에서는 위선자,
내 앞에서는 한심스러울 만큼 슬픔에 잠긴 약골인가?
아니면 이미 성취된 승리로부터 혼돈 가운데로 도망치는,
내 속에 여전히 살아 있는 패잔병 같은 그 무엇인가?

나는 누구인가? 이 고독한 질문들이 나를 비웃는다.
내가 그 누구든지, 오 하나님 당신은 아십니다.
내가 당신 것인 줄을.

❖**묵상 질문**

당신은 당신 존재의 신비로운 비밀을 알고 싶은가? 그리고 날 때부터 당신에게 의도된 존재가 되기를 바라는가? 부르심인 동시에 명령인 사령관 예수님의 초대에 귀를 기울이라. "나를 따르라."

7
모든 사람이, 모든 곳에서, 모든 것에서

"1787년 어느 날 저녁, 영국의 한 젊은 하원 의원이 국회 의사당 옆에 있는 자신의 집에서 한 문서를 촛불에 비추어 열심히 읽고 있었다. 윌버포스는 노예 매매 폐지안을 제출하도록 요청받은 터였다. 당시 영국인들은 대부분 노예 매매가 골치 아픈 문제이긴 하지만 여전히 필요한 것이고, 그것이 폐지되면 경제적인 파산이 뒤따를 것이라고 생각하고 있었다. 노예 매매를 잘못되고 악한 것이라고 생각한 사람은 극소수에 불과했다."

1996년 런던의 국립 미술관에서 윌리엄 윌버포스(William Wilberforce)의 전기 작가인 존 폴록(John Pollock)은 윌버포스에 관한 탁월한 강연을 이렇게 시작했다.

윌버포스는 연구를 거듭할수록 너무나 분명한 결론에 도달하지 않을 수 없었다. 그는 나중에 하원에서 이렇게 말했다. "노예 매매는 너무나 엄청나고 무시무시하며 치유할 수 없는 악습이기 때문에 나는 그것을 폐지하기 위해 싸우기로 굳게 결심했습니다. 결과가 어떠하든 간에 나는 이 시간부터 폐지가 이루어질 때까지 결코 쉬지 않겠노라고 결심했습니다."

"그것은 영국과 세계 역사에서 결정적인 순간이었다"라고 존 폴록은 말했다. "그로부터 몇 개월 후인 1787년 10월 28일 일요일, 그는 일기에 개인으로서는 역사상 가장 대담한 사명 선언문이라고 할 만한 글을 썼다. '전능하신 하나님은 내 앞에 두 가지 위대한 목표를 주셨다. 그것은 노예 매매의 폐지와 관습(Manners)의 개혁이다.' 관습은 현대어로는 '습관', '태도', '도덕'이다."

그런데 서구 역사의 위대한 개혁자 중에서 윌리엄 윌버포스가 그 누구보다 덜 알려졌다는 것은 참으로 의아한 사실이다. 그가 '두 가지 위대한 목표' 중 첫 번째에서 성공한 것을 두고 존 폴록은 "영국 국민이 이룩한 가장 위대한 도덕적 업적"이라고 설명했고, 역사가 트리벨리언(G. M. Trevelyan)은 "세계 역사상 가장 획기적인 사건 중 하나"라고 평가했다. 또 윌버포스가 두 번째 과제에 성공하자 또 다른 역사가는 그가 영국을 프랑스 혁명에서 구하였고 장차 빅토리아 시대의 기초가 될 특징을 실현했다고 평가했다. 국회에서 만년의 윌버포스를 본 한 이탈리아 외교관은 "모두가 이 작은 노인을 인류의 워싱턴으로 생각한다"고 기록했다.

이에 못지않게 놀라운 사실은 윌버포스가 엄청난 반대를 극복하고 이 같은 기념비적인 업적을 이루었다는 점이다. 인물로 보면, 그는 코가 지나치게 길고 몸이 약한 편이어서 어느 모로 보나 못생기고 작은 사람이었으며 당시에 경멸받던 '복음주의자' 혹은 '열렬 신자'였다. 그가 이루고자 했던 과업으로 보면, 당시에 노예제는 거의 전 세계적으로 용인되었으며, 노예 매매는 대영 제국의 경제에 오늘날 미국의 방위 산업만큼이나 중요한 비중을 차지했다. 그의 반대 세력을 보자면, 막강한 상인들, 해군 제독 넬슨 경 같은 식민지 기득권 세력, 대부분의 왕족을 망라하고 있었다. 그리고 윌버포스의 끈기로 말하자면, 그 목표를 달성하기까지 거의 50년을 지칠 줄 모르고 달려갔을 정도다.

윌버포스는 줄곧 비방을 받았으며 심지어는 두 번이나 신체적인 공격을 받았다. 한번은 그의 친구가 유쾌한 어투로 다음과 같은 편지를 보냈다. "나는 자네가 서부 인도의 공장장에게 난도질당해서 아프리카 상인들 손에 바비큐가 되고 기니 선장들에게 먹혔다는 뉴스를 듣게 될 것 같네. 하지만 굴하지 말게. 내가 자네 묘비명을 써 줄 테니까."

이 모든 것 가운데 가장 놀랄 만한 사실은 윌버포스가 하마터면 간발의 차로 자신의 원대한 소명을 모두 잃을 뻔했다는 것이다. 예수 그리스도를 믿는 믿음이 평생에 걸친 개혁 열정에 불을 지펴 주었다. 한때 그는 69개나 되는 의안을 주도하며 적극적으로 참여했는데, 그중 여러 개는 세계적으로 중요한 사안들이었다. 그러나 1785년 25세에 회심했을 때 그는 정치를 집어치우고 기독교 사역의 길로 접어들 뻔했다. 당시나 지금이나 수많은 사람들이 생각하는 것처럼 윌버포스 역시 '영적인' 일이 '세속적인' 일보다 훨씬 더 중요하다고 생각했다.

다행스럽게도 한 목사가, 하나님은 그가 기독교 사역보다는 정치 영역에 남기를 원하신다고 윌버포스를 설득했다. 그는 노예 상인으로 일하다가 회심하여 찬송 "나 같은 죄인 살리신"(Amazing Grace)을 작사한 존 뉴턴(John Newton)이었다. 뉴턴은 "나는 주님이 국가를 위해 일하도록 당신을 세우셨다고 믿고 있으며 또 그렇게 되길 기대합니다"라고 썼다. 윌버포스는 많이 기도하고 숙고한 끝에 뉴턴의 조언이 옳다는 결론을 내렸다. 하나님은 그를 정치가로서 억압받는 자들의 자유를 옹호하라고 부르고 계셨다. 1788년 그는 일기에 이렇게 썼다. "내 길은 공적인 길이며, 내가 일할 곳은 이 세상이다. 그러므로 나는 사람들이 모인 곳에서 함께 어울려야 하며, 그렇지 않다면 섭리에 따라 맡겨졌다고 생각했던 그 직책을 그만두어야 할 것이다."

소명이 핵심이다

한 가지 유감스러운 사실은, 윌버포스처럼 세속적인 것을 희생시키면서 영적인 것을 격상시키지 않기로 선택한 그리스도인에 비해 그러한 유혹에 넘어가는 사람들이 무수히 많다는 점이다. '가까스로' 그 유혹에서 벗어난 윌버포스의 경우는 소명의 특징을 잘 이해하게 해 주는 실례가 되며, 두 가지 커다란 오류 중 하나를 지적해 준다. 앞에서 나는 소명을 다음과 같이 정의했었다. **소명이란, 하나님이 우리를 너무나 결정적으로 부르셨기에, 그분의 소환과 은혜에 응답하여 우리의 모든 존재, 우리의 모든 행위, 우리의 모든 소유가 헌신적이고 역동적으로 그분을 섬기는 데 투자된다는 진리다.**

이제 이 진리의 내용을 한 단계 더 깊이 살펴볼 때가 되었다. 우선 소명에 관한 성경적 개념의 네 요소를 보겠는데, 이는 우리가 항상 견지해야 할 필수적인 원리다.

첫째, 소명은 단순하고 분명한 의미를 갖고 있다. 구약성경에서 '소명'(부르심)으로 번역된 히브리어 단어는 우리가 일상적으로 사용하는 것과 동일한 의미를 지니고 있다. 인간은 서로 부르고, 하나님을 부르고, 동물을 부르기도 한다. 동물들도 부를 수 있다[예를 들면, 시편 기자는 하나님이 "들짐승과 우는(call) 까마귀 새끼에게 먹을 것을 주시는도다"라고 썼다]. **소명**이란 단어는 장구한 신학과 역사를 거치면서 이 단순한 의미에서 많이 변모하였다. 그러나 이 단순한 의미와 관계 중심적인 배경이 결코 상실되어서는 안 된다. 예를 들어, 당신이 전화로 누군가를 '부를' 때에는 그 사람의 귀를 잠시 동안 붙드는 셈이다.

둘째, 구약성경에서 소명은 또 다른 중요한 의미를 갖고 있다. 부른다는 것은 이름을 붙인다는 것이고, 이름을 붙인다는 것은 어떤 것을 만들거나 존재하게 한다는 뜻이다. 그래서 창세기 1장에는 "하나님이 빛을 '낮'이라 칭하시고 어두움을 '밤'이라 칭하셨다(called)"고 나온다. 이렇게 칭하는 것은 어떤 것을 확인하기 위해 그저 이름표를 붙이는 것과는 거리가 멀다. 그처럼 결정적이고 창조적으로 이름을 붙이는 행위는 그것을 만들어 내는 것과 같다. 그러므로 하나님은 이스라엘을 부르셨을 때 이스라엘이라는 이름을 붙이셨고, 그로 인해 이스라엘을 자기 백성으로 제정하시고 창조하셨던 것이다. 소명이란 현재 우리의 모습 및 행위와 관련될 뿐 아니라, 하나님의 부르심으로 장차 우리가 될 모습과도 관련된다. 따라서 '이름 붙여 부르기'는 현재의 모습과 장래의 모습을 융합시킨 것이다.

셋째, 소명은 신약성경에서 더욱 특징적인 의미를 얻는다. 그것은 구원과 거의 동의어다. 이런 맥락에서, 하나님이 사람들을 그리스도를 따르는 자가 되도록 그분께로 부르신다는 의미로 소명(부르심)이 사용된 예가 압도적으로 많다. 하나님이 이스라엘을 불러 그분의 백성이 되게 하신 것같이 예수님은 자기 제자들을 부르셨다. 그리스도를 따르는 자들 전체는 '부름받은 자들'[교회를 뜻하는 헬라어 '에클레시아'(ecclesia)의 어원]의 공동체이다. 이 같은 하나님의 결정적인 부르심이 구원이다. 하나님이 부르신 자들은 우선 선택받은 자들이요, 후에는 의롭게 되고 영화롭게 될 자들이다. 그러나 부르심이야말로 하나님이 주도하신 이 네 가지 행위 가운데 가장 두드러진다. 따라서 소명이 종종 구원 자체를 상징한다는 사실은 놀라운 것이 아니며, 예수님의 제자들은 보통 '그리스도인'이 아니라 '예수를 따르는 자들' 또는 '그 도(道)를 따르는 자들'이라고 묘사된다.

넷째, 소명은 신약성경에서 또 다른 중요하고도 확장된 의미를 갖는데, 이는 후대의 교회 역사에서 더욱 꽃을 피우게 된다. 하나님이 사람들을 자신에게로 부르실 때의 부르심은 그저 가벼운 제안이 아니다. 그분은 경외심을 불러일으키는 분이요, 그분의 소환은 너무나 강력한 명령이기 때문에 오직 한 가지 반응만이 합당하다. 그것은 우리를 부르시는 분의 권위만큼이나 총체적이고 보편적인 반응이어야 한다. 그러므로 신약성경에서 예수님이 자신의 제자들을 부르실 때는 동시에 다른 일로도 부르시는 것이다. 즉, 평화로, 교제로, 영원한 생명으로, 고난으로, 섬김으로 부르시는 것이다. 그러나 이런 것들보다 더 깊은 차원에는 제자도가 있다. 이는 '모든 사람, 모든 곳, 모든 것에서'를 내포하며, 그리스도의 주되심에 대한 자연스럽고도 합당한 반응이다. 바울이 골로새에 있는 그리스도의 제자들에게 썼듯이 "무슨 일을 하든지 마음을 다하여 주께 하듯 하고 사람에게 하듯 하지 말"(골 3:23)아야 한다.

요컨대, 성경에서의 소명은 중심적이고 역동적인 주제로서 믿음의 삶 자체를 상징하는 은유다. 어떤 이들이 주장하듯이 이 단어를 몇 개의 본문이나 구원의 특정 단계에만 국한시킨다면 나무만 보고 숲을 보지 못하는 우를 범하는 것이다. 예수님의 제자가 된다는 것은 '부름받은 자'가 되는 것이며, 따라서 '그 도를 따르는 자'가 되는 것이다.

소명의 세 번째 및 네 번째 의미는 역사적으로 후대에 더욱 정교하게 정립된 중요한 구별, 곧 일차적인 소명과 이차적인 소명의 기초가 된다. 그리스도를 따르는 자로서의 **일차적인 소명은 그분에 의한, 그분을 향한, 그분을 위한 것이다.** 무엇보다 일차적으로 우리는 누군가(하나님)에게 부름받은 것이지, 무엇(어머니 역할이나 정치나 교직)이나 어디(도시 빈민가나 몽골)로 부름받은 것이 아니다.

우리의 이차적인 소명은, 모든 것을 다스리시는 주권적인 하나님을 기억하고 모든 사람이, 모든 곳에서, 모든 것에서 전적으로 그분을 위하여 생각하고, 말하고, 살고 행해야 한다는 것이다. 따라서 우리가 가정주부나 법조인으로 혹은 교직으로 부름받았다고 말하는 것은 이 이차적인 소명으로서 적절한 표현이다. 하지만 이와 같은 것들은 어디까지나 이차적일 뿐 일차적인 소명은 아니다. 그것들은 여러 '소명들'(callings)이지 절대적인 그 '소명'(the calling)은 아니다. 그것들은 하나님의 인도에 대한 개인적인 응답이자 하나님의 소환에 대한 우리의 반응이다. 이차적인 소명도 중요하지만 그것은 일차적인 소명이 가장 중요하기 때문에 그러하다.

일차적 소명과 이차적 소명 사이의 중요한 구별은 두 가지 도전을 던진다. 먼저는 두 소명을 함께 붙드는 것이고, 또 하나는 그 둘이 올

바른 순서에 놓이도록 하는 것이다. 환언하면, 우리가 소명을 제대로 이해한다면 첫째 것이 첫째 자리를 지키도록, 즉 일차적인 소명이 항상 이차적인 소명 앞에 오도록 해야 한다. 그러나 동시에 일차적인 소명이 이차적인 소명으로 반드시 연결되도록 해야 한다. 교회는 이러한 도전들에 잘못 대처하여 두 가지 커다란 오류를 초래했고 그 결과 소명의 진리를 왜곡시켰다. 그것을 '가톨릭적 왜곡'과 '개신교적 왜곡'이라 부를 수 있다.

가톨릭적 왜곡

그리스도를 따르는 자들에게 소명의 진리는 '모든 사람이, 모든 곳에서, 모든 것에서' 삶 전체를 하나님의 부르심에 대한 반응으로 사는 것을 의미한다. 그런데 종종 이 같은 소명의 총체적인 성격이 왜곡되어 세속적인 것을 희생시킨 채 영적인 것을 격상시키는 일종의 이원론이 되었다. 이런 왜곡을 '가톨릭적 왜곡'이라 부를 수 있는데, 그 이유는 그것이 가톨릭 시대에 발생했고 지금도 가톨릭 전통의 주류 입장이기 때문이다.

그렇다고 개신교인들이 잘난 체할 입장에 있는 것도 아니다. 우선 윌버포스가 그럴 뻔했던 것처럼 수많은 개신교인들이 가톨릭적 왜곡에 굴복해 버렸다. 예를 들어, 오늘날 개신교에서 통용되는 **전임 기독교 사역**이란 용어를 생각해 보자. 그 용어는 마치 교회나 기독교 기관에서 일하지 않는 사람은 파트타임으로 그리스도를 섬기는 것처럼 오도하고 있다. 다음 장에서 살펴볼 소명에 대한 개신교의 혼동은 이보다 더 잘못된 '개신교적 왜곡'을 초래했다. 이것도 일종의 이원론을 낳았는데 이번에는 영적인 것을 희생시킨 채 세속적인 것을 격상시켰을 뿐 아니라 후자를 전자로부터 완전히 분리시켜 버렸다.

초창기 가톨릭적 왜곡의 실례는 카이사레아 주교였던 에우세비우스(Eusebius)가 쓴 『복음의 증거』에 나와 있다. 에우세비우스는 문체가 다소 거칠긴 하지만 다작의 필자로서 사도 시대로부터 당대에 이르는 초대교회의 대표적인 역사가였다. 그는 주후 312년에 있었던 콘스탄티누스의 회심 직전 교회의 영적 상태와 로마 제국에 대한 귀중한 증거를 제공하고 있다.

에우세비우스는 그리스도께서 교회에 '두 가지 생활 방식'을 주셨다고 주장한다. 하나는 '완전한 삶'이고 다른 하나는 '허용된 삶'이다. 완전한 삶은 관조(contemplation)를 중심으로 한 영적인 삶으로서 사제와 수도사와 수녀를 위한 것이다. 반면 허용된 삶은 활동 중심의 세속적인 삶으로서 병역, 정치, 농업, 상업, 가족 부양 등이 이에 해당된다. 완전한 삶을 따르는 자들은 '죽을 운명의 삶에 대해서는 죽고, 자기 몸 외에는 이 땅의 것을 아무것도 지니지 않은 채 마음과 영으로는 하늘까지 도달한' 사람들이다. 반면 '더 비천하고, 더 인간적인' 허용된 삶을 사는 자들은 '경건의 수준에서 일종의 이류'에 속하는 사람들이다.

고차원 대 저차원, 거룩성 대 세속성, 완전함 대 허용됨, 관조 대 활동…. 이 견해에서는 이원론과 엘리트주의를 굳이 강조할 필요가 없다. 유감스럽게도 소명에 관한 이 같은 '이층 구조' 혹은 '이중생활'적인 견해는 소명의 영역을 좁히고 대부분의 그리스도인들을 소명의 테두리 밖으로 밀어냄으로써 성경의 가르침을 심하게 왜곡했다. 또한 후대의 기독교적 사고에 지배적인 영향을 미치기도 했다. 예를 들면, 아우구스티누스와 토마스 아퀴나스는 모두 농부와 기술자와 상인의 일을 칭송했지만 항상 관조적인 삶(vita contemplativa)을 활동적인 삶(vita activa)보다 상위에 놓았다. 활동적인 삶은 필요에 의해 하는 이등급의 삶으로 묘사되었으며, 관조적인 삶은 자유로 특징지어지는 일등급의 삶으로 그려졌다. 아퀴나스는 관조의 삶이 "한마디로 활동의 삶보다 더 낫다"고 썼다. 오늘날 소명에 대한 좀더 총체적인 견해를 회복하려는 가톨릭계에서도 '소명에 응답하는 것'을 사제나 수녀가 되는 것으로 여기는 경우를 흔하게 볼 수 있다.

가톨릭적 왜곡은 신앙의 이중 잣대를 만들어 냈고 이는 거꾸로 중요한 아이러니를 낳았다. 수도원 제도는 **개혁의 사명**과 함께 시작되었다. 점점 더 세속화되어 가는 교회를 향해 그런 와중에도 복음이 요구하는 급진적인 생활 방식을 실천할 수 있음을 주지시키려고 노력했던 것이다. 그러나 수도원 제도는 전문가들(영혼의 귀족들)에게만 급진적인 길을 요구하였고 다른 모든 사람은 그에서 면제해 주는 이른바 이중 잣대를 적용함으로써 결과적으로 **풀어 주는 효과**를 낳았다. 그러므로 이 제도는 세속화를 막으려는 본래의 의도와는 정반대로 세속화를 촉진하는 아이러니를 초래했다. 결국에는 수도원 자체도 세속화에 굴복함으로써 엘리트주의, 권력, 교만, 타락의 중심 통로가 되어 버렸다.

물론 중세에도 이러한 왜곡의 예외가 있었던 것은 사실이다. 놀랍게도 가장 강력한 예는 신비주의자인 마이스터 에크하르트(Meister Eckehart)와 요하네스 타울러(Johannes Tauler)인데, 그들은 '관조를 위해서는 멈추어 서지만 활동을 조롱하는 모든 이들'을 비난했다. 하지만 대부분의 중세인에게 '소명'이란 사제와 수도사와 수녀들에게 한정되는 용어였다. 다른 모든 사람은 그저 '일'을 갖고 있을 뿐이었다.

1520년에 나온 마르틴 루터의 논문 『교회의 바벨론 유수』는 오랜 세월 동안 경직된 계층주의와 영적인 귀족주의로 점철된 그 세계에 청천벽력과도 같았다. 아우구스티누스파 수도사였던 루터는 모든 성직을 철폐하고 모든 서원을 삼가라고 요구했다. 그 이유는? 관조적인 삶은 성경적인 근거가 없기 때문이다. 그런 삶은 위선과 교만을 더할 뿐이다. 그것은 "독단을 낳고 평범한 그리스도인의 삶을 경멸하게 만든다."

그러나 이처럼 과격하게 들리는 제안도 루터가 그 다음에 쓴 단락에 비하면 아무것도 아니다. "수도사와 사제의 일이 아무리 거룩하고 힘들다 하더라도 하나님이 보시기에는 시골 사람들이 들에서 하는 노동이나 여성이 하는 집안일과 조금도 다르지 않다. 모든 일은 하나님 앞에서 믿음으로만 측량될 뿐이다.…사실 종이 집에서 하는 육체노동이 때로는 수도사나 사제가 하는 금식이나 다른 모든 일보다 하나님이 받으시기에 더 합당한데, 그것은 수도사나 사제에게 믿음이 없기 때문이다."

만약 신자가 하는 모든 일이 믿음에서 나오고 하나님의 영광을 위해 행해진다면 모든 이원론적인 구별은 무너진다. 고차원/저차원, 성스러운/세속적인, 완전한/허용된, 관조적인/활동적인, 일등급/이등급의 구별이란 더 이상 없다. 소명이란 모든 사람이, 모든 곳에서, 모든 것에서 하나님의 (일차적인) 부르심에 반응함으로써 자신의 (이차적인) 부르심을 성취하는 것이다. 루터가 보기에는, 농부와 상인—우리의 경우에는 사업가, 교사, 공장 노동자, 아나운서 등—이 목사나 선교사와 마찬가지로 하나님의 일을 할 수(혹은 하지 못할 수) 있었다.

루터와 그 이후의 종교개혁가들이 소명의 총체적인 의미를 회복한 것은 정말 극적인 사건이었다. 루터는 1522년에 쓴 "결혼의 유산"이라는 글에서 남자가 기저귀를 갈 때 하나님과 천사들이 미소 짓는다고 선언했다. 윌리엄 틴들(William Tyndale)은 우리의 소원이 하나님을 기쁘시게 하는 것이라면 물 긷는 것과 설거지, 구두 고치는 것과 말씀을 전하는 일은 "모두 하나다"라고 썼다. 윌리엄 퍼킨스(William Perkins)는 구두 닦는 일은 거룩하고 성화된 행위라고 주장했다. 존 밀턴(John Milton)은 『실락원』(*Paradise Lost*)에서 이렇게 썼다.

일상생활에서 우리 앞에 놓인 것을
아는 것이
최상의 지혜다.

토마스 비콘(Thomas Becon) 주교는 "우리 구주 그리스도는 목수였다. 그의 사도들은 어부였다. 성(聖) 바울은 천막 짓는 사람이었다"라고 썼다.

퍼킨스의 『소명에 관한 소론, 혹은 인간의 부르심』(*A Treatise of the Vocations, or, Callings of Men*)은 종교개혁의 요지를 잘 보여 준다. "양치는 목자의 행위가 내가 앞서 말한 것과 같이 수행되기만 한다면, 판결을 내리는 판사의 행위나 법을 집행하는 행정관의 행위나 말씀을 전하는 목사의 행위와 마찬가지로 하나님 앞에서 선한 것이다."

진정한 소명을 회복한 것이 문화적으로 엄청난 영향을 미쳤다는 것은 전혀 놀랄 일이 아니다. 소명은 일상적인 일에 존엄성과 영적인 중요성을 부여했으며, 한가로움과 관조를 왕좌에서 끌어내렸다. 소명은 일의 계층 구조를 깨뜨림으로써 평범한 사람의 일상적인 일에 동등함을 부여하고 민주주의로 향하는 중요한 자극제 역할을 했다. 소명은 일, 검약, 장기 계획 등과 같은 실제적인 것들을 강조함으로써 근대 자본주의의 발흥에 강력한 영향을 미쳤다. 소명은 삶의 모든 영역에서 그리스도를 주님으로 모시려는 노력에 박차를 가함으로써 교회뿐 아니라 종교개혁이 일어난 국가들의 세계관과 문화를 변혁시켰다. 소명은 '재능'(달란트)의 개념에 새로운 의미를 부여함으로써 더 이상 그것을 순전히 영적인 은사로만 보지 않고 현대적인 의미의 천부적인 재능으로 보게 만들었다.

요컨대, 소명에 대한 총체적인 관점의 회복은 교회뿐만 아니라 문화 전체에 강력한 영향을 미쳤다. 소명은 전통 사회가 근대 사회로 전환되는 데 핵심적인 역할을 했다. 그것은 그리스도의 주되심에 대한 새로운 시각을 불러일으켰고 또한 그 주되심을 인정하라고 요구했다. 이는 네덜란드의 위대한 수상이었던 아브라함 카이퍼(Abraham Kuyper)의 말에 잘 표현되어 있다. "모든 피조계에서 예수 그리스도께서 '이는 내 것이다! 이것은 나에게 속한 것이다!'라고 외치지 않으시는 곳은 단 한 치도 없다."

❖**묵상 질문**

당신은 삶 전체를 통합시켜 주는 중심점을 찾기 위해 최선을 다하겠는가? 당신의 고상한 생각, 헌신적인 노력, 깊은 감정, 모든 능력과 자원을 생의 마지막 순간까지 지탱시켜 줄 소명 의식을 발견하고 싶은가? 부르심인 동시에 명령인 사령관 예수님의 초대에 귀를 기울이라. "나를 따르라."

8

하나님에 의한, 하나님을 향한, 하나님을 위한

"직업으로 하는 일은 사람들에게 그리 대단한 일이 아닙니다. 알다시피 정신에 비해 일이 너무 작게 느껴지는 것은 공장의 생산 라인에서 일하는 노동자에게만 해당되는 사실이 아닙니다. 당신도 내가 하는 일에 정신을 쏟아붓는다면 금방 그만두고 싶을 것입니다. 그래서 감히 그렇게 하지 않는 것입니다. 그 때문에 정신은 딴 데 둔 채 일하는 거죠. 내 정신은 내 일과 너무나 동떨어져 있습니다. 일을 수입원으로 생각하는 것만 제외하고는 말이죠. 이것은 정말 부조리합니다."

펜실베이니아 주의 작가 노라 왓슨(Norah Watson)은 28세 때 건강 서적을 출판하는 기관에서 일하고 있었다. 그녀는 『일』(Working, 이매진 역간)이란 책을 쓰고 있는 스터즈 터클(Studs Terkel)의 인터뷰 대상이 되었다. 터클은 보통 사람들을 대상으로 '자신이 하루 종일 하는 일이 무엇이고 그 일에 대해 어떻게 느끼는지'를 인터뷰하는 중이었다.

터클이 인터뷰를 진행하면서 발견한 것은, 일이란 일용할 양식을 얻기 위해 애쓰는 가운데 매일의 의미를 모색하는 활동과 관련된다는 사실이었다. 대부분의 사람은 마지못해 일을 하는 편과 일을 매우 싫어하는 편 사이의 어디엔가 위치해 있었다. 그러나 인터뷰에서 계속 반복된 주제는 의미를 느끼고자 하는 갈망이었다. 그 갈망은 소명이 일과 직업에 선행하여 그것들을 이끌어 갈 때 충족될 수 있다.

노라 왓슨의 좌절감은 단지 일 때문만은 아니다. 그에 못지않게, 자신의 경험과 서부 펜실베이니아의 작은 산동네에서 목사로 일하는 아버지의 경험이 대비되어서 그런 기분이 들었다. 그녀는 이렇게 설명했다. "우리 아버지는 목사였습니다. 나는 아버지가 하는 일을 좋아하진 않았지만, 그 일은 아버지의 소명이었죠. 소명은 그분의 일에서 중요한 부분이었어요. 그냥 아침에 일어나 일하러 가서 출근부에 도장 찍는 것이 아니었습니다. 그 일은 아버지의 진짜 직업(profession)이었습니다. 나도 내 일이 그렇게 되길 기대했습니다."

왓슨은 이상을 품고 시작했다. 일찍 일하러 가서 늦게까지 남아 있고, 주어진 과제마다 110퍼센트씩 일하고, 더 많은 일거리를 지원하고…. 그러나 그녀는 이렇게 말한다. "나는 곧 난파하여 항로에서 이탈한 것을 알게 되었습니다. 나만큼이나 유능하고 생산성 있는 사람들도 모두 그렇게 하는 게 무의미하다는 걸 깨달아 일을 줄였더군요."

결국 왓슨은 남이 하는 대로 따라 했는데 놀랍게도 다음과 같은 발견을 했다. "놀랍고도 부조리한 사실이지만, 내가 더 이상 일을 잘하지 말아야겠다고 결심하자, 사람들이 내 속에서 권위 같은 걸 알아채기 시작했습니다. 이제 나는 굉장히 잘 나가고 있습니다."

그러나 왓슨은 그처럼 냉소적인 태도를 대가로 얻은 성공에 만족할 수 없었다. 그녀의 양심이 한쪽 귀에 이렇게 속삭이고 있었다. "나는 내가 하는 일도 없이 봉급만 받아먹고 있다는 걸 알고 있지." 또 다른 쪽 귀에는 그녀의 마음이 이렇게 소곤대고 있었다. "아버지의 일에는 부정적인 점이 많이 있었지만 그래도 아버지는 삶과 일을 통합시키는 것이 가능하다는 것을 보여 주셨어.…내가 하는 뜻깊은 일보다 더 즐겁게 할 만한 일이 없기 때문에 일거리를 집에까지 가져오는 것이지."

일에 대한 노라 왓슨의 고통스러운 토로는 사회 계층의 맨 밑바닥에 있는 사람들이나 맨 꼭대기에 있는 사람들을 대변하는 것이 아니다. 전자에게는 이러한 분석 자체가 사치스럽다. 그들은 먹고살기 위해 일하기 때문이다. 후자의 경우는 그런 분석이 군더더기에 불과하다. 그들은 대개 만족스럽게 일하고 충분한 보상을 받기 때문이다. 노라 왓슨은 현대 사회에서 다람쥐 쳇바퀴 돌듯 일하는 수많은 사람들을 대변한다. 직업적인 일이든 다른 유의 일이든 깊은 소명 의식이 없다면 결코 만족감을 얻을 수 없다. 그러나 '소명' 자체도 누군가 부르는 자가 없다면 공허할 뿐이며 단순한 일과 구별할 수 없다.

이와 똑같은 딜레마가 이론적인 차원에서도 뚜렷하게 나타난다. 예를 들면, 최근의 한 베스트셀러 작가는 우리가 '그저 살아가는 것이 아니라 인생을 만들어 가야' 하며, 그렇게 하려면 일의 세계에 '가치관과 소명'을 주입해야 한다고 주장한다. 깊이 공감할 수 있는 주장이다. 그 책에서는 그러한 '새로운 패러다임'을 갖게 되면 일은 개인적으로나 사회적으로 '변혁을 일으키는 통로'가 될 수 있다고 주장한다.

무슨 근거로? 저자는 일에 의미와 높은 목적의식을 부여하기 위해 **소명**이라는 오래된 단어를 다시 사용한다. 그러나 불러 주는 인격적

신이 없다고 믿는 사람들에게 소명은 도대체 무엇인가? 그의 대답은 직업을 다음과 같이 재정의한 것이었다. 그것은 '해야 할 필요가 있는 어떤 일의 부름, 곧 소환'이다.

이 대답은 무엇을 뜻하는가? 현대의 일에는 의미가 부족하다. 의미는 소명 의식에서 나온다. 그러나 소명이란 해야 할 필요가 있는 어떤 일의 소환에 불과하다. 그러므로 무의미한 일에 대해 줄 수 있는 대답은, 그 일이 해야 할 필요가 있는 일을 하라고 요청한다는 말이다. 이는 종종 일을 더 무의미하게 할 뿐이다. 정부 기관에서 줄곧 도장만 찍는 사람이나 공장 생산 라인에서 핀을 만드는 사람에게 그 말을 한번 해 보라. 저자의 말로는, 무의미하게 느껴지는 일이 '해야 할 필요가 있는' 일로 변모할 때 변혁이 일어난다는 것이다. **소명**이란 단어에 담긴 의미론적 신비를 제거해 버리면 해결책을 찾는 노력은 제자리걸음만 할 뿐이다. 그런 대답은 아무것도 해결하지 못한 채 모든 것을 원점으로 돌려놓는다.

그의 논지가 공허하다는 것은 '일 중독증'에 대한 칭찬할 만한 대답에서 가장 선명하게 드러난다. "일 중독자는 알코올 중독자와 같이 무차별적인 강박 관념을 갖고 있다. 그런 사람은 일을 통해 의미를 발견하려 한다. 이에 비해 소명 의식을 지닌 개인은 의미 있는 일을 찾는다."

하지만 이것도 교묘한 말재주일 뿐이다. 부르는 자(Caller)가 있을 때 참된 소명은 일 중독과 전혀 다르다. 그러나 '일을 통해 의미를 발견하려는' 일 중독자와 자기의 '소명'이 '할 필요가 있는 일'을 하는 것이라고 생각하는 사람 사이에는 아주 미미한 차이밖에 없다. 이보다 더 정직하고 나은 해결책이 필요하다.

개신교적 왜곡

일에 존엄성을 주입하려는 현대적인 시도에서 나타나는 그러한 문제점들은 소명의 진리를 왜곡시키는 또 다른 오류, 곧 '개신교적 왜곡'에서도 찾아볼 수 있다. 사실, 이러한 문제점들은 개신교적 왜곡의 직접적인 결과다. 가톨릭적 왜곡은 세속적인 것을 희생시킨 채 영적인 것을 격상시킨, 이른바 영적인 이원론인 데 비해, 개신교적 왜곡은 영적인 것을 희생시킨 채 세속적인 것을 격상시킨 세속적 이원론이다.

현대 세계의 압력으로 인해 개신교적 왜곡은 더 극단적인 형태를 띠게 되었다. 그것은 세속적인 것을 영적인 것에서 완전히 갈라내어, 소명(vocation)을 일(work)을 대치하는 용어로 축소시켰다. 그렇게 함으로써 소명의 목적을 완전히 저버린 채, 역설적으로 오히려 반작용을 일으켜 가톨릭적 왜곡으로 되돌아갔다. 외견상으로는, 소명을 순전히 영적인 것으로 만드는 이원론이 소명을 순전히 세속적인 것으로 만드는 이원론보다 더 나은 것 같기 때문이다.

개신교적 왜곡의 씨앗은 청교도들에게로 거슬러 올라간다. 전반적으로 청교도들은 소명의 진리에 관한 한 굉장한 사람들이었다. 이전의 종교개혁가들과 같이, 최상의 명백한 청교도 사상은 일차적인 소명('하나님에 의한, 하나님을 향한, 하나님을 위한')을 이차적인 소명('모든 사람이, 모든 곳에서, 모든 것에서')으로부터 분리시킨 적이 결코 없었다.

칼뱅의 경우 소명을 직업의 유의어로서 천직 또는 일과 거의 동일시한 것이 사실이다. 마르틴 루터는 신자가 자기 일을 하는 중에 믿음으로 하나님을 섬기는 것이 소명에 응답하는 것이라고 한 데 비해, 칼뱅은 때때로 더욱 담대하게 소명과 일을 동일시하곤 했다. 이 두 종교개혁가는 어떤 직업은 하나님으로부터 온 것이 아니라고 했으며, 따라서 그런 직업은 도저히 소명으로 볼 수 없었다. 그러나 칼뱅은 "자유사상가에 반하여"라는 글에서 이런 비합법적인 직업들까지도 (비록 풍자이긴 하지만) 소명으로 언급한다. "윤락업자도 바쁘게 장사해야 하고…도둑도 담대하게 훔쳐야 한다. 이들은 각각 자기 소명을 좇고 있기 때문이다."
이처럼 초기에는 잠재되어 있던 불균형이 점차 자라나서 청교도 시대에는 완전한 왜곡으로 나타났다. 일, 거래, 고용, 직업 등과 같은 단어들이 서서히 **소명**('calling' 또는 'vocation')과 호환되어 사용되기 시작한 것이다. 이 같은 현상으로 소명의 방향성이 바뀌었다. 즉, 그것은 하나님의 명령보다는 사회적인 의무와 역할로 여겨지게 되었다. 결국에는 믿음과 소명이 완전히 결별하기에 이르렀다. 그리스도인 개개인이 소명을 지녀야 한다는 본래의 요구가 나중에는 시민 개개인이 직업(job)을 가져야 한다는 요구로 변해 버린 것이다.

결국 완전히 한 바퀴 돈 셈이다. 소명은 직업이 되었고 직업은 부패했으며, 따라서 17세기의 급진적인 개신교 분파 디거스(Diggers)는 소명 자체를 모두 철폐하라고 요구했다. 디거스의 지도자 제라드 윈스탠리(Gerrard Winstanley)는 1650년 영국에서 쓴 글에서 이렇게 말했다. "판사들과 법률가들은 돈으로 정의를 사고 팔면서 마치 솔로몬의 우상숭배처럼 입을 싹 닦고는 '이게 나의 소명이다'라고 말한다. 그러고도 양심의 가책을 전혀 받지 않는다." 그러므로 역설적이게도 종교개혁가들은 참된 신앙의 결과로서 '소명'을 재발견한 반면, 그들의 영적 후손 중 일부는 참된 신앙의 결과로서 '소명의 철폐'를 요구한 셈이다.

물론 대부분 사람들에게는 디거스의 탄탄한 논리가 너무 과격했다.

유럽과 미국의 큰 흐름에서는 소명의 세속화가 빠른 속도로 계속 진행되었다. 서서히 그러나 확실히 이차적인 소명이 일차적인 소명을 삼켜 버렸다. 산업 혁명의 절정에 이르러서는 그 결과가 완벽하고 압도적이었다.

한편, 이차적인 소명이 일차적인 소명을 제압한 결과 일은 신성한 것이 되었다. 성경은 일에 대해 현실적인 관점, 곧 타락 이후의 일은 창조적인 동시에 저주받았다는 관점을 가지고 있지만 19세기 말과 20세기 초에는 그 균형이 깨졌다. 일은 전적으로 선할 뿐 아니라 사실상 거룩하게 여겨져서 그에 대한 열정이 점증하여 후에는 '프로테스탄트 윤리'라고 불리게 되었다. 미국의 쿨리지(Coolidge) 대통령은 "공장을 세우는 사람은 성전을 세우는 것이며, 공장에서 일하는 사람은 그곳에서 예배하는 것이다"라고 단언했다. 헨리 포드(Henry Ford)는 "일은 도덕적·신체적·사회적으로 인류를 구원한다"라고 선언했다.

다른 한편, 이 승리는 소명의 세속화를 의미했다. 마치 보조 추진 로켓을 연소시킨 후에는 버리는 것처럼 '소명'의 역동성은 '일'이라는 좋은 우주선을 우주에 띄워 놓은 다음 멀리 떨어져 나가 버렸다. **소명**(vocation)은 이제 수입은 적지만 희생을 감수하는 직종의 노동자(간호사와 같은), 종교인(선교사와 같은), 좀더 실용적인 일을 하는 사람들을 고상하게 일컫는 말이 되었다. 학생들이 새로 생긴 '직업 학교'(vocational colleges)에 다니면서 '직업 훈련'(vocational training)을 받는 것은 종합 대학에 입학할 수준에 못 미치기 때문이다.

이와 같이 소명을 평가 절하하는 태도는 그것이 기초하고 있는 왜곡된 소명만큼이나 나쁜 것이다. 디트리히 본회퍼의 말에 따르면, 개신교 종교개혁가들은 '세상적인 소명'(worldly calling)을 '세상에 저항하는 최종적이고 급진적인 항거'라고 여긴 데 반해, 개신교 개악자(deformer)들은 그것을 세속성에 대한 종교적 재가(裁可)로 만들어 버렸다. 그래서 "값비싼 은혜가 제자도 없는 값싼 은혜로 변질되었다."

그렇다면 이 개신교적 왜곡의 재앙에서 회복될 길은 있는가? 적어도 두 가지가 필요하다. 먼저 부르는 자(Caller)를 배제시킨 소명의 개념을 뒤엎고, 다음으로 일차적 소명의 우선순위를 회복해야 한다.

첫째, 우리는 부르시는 분을 배제한 채 소명이 의미 있는 무엇인 척하는 말장난을 단호히 거부해야 한다. 그리고 다른 사람들이 그런 식의 말장난을 하는 것을 허용해서는 안 된다. 100년 전 니체가 "신은 죽었다"고 말하면서도 과거와 똑같이 살아가는 자들을 비웃은 것은 옳았다. 그러한 부류에 해당하는 사람 중에 소설가 조지 엘리엇(George Eliot)이 있다. 그녀는 "하나님은 '터무니없는' 존재이고 불멸성은 '믿을 수 없는' 것이지만, 그럼에도 불구하고 의무는 '강제적이며 절대적이다'"라고 썼다.

니체는 그런 사람들을 "진보적인 낙관론을 견지하는 가증한 자들"이라고 비웃었는데, 그들은 기독교 신앙 없이도 기독교적 도덕성을 취할 수 있다고 생각하기 때문이다. 그는 『우상의 황혼』(*Twilight of the Idols*, 책세상 역간)에서 이렇게 썼다. "그들은 기독교의 하나님을 제거했다. 그러고 나서 이제 기독교적 도덕성에 매달려야 한다고 더욱더 확고히 믿고 있다…기독교 신앙을 포기하는 자는 누구나 기독교적 도덕성에 대한 권리 역시 버리게 된다."

윤리에 대한 이 같은 논리는 소명에도 적용된다. C. S. 루이스의 설명에 따르면, 부르시는 분이 존재하지 않는다고 믿으면서 소명에서 의미를 끌어내리려는 자는 "전시 상태에서 빵이 부족할 때, 자기는 항상 토스트를 먹어 왔기 때문에 문제가 되지 않는다고 말한 여자"만큼이나 멍청하다고 꼬집는다. 부르시는 분이 없다면 소명도 없다. 단지 일만 있을 뿐이다.

둘째, 좀더 적극적으로는 일차적인 소명을 우선적인 위치로 복귀시켜야 한다. 소명의 배경이 되는 예배를 회복하고 소명의 핵심인 예수님에 대한 헌신을 회복하면 그렇게 될 수 있다. 이와 관련해서는 오스왈드 챔버스(Oswald Chambers)보다 더 확실한 안내자가 없을 것이다. "예수 그리스도에 대한 충성과 경쟁 관계에 있는 것이면 무엇이든 경계하라. 그분에 대한 헌신의 최대 경쟁자는 그분을 섬기는 활동이다.…하나님이 우리를 부르신 유일한 목적은 하나님을 만족시키는 것이지 그분을 위해 어떤 일을 하는 것이 아니다."

일을 너무나 즐기고 좋아하고 사실상 일을 예배하는 나머지 예수님에 대한 헌신이 중심에서 밀려나지는 않는가? 우리는 섬기는 활동이나 유용성, 하나님을 위해 생산성 있게 일하는 것을 강조하는 나머지 막상 그분을 잊어버리지는 않는가? 우리는 자신이 중요한 인물이라는 것을 입증하고자 애쓰고 있지는 않는가? 이 세상에 영향력을 미치기 위해? 우리의 이름을 길이 남기기 위해?

하나님의 부르심은 그처럼 인간적인 성향으로 깊이 빠져드는 길을 차단한다. 우리는 일차적으로 어떤 것을 하도록 혹은 어디론가 가도록 부름받은 것이 아니다. 우리는 누군가에게로 부름받았다. 먼저 특별한 일로 부름받은 것이 아니라 하나님께로 부름받았다. 부르심에 대한 올바른 응답은 다른 어떤 것도 다른 누구도 아닌 오직 하나님께만 헌신하는 것이다. 챔버스가 말한 것처럼, "우리 주님이 당신의 사업을 위해 보내시는 남자와 여자는 평범한 인간들이다. 그리고 성령의 역사로 인해 하나님께 온전히 헌신하는 것이 더해진다." 그의 글에 가장 자주 등장하는 문구는 "절대적으로 그분의 것이 되라"는 말이다.

요약하면, 우리는 두 가지 소명을 함께 묶음으로써 두 가지 왜곡을 피해야 한다. 즉 일차적인 소명을 강조함으로써 개신교적 왜곡을 극복하고 이차적인 소명을 강조함으로써 가톨릭적 왜곡을 극복해야 한다. 이원론은 소명을 무력하게 하지만 총체적인 이해는 소명이 위력을 발휘하게 한다. 즉, 하나님의 것이 되고자 하는 열정은 소명에 응답하는 모든 이의 에너지를 모은다.

❖ **묵상 질문**

당신은 어떤 값을 치르고서라도, 전적으로, 영원히 그분의 것이 되기를 소원하는가? 그리하여 첫 번째 것은 항상 첫 번째 자리에, 두 번째 것은 그 자리에 두기를 원하는가? 부르심인 동시에 명령인 사령관 예수님의 초대에 귀를 기울이라. "나를 따르라."

9

당신에게 걸맞은 일을 하라

유명한 지휘자요 바이올린 연주자인 예후디 메뉴인(Yehudi Menuhin)은 대가다운 지휘와 연주로 전 세계의 청중을 사로잡았다. 많은 위대한 음악가가 그러하듯 그의 재능도 어린 시절에 발견되었다. 그는 일곱 살에 샌프란시스코에서 바이올리니스트로 데뷔했고, 열두 살에는 카네기홀에서 역사적인 연주회를 개최함으로써 세계적인 연주자로 발돋움했다. 그는 회고록 『끝나지 않은 여정』(Unfinished Journey)에서 자신이 어떻게 바이올린과 오랜 사랑에 빠졌는지를 자세히 이야기하고 있다.

메뉴인은 세 살 때부터 부모를 따라 뉴욕에서 열리는 연주회에 가곤 했는데 그곳에서 콘서트마스터이자 제1 바이올리니스트인 루이스 퍼싱어(Louis Persinger)의 연주를 들었다. 퍼싱어가 독주하는 대목에 이르자 부모님과 함께 객석에 앉아 있던 어린 예후디는 완전히 매료되었다.

"한번은 연주를 듣는 동안 내가 부모님께 네 번째 생일 선물로 바이올린을 받아서 루이스 퍼싱어에게 레슨을 받고 싶다고 부탁했다"고 메뉴인은 썼다.

그의 바람은 이루어졌다. 메뉴인 가족의 친구 한 사람이 이 작은 소년에게 바이올린을 주었는데, 그것은 금속 줄이 달린 금속 장난감 바이올린이었다. 당시 예후디 메뉴인은 네 살밖에 되지 않았기에 그 작은 손으로는 정식 바이올린을 제대로 켤 수 없었다. 하지만 그는 화를 내며 소란을 피웠다.

"나는 울음을 터뜨리면서 바이올린을 땅에 집어던지고 다시는 하지 않겠다고 말했다." 메뉴인은 오랜 세월이 지난 후 과거를 회상하면서 이렇게 말했다. 그는 자신이 진짜 악기를 그토록 갖고 싶어 했던 이유는 "본능적으로 연주하는 것이 곧 존재하는 것임을 알았기 때문이다"라고 썼다.

이와 같은 이야기는 창의적인 예술가들의 삶에서 흔한 일화다. 과거 빅 밴드(Big Band, 1930-1950년의 대규모 재즈 밴드—역주) 시절에 유명한 클라리넷 연주자였던 아티 쇼(Artie Shaw)는 인터뷰에서 자기 심정을 이렇게 토로하였다. "내 생애에 두 번쯤 내가 소원하던 수준에 도달했던 것 같습니다. 우리가 'These Foolish Things'를 연주할 때의 일인데, 마지막에 이르면 밴드 연주가 멈추고 내가 카덴자(협주곡·아리아 등에서 독주자의 기교를 나타내기 위한 장식부—역주)를 약간 연주했죠. 누구도 그보다 더 잘하진 못할 겁니다. 그것이 다섯 마디라고 합시다. 그건 내가 살면서 한 일 중에 매우 멋진 일입니다. 예술가는 육상 선수처럼 최상의 실력으로 평가받아야 합니다. 내가 최고로 잘한 연주 한두 개만 골라서 이렇게 말합니다. '이게 우리가 한 거예요. 나머지는 모두 연습이었습니다.'"

유명한 색소폰 연주자 존 콜트레인(John Coltrane)도 이와 매우 비슷한 말을 했다. 1950년대 초 그는 샌프란시스코에서 약물 과다 복용으로 거의 죽을 뻔했다가 가까스로 회복한 후 마약과 술을 끊고 하나님을 믿게 되었다. 그의 최고의 재즈 연주 중 몇 가지는 그 이후에 이루어졌는데, 그중 하나가 "사랑"(A Love Supreme)으로서 32분간 정열을 쏟아 하나님의 축복에 감사하며 영혼을 그분께 바친 연주였다.

콜트레인은 매우 뛰어난 솜씨로 이 곡을 연주한 다음 무대에서 내려와 색소폰을 내려놓더니 이렇게 말했다. "눈크 디미티스"[*Nunc dimittis*, 이 말은 오래 전에 시므온이 한 기도를 라틴어로 옮겨 놓은 첫 마디인데 전통적으로 저녁 기도 시간에 노래로 불리곤 했다. "주재여, 이제는 말씀하신 대로 종을 평안히 놓아 주시는도다. 내 눈이 주의 구원을 보았사오니"(눅 2:29-30)]. 콜트레인은 그 곡을 그때보다 더 완벽하게 연주할 수는 없으리라고 느꼈다. 그의 전 생애가 그 열정적인 32분간의 재즈 기도를 위한 것이었다 하더라도 그만한 가치가 있었을 것이다. 이제 그는 떠날 준비가 되어 있었다.

존 애덤스(John Adams)는 정치가였지만, 미국 독립 혁명에서 자신이 맡은 역할에 대해 같은 것을 느꼈다. 독립 선언을 한 달 정도 앞두었을 때 그는 친구에게 이렇게 말했다. "이 일들이 완료되고 나면, 내가 내 창조의 목적에 부응했다는 생각이 들 것 같네. 그때 나의 눈크 디미티스를 부르겠네."

당신이 가진 것 중에 그저 받지 않은 것이 있는가?

예후디 메뉴인은 "연주하는 것은 존재하는 것이다"라고 말했다. 아티 쇼는 "나머지는 모두 연습이었습니다"라고 말했다. 존 콜트레인과 존 애덤스는 "눈크 디미티스"라고 말했다. 우리 인간은 우리의 진수라 할 만한 가장 깊은 재능을 표현할 때 가장 큰 행복을 느끼는 것 같다. 그리고 이런 재능은 종종 어린 시절에 발견된다. 그레이엄 그린(Graham Greene)은 소설 『권력과 영광』(The Power and the Glory, 열린책들 역간)에서 이렇게 썼다. "문이 열리고 미래가 그 문으로 들어오는 한 순간이 어린 시절에는 꼭 있기 마련이다." 상기한 이야기들 외에 수많은 예를 덧붙일 수 있지만 그 모든 이야기는 소명의 또 다른 중요한 측면을 가리키고 있다. 즉, **보통 하나님은 우리의 재능에 부합하게 우리를 부르시는데, 재능의 목적은 청지기직과 섬김이지 이기심이 아니다.**

재능만이 우리의 소명을 분별하는 유일한 요소는 아니다. 하나님의 부르심에 응답하기 위해 고려해야 할 다른 요소들로는 집안의 전통, 자신의 인생 기회, 하나님의 인도, 그분이 보여 주시는 것을 두말없이 하려는 태도 등이 있다. 그러나 소명을 분별하는 데 핵심적인 것으로 재능에 초점을 맞추는 것은 대부분 사람의 생각을 뒤집는다. 보통은 어떤 사람을 처음 대할 때 곧 "무슨 일을 하십니까?"라고 묻는다. 그러면 "저는 변호사입니다", "저는 트럭 운전사입니다", "저는 교사입니다" 등의 대답을 듣게 된다.

이름이나 출생지보다 직업을 아는 것이 상대방을 파악하는 데 훨씬 더 도움이 되기 때문이다. 대부분의 경우 일은 우리가 중요한 존재가 될 기회와, 평생 동안 우리가 이룰 수 있는 선한 일의 정도를 상당 부분 결정한다. 그 밖에도 우리는 깨어 있는 시간 중 너무나 많은 부분을 일하는 데 사용하기 때문에 직업은 우리에게 정체성을 부여하기까지 한다. 우리 존재는 자신이 하는 일이 되어 간다.

그러나 소명은 이러한 사고방식을 뒤엎는다. 소명 의식은 직업 선택에 선행해야 하고, 소명을 발견하는 길은 우리 각자가 창조될 때 부여받은 재능을 분별하는 것이다. 소명은, "당신의 존재는 당신이 하는 일이다"라고 말하지 않고 "당신의 존재에 걸맞은 일을 하라"고 말한다. 위대한 그리스도인 시인 제라드 맨리 홉킨스(Gerard Manley Hopkins)는 물총새와 잠자리에 관한 시에서 이렇게 썼다. "내가 하는 일이 나다. 나는 그것을 하기 위해 왔기 때문이다." 알베르트 아인슈타인은 십대에 이미 이론 물리학과 수학에 정통했다. 그는 스위스 아라우에서 공부할 때 과제로 낸 에세이에 이렇게 썼다. "그것은 매우 자연스러운 이치다. 누구든지 항상 자기가 잘할 수 있는 것을 좋아하는 법이다."

오늘날은 사람의 적성에 맞추어 일을 맡기는 경향이 점차 강해지고 있는 것이 사실이다. 어떤 책은 "당신 자신에게 맞추라―만족스런 일을 찾는 비결"이라고 약속한다. 그러나 이런 유의 접근은 소명과 비교해 볼 때 별로 적합하지 않다. 첫째, 좀더 세속적인 접근 방식에서는 적성을 검사할 때 너무나 일반적인 '성격 유형'을 사용하는 경향이 있다. 그 결과 개개인의 특성을 발견하기에는 너무나 광범위하고, 일반적인 특징들만 추출할 뿐 개인의 특정한 재능을 밝혀내기 어렵다.

둘째, 좀더 명시적인 기독교적 접근들도 종종 약점을 안고 있다. 어떤 경우에는 천부적인 재능을 무시한 채 영적인 은사에만 집중하는 검사를 사용한다. 보통 큰 교회에서 이런 검사를 하는데, 그 결과를 이용하여 교인들이 은사에 맞게 교회 봉사에 참여하도록 한다. 그러나 이는 다른 한편으로는 세상 속에서 소명을 발견하는 것에서 교인들의 관심을 돌려 가톨릭적 왜곡을 심화시킨다.

한편 어떤 접근들은 영적인 은사와 천부적인 재능을 모두 발견하려고 시도하지만 재능의 발견을 소명의 본질인 예배와 귀 기울임에서 분리시켜 버린다. 그 결과 재능에 대한 인식은 높아지지만 그것이 청지기 직으로 연결되기보다는 이기심으로 흐르게 된다. 대주교 윌리엄 템플(William Temple)은 이 같은 위험에 대해 엄중히 경고했다. 진정한 소명감 없이 이기적인 동기로 직업을 선택하는 것은 "아마 젊은이라면 누구나 저지를 수 있는 가장 큰 죄일 것이다. 왜냐하면 그것은 가장 많은 시간과 힘을 하나님께 충성하는 데 드리는 방향에서 고의적으로 이탈시키기 때문이다."

재능에 대한 성경적 이해에 따르면 재능은 결코 우리의 것이 아니며 우리 자신의 유익을 위한 것도 아니다. 우리가 가진 모든 것은 하나도 예외 없이 우리가 받은 것이다. 우리의 재능은 궁극적으로 하나님의 것이며 우리는 '청지기'일 뿐이다. 즉, 우리는 우리의 소유가 아닌 것을 신중하게 관리할 책임을 맡은 자들이다. 그러므로 우리의 재능은 항상 '타인을 위한 우리의 것'이다. 그것은 그리스도의 공동체 내에서든 좀더 넓은 사회 속에서든 마찬가지이며, 특히 궁핍한 이웃과의 관계에서 그렇다.

그렇다고 해서 하나님을 최고의 직업 소개인, 곧 우리의 완벽한 재능에 완벽하게 어울리는 직업을 찾아 주는 천상의 직업 소개소장으로 여기는 것은 잘못이다. 사실은 하나님이 우리의 재능에 맞는 자리를 찾아 주시는 것이 아니라, 그분이 선택한 자리에 맞게 우리를 창조하시고 우리의 재능을 만드신 것이다. 그러므로 우리는 그 자리에 도달할 때에야 비로소 우리 본연의 자아를 발견할 것이다.

청교도들은 이와 같은 은사의 좀더 폭넓은 목적을 매우 분명하게 인식하고 있었다. 예를 들면, 존 코튼(John Cotton)은 17세기의 저명한 목사요 뉴잉글랜드 회중 교회 체제의 창설자이다. 그는 케임브리지의 트리니티 대학과 임마누엘 대학에서 공부했는데, 1630년에 아르벨라 선상에서 "농장 건설에 대한 하나님의 약속"이라는 유명한 고별 설교를 했다. 그리고 3년 후 자신이 직접 그 신세계로 왔다. "그리스도인의 소명"이라는 제목의 그의 설교는 일곱 개의 요점으로 된, 소명에 관한 탁월한 설교다.

코튼은 직업 선택의 세 가지 기준을 제시한다. 최상의 기준에 따르면 "정당하다고 인정받는 소명이 되려면 우리는 우리 자신의 유익뿐 아니라 공공선(善)을 목표로 삼아야 한다." 둘째는 우리가 그 일에 재능이 있어야 하며, 셋째는 하나님의 인도를 받는 것이다. 오늘날에는 대부분의 경우 뒤의 두 기준이 코튼의 첫 번째 기준을 추월하고 있는 것이 분명하다. 그리스도를 따르고 그분의 부르심에 응답하기 원하는 사람이라면 누구나 자신의 재능과 자신의 소명 간의 핵심적인 연결 고리를 붙잡아야 한다. 아울러 이 주제에 관한 훌륭한 기독교 서적들과 시험 방법들을 활용해야 할 것이다. 우리의 존재에 걸맞은 소명을 성취하는 데는 기쁨이 따르고, 이 소명은 구름 기둥과 불기둥처럼 앞서서 우리를 인도한다.

그런데 우리는 누구인가? 그리고 우리의 운명은 무엇인가? 그 대답은 하나님이 우리를 어떤 존재로 만드셨는가, 우리를 어느 곳으로 가도록 부르고 계시는가에 관한 하나님의 뜻에 있다. 우리의 재능과 운명은 부모님의 소원, 상사의 계획, 동년배 집단의 압력, 우리 세대의 전망, 우리 사회의 요구 등에 놓인 것이 아니다. 오히려 우리는 자신이 독특하게 설계된 방식, 곧 우리에 대한 하나님의 계획을 알아야 한다.

타인을 위한 우리의 것
재능 자체에 초점을 맞추는 것은 훌륭한 동시에 위험할 수 있다. "당신의 존재를 행하라"는 권면은 방종한 생활을 허락하는 백지 수표처럼 여겨질 수도 있다. 하지만 가장 고상한 진리에는 가장 강한 유혹이 따라오기 마련이다. 이 경우가 바로 그렇다. 이 원리는 진리이기 때문에 유혹적이다.

하나님은 우리가 '본연의 자아가 되도록' 부르시고 '우리의 존재를 행하도록' 부르신다. '스위트 스폿'(최적 지점)이나 '몰입의 즐거움' 같은 것들이 있다. 그러나 우리는 하나님의 소명을 따를 때에만 진정 '본연의 모습'이 되고 '우리 존재를 행할' 수 있다. 그러므로 '타인을 위한 우리의 것'인 재능은 이기심이 아니라 섬김, 곧 완전한 자유다.

그럼에도 위험은 있다. 그러므로 역사를 통틀어서 소명과 관련하여 정리된 구분들을 주목할 필요가 있다. 그것들은 재능과 청지기직 간의 균형을 맞추도록 도와줄 것이다. 각각의 경우에 등장하는 유혹은 재능만 기억하고 청지기직은 잊어버리는 것이다. 그러나 우리는 이 두 가지를 모두 기억하여 함정을 피하고 소명의 원리에 따라 나아갈 수 있다.

모든 논의에서 **부르심**(calling)과 **소명**(vocation)은 동의어로 사용되어야 한다. 하나는 앵글로-색슨어에 뿌리를 두고 있고, 다른 하나는 라틴어에 어원을 두고 있을 뿐이다. '소명'과 '부르심'의 의미를 달리 사용하는 자들을 경계하라. 또는 '소명으로서의 부르심'이라고 말하면서 사실은 '직업적 부르심'이라는 뜻으로 사용하는 자들을 경계하라('소명으로서의 부르심'이란 그저 '부르심으로서의 부르심'에 불과한 말장난이다). 만약 '소명'을 '부르심'과 구별시켜 성직자를 언급하는 데 사용한다면 이는 분명 가톨릭적 왜곡을 의미한다. 반면에 '소명'을 '부르심'과 구별해 고용이나 직업을 언급하는 데 사용한다면 이는 개신교적 왜곡을 은연중에 드러낸다.

첫째, 우리는 **개별적인**(혹은 특정한) **소명**과 **공동체적**(혹은 일반적) **소명**을 구별해야 한다. 이기심은 전자에 치우치지만 청지기직은 양자를 모두 존중한다. 개별적인 소명이란 우리 각 사람이 독특한 개인으로서 하나님께 삶으로 응답하는 것이다. 이미 살펴본 것처럼, 우리의 개별적인 소명이 독특한 이유는 우리 각자가 독특한 존재이기 때문이다. 다른 한편, 공동체적 소명이란 우리가 다른 모든 그리스도의 제자들과 함께 공동으로 하나님께 응답하는 것이다. 예를 들면, 그리스도의 모든 제자는 거룩한 자로, 화평케 하는 자로 부름받았다. 이는 그리스도를 따르는 자의 미덕이다.

나중에 살펴보겠지만, 우리의 공동체적 소명이 중요한 이유는 소명이 지나친 개인주의로 발전하는 것을 막아 주기 때문이다. 개별적인 소명은 공동체적 소명을 보완해야지 그것과 모순되어서는 안 된다. 두 가지가 일치하지 않을 경우에는 성경에 나온 예처럼 공동체적 소명이 우선되어야 한다. 자신의 개별적인 소명을 앞세워 교회의 공동체적 소명을 거부하는 자는 자기기만에 빠진 것이다.

특히 청교도들은 개별적인 소명만큼이나 공동체적 소명에 대해 숙고한 것으로 잘 알려져 있다. 소명에 관한 대표적 청교도 저자인 윌리엄 퍼킨스는 "모든 소명은 당사자에게 맞춰져야 하고, 모든 사람은 자신의 소명에 맞춰져야 한다"고 말했다. 그는 양쪽이 모두 필요하다고 말하면서 "어떤 사회에서든 사람이 자신의 고유한 소명에서 벗어나 있는 것은 마치 몸에서 뼈가 탈골된 것과 같기 때문이다"라고 했다.

둘째, 우리는 **후발적인 특별한 소명**과 **본래적인 평범한 소명**을 구별해야 한다. 여기서도 이기심은 전자에 치우치지만 청지기직은 양자를 모두 존중한다. 특별한 소명이란, 하나님이 직접적이고 구체적이며 초자연적인 교통을 통해 개인에게 주신 과업과 사명을 지칭한다. 다른 한편, 평범한 소명이란 "나를 따르라"는 하나님의 일차적인 부르심에 응답하여 신자가 지니게 되는 인생의 목적과 과업에 대한 인식을 뜻한다. 이것은 이차적인 소명에 대한 하나님의 직접적·구체적·초자연적 의사소통이 없어도 여전히 유효하다. 달리 말하자면, 평범한 소명은 우리가 우리 삶을 살아가는 방식에서 고도의 '자본주의식' 경영을 할 책임이 있다는 점에서 볼 수 있다. 예를 들어 예수님이 말씀하신 달란트 비유에서, 종들은 주인이 멀리 떠나 있는 동안 주어진 달란트를 얼마나 '잘 활용했는가'에 따라 평가를 받았다. 이런 의미에서 그리스도의 제자 중 소명을 받지 않은 자는 하나도 없다. 우리가 모두 후발적인 특별한 소명을 받은 것은 아니지만 누구나 본래적인 소명은 갖고 있기 때문이다. 물론 어떤 이들은 두 가지 소명을 모두 갖고 있다.

이러한 구별에는 실제적인 결과가 따른다. 많은 그리스도인들이 특별한 소명을 격상시키는 잘못을 범하거나 마치 모든 사람이 모든 과업을 하는 데 특별한 소명이 필요한 것처럼 이야기하는 우를 범한다("당신은 이 일로 부르심을 받았는가?"). 어떤 이들은 자신의 모든 결정에 대해 **소명**이라는 단어를 경건하게 사용하는데, 마땅히 그 단어를 사용해야 한다고 생각하는 것일 뿐 실상은 어떤 특별한 소명도 받지 않았다. 이 두 부류의 사람들 모두가 놀랄 만한 사실은, 신약성경에서 하나님이 어떤 사람에게 특별한 소명을 주셔서 유급직(有給職)으로 부르시거나 종교적인 전문가가 되게 하신 예가 단 하나도 없다는 점이다. 다른 이들은 특별한 소명이 없다면 소명 자체를 받지 못했다고 생각한다. 그래서 인도받기를 마냥 기다리면서 수동적이 되어 자신은 소명을 못 받았다고 변명조로 말한다. 그러나 그들은 두 가지 형태의 소명을 혼동하여 자신의 달란트를 수건에 싸서 땅 속에 묻어 둔 셈이다.

두말할 필요도 없이, 하나님이 주시는 특별한 소명이라는 개념 자체가 본래적인 소명을 잘못 이해하고 있다는 사실을 은연중에 드러내고 있다. 이러한 긴장은 선지자의 예에서 가장 첨예하게 나타난다. 선지자는 하나님의 백성이 본래적인 소명을 망각했거나 저버렸을 때 그들을 비판하고 도전하기 위해 특별히 부름받은 사람이다.

그래서 모세는 금송아지 문제로 하나님의 백성과 맞섰으며, 엘리야는 바알 선지자들에, 예수님은 율법주의와 위선에, 마르틴 루터는 신앙의 왜곡에, 칼 바르트와 디트리히 본회퍼는 민족주의의 우상에 항거했던 것이다. 이와 같은 선지자적 비판은 종종 강한 분노를 수반했지만, 그 공격을 받는 대상이 선택받은 자라는 사실을 부인하는 것은 아니었다. 오히려 선지자적 비판의 목적은 회복에 있지 해산에 있지 않았다. 선지자들은 특별한 소명을 받은 자들이었고, 선지자적 메시지는 하나님의 백성으로 하여금 그들이 이탈한 본래적 소명으로 되돌아가도록 하기 위한 특별한 소명이었다.

셋째, 우리는 우리의 소명에서 **중심적인** 것과 **주변적인** 것을 구별해야 한다. 여기에서도, 이기심은 전자에 치우치지만 청지기직은 양자를 존중한다. 많은 사람이 소명이란 단어를 우리 재능의 진수를 지칭하는 데만 사용한다. 그들은 마치 우리가 소명을 한 문장으로 표현된 단 한 가지 과업으로 지정할 수 있어야 하는 것처럼 말한다. 그러나 인간과 인생은 그보다 더 풍부한 의미를 지녔으며, 소명은 부분적이지 않고 포괄적이다. 우리는 소명이 다차원적이며 우리의 여러 관계까지 포함한다는 점을 명심해야 한다. 예를 들면, 마르틴 루터는 다른 여러 가지 중에서도 아내에게는 남편이었고, 딸에게는 아빠였으며, 회중에게는 목사, 학생들에게는 교수, 군주에게는 신하였다.

이 구별이 중요한 이유는, 우리가 핵심적인 재능에만 집중하면 마치 우주 전체가 우리의 재능을 성취하기 위해서만 존재하는 양 생각하기가 쉽기 때문이다. 또한 핵심적인 재능에만 집중하는 동일한 잘못을 범하여 낙심하기도 쉽다. 우리는 타락한 세상에 살고 있으므로 우리가 가진 재능의 진수는 이 땅의 삶 가운데 성취되지 않을지도 모른다. 만약 인류가 타락하지 않았더라면, 우리가 하는 모든 일은 자연스럽고도 충만하게 우리의 존재를 드러냈을 것이고 우리에게 주어진 재능이 발휘되는 통로가 되었을 것이다. 하지만 인류의 타락으로 그런 일은 일어나지 않는다. 이제 일은 부분적으로는 창조적이지만 부분적으로는 저주받은 상태에 있다.

그러므로 현재 우리의 소명에 완벽하게 들어맞는 일을 발견하는 것은 권리가 아니라 축복이다. 현대 사회에서 중상류층에 속한 사람들은 소명과 일이 서로 조화되어 성취감을 맛볼 수 있을지 모른다. 하지만 수많은 사람들, 아니 어쩌면 대부분의 현대인은 일과 소명의 만족스러운 조화를 맛보지 못한다. 일은 생존을 위해 필요한 것일 뿐이다. 세계적으로 인정받는 천재 미술가 미켈란젤로도 한때 이렇게 불평했다. "내가 말한 것처럼 현 시대의 흐름은 내 예술에 반(反)하기 때문에 내가 급료를 계속 받을 수 있을지 모르겠다."

타락으로 야기된 이 같은 긴장은 자비량(tent-making)이라는 개념 뒤에도 깔려 있다. 물론 바울의 소명에 완전히 걸맞은 유급 직업은 없었다. '이방인에게 파송될 사도: 연봉 5만 달러' 식으로 말이다. 그래서 바울은 고린도의 부유한 후견인에게 의존하지 않고 천막을 지어 돈을 벌었다. 분명 그는 천막을 잘 만들었을 것이다. 그 일 또한 하나님의 영광을 위한 것이었기 때문이다. 그러나 바울에게는 천막 만드는 일이 소명의 **핵심**은 아니었고, 삶의 다른 부분과 마찬가지로 소명의 **일부분일** 뿐이었다. 그러한 '자비량'은 우리 소명의 일부분이지만, 최악의 상황에서는 좀더 중요한 일을 할 시간을 빼앗아 우리를 **좌절시킨다**. 그러나 최선의 경우에는 중요한 일을 하도록 우리를 **자유케** 한다. 이와 대조적으로, 우리 소명의 핵심은 그것이 무엇이든 간에 우리의 가장 깊은 재능을 활용함으로써 우리의 자아를 **실현한다**.

우리는 그 차이를 명백히 알 수 있다. 화려한 경력의 헤비급 세계 복싱 챔피언이자 침례교 목사인 조지 포먼(George Foreman)은 이렇게 말했다. "설교는 나의 소명이다. 나에게 복싱은 바울이 텐트를 만든 것과 같이 부업에 불과하다."

넷째, 우리는 소명의 **명료성**과 **신비성**을 구별해야 한다. 여기서도 이기심은 전자에 치우치고 청지기직은 양자를 존중한다. 우리가 예배를 통하여 그리고 하나님께 귀 기울이는 것과 우리의 재능을 발견하는 것을 통하여 하나님이 우리를 어떤 존재로, 또 무슨 일로 부르시는지 파악할수록 우리의 소명 의식은 그만큼 명료해질 것이다. 그러나 우리가 서둘러 명시적으로 표현하려고 하면 할수록 우리는 현대적인 교만을 드러내고 하나님의 신비로운 역사를 잊게 된다. 오스왈드 챔버스는 특별한 소명에 관해 쓰면서 이렇게까지 말했다.

> 만약 당신이 하나님의 소명을 받은 장소와 그 소명에 관한 모든 것을 말할 수 있다면, 나는 당신이 진정 소명을 받았는지조차 의심할 것이다. 하나님의 소명은 그렇게 주어지지 않는다. 그것은 훨씬 더 초자연적이다. 삶 가운데서 소명을 깨닫는 일은 갑작스런 천둥소리같이 올 수도 있고 서서히 떠오르는 태양과 같이 올 수도 있지만, 어떤 방식이든 간에 그것은 초자연적으로 오기 때문에 말로 표현될 수 없는 특성을 갖고 있다.

당신은 자신의 정체성을 단 한 문장으로 기술할 수 있는가? 이것이 불가능한 것처럼 당신의 소명도 한 문장으로 표현될 수 없다. 기껏해야 일부분만 표현할 수 있을 뿐이다. 그리고 그 부분적인 것마저도 명료하게 표현하기 어려운 한계를 갖고 있다. 많은 경우, 시행착오를 포함한 오랜 기간의 탐색을 통해서만 분명한 소명 의식을 얻을 수 있다. 그리고 이십대에는 분명하게 보였던 것이 오십대에 이르러서는 훨씬 더 신비롭게 보일 수도 있는데, 이는 우리를 향한 하나님의 완전한 계획을 이생에서 완전히 성취하지 못하는 것은 물론이요, 완전히 이해할 수도 없기 때문이다.

1787년 윌리엄 윌버포스가 일기장에 적어 둔 '두 가지 위대한 목표'는 아마 역사상 가장 단순하고도 놀라운 개인의 사명 선언문일 것이다. 하지만 그것을 모든 사람의 본보기로 받드는 것은 잘못이다. 윌버포스는 젊었고 그의 소명 의식은 분명했으며, 남은 생애를 다해 마치 직선 코스를 질주하듯 그 소명의 성취를 추구했다.

20세기의 살아 있는 전설이자 홀몸으로 전체주의에 항거한 위인 솔제니친은 이와 전혀 다른 예를 보여 준다. 그는 구소련과의 거대한 싸움이 거의 절정에 이른 55세 때 향후 20년간의 집필 계획을 세워 놓고 있었으며, 강렬한 소명 의식이 있었다.

한 가지 염려되었던 일은 내가 세워 놓은 모든 계획을 실행할 시간이 없을지도 모른다는 것이었다. 나는 마치 나를 위해 마련된 이 세상의 한 공간을 이제 막 메우려고 하는 것같이 느꼈다. 그 공간은 오랫동안 나를 기다려 왔으며 오직 나만이 들어맞는 틀이며 바로 이 순간 나만이 분별하게 된 것이다. 나는 용해된 물질이었으며, 식어서 굳어지기 전에 거품이나 균열 없이 내 모양틀을 가득 채우고 싶어 도무지 참을 수 없었다.

그러나 솔제니친의 소명 의식이 항상 그처럼 뚜렷하고 강렬한 것은 아니었다. 이전에 그는 소명 의식이라곤 전혀 없었다. 자신을 부르시는 분도, 자신의 재능도 잘 알지 못했기 때문이다. "나는 아무 생각 없이 문학 속으로 빠져 들어갔고…내가 장차 어떤 유의 작가가 될지는 생각조차 하기 싫었다"고 그는 말했다. 그러나 그의 소명 의식은 강제 수용소에서의 체험과 죽도록 글을 쓰고자 했던 몸부림, 암의 기적적인 치유, 예수님의 제자였던 유대인을 통한 회심, '수백만 명이 죽어 가면서 말한 소원'을 기록해야 한다는 깊은 부담감 등을 통해 점차 자라났다.

그러므로 솔제니친은 키르케고르의 관찰, 즉 인생은 앞을 향해 살아가지만 뒤를 돌아볼 때 이해할 수 있다는 사실을 잘 입증해 주는 예다. 그는 『오크와 송아지』(The Oak and the Calf)에서 이렇게 썼다. "훗날에는 과거에 일어난 사건의 진정한 의미가 명확해질 것이다. 그때 나는 놀라서 어리둥절할 것이다. 나는 일생 동안 내가 이미 설정해 놓은 위대한 목표들에 상치되는 일을 많이 했다. 그리고 항상 무엇인가가 나를 바른 길로 되돌려 놓아 주었다."

솔제니친이 다른 러시아 작가를 인용하며 내린 결론은, 항상 간단명료한 소명을 동경해 온 모든 이에게 큰 격려가 된다. "많은 인생이 신비로운 의미를 갖고 있지만 모든 사람이 그것을 바로 읽어 내는 것은 아니다. 대개 그것은 은밀한 형태로 우리에게 주어지는데, 우리는 그것을 해독하지 못하면 인생이 무의미하게 느껴져 절망에 빠진다. 위대한 인생의 비밀은 대개 자신에게 주어진 신비로운 상징들을 해독하고 이해하며, 그래서 참된 길을 걷는 법을 배우는 데 성공하는 것이다."

❖**묵상 질문**

당신은 하나님이 주신 최상의 은사를 이기적인 목적으로 사용하여 썩히고 싶은가? 아니면 그것을 이웃의 필요와 하나님의 영광과 연결 지어 그 본연의 목적을 달성하기 원하는가? 부르심인 동시에 명령인 사령관 예수님의 초대에 귀를 기울이라. "나를 따르라."

10

역사상 가장 거대한 도전

정교한 크리스털이 바이올린 소리에 공명하는 것과 같이 우리의 가슴이 영웅주의 앞에서 흥분할 때가 있다. 나는 겨우 열두 살이었을 때 당시 고전을 가르치던 교장 선생님으로부터 인류 역사상 가장 용맹스러운 이야기로 꼽히는 테르모필레(Thermopylae) 전투에 대해 처음으로 들으며 그런 경험을 했다. 수십 년이 지났지만 나는 여전히 그 교장 선생님을 기억하고 있다. 그분은 키가 크고 힘이 넘치며 강한 손을 가진 영국의 스포츠 영웅이었다. 그러나 그분은 고대 그리스와 로마의 영광을 재현할 때 가장 활기 넘치는 모습을 보였다. 수업이 진행되면서 그분은 과거를 새롭게 소생시켰고 20세기는 희미하게 사라져 갔다.

때는 주전 480년이었다. 동방은 서방을 향해 계속 진격하고 있었다. 역사상 가장 강력하고 무시무시한 군대가 아시아로부터 헬레스폰투스를 가로질러 유럽으로 밀려들어 갔다. 막강한 페르시아 왕이었던 아하수에로의 지휘하에 진군하던 군대에는 엄청난 수의 무장한 페르시아인, 낙타를 탄 아랍인, 병거를 탄 리비아인, 터번을 두른 키시아인, 풍선바지(발목부터 무릎까지는 가늘고 무릎에서 허리까지는 불룩한 모양의 바지—역주)를 입은 스키타이인, 굽 높은 장화를 신은 드란기아나인, 그 밖의 여러 종족과 민족들이 포함되어 있었다. 말이나 병거에 탄 남자만 해도 8만 명에 육박했고, 주변에는 셀 수 없이 많은 보병과 궁사들이 행군하고 있었다.

이 거대한 군대가 행진을 할 때면 온 땅이 진동했다고 한다. 또 식사를 할 때는 메뚜기처럼 닥치는 대로 먹어치웠다. 물을 마실 때면 모든 웅덩이가 말라 버렸고 모든 강에는 물 한 방울밖에 남지 않았다고 한다. 이처럼 페르시아 제국의 전투력은 전대미문의 막강함을 자랑했다. 왕이 사열을 한 번 하는 데에도 일주일이 꼬박 걸릴 정도였다.

페르시아의 사명은 복수였다. 38세인 '왕 중의 왕' 아하수에로는 부친 다리우스의 패배를 복수하기 위해 4년간의 준비 끝에 드디어 수산에서 출정했다. 그의 계획은 그리스를 정복하고 아테네와 스파르타의 위협을 꺾어 페르시아 제국을 확장하는 것이었다. 물론 아테네는 페리클레스, 피디아스, 아이스킬로스, 소포클레스 등이 활동하던 전성기를 맞이하기 전이었다. 파르테논 신전의 경이로움과 과학, 철학, 민주주의, 원형 극장 등으로 특징지어지는 황금기는 미래의 이야기였다. 아테네는 다루기 까다로운 작은 도시에 불과했다. 그에 비하면 스파르타는 군사적으로 훨씬 큰 잠재력을 지니고 있었다. 하지만 8월 중순의 찌는 더위에 장래를 점치는 것은 얼빠진 짓으로 보였을 것이다. 설사 그들이 서로 단합했다 하더라도 그리스 도시 국가들은 아하수에로의 엄청난 군사력에 상대가 되지 못했을 것이다. 그런 판국에 그들은 무방비 상태였을 뿐 아니라 분열되어 있었다. 싸우기 좋아하는 그리스인들은 페르시아와의 전쟁도 모자라서 서로 분쟁하고 있었다.

그래서 약 25만 명(헤로도토스는 300만이라고 말했다)에 달하는 페르시아 군대는 그리스의 다섯 개 도시 국가에서 엉겁결에 징병된 7,000명의 오합지졸과 맞서게 된다. 그러나 그 중심에는 300명의 스파르타인이 있었는데, 그들은 버티든지 죽든지 양자택일을 하도록 훈련받은 자들이었다(스파르타 어머니들은 자기 아들에게 "방패를 들고 돌아오든지 방패 위에 얹혀서 돌아오너라"라고 말했다). 그들의 지휘관은 55세의 스파르타 왕 레오니다스였다. 그들은 폭이 18미터 정도 되는 좁은 길목에 자리를 잡았다. 한편은 바다요 다른 편은 1,500미터나 되는 칼리드로모스 산의 절벽으로 막혀 있었다. 그리고 이 절벽의 가장 협소한 곳에는 그리스어로 테르모필레, 혹은 열문(烈門)이라 불리는 뜨거운 유황 온천이 넘쳐 흐르고 있었다.

처음에 페르시아인들은 틀림없이 먼지만 날릴 소탕 작전 정도로 예상했을 것이다. 그런데 이틀 동안 그 무적의 군대가 강력한 저지를 받아 진군을 멈추어야 했다. 둘째 날이 저물 무렵 아하수에로 왕은 큰 재난을 두려워한 나머지 자신의 정예 부대인 '불사조'를 투입했는데, 그들 역시 엄청난 사상자를 낸 채 퇴각했다. 이틀 내내 페르시아 대군이 공격을 퍼부었으나 얼마 안 되는 그리스 영웅들은 굳게 버티었다.

그 후 불행하게도 그리스인들은 배신을 당했다. 한 배신자가 밤을 틈타 페르시아인들을 절벽 위로 안내하여 동틀 무렵 레오니다스와 그의 부하들은 완전히 포위되었다. 통로가 팔렸고, 게임은 끝났다. 죽음의 그림자는 새벽이 오듯 분명히 드리워져 있었다. 레오니다스는 군대를 대부분 해산시켰고, 직속 부대인 300명의 스파르타인과 소수의 다른 군인들만 데리고 최후의 필사적인 방어벽을 구축할 작은 언덕으로 갔다. 그곳에서 그들은 최후의 한 명까지 싸우다가 전멸했다. 헤로도토스에 따르면, 그들은 칼을 놓친 후에는 손과 이로 싸웠다고 한다. 그들은 죽기 전에 집으로 가슴 저미는 메시지를 보냈는데, 후에 그것이 그들의 묘비명이 되었다. "낯선 이여, 스파르타인에게 전해 주오. 우리는 그들이 기대한 대로 행동했고 이제 여기에 묻히노라고."

이 간명하고도 핵심을 찌르는 마지막 말을 남긴 소수의 그리스인들은, 이 말이 장차 미칠 영향력을 미처 가늠하지 못했었다. 결국 그들의 본보기는 그리스인들에게 자부심을 불러일으키고 그들을 고무시켜 살라미스 전투와 플라타이아 전투에서 결정적인 승리를 가져다주었고, 페르시아인들이 다시는 그리스를 위협하지 못하게 만들었다. 그리고 30년이란 짧은 기간에 아테네는 세계 역사에서 가장 강력한 도시로 발돋움하게 되었다.

스파르타인들은 전적으로 헌신되어 있었으며 용맹스럽게 자기의 책무를 다했다. 그들은 역사에 우뚝 서 있으며, 오늘날 모든 자유인은 부분적으로는 그들 덕분에 자유를 구가하고 있다. 프랑스 철학자 몽테뉴(Montaigne)는 2,000년이 흐른 후 테르모필레 전투에 대해 이렇게 평했다. "승리에 필적하는 성공적인 패배가 있다."

역사상 가장 거대한 도전

오늘날 세계 도처에 사는 예수 그리스도의 제자들은 과연 "지나가는 이여, 우리 주님께 전해 주오. 우리는 주님이 우리에게 기대하신 대로 행동했고 이제 여기에 묻히노라고" 이렇게 말할 수 있겠는가? 세 번째 천 년에 들어선 지금, 예수 그리스도의 교회는 역사상 가장 거대한 도전에 직면해 있다. 이 도전은 믿음만큼이나 행위와 깊은 관련이 있는 것으로, 행동을 촉발하고 강화하는 믿음을 요구한다.

그 도전은 어떤 것인가? 한편으로 현대 세계에 사는 예수 그리스도의 제자들은 인류 역사상 가장 강력하며 진정한 의미에서 최초로 세계화된 문화의 도전을 받고 있다. 이 문화는 역사상 전례가 없는 힘으로 우리의 행동을 좌우하고 있으며, 기독교 신앙에 미치는 해악은 네로에서 마오쩌둥에 이르기까지 과거에 그리스도를 핍박했던 인물들이 끼친 피해보다 훨씬 더 큰 것으로 판명되었다. 다른 한편으로, 예수 그리스도의 제자들은 '세계적인 갈멜산'의 도전을 받고 있다. 새로운 신들의 추종자와 다시 깨어난 옛날 신들의 추종자들이 현대 세계의 흐름을 좌우하기 위해 그리스도의 제자들과 경쟁하고 있는 것이다.

한동안 나에게는 이 도전이 요원해 보였다. 구소련이 붕괴하면서 현대 세계는 '이데올로기'의 시대에서 '문명'의 시대로 전환되었다고들 한다. 오늘날의 세계는 서로 다른 문명을 기준으로 나뉘어 있다는 것이다. 서구 문명(유대교와 기독교), 마르크스주의, 일본 문명, 이슬람, 유교, 슬라브 정교, 힌두교, 아프리카 문명, 남아메리카 문명 등등. 심지어 제3차 세계대전은 문명 간의 전쟁이 될 것이라는 주장도 있다.

그런데 몇 년 전 아들과 함께 동남아시아에 있는 '지성의 섬' 싱가포르에 머무는 동안 나는 이 도전의 강력한 힘을 절감했다. 거기서 싱가포르 대학교의 한 경제학자가 환태평양권의 시각으로 냉전 이후 시대를 전망하는 강연을 하는 것을 들었는데, 그의 주장은 너무나 분명했다.

그는, "우리 싱가포르인들이 원하는 것은 서양이 아니라 현대 세계다. 우리는 미국식이 아니라 아시아식을 원한다. 우리는 그리스도가 아니라 공자를 따르길 원한다"고 말했다. 이어서 그는 "유대-기독교 신앙은 현대 세계를 발흥시켰지만 이제는 그 현대 세계에 의해 황폐해졌다"고 설명했다. 그는 따라서 아시아 국가들은 다른 길을 택해야 한다고 결론지었다. 그들 고유의 신앙과 문화 안에서 현대 자본주의와 산업화된 테크놀로지, 원격 통신 등이 제공하는 최선의 기회를 붙잡아야 한다는 것이다.

그런데 이처럼 서로 다른 문명과 종교 간의 경쟁 혹은 충돌이 점차 심화되고 있다는 주장은 잘못된 경우가 많다. 예를 들면, 어떤 사람들은 마치 서구는 기독교 문화권이고 나머지는 비기독교 문화권인 것처럼 '서구 대(對) 나머지' 운운하는데, 사실 그리스도의 교회는 모든 대륙에 자리 잡은 이른바 세계 보편적인 것이며 서구보다 타 지역에서 세력이 더 강한 경우가 많다. 또 다른 이들은 이 경쟁을 '국제적인 문화 전쟁'이나 심지어 '지하드'[jihad, 성전(聖戰)]라고까지 자극적으로 묘사하는데, 그것은 예수님의 복음의 핵심이 화해라는 것을 망각한 처사다.

요즈음 상황에서 교회가 직면한 가장 깊은 차원의 도전은 정치나 이데올로기의 도전이 아니며 군사적인 도전은 더더욱 아니다. 그것은 영적이고 신학적인 도전이다. 그것은 무엇보다 믿음을 행위로 표현하며 말을 행동으로 실천하는 것이다. 아시시의 프란치스코가 잘 표현한 것처럼 "끊임없이 복음을 전파하라. 그리고 꼭 필요하다면 말을 사용하라." 서로 다른 종교가 주도하는 각각의 위대한 문명이 인류를 위한 최상의 비전을 제시하겠노라고 경쟁하는 이상, 우리에게 흐리멍덩한 사고와 미지근한 삶은 마땅치 않다. 현대 세계에서는 문명 및 종교의 차이가 중요한 차이를 만들어 낼 수 있다. 믿음에는 결과가 따르는 법이다. 신, 세계, 인간, 정의, 자유, 공동체, 돈, 기타 수많은 이슈에 대해 이론상 다른 견해로 시작한 것이 나중에는 근본적으로 다른 사회를 형성하고 전혀 다른 삶(과 죽음)의 방식을 낳게 된다.

그리스도의 교회는 이 같은 도전에 대처할 준비가 되어 있는가? 예수님의 제자들은 복음에 완전히 사로잡혀서 '주님이 기대하시는 대로 행동할' 채비를 갖추고 있는가? 우리는 살아 있는 신앙의 위대한 진리, 곧 신앙은 개인의 삶을 근본적으로 바꾸어 놓을 뿐 아니라 역사를 좌우하고 문화를 변혁시키는 능력이 있음이 이미 입증되었다는 것을 실제로 알고 있는가? 앞으로 다각적으로 살펴보겠지만, 소명은 이 중대한 시점에 교회의 온전성을 유지하고 효과 있는 사역을 하는 데 없어서는 안 되는 것이다.

'중대한 시점', '문화', '문화를 변화시키는 능력' 등의 표현에 대해 많은 사람이 냉담하게 반응할지 모르지만 이는 내가 의도적으로 선택한 용어들이다. 어떤 그리스도인들은 자신의 신앙을 개인적인, 관계적인, 영적인 그리고 단순한 차원에 묶어 두기를 좋아한다. 나는 그러한 신앙관이 잘못되었다고 생각한다. 소명이 우리의 개인적인 삶에 깊이 연관된 진리임은 분명하지만 그것은 잠재적으로 문화적인 삶과도 연루되어 있다. 소명은 문화적인 것 이상이지만 개인적인 것 이상이기도 하다. 소명의 의미를 발견해 보라. 그러면 복음의 핵심도 발견하게 될 것이다.

그러므로 내가 던지는 도전은 의도적인 것이다. 오늘날 예수님의 제자 중 많은 이들이 소명의 진리에 담긴 다차원적인 의미를 알고자 노력하지 않는데, 그 이유는 현대 세계의 도전과 현 시점의 중대성을 깊이 인식하지 못하기 때문이다. '굳게 버텨야 할 때'는 바로 주님이 우리에게 기대하시는 대로 행동할 때다. 행동할 때는 바로 그분이 우리에게 가르치셨던 대로 믿을 때다. 믿을 때는 바로 신앙에 대해 안락하게 생각하던 좁은 사고방식을 박차고 일어나 그분의 부르심을 받는다는 것이 무엇인지를 알 때다. 이 소명은 우리 안에서 가장 깊고도 강한 열정을 불러일으킨다.

소명의 진리는 개인적인 차원을 넘어선다. 그것은 예수님의 복음이 널리 퍼질 것이라는 흔들릴 수 없는 확신을 지지하는 가장 강력한 근거다. 나는 서구 세계와 서구 교회에 대해 어느 누구보다 더 포괄적이고 강력하게 비판하긴 하지만, 장기적인 관점에서는 추호도 실망하거나 비관적이거나 부정적이지 않다.

사람들은 종종 나에게 교회의 잘못된 점을 그처럼 철저하게 분석하면서 동시에 교회의 장래에 대해 어떻게 그렇게 희망적일 수 있는지 묻는다. 부분적으로 대답하자면, 위기 자체가 바로 기회다. 교회와 좀 더 넓은 사회에 속한 일부 사람들은 최근까지도 세상적인 것을 굳게 신뢰했던 태도를 부끄럽게 여겨야 한다. 그러나 이보다 더 깊은 차원의 대답은 복음 자체의 특성에 있다. 복음은 쉽게 지울 수 없는, 또한 지워지지 않는 진리의 별자리와 같은 것이다.

달리 말하자면, 내가 지난 수십 년에 걸쳐 예수님을 따라 사는 동안 그분을 아는 기쁨 다음으로 내 마음에 남아 있는 것은 오늘날 예수님의 제자라고 자칭하는 우리의 상태를 보며 느낀 슬픔이다. 우리

중 그렇게 많은 사람이 복음에 합당하게 살고 있다고 고백하면서도 병적일 정도로 사회로부터 소외되어 있으며, 개인의 삶에서도 그처럼 특징 없고 일관성 없게 살고 있다면 도대체 복음에 문제가 있는 것인가, 아니면 우리에게 문제가 있는 것인가?

수년 전 이 의문을 풀기 위해서 나는 복음의 진리가 진부하거나 무력한 것이 아니라 오히려 신선하고, 강력하고, 폭발적이며, 중대한 결과를 초래한다는 것을 보여 주는 실례들을 찾아 다른 시대와 장소를 두루 연구한 적이 있다. 그리고 그리스도 십자가의 진리와 더불어 소명의 진리는 역사상 다른 어떤 진리 못지않게 개인과 사회에 큰 영향력을 발휘했다는 것을 발견했다. 이 진리는 다시 발견된다면 앞으로도 그렇게 영향력을 발휘할 것이다.

❖ **묵상 질문**

당신은 중요한 한 가지 진리, 즉 현대 세계의 중대한 도전 앞에서 당신이 깊이 탐구할 만한 진리, 당신을 굳게 붙들어 줄 닻이며 당신의 굶주림을 채워 줄 풍성한 양식이 될 진리, 다른 어떤 관계보다 더 소중한 관계인 그 진리를 알기 원하는가? 부르심인 동시에 명령인 사령관 예수님의 초대에 귀를 기울이라. "나를 따르라."

11

하나님을 진정 하나님 되게 하라

조지 스타이너(George Steiner)의 소설 『A. H.의 산크리스토발로 가는 길』(*The Portage to San Cristobal of A. H.*)은 20세기 최고의 문제작 중 하나로 꼽힌다. 100여 쪽에 불과한 얇은 분량의 책이지만 굉장한 주장을 담고 있다. 또 학문적인 문체로 쓰였음에도 이 소설이 함축하고 있는 바는 매우 자극적이다. 그러나 이 소설이 물의를 일으킨 진짜 이유는 세 번째 특징에 있다. 즉, 유대인이 쓴 이 소설은 "반드시 해결책, 곧 **최종적인** 해결책이 있어야만 했소"라고 주장함으로써 감히 생각할 수 없는 것을 생각한다.

소설의 줄거리는 놀랄 만큼 단순하다. 아돌프 히틀러—책 제목의 'A. H.'—는 1945년 5월 베를린 대법원의 화재에서 죽지 않고 살아남았다. 그는 남아메리카로 도주하여 정글에 수십 년간 은신해 있었다. 그런데 이제 헌신된 유대인들로 구성된 나치 사냥꾼에게 추적당한 끝에 산크리스토발에서 체포되었다. 그는 아돌프 아이히만(Adolf Eichmann)

처럼 이제 곧 이스라엘로 후송되어 인류에 저지른 엄청난 범죄에 대해 재판을 받게 될 것이다.

  책의 처음부터, 히틀러를 체포했다는 흥분 어린 기쁨은 이내 아우슈비츠 수용소만큼이나 지옥굴 같은 정글을 되짚어 나오는 동안 각 사냥꾼들과 그 가족들의 삶에 포진한 어둠의 망령들에 의해 어지러이 흩어져 버린다. 더구나 체포자들은 히틀러가 무서운 괴물일 것이라고 상상했는데 막상 잡고 보니 그가 별로 해롭지도 않고 점잖은 노인임을 발견하고는 고민에 빠지게 된다.

  이야기가 전개되는 동안 히틀러는 거의 말을 하지 않는다. 그러나 마지막 장에 이르면 마치 헬리콥터가 귀를 마비시키는 굉음을 내며 고요한 정글에 내려앉듯이 피고인이 말문을 열고, 불덩어리처럼 몰아치는 그의 주장들로 소설은 끝을 맺는다.

  "제1항." 피고인이 말한다. 지배 민족을 꿈꾼 것은 자신, 곧 히틀러가 아니었다. 1910년에 폴란드 랍비의 아들 제이콥 그릴에게서 그것을 배웠을 뿐이다. "나는 당신들의 인종 차별주의를 흉내 냈을 뿐이오. 굶주린 모방이랄까…. 나를 심판하시오. 그러면 당신들 자신도 심판해야 할 것이오. 초인(超人), 선택받은 자들이여!"

  "내 의뢰인이 말하고자 하는 것은…" 하고 변호를 맡은 관선 유대인 변호사가 말문을 열었다. 그러나 그는 곧 밀려나 버렸다. 히틀러가 발언하기 시작했고 그 발언을 중단시킬 수 없었기 때문이다.

  "제2항. 반드시 해결책, 곧 **최종적인** 해결책이 있어야만 했소. 만약 유대인이 오랜 세월 동안 불안을 야기해 온 암적인 존재가 아니라면 도대체 무엇이오? 여러분, 제발 내 말을 들어 보시오. 반드시 들어야만

하오. 역사상 이보다 더 잔인한 발명, 즉 전능하고, 전지하고, 보이지 않고, 감지할 수 없고, 불가해한 신을 고안해서 인간 존재에 해를 끼친 것보다 더 악한 발명이 있었소?"

여기서 히틀러의 변호는 진리에 매우 근접한 신학적 마성을 점점 더 드러낸다. 시내산 사건 이전에는 이방 세계가 온통 작은 신들—인간이 만든 우상들, 운반하기 쉽고 고분고분하며 타협 잘하는 신들—로 가득 차 있었다. 그러나 시내산의 불과 연기 속에서 "유대인은 자신들의 신을 따로 설정해 냄으로써, 즉 인간의 지각으로 헤아릴 수 없을 정도로 멀리 떨어진 존재로 분리시킴으로써 이 세계를 텅 비게 만들었소. 형상을 만들어서도, 상상해서도 안 되오. 하지만 그는 무서울 정도로 가까이 있는 존재요. 우리의 잘못된 행위를 하나도 빠짐없이 몰래 감시하고, 우리 마음 깊숙한 곳에 있는 동기를 꿰뚫어보는 존재요." 히틀러는 묻는다. "여러분은 나를 폭군이라고 부르시오? 양심을 고안한 신을 만들어 낸 유대인들의 행위보다 더 총체적인 강포가 어디에 있었소?" 신들(gods)이 유한하고 오류가 있는 존재라면 우리의 실패를 그들에게 전가시킬 수 있다. 그런데 절대적이고 선한 하나뿐인 신(God)만 존재한다면 모든 잘못과 실패는 우리의 것이 되고 만다.

그러나 히틀러는 그것이 유대인의 공갈에서 제1단계에 불과하다고 주장한다. 제2단계는 '뻔뻔한 나사렛인'과 그의 굉장한 간교함이었다. "인간에게 그들이 내놓을 수 있는 것 이상을 요구하라. 더 높은 이상(理想)을 명분으로 그들에게 오염되고 이기적인 인간성을 포기하라고 요구하라. 그러면 그들을 절름발이, 위선자, 구원을 구걸하는 거지로 만들 수 있을 것이다…인간에게 현재의 존재 이상을 요청하고, 그의 지친 눈망울 앞에 이타주의, 연민, 자기 부인 등 성자나 광인(狂人)에게나 합당한 이미지를 들이대라. 그리고 그를 고문대 위에 누이고 잡아당겨라, 그의 영혼이 터질 때까지. 유대인의 이상(理想) 중독증보다 더 잔인한 게 어디 있겠소?"

'모든 것을 요구하는 시내산의 유일신'과 '끔찍할 정도로 달콤한 그리스도'에 이어서, 히틀러는 세 번째 단계를 '랍비 마르크스'의 세속화된 메시아주의로 보는데, 그것은 "정의의 나라가 지금 여기에, 다음 월요일 아침에 온다"고 한다. 하지만 유대인이든 그리스도인이든 마르크스주의자든 그들에게는 한 가지 공통 주제가 있다. 그것은 '초월성이라는 공갈', '완전성이라는 세균', '유토피아라는 바이러스'다. 따라서 유대인은 인류의 양심이 아니라 나쁜 양심에 불과하다고 히틀러는 말한다. "그러므로 우리는 평화를 얻고 생명을 유지하기 위해 당신들을 토해낼 것이오. 그것이 최종적인 해결책이오. 그 밖에 다른 해결책이 어디 있겠소?"

히틀러는 '제3항'과 함께 자신의 변호를 마친다. 즉, 자신은 당대를 살아가는 한 사람일 뿐이라고. 그러고는 일어서서 이렇게 결론을 내린다. "법정에 앉으신 여러분, 나는 내 교리를 당신들에게서 끌어냈소. 나는 당신들의 이상, 인류를 괴롭힌 그 공갈에 대항해서 싸웠소. 나의 범죄는 다른 이들의 범죄에 부응한 것이오. 나치 독일은 이스라엘을 낳았소. 이것이 내 최후 진술이오. 고난당한 자들의 최후 진술에 대비되는, 죽어 가는 자의 최후 진술이오. 불확실성의 한가운데서, 장차 모든 비밀이 밝히 드러날 그 장엄한 때가 이르기까지, 문제들은 접어 두어야 하겠소."

진리에 대한 사탄의 증언

이것은 주목할 가치도 없는 한 괴물의 광적인 합리화에 불과한가? 어떤 비평가들이 주장하듯이, 과연 헌신된 유대인인 스타이너는 이 같은 궤변으로 도덕적인 경계선을 침범하고 있는가? 중요한 사실은, 스타이너가 허공에서 이런 사상을 이끌어 낸 것은 아니라는 것이다. 그는 『나의 투쟁』(Mein Kampf)을 쓴 그 젊은 오스트리아인 화가이자 광인의 사상과 저술을 깊이 파고들었다. "여기에 '왜'라는 것은 없다"라는 무서운 경고는 최종적인 해결책(The Final Solution, 나치의 유대인 대학살 계획을 말함—역주)이라는 악의 배후에 있는 신비를 결정적으로 파헤치는 것을 가로막는 장애물이었다. 그러나 스타이너는 계속 밀어붙였다. 그는 나치주의의 좀더 명백한 역사적·경제적·사회적·심리적 힘 저변에 깔려 있는, 더욱 본질적인 신학적 악을 간파했던 것이다.

히틀러(혹은 스타이너)의 결론은 도덕적으로는 잘못되었을지 모르나, 다른 수많은 기독교적인 진술보다 소명의 진리에 훨씬 더 가깝다. 따라서 우리는 그것을 진리에 대한 사탄의 증언이라고 볼 수 있고, 소명에 대한 모든 부적합한 견해에 대한 도전으로 볼 수 있다.

당신은 이렇게 반문할지 모른다. "소명이라고? 왜 소명을 운운하지? 스타이너의 이야기에는 소명이란 말이 언급되지도 않는데. 언약이나 하나님의 성품이라면 모를까. 십계명이라면 확실히 나오고. 그런데 왜 소명을 운운하는 거지?" 그러나 스타이너의 소설이나 출애굽기에서 그 단어가 사용되는지 여부와 상관없이 시내산 이야기의 핵심에는 소명이 절대적인 위치를 차지하고 있다.

그 이야기에서 '부르심'을 직설적으로 사용하고 있는 것은 분명하다.

한편으로 주님은 모세를 부르셨다. 모세는 떨기나무에 불이 붙었으나 타지 않는 것을 보고 멈춰 섰다. "여호와께서 그가 보려고 돌이켜 오는 것을 보신지라. 하나님이 떨기나무 가운데서 그를 불러 이르시되 모세야 모세야 하시매"(출 3:4). 다른 한편으로는, 구약성경이 반복해서 말하듯이 주님은 모세를 통하여 이스라엘 백성 전체를 부르셨다. 예를 들면, 호세아 선지자는 "선지자들이 그들을 부를수록 그들은 점점 더 멀리"(호 11:2)한다는 하나님의 한탄을 전달하고 있다. 그런데 이러한 슬픔은 애초에 하나님의 부르심이 있었기에 생겨나는 것이다. "이스라엘이 어렸을 때에 내가 사랑하여 내 아들을 애굽에서 불러냈거늘"(호 11:1).

스타이너는 소명이라는 용어를 전혀 사용하지 않지만 시내산 사건의 핵심에 자리 잡은 소명의 깊은 측면을 가리키고 있다. 도대체 시내산에서 나타난 하나님의 계시가 얼마나 새로운 것이기에 그로 인해 모든 범주와 우상들이 박살나 버리는가? 마치 망치로 머리를 때리는 것 같고, 양심을 괴롭히는 이것은 도대체 무엇인가? 불, 연기, 천둥소리인가? 하지만 이런 것들은 핵폭탄이 터지듯이 드러난 진리, 즉 "나는 스스로 있는 자다"라는 진리에 비하면 그저 변두리에서 터지는 불꽃놀이에 불과하다.

우리는 모세에게 하나님이 보여 주신 계시를 '급진적 유일신론'이라고 깔끔하게 이름 붙일 수도 있다. 그것을 세계 사상사에서 '유일무이한' 것이라고 통찰력 있게 말할 수도 있다. 심지어 노래의 후렴구처럼 "나는 스스로 있는 자다"를 되뇔 수도 있을 것이다. 그러나 그렇게 한다면 위기를 자초하게 된다. 왜냐하면 시내산 사건의 핵심에는 심장이 멈출 만큼 놀라운 신비가 자리 잡고 있으며, 그 앞에서 우리는 신을 벗어야 하기 때문이다. 신명기에서 모세는 이스라엘 백성에게 이렇게 상기시켰다. "너희가 가까이 나아와서 산 아래 서니 그 산에 불이 붙어 불길이 충천하고 어둠과 구름과 흑암이 덮였는데, 여호와께서 불길 중에서 너희에게 말씀하시되 **음성뿐이므로 너희가 그 말소리만 듣고 형상은 보지 못하였느니라**"(신 4:11-12, 저자 강조).

형상은 없고, 말소리만…. 왜 하나님은 부르시는가? 왜 그분은 자신을 보여 주시지 않는가? 레오나르도 다 빈치가 '감각의 왕'이요 '영혼의 창문'이라고 불렀던 눈을 왜 존중하시지 않는가? 왜 그분은 '백문불여일견'을 모르시는가? 왜 그분은 너무나 깨지기 쉽고 논쟁거리가 되기 쉬운 말을 사용하시는가? 말은 우리의 입김과 함께 쉽게 증발해 버리는 것을 모르시는가? 시내산의 하나님은 분명 우상이 그분 자신과 경쟁하는 것뿐 아니라 어떤 형상으로도 그분 자신을 표현하는 것을 금하신다. 하나님은 우리가 그분을 상상하는 것도 허락하지 않으신다. 아르놀트 쇤베르크(Arnold Schoenberg)는 오페라 "모세와 아론"에서 하나님의 속성을 이렇게 표현했다.

불가해한 분,
보이지 않는 분이기에.
측량할 수 없는 분이기에.
영원한 분이기에.
영존하는 분이기에.
무소부재한 분이기에.
전능한 분이기에.

하나님의 말씀이 인간의 형태로 오신 놀랍고도 자비로운 그 잠시 동안의 사건을 제외하면, 그분은 우리에게 말로써 말씀하시며 그분의 피조물인 우리의 책임은 그 말씀에 귀 기울이고 신뢰하고 순종하는 것이다. 그러나 이 진리의 이면에는 소명에 관한 근본적인 진리가 담겨 있다. 말은 하나님이 우리에게 그분 자신을 계시하시는 가장 깊고도 완전한 표현으로, 그분이 우리를 부르신 것이 그 시초다. 따라서 그분이 부르실 때 귀 기울이고 그분을 신뢰하며 순종하면 우리는 그분의 위엄과 존귀를 인정하며 '하나님을 진정 하나님 되게 하는' 것이다.

하나님의 일차적인 부르심, 곧 그분이 우리에게 말을 거는 것에는 항상 두 가지 차원이 있다. 소환과 초청, 율법과 은혜, 요구와 공급이 그것이다. 틀림없이 전자가 먼저 오기 마련이지만, 오늘날 많은 그리스도의 제자들이 그 점을 놓치고 있다. 그 결과 가벼운 신앙을 가지고 아무렇게나 행동하게 된다. 그런 모습에서는 갈보리는 차치하고 시내산과 갈릴리에서의 부르심을 경청했다는 증거를 찾아볼 수 없다.

예수님의 시대 이전에는, 하나님이 부르실 때 사람들은 두려움에 엎드려서 얼굴을 땅에 대고 응답했다. 선지자 에스겔은 그분이 부르실 때 "내가 보고 엎드려 말씀하시는 이의 음성을 들"(겔 1:28)었다고 말한다. 하나님을 만나는 자는 그 거룩한 분 앞에서 눈을 가려야 하지만, 그렇다고 해서 귀마저 막을 수는 없다.

복음의 경이로움은 바로 시내산과 갈릴리 사이에 있는 큰 간격에 있다. 하지만 이 둘을 결별시키지 않은 조지 스타이너의 입장이 옳다. 이와 동일한 소환이 예수님의 '확고하면서도 부드러운 말씀' 속에서 크고 명료하게 울리고 있다. 예수님의 부르심은 간결하면서도 명령조였다. "나를 따라오라"(막 1:17). 마가복음은 시몬과 안드레가 "곧 그물을 버려두고 따르니라"(막 1:18)라고 기록하고 있다. 또 몇 절 뒤에서는 야고보와 요한에 관하여 "곧 부르시니 그 아버지 세베대를 품꾼들과 함께 배에 버려두고 예수를 따라가니라"(막 1:20)고 쓰고 있다. 분명 그리스도의 부르심은 도무지 거절할 수 없는 부르심이었다. 그들은 자기 아버지를 배에 버려두면서 또한 곤경에 빠뜨리고 떠났다.

우리는 복음서의 내용을 잘 안다고 생각하는 나머지 종종 부주의하게 대하기 쉽다. 디트리히 본회퍼가 주장했듯이 "제자의 반응은 예수님에 대한 신앙 고백이 아니라 순종의 행위"다. 그들은 그분의 요구를 심사숙고한 다음 마음을 정하고, 그 후에 따를지 말지 결정한 것이 아니다. 그들은 부르심을 듣고 바로 순종했다. 그들의 반응은 "예수님의 권위가 절대적이고, 직접적이며, 설명할 수 없는 권위라는 증언"이었다. 부르심이 전부이고, 예수님이 그 이유다. 그분을 따르는 유일한 길은 모든 것을 버리고 그분만을 좇는 것이다. 여기에 바로 우리의 모든 의문과 반발과 평계를 단번에 해결하는 부르심이 있다. 제자란 따르는 자라기보다는 **따르지 않으면 안 되는** 자라고 정의할 수 있을 것이다.

이후에는 이 불안한 단호함이 고조된다. 마가의 기록에 따르면 "따르는 자들은 두려워하"(막 10:32)는 가운데 예수님은 예루살렘으로 방향을 정하셨다. 오스왈드 챔버스는 이것을 '당황의 훈련'(the discipline of dismay)이라고 부른다. 우리는 처음 제자가 되었을 때는 마치 예수님에 관해 모든 것을 안다고 생각한다. 그분을 위해 모든 것을 버리는 것을 신선한 기쁨으로 여긴다. 그러나 세월이 흐르면 확신이 약해진다. 그분은 앞서 가고 계시며 그분의 표정은 낯설게 느껴진다. 챔버스는 계속해서 말한다.

예수님에게는 제자의 마음 중심부를 서늘하게 만들고 영적인 삶 전체를 숨 막히게 하는 면이 있다. 얼굴이 '단단하게 굳은' 이 낯선 존재와 그의 단호한 결단력은 나를 당혹스럽게 한다. 그분은 더 이상 위로자나 친구가 아니다. 그분은 내가 지금까지 전혀 알지 못했던 모습으로 다가오시기에, 나는 너무 놀란다. 처음에는 그분을 잘 안다고 자신만만했지만 이제는 그런 확신이 사라졌다. 나는 이제 예수 그리스도와 나 사이의 거리를 깨닫기 시작한다. 더 이상 그분과 친밀한 관계가 아닌 것이다. 그는 나보다 앞서 계시고 결코 방향을 바꾸지 않으신다. 그분이 어디로 가시는지 전혀 알 수 없으며, 목표점은 이상할 정도로 멀어져 버렸다.

당신은 편의 위주의 시대에 맞는 달콤한 복음에만 익숙해 있는가, 아니면 하나님의 단호한 소환에 훈련되어 있는가? 당신은 '당황의 훈련'을 경험한 적이 있는가? 챔버스는 그의 주님에 버금갈 정도로 단호하게 쓰고 있다. "만약 우리가 상투적인 종교의 발에서 상투적인 종교의 신발을 벗고, 하나님께 다가갈 때의 합당치 않은 익숙함을 모두 떨쳐 내는 경험을 단 한 번도 한 적이 없다면, 과연 우리가 그분의 임재 앞에 제대로 서 본 적이 있는지 의심할 일이다. 예수 그리스도를 가볍게 대하고 그분이 친숙하게 느껴지는 사람들은 그분을 한 번도 대면해 본 적이 없는 자들이다."

오늘날 우리는 "하나님을 진정 하나님 되게 하라"는 말의 의미를 격하시켜 버렸다. 우리는 보통 멋대로 하도록 내버려 두라는 의미로 우스갯소리하듯 이 말을 사용한다. 즉 대통령이나 어린이에게 "레이건을 레이건이게 하라"거나 "조니는 조니대로 하라지"라는 식으로 생색내며 말하는 것이다. 그러나 이 말을 처음 만든 사람은 마르틴 루터였으며, 당시 그는 하나님의 준엄한 부르심 앞에서 떨고 있었다.

그 말의 진정한 의미를 회복해야 한다고 생각한다면, 우리의 삶 속에서 하나님의 권위를 회복하는 것은 얼마나 더 시급하겠는가? 현대 세계의 중심에는, 우리의 사적인 영역 바깥에서도 하나님의 권위를 인정하는 것을 막는 결정적인 도전이 도사리고 있다. 이것은 몇몇 무신론자들이 "신은 죽었다"고 외치기 때문이 아니라, 그리스도인을 포함한 우리의 문화 전체가 현대 세계의 선물에 너무나 의존한 나머지 실제로 '하나님이 필요 없게' 되었기 때문이다.

오늘날 교회가 직면한 과제 중에서 현대 세계에 대한 신앙의 권위를 회복하는 일보다 더 시급한 과제는 없다. 이것이 강력한 기관이나 더욱 권위적인 리더십, 더욱 철저한 정통주의, 더욱 공격적인 정치 운동을 통해서만 이루어질 수 있다고 생각하는 이들은 결국 실망하고 말 것이다. 우리 사회와 같이 역동적이고 유동적이며 개인주의적인 세계에서는 예수 그리스도의 제자 개개인이 실제로 '하나님을 진정 하나님 되게' 함으로써 소명을 제대로 이해하지 않고서는 신앙의 권위를 회복할 수 없다.

루터는 이 점에서도 본보기를 보여 준다. 많은 사람들이 루터가 1521년 보름스 의회에서 열린 첫 청문회에서 카를 5세 앞에 섰을 때 눈에 띄도록 긴장했었다는 것을 이야기해 왔다. 루터는 그답지 않게 망설이더니 '생각할 시간'을 달라고 요청했다. 그의 적대자들은, 광부의 아들에 불과한 이 평범한 수사가 오스트리아와 부르고뉴, 베네룩스, 스페인과 나폴리의 군주요, 합스부르크 왕가의 아들이요, 대대로 내려오는 가톨릭 통치권의 상속자인 총명한 젊은 왕 앞에서 겁을 먹었음에 틀림없다고 생각했다.

그러나 이유는 그것이 아니었다. 훗날 롤런드 베인턴(Roland Bainton)이 루터의 전기 『마르틴 루터의 생애』(Here I Stand, 생명의말씀사 역간)에서 썼고 당시 그의 친구들이 알고 있었던 것처럼, 루터가 긴장한 것은 "그런 위대한 황제 앞에 섰기 때문이 아니라 루터 자신과 황제 둘 다 전능하신 하나님 앞에서 대답하도록 부름받았기 때문이었다." 이미 부르심을 받은 루터는 황제보다 하나님을 더 두려워했다. 그래서 다음날 이렇게 말할 수 있었던 것이다. "내 양심은 하나님의 말씀에 사로잡혀 있다. 나는 어떤 것도 철회할 수 없고 철회하지도 않을 것이다. 왜냐하면 양심을 거스르는 것은 옳지도 않고 안전하지도 않기 때문이다. 하나님, 나를 도우소서. 아멘."

예수님을 따르는 우리가 현대성의 힘과 유익보다 하나님을 더 두려워할 때에만, 그리스도를 믿는 신앙은 현대 세계에서 결정적인 권위를 되찾을 수 있을 것이다. 즉 우리는 하나님의 부르심을 들을 때 그분의 소환에 강하게 사로잡힌 나머지 루터와 더불어, 초판 기사에 덧붙여진 말처럼 "나는 여기에 서 있겠습니다. 나는 이렇게밖에 할 수 없습니다"라고 말할 수 있어야 한다.

❖ **묵상 질문**

당신은 '하나님을 진정 하나님 되게' 하고 싶은가? 즉, 당신의 삶에서 그분의 권위를 도무지 거부할 수 없는 결정적인 권위로 인정하기를 원하는가? 부르심인 동시에 명령인 사령관 예수님의 초대에 귀를 기울이라. "나를 따르라."

12

유일한 청중

1881년 7월 27일은 앤드루 카네기(Andrew Carnegie)의 생애에서 가장 행복한 날이었다. 스코틀랜드인 직공의 아들로 태어난 그는 주당 1달러 20센트를 벌던 피츠버그의 직공 신세를 떨치고 일어나 미국의 '강철왕', '산업계의 나폴레옹', '미국의 부호', '성(聖) 앤드루'(마크 트웨인이 붙인 별명) 등으로 불린, 세계에서 가장 전설적인 부자가 되었다. 그는 '빛나는 스코틀랜드인'이라고 불리는 것을 항상 자랑스러워했고, 그래서 자신의 고향인 스코틀랜드 동부의 던펌린으로 금의환향하기로 결심했다. 그는 고향이 내려다보이는 언덕에서 "힌두교인에게 바라나시가 있듯, 회교도인에게 메카가, 그리스도인에게 예루살렘이 있듯, 나에게는 던펌린이 있다"라고 기분 좋게 말했다.

카네기는 오래전부터 고향 방문 계획을 세웠다. 그는 어머니와 몇몇 특별한 친구들과 함께 뉴욕에서 대서양을 건너, 궁중식으로 특별 제작된 마차를 타고 영국 남부 해안 도시인 브라이튼에서 북쪽의 스코틀랜드 던펌린으로 서서히 이동했다. 오후 4시, 그 대형 사두마차는 세인트 레너드 가(街)에 도착해서, "환영, 자애로운 아들 카네기"라고 쓴 플래카드와 스코틀랜드, 영국, 미국 국기를 흔드는 환영객의 영접을 받았다.

그러고 나서 공식 행진이 시작되었다. 시장과 길드 상인들, 시의원 등이 각기 마차를 타고 앞서 나갔다. 그 행렬은 카네기가 태어난 조그마한 돌집과 근처에 있는 비슷한 오두막집―가난에 쪼들린 카네기 가족은 33년 전 이곳을 떠나 피츠버그로 향했었다―을 통과했다.

그날의 절정은 카네기가 고향 도시에 근사한 공공 도서관을 기증하는 행사였는데, 미국 바깥에서는 처음 있는 일이었다. 그런데 식이 시작되기 전에, 여행하는 동안 줄곧 마차 맨 앞에 앉아 있었던 어머니 마거릿 여사가, 마차 안에 들어가 혼자 마음껏 울게 해 달라고 부탁하는 것이었다.

고향 방문, 동창회, 고국의 곳곳을 방문하는 것…. 고향을 찾은 카네기의 심정이 어떠했을지는 충분히 상상할 만하다. 그러나 그날 카네기의 자부심은 다른 데서 흘러나오는 것이기도 했다. 수십 년 전 어린 시절 그의 가족이 피츠버그에서 가난하게 살고 있었을 때 그는 어머니가 낙담하여 눈물을 흘리는 모습을 보게 되었다. 그때 카네기는 어머니의 두 손을 꼭 잡고는 울음을 그치시라고 위로했다.

그는 "언젠가 부자가 되어 어머니와 함께 멋진 사두마차를 탈 거예요"라고 장담했다.

그러자 그의 어머니는, "여기서는 그렇게 해야 아무 소용이 없단다. 던펌린 사람들이 우릴 볼 수 없으니 말이다"라고 시큰둥하게 대답했다.

그 순간 어린 앤드루는 언젠가 어머니와 함께 사두마차를 타고 던펌린에 장엄하게 입성해서 고향 사람들이 모두 볼 수 있게 하겠노라고 굳게 결심했다. 즉, 어머니를 위해서 '그들에게 보여 주려고' 했던 것이다. 피츠버그 사람들이 보는 것만으로는 충분하지 않았다. 카네기 가(家)의 성공을 고향 사람들에게 보여 주어야 했던 것이다.

두말할 필요도 없이 앤드루 카네기는 여론을 의식하여 대중을 즐겁게 해 주는 정치인이 아니었다. 일찍이 그는, 비즈니스는 '혼자서 하는 카드놀이'와 같다고 말했다. 그는 로버트 번스(Robert Burns)의 "당신 자신의 비난만을 두려워하라"는 말을 좋아했다. 개인적인 신조인 사회적 진화론으로 말미암아 그는 무정한 성향을 지닌 사람이었는데, 이는 전설적인 관대한 자선 행위로도 완전히 상쇄될 수 없을 정도였다. 그러나 카네기는 그의 적대 세력이 공격하는 것과 같은 악덕 자본가는 아니었다.

그를 부드럽게 누그러뜨리는 한 가지 요소는 다른 사람의 호감을 사려는 욕구였다. 그의 책상 서랍 하나에는 '감사와 기분 좋은 말'이란 라벨이 붙어 있었다. 그의 비서는 매일 정기 간행물에서 카네기의 기호에 맞는 기사를 오려 내어 파일에 꽂아 놓았다. 무엇보다도 그는 자신이 의미 있게 여긴 몇몇 청중에게 인정받기를 갈망했는데, 특히 고향 사람들을 많이 의식하였다. 스코틀랜드 국경을 넘던 7월 16일, 무신론자 카네기는 "내가 스코틀랜드인으로 태어난 것은 하나님의 은혜다"라고 아무런 모순도 느끼지 않는 듯 공언했다. 그리고 나서 더욱 직설적으로 "아, 스코틀랜드여, 나에게 딱 맞는 곳! 내가 그대의 아들임이 자랑스럽소"라고 말했다. 확실히, 앤드루 카네기와 어머니는 '그들에게 보여 주었다.'

자이로스코프 혹은 여론 조사

조지프 프레이저(Joseph Frazier)가 쓴 전기 『앤드루 카네기』(*Andrew Carnegie*)에는 상기한 이야기가 잘 묘사되어 있으며, 이 이야기는 소명을 이해하는 데 중요한 점을 조명한다. 자신의 계획과 시도에 관해 말할 때 우리는 자동적으로 '목표', '야망', '성취', '평가' 등의 개념을 떠올리게 된다. 그런데 우리는 '청중'이라는 중요한 요소를 쉽게 간과한다.

오직 광인, 천재, 최고의 이기주의자만이 순전히 자신을 위해 일한다. 군중 앞에서 뽐내는 것이나, 다른 사람의 북소리에 맞춰 행진하는 것은 그리 어렵지 않다. 그러나 자신만의 북소리에 맞추어 행진하는 것은 참으로 어렵고, 아마 불가능할지도 모른다. 우리는 대부분 의식적으로든 무의식적으로든 어떤 청중의 찬사를 생각하면서 일을 하기 마련이다. 문제는 우리에게 청중이 있는지의 여부가 아니라 그것이 어떤 청중이냐 하는 것이다.

이는 소명의 진리에 담긴 또 다른 중요한 특징을 강조한다. **하나님의 결정적인 소명에 귀 기울이면서 산 인생은 다른 모든 청중을 밀어내는 단 하나의 청중—유일한 청중—앞에서 살아 온 인생이다.**

창세기에서 볼 수 있는 아브라함의 소명은, 하나님 앞에서 살아가는 여정 동안 하나님을 신뢰하는 삶을 사는 것이었다. 보통 하나님은 아브라함을 먼저 불러내시는데, 한번은 그분이 아브라함에게 나타나셔서 "나는 전능한 하나님이라. 너는 내 앞에서 행하여 완전하라"(창 17:1 하)고 말씀하신다. 하나님의 음성 뒤에는 하나님의 눈이 있고 그 눈 뒤에는 얼굴이 있으며 얼굴 뒤에는 마음이 있다. 그러므로 하나님의 부르심을 좇는 것은 하나님의 마음 앞에서 사는 것이다. 그것은 '코람 데

오'(*coram deo*, 하나님 앞에서)의 삶을 사는 것이며, 청중을 의식하는 데서 돌이켜 오직 최후의 청중이요 최고의 청중이신 하나님만을 중요하게 여기는 것이다.

예수님은 이 점을 더욱 강조하신다. 그분은 자신이 부르신 자들에게 그들의 하나님은 '아시고' '보시는' 분임을 상기시키신다. 하나님은 참새가 땅에 떨어지는 것을 아시고, 그분을 따르는 자들의 머리카락까지 세시는 분이다. 자기의 덕을 선전하고, 남에게 인정과 존경을 받기 위해 선행을 하는 것이 보편적인 인간 심리인데, 예수님은 그와 반대로 은밀히 선행을 하라고 요구하셨다. 그러면 "은밀한 중에 보시는 너의 아버지께서 갚으시리라"(마 6:4).

청교도들은 유일한 청중이신 하나님 앞에서의 삶을 매우 강조하였다. 존 코튼은 이 청중이라는 주제를 더욱 발전시킨다. 그는 에베소서 6:6을 인용하면서 종의 소명은 "사람을 기쁘게 하는 자들처럼 눈가림으로 하는 것이 아니다"라고 말한다. 오히려 "우리는 하나님을 섬김으로써 인간을 섬기고, 인간을 섬김으로써 하나님을 섬긴다는 믿음 안에서 우리의 소명 가운데 믿음으로 사는 것"이라고 말한다. 이것은 그저 청교도식 말장난에 불과한가? 전혀 그렇지 않다. 유일한 청중이신 그분 앞에서 사는 삶은 우리의 모든 것을 변화시킨다. "그는 사람들의 격려를 받지 못하더라도 그 모든 것을 편안한 마음으로 하는 자다. 반면에 믿음이 없는 자는 아무런 인정도 받지 못한 채 제일 못한 일만 드러나 크게 불평하게 될 것이다."

그렇기에 그리스도 중심의 영웅주의는 남의 눈에 띄거나 선전할 필요가 없다. 가장 위대한 행위는 유일한 청중 앞에서 행한 것이고, 그것으로 충분하다. 그 유일한 청중의 눈에 띄고 그분의 칭송을 받는 자는 그 이하의 다른 청중에 대해서는 신경 쓰지 않아도 된다.

윈스턴 처칠(Winston Churchill)은 동료 국회 의원으로부터 심한 공격을 받는데도 왜 힘들어하지 않느냐는 질문을 받았다. 그는 "내가 그 사람을 존경한다면 그의 의견에 신경을 쓰겠지요. 그러나 그를 존경하지 않는다면 신경 쓸 필요가 없는 것입니다"라고 대답했다. 유일한 청중 앞에서 사는 사람도 세상을 향해 이와 같이 말할 수 있을 것이다. "내게는 단 하나의 청중밖에 없다. 나는 하나님 앞에서 온전한 나일 뿐 그 이상도 이하도 아니다. 네 앞에서는 내가 입증해야 할 것도, 얻을 것도, 잃을 것도 없다."

물론 현대 세계는 청교도 세계로부터 몇 광년이나 떨어져 있다. 우리는 소명이 내면의 나침반 역할을 했던 '내부 지향적인' 청교도 세계로부터, 우리의 동시대인이 인도자가 되어 버린 '외부 지향적인' 현대 세계로 옮겨 왔다. 그래서 마치 이리저리 움직이면서 신호를 포착하는 이동 레이더처럼 살고 있다. 이런 현상을 여러 곳에서 발견할 수 있다. 십대들은 자기 또래에게 귀 기울이고, 여성들은 여성 잡지와 유행이 현혹하는 이미지를 좇아가고, 정치인은 여론 조사 결과를 맹종하고, 목사들은 '추구자들'과 '신세대'에 관한 최근 연구 결과를 노심초사하며 따라간다. 어떤 큰 교회의 목사는 내게 이렇게 말했다. "교인들의 눈을 볼 때마다 그들이 언제나 다른 교회로 옮길 준비가 되어 있다는 것을 알 수 있습니다. 정말 괴로워요."

한 가지 신기한 사실은, 20세기는 역사상 가장 강력한 지도자들─윈스턴 처칠과 프랭클린 루스벨트 같은 일부 훌륭한 지도자들 및 레닌과 스탈린 같은 다수의 나쁜 지도자들—과 더불어 시작되었으나 나중에는 추종자들에게 병적으로 의존하는 연약한 리더십, 즉 이익에 쉽게 영합하는 뚜쟁이 같은 지도자들과 더불어 끝났다는 점이다.

1941년 9월 30일 처칠은 하원에서 한 연설에서 이렇게 말했다. "지도자는 귀를 늘 땅에 대고 있어야 한다는 말이 있습니다. 영국 국민이 그처럼 보기 흉한 자세를 취하고 있는 지도자들을 존경하기는 아주 어려울 것으로 보입니다." 또 다른 때에 그는 이렇게 말한 적이 있다. "갤럽 여론 조사의 변덕스러운 기류 안에서 사는 것보다 더 위험한 것은 없습니다. 항상 맥박을 짚고 체온을 재고 있지요."

처칠 자신은 청중 앞에서 대부분 깊은 인상을 남기고 때로는 청중을 압도했음에도, 그의 친구 바이올렛 본햄 카터(Violet Bonham Carter)는 처칠을 "여론의 분위기에 너무나 무감각한 사람"이라고 평했다. 해리 트루먼(Harry Truman)도 이와 비슷했다. 그는 마셜 플랜과 핵폭탄의 최초 사용 등 역사적인 결정을 내린 대통령으로, 이렇게 말한 적이 있다. "모세가 이집트에서 여론 조사를 했다면 얼마만큼 지지를 받았을지 의심스럽다."

이와 대조적으로, 모차르트와 같이 위대한 천재도 "나를 잘 모르는 도시에 있을 때에는 기분이 별로 좋지 않다"고 1778년 아버지에게 보낸 편지에 쓴 적이 있다. 극단적인 '타인 지향형'이나 '외부가 내면에 영향을 미치는'(outside-in) 사고방식은 쉽게 눈에 띄고 놀람감이 된다. 예를 들어, 프랑스의 옛 이야기에 따르면 어떤 혁명가가 파리의 카페에 앉아 있는데 갑자기 밖에서 와자지껄한 소리가 들렸다. 그러자 그는 벌떡 일어서더니 "저기 군중이 간다. 내가 저들의 지도자다. 난 저들을 따라가야 한다"고 외쳤다는 것이다. 처칠의 친구이자 동료였던(후에 수상이 된) 로이드 조지(David Lloyd George)는 여론에 지극히 민감했던 인물로 유명하다. 케인스(Keynes) 경은, 로이드 조지가 방에 홀로 있을 때는 그에게 무슨 일이 일어나는지 묻는 질문을 받은 적이 있다. 케인스는 "로이드 조지가 방에 홀로 있을 때에는 그곳에 아무도 없답니다"라고 대답했다.

스크린의 여신 마를레네 디트리히(Marlene Dietrich)는 자신이 카바레에서 받은 갈채를 녹음해서 음반을 만들기까지 했는데, 양면에 온통 박수 소리밖에 녹음되지 않았다. 그녀의 전기를 쓴 작가에 따르면, 그녀는 종종 친구들을 초대해 놓고 고집스레 그 레코드의 양면을 모두 틀고는, 주디 갈런드와 노엘 코워드에게 "저건 리우에 갔을 때야", "저건 쾰른에서고, 저건 시카고야"라고 뻐기곤 했다.

그러한 자아도취는 바보 같을지 모르나 우리는 모두 그런 풍조에 영향을 받고 있다. 청교도들은 마치 자이로스코프(gyroscope: 축이 어느 방향으로 놓이든지 균형을 유지하는 기구―역주)를 삼킨 것처럼 살았고, 우리 현대 그리스도인들은 마치 갤럽 여론 조사를 삼킨 것처럼 살고 있다. 마틴 루터 킹이 『버밍햄 감옥에서 쓴 편지』(*Letter from Birmingham Jail*)에서 쓴 것처럼 "당시에는 교회가 단순히 여론의 생각과 원리를 기록하는 온도계가 아니라 사회의 관습을 변혁시키는 온도 조절 장치였다." 지도자인가, 뚜쟁이인가? 자이로스코프인가, 갤럽 여론 조사인가? 온도 조절 장치인가, 온도계인가? 오직 그 유일한 청중의 임재를 연습하는 자들만이 전자에 이르고 후자를 피할 수 있을 것이다.

나의 경우 그 유일한 청중을 점차 더 알아 가는 것이 나 자신의 소명의 변화에 큰 도움이 되었다. 내가 과거에 발견하여 성취하고자 노력해 온 소명 일부는 복음을 이 세상에 이해시키는 것(변증가로서)과 이 세상을 교회에 이해시키는 것(분석가로서)이었다. 나는 이 두 가지를 중간 수준으로, 즉 고도로 전문화된 학적인 지식과 평범하고 대중적인 사고 사이의 중간 수준으로 해 내려고 노력해 왔다.

이처럼 양자 간에 다리를 놓는다는 것은 단 한 사람의 청중도 나만의 자연스러운 청중으로 삼을 수 없다는 것을 의미한다. 사실상, 각 청중은 상대편에게 다가가려는 노력을 비웃을 때가 있다. 한편이 그런 노력을 가망 없이 '지적인' 것으로 치부하는 순간 다른 편은 그것을 '순진한 대중화 작업'이라고 경멸한다. 따라서 도무지 만족시킬 수 없는 두 그룹 위에, 또한 그 너머에 진정으로 중요한 단 하나의 청중(유일한 청중)이 계심을 기억하는 것이 나에게는 계속되는 도전인 동시에 크나큰 위안이 된다.

그 유일한 청중 앞에서 사는 일은 뚜렷한 변화를 불러일으킨다. '중국인 고든' 또는 '하르툼의 고든'으로 알려진 19세기의 위대한 그리스도인 군인 찰스 고든(Charles Gordon) 장군의 성품과 삶이 뛰어난 본보기다. 윈스턴 처칠은 수단 탈환에 관해 쓴 책에서 고든 장군을 "남자들의 험상궂은 얼굴이나 여자들의 미소, 생명이나 안락함, 부나 명성 등에 한결같이 신경 쓰지 않는 사람"이라고 묘사했다. 그러나 이런 말들은 고든 자신이 직접 한 것이기도 하다. "인생을 살아가면 살아갈수록, 난파당하지 않기 위해서는 북극성만을 기준으로 삼아 방향을 조정하는 것, 한마디로 하나님 한 분에게만 맡기는 것이 필요하다는 것을 더 많이 느끼게 된다. 그리고 결코 사람의 호의나 미소에 주목해서는 안 된다는 것을 깨닫게 된다. 그분이 당신에게 미소 짓고 계시다면 사람의 미소나 찡그림에는 상관할 필요가 없기 때문이다."

고든 장군은 하르툼이 포위되었을 때 결국 버림받고 전사했는데, 이는 런던에 있던 윌리엄 글래드스턴(William Gladstone) 수상과 내각의 도덕적인 비겁함 때문이었다. 마흐디(Mahdi)와 그의 광적인 추종자들 손에 맞이한 고든의 최후는 가히 전설적이다. 그러나 그의 전 생애에 걸쳐 나타난 바, 소명감으로 고취된 그의 강인함도 그에 못지않게 전설적이다.

한번은 잔인한 왕이었던 아비시니아의 존이 고든에게, "고든 장군, 내가 마음만 먹으면 지금 당장 그대를 죽일 수 있다는 걸 알고 있는가?"라고 고함을 쳤다.

"너무나 잘 알고 있습니다, 폐하"라고 고든이 대답했다.

"폐하가 기뻐하신다면 당장 그렇게 하십시오. 저는 준비되어 있습니다."

"뭐라고, 죽을 준비가 되어 있다고?"

"그렇습니다. 저는 항상 죽을 준비가 되어 있습니다…"

"그렇다면 내 힘이 그대에게는 위협이 되지 않는다는 말인가?" 왕이 씩씩거렸다.

"아무것도 저를 위협하지 못합니다"라고 고든이 대답했고, 왕은 놀란 채 그의 곁을 떠났다.

고든이 죽은 후 그의 친구 존 보너(John Bonar)가 고든의 형제에게 이렇게 썼다. "단번에, 그리고 항상 나를 놀라게 했던 것은 하나님과의 하나됨이 고든의 모든 행동과 안목을 지배했다는 사실입니다. 나는 지금까지 고든만큼 보이지 않는 하나님을 마치 보는 것처럼 인내하는 사람을 보지 못했습니다." 그리고 그는 고든이 '하나님과 함께, 또한 하나님을 위해 사는 것'처럼 보였다고 결론을 내렸다.

찰스 고든 장군, 타의 추종을 불허하는 군사 전략가요 전설적인 지휘관이자 거의 모든 전투에서 승리한 그는 그 유일한 청중 앞에서 너무나 가까이 살았기 때문에 그의 때가 왔을 때 단 한 걸음에 본향으로 갈 수 있었다. 하나님의 부르심을 결정적인 소명으로 받아들이는 다른 모든 이와 같이 고든 장군에 대해서도 이렇게 말할 수 있을 것이다. "나는 그 유일한 청중 앞에서 살고 있다. 다른 모든 청중 앞에서는 내가 입증할 것도, 얻을 것도, 잃을 것도 없다."

❖ 묵상 질문

당신은 외부 지향적이 아니라 내부 지향적이기를 바라는가? 그리고 진정 하나님만을 유일한 청중으로 모시기를 원하는가? 부르심인 동시에 명령인 사령관 예수님의 초대에 귀를 기울이라. "나를 따르라."

13
불꽃같은 인생

윈스턴 처칠이 프랑스 남부의 친구 집에서 휴가를 보낼 때의 일이다. 어느 쌀쌀한 저녁, 그는 난롯가에 앉아서 조용히 불꽃을 응시하고 있었다. 송진이 가득한 소나무 장작들이 탁탁 튀는 소리를 내며 타고 있었다. 갑자기 처칠은 특유의 우렁찬 목소리로 말했다. "나는 저 나무들이 왜 탁탁 소리를 내는지 알아. 나는 완전히 소진된다는 것이 무엇인지 알아."

인간은 먹고 마시는 것, 소유물, 야망, 사랑 등 많은 것을 소진하고 또 그것들에 의해 소진되기도 하는데, 그중 많은 것은 우리를 축소시키고 가치를 떨어뜨릴 뿐이다. 그러나 위대한 뜻을 가진 위대한 인물의 경우에 그를 소진시키는 힘은 웅대한 강박 관념과 영웅적인 운명이 될 것이다.

윈스턴 처칠은 섭리와 개인적인 운명에 대한 특별한 감각에 의해 소진된 사람이었다. 그것은 나라를 이끌고 포악한 나치 독재에 맞서 자유를 옹호하는 일이었다. 1940년 5월 10일 밤, 처칠은 정부를 조직하고 유럽과 자유민주주의를 위협하는 나치주의의 세력에 대항하여 영국을 이끌어 달라는 조지 6세의 요청을 받았다. 후에 처칠은 이렇게 회고했다. "마치 나에게 주어진 운명의 길을 걷고 있는 느낌이었다. 내 모든 과거는 바로 이 시간, 바로 이 시련을 위한 준비로만 느껴졌다."

어떤 사람들은 예술, 음악, 문학 등에 원대한 열정을 품는다. 또 다른 이들은 자유와 정의를 꿈꾸고, 연인과의 사랑에 인생을 바치기도 한다. 그러나 하나님을 향한 불타는 열정보다 더 고상하고 더 궁극적인 열정은 없다.

모세가 바로 그런 인물이었다. 천성적으로 그는 행동하는 사람이었지, 그가 하나님께 말한 것처럼 '언변에 능한 사람'이 아니었다. 하지만 자기중심적인 행동이 실패로 이어지고, 반면에 하나님이 친히 주신 말씀을 그의 어눌한 입술로 전달했을 때 권능이 나타나는 것을 경험하면서 그는 크게 변화되었다. 그는 행동하는 사람으로 되돌아간 적이 두 번 있는데, 한 번은 이집트 사람을 때려서 죽인 때이고 또 한 번은 반석을 때려서 물을 낸 때다. 전자는 실패로, 후자는 불순종의 행위로 평가되었다.

모세는 거듭 시험을 받고 여러 사건을 경험하면서 서서히 하나님의 사람이자 선지자로 다듬어져 갔다. 모세는 이스라엘 백성이 금송아지를 만들어 그의 생명과 리더십을 위협했을 때 생애 최대의 위기를 맞는다. 그때 그는 대담하게도 하나님의 모든 것을 알게 해 달라고, 그리고 타락한 인간이 그분의 영광을 보고도 죽지 않게 해 달라고 기도했다. 하나님은 "주의 영광을 내게 보이소서"라고 간구한 그의 요청을 수

락하셨다. 그때부터 모세의 눈은 야웨가 임하시는 영광을 문자 그대로 목격했고 여생 동안 그 이야기를 전했다.

훗날 모세가 "그 후에는 이스라엘에 모세와 같은 선지자가 일어나지 못하였나니 모세는 여호와께서 대면하여 아시던 자요"(신 34:10)라는 찬사를 받은 것은 놀랄 일이 아니다. 그런데 그는 어떻게 이처럼 하나님과의 깊은 친밀함으로 부름받았는가? 그는 불에 타고 있으나 사라지지 않는 떨기나무의 광경에 사로잡혔다. 그것은 마치 하나님이 처음부터 그의 소명이 그의 인생에 불을 지필 것이지만 그 불이 모세를 삼키지는 않을 것임을 예고하시는 것과 같았다.

우리 시대에 좀더 가까운 예로는 블레즈 파스칼(Blaise Pascal)이 있는데, 그 역시 하나님을 향한 불타는 열정을 지닌 인물이었다. 파스칼은 역사상 가장 탁월한 사상가 중 한 사람이요 서구 문학의 위대한 걸작으로 꼽히는 『팡세』(Pensées)의 저자이기도 하다. 그는 정말로 다재다능했던 인물로 수학의 천재요, 발명가요, 컴퓨터 및 현대 위험 이론의 대부요, 수학뿐 아니라 물리학, 철학, 신학에 정통한 르네상스 사상가요, 프랑스어를 가장 우아하게 구사하는 산문 작가이기도 했다.

그러나 이러한 업적들을 제대로 밝혀 주며 그의 짧지만 강렬하고 고통스럽고 불꽃같은 인생의 핵심부에 자리 잡고 있던 중요한 경험에 대해 아는 사람은 당대에 거의 없었고 우리 시대에도 매우 드물다. 1654년 11월 23일 월요일 저녁, 31세였던 파스칼은 마차 사고로 인하여 거의 죽기 직전까지 갔었다. 그날 밤 그는 하나님을 깊이 만났고 이것이 그의 인생행로를 바꾸어 버렸다. 파스칼은 원래 과속 운전으로 악명이 높았는데, 회의론자들은 그의 교통사고 소식에 비웃음으로 반응했다. 볼테르(Voltaire)는 콩도르세(Condorcet)에게 이렇게 조롱하며 말했다. "친구여, 뇌이 다리 사고로 파스칼의 뇌가 손상되었다는 이야기는 아무리 반복해서 말해도 싫증이 안 나는군!"

파스칼의 극적인 체험은 밤 10시 30분부터 12시 30분까지 계속되었다. 이것은 종종 그의 '두 번째 회심'이라 불린다. 그의 첫 번째 공식적인 회심은 24세 때 루앙(Rouen)에서 있었다. 이 두 번째 회심에서 그의 언어 능력이 손상되어 결국 망가지고 말았다. 그는 그 체험에 단 하나의 단어, '불'이라는 제목을 붙일 수 있을 뿐이었다. 그 경험은 파스칼에게 너무나 귀하고 결정적이어서 그는 그 단어를 양피지에 적어 윗옷 안쪽, 심장 곁에 붙이고 다녔다. 8년여의 여생 동안 새로 구입하는 윗옷마다 그것을 새겨 넣을 정도였다. 이 사실은 1662년 39세의 나이에 그가 죽은 다음 그의 여동생이 윗옷 가슴 부분이 두툼한 것을 보고 발견하게 되었다. 파스칼의 "회상록"(Memorial) 전반부는 다음과 같다.

불

철학자들과 학자들의 하나님이 아닌
"아브라함의 하나님, 이삭의 하나님, 야곱의 하나님."
가슴 깊숙이 느껴지는 확신, 확신, 기쁨, 평안.
예수 그리스도의 하나님.
예수 그리스도의 하나님.
나의 하나님이자 너의 하나님.
"너의 하나님은 나의 하나님이 될 것이다."

이 세상은 잊혀지네, 하나님을 제외한 모든 것이.
그분은 오직 복음서에서 가르치는 길로만 발견될 뿐.
인간 영혼의 위대함이여.
"오, 의로우신 아버지여, 세상이 아버지를 알지 못하여도
나는 아버지를 알았나이다."
기쁨, 기쁨, 기쁨, 기쁨의 눈물.

우리는 대부분 파스칼의 수학적 업적을 이해할 수 없을 것이고, 그의 짧은 인생에 담긴 고통과 괴로움을 경험하고 싶지도 않을 것이다. 그러나 그의 성품과 재능의 깊은 잠재력에 불을 붙여 찬란한 불꽃으로 타오르게 한 것은 우리 모두에게도 열려 있다. 그것은 바로 하나님의 소명이다. 그 소명이 파스칼에게 너무나 깊이 다가왔기 때문에 하나님의 불이 그의 삶과 일을 어루만졌고 그의 전 생애가 소진되었던 것이다. 그런 면에서 파스칼은 소명의 또 다른 측면을 보여 주는 좋은 예다. **하나님의 소명은 삶에서 가장 깊은 성장과 최고의 영웅적 자질을 향한 열정을 불러일으키는 비결이다.**

그리스도를 위한 탁월성

영웅주의가 현대 세계에서는 난관에 봉착해 있다는 얘기를 종종 듣는다. 그 이유로는 여러 가지가 있지만 두 가지가 가장 두드러진다. 하나는 파헤치기 좋아하는 현대인들의 습관이다. 솔제니친은, 스탈린이 너무나 의심이 많은 인물이라 "불신이 그의 세계관이었다"라고 묘사했다. 하지만 우리 모두는 위대한 의심의 대가인 니체, 마르크스, 프로이트

의 영향을 받아 불신의 습관에 길들여져 있다. 따라서 영웅주의는 자동적으로 의심받게 되었다. 우리 현대인들은 황금빛 후광이 아니라 숨겨진 결점을, 감동적인 본보기가 아니라 냉소할 동기를, 이상의 구현체가 아니라 활동적인 언론 매체를 찾아 나선다.

그리고 나서야 스스로에게 자신은 속임이나 당하는 얼간이가 아니라고 말한다. 그런데 문제는 우리가 불신의 습관을 버리는 경우가 매우 드물다는 점이다. 그래서 오늘날 진정한 영웅이 있다 하더라도, 그들을 모방할 만큼 충분히 오래 동경하기가 어렵다.

영웅주의가 위기에 처하게 된 또 다른 이유는 실제로 이전보다 영웅이 줄어들었기 때문이다. 그 이유는 대중 매체가 현대적 유명세를 창조해 내고, 명성과 위대함, 영웅적 자질과 성취 사이의 간격을 더욱 벌려 놓기 때문이다. 과거에는 영웅적 자질이 어떤 영예로운 성취와 연계되어 있었다. 진정한 성취를 이룩한 사람―그것이 인격이든, 덕이든, 지혜든, 예술이든, 스포츠든, 전쟁이든―에게는 영예가 부여되었다.

그러나 오늘날에는 매체가 유명세를 얻을 수 있는 지름길이다. 즉, 진정한 위대함에 수반되는 땀과 대가와 헌신 없이도 순식간에 가공된 명성을 선사하는 것이다. 그 결과는 영웅이 아닌 유명 인사(celebrity)다. 그는 '널리 알려져 있기 때문에 널리 알려진' 인물로 유명할 뿐이다. 유명 인사는 큰 인물이기보다는 큰 이름을 의미하며 인격과는 아무런 상관이 없고 외적인 이미지가 전부다.

그러나 영웅주의의 위기를 설명하는 데 상기한 두 가지 요인이 강력하고 중요한 이유이긴 하지만 세 번째 이유만큼은 아니다. 그것은 서구 사회에서 하나님의 죽음이라 일컫는 것으로, 다시 말하면 현대의 삶에서 하나님의 부르심을 사장시킨 것이다.

심리학자 어니스트 베커(Ernest Becker)는 이 문제를 분명히 인식했다. 그는 『죽음의 부정』(The Denial of Death, 인간사랑 역간)에서 이렇게 인정했다. "누구든지 이상적인 인간의 성품에 관해 말하려면 절대적인 초월성의 관점에서만 그렇게 할 수 있다." 따라서 베커는 쇠렌 키르케고르가 인간의 의미에 대해 말한 방식이 적절하고도 감동적이라고 생각했다. 그에 따르면, 위대한 인간이 된다는 것은 '신앙의 기사(騎士)'가 되는 것이었다. 베커는 이에 대해 공감하면서 신앙의 기사에 대해 이렇게 설명한다.

> 이 인물은 신앙 안에서 사는 사람으로서 인생의 의미를 창조주에게 드렸고 그의 삶은 창조주의 에너지를 중심으로 짜여 있다. 그는 이 가시적인 차원에서 일어나는 모든 일을 불평 없이 받아들이고 책임 있는 삶을 살며 불안해하지 않고 죽음에 직면한다. 인생의 의미를 위협할 만큼 하찮은 것은 하나도 없으며, 그의 용기가 감당하지 못할 정도로 두려운 과업도 없다. 그는 있는 그대로의 세상에 완전히 참여하면서 동시에 보이지 않는 차원을 신뢰하는 가운데 세상을 완전히 초월하는 자다.

베커는 이러한 소명의 아름다움을 기꺼이 인정하였다. 신앙의 기사는 "인간이 지금까지 제시한 가장 아름답고도 도전적인 이상형 중의 하나임에 틀림없다." 그러나 그는 슬픈 심정으로 결론을 내렸다. "누구든지 먼저 높으신 왕에게 기사 작위를 받지 않고는 신앙의 기사 자격을 부여할 수가 없다." 마치 부르시는 분 없이는 부르심도 없고, 인생의 목적이 이생 너머에 있지 않고는 신앙의 연륜도 없는 것처럼, 하나님이 없는 사람들 중에는 신앙의 기사가 있을 수 없다. 그들에게 기사 서품을 내릴 높으신 왕이 없기 때문이다.

그렇다면 인생을 하나님의 소명에 대한 응답으로 여기며, 그 높으신 왕으로부터 기사 작위를 받은 믿음의 사람은 어떠한가? 소명을 좇는 것은 두 가지 면에서 성장의 비밀이 되고 영웅적 자질에 이르는 비결이 된다. 첫째, 하나님의 소명은 우리가 온전한 인간으로서 자라도록 직접 도전한다. 우리가 앞에서 살펴본 것처럼, 하나님의 임재와 소명을 직접 대면하는 인간은 구약의 많은 인물들같이 반응하기 마련이다. 즉 경외심과 놀라움으로 얼굴을 땅에 대고 엎드린다. 그들이 그렇게 반응할 때 하나님은 에스겔에게 하신 것처럼 "일어서라. 내가 네게 말하리라"라고 말씀하신다.

다른 말로 하면, 하나님의 소명에는 단지 우리를 보내시는 것—흔히 소명이라 하면 어떤 임무를 수행하도록 파송하는 것으로 생각한다—이상의 의미가 내포되어 있다. 물론 소명은 '우리를 보내는 것'으로 끝나긴 하지만, 먼저 우리의 이름을 불러 '우리를 따로 구별하는 것'으로 시작하여 '우리를 일으켜 세우는 것'으로 이어진다. 우리는 우리 창조주의 부르심에 응답할 때 두 발을 딛고 일어서게 되는데, 신체적인 의미에서뿐 아니라 이 말에 내포된 모든 의미에서 그러하다. 즉 우리는 하나님이 직접 아시는 백성이 되는 것이다. 마치 운동 코치가 선수 개개인의 능력을 최대한 끌어내듯이, 지휘자가 오케스트라의 잠재력을 완전히 끌어내듯이, 하나님의 소명은 다른 어떤 소명도 도달할 수 없는 깊은 차원에서 우리 안에 공명하게 되고, 다른 어떤 소명도 측량할 수 없는 높은 경지로 우리를 끌어올린다.

C. S. 루이스는 이 놀라운 주제를 잘 포착했다. 마치 영적인 삶이 생물학적인 삶보다 고상한 것처럼, 하나님의 소명을 좇는 삶이 평범한 삶보다 훨씬 더 고상하고 특별한 삶이다. 물론, 사진과 실제 장소가, 동상과 실제 인물이 서로 닮았듯이 그 둘 사이에도 닮은꼴이 존재한다. 그러나 어떤 사람이 소명에 응답하여 일어서는 것과 생물학적인 삶에서 영적인 삶으로 전환하는 것은 "깎인 돌의 상태였던 어떤 동상이 진짜 인간으로 변화되는 것과 같이 크나큰 변신이다. 바로 이것이 기독교가 무엇인지를 정확하게 보여 준다. 이 세상은 거대한 조각가의 가게다. 우리는 모두 동상이고, 우리 중 일부가 언젠가는 생명을 얻게 될 것이라는 소문이 가게 주변에 돌고 있다."

둘째, 하나님의 소명이 성장과 영웅적 자질에 중요한 이유는 소명의 핵심에 모방의 요소가 담겨 있기 때문이다. 인간적인 영웅의 경우를 보아도, 영웅이란 우리가 닮고 싶어 하고 우리의 열정을 쏟아붓게 되는 인물이고, 그로 인해 우리가 혼자 힘으로 도달할 수 있는 것보다 더 높이 자라게끔 하는 인물이다. 그러나 인간적인 영웅에게는 오류가 있기 마련이고 때로는 우리를 실망시키기도 한다. 그리고 그들은 우리의 충성심을 얻기 위해 종종 다른 영웅들과 경쟁한다. 이와 관련하여 니체가 한 말에 충분히 공감할 수 있다. "누구든지 항상 학생으로만 머물러 있다면 스승에게 잘못 보답하는 것이다." 완전한 하나님이요 완전한 인간이신 예수 그리스도는 유일한 참 영웅이시다. 오직 그분만은 아무도 추월할 수 없을 것이며, 우리가 그분을 본으로 삼아 닮아 가는 한 계속해서 자라 갈 수 있을 것이다.

그러므로 하나님의 소명을 따른다는 것은 곧 우리가 믿음의 경주를 달려가면서 "믿음의 주요 또 온전하게 하시는 이[헬라어로는 '모형'과 '역할 모델'이란 뜻이다]인 예수를 바라보는" 것이다(히 12:2). 이와 유사하게 사도 바울 역시 고린도에 있는 제자들에게 "내가 그리스도를 본받는 자가 된 것같이 너희는 나를 본받는 자가 되라"(고전 11:1)고 썼다. 도스토옙스키의 작품에 나오는 조시마 장로는 "그리스도의 본보기가 없었다면 그의 말씀은 어떻게 되었겠는가?"라고 물었다.

바울이 사용한 **본받는 자**(imitators)란 단어는 중요한 용어다. 성경적인 관점에서 모델을 닮는 것—관찰하고 모방하는 것—은 제자도에서 매우 중요하다. 인간적인 앎에는 한계가 있고 항상 그 이상의 무엇이 있는 법이다. 따라서 가장 심오한 지식은 결코 말로 표현될 수 없으며 설교나 책, 강의나 세미나로도 설명될 수 없다. 그것은 스승의 권위 아래서 경험을 통하여 스승에게서 배워야만 한다. 복음서에 기록된바 예수님이 열둘을 '자기와 함께 있게' 하려고 선택하셨다는 말은 그분과 같이 있는 것이 제자들의 추가적인 특권이었다는 뜻이 아니다. 그것은 그들의 제자도와 배움의 핵심이자 영혼에 해당되었다.

오늘날 유행하는 '멘토링'이라는 개념보다 훨씬 깊은 의미에서의 훈련(tutoring)과 모방이라는 주제는 초대교회의 가르침에서 특징적인 요소였다. 우리는 말로 들어서만이 아니라 행위를 모방함으로써, 교훈을 배울 뿐만이 아니라 본보기를 통해서, 통찰력과 정보만이 아니라 습관을 통해서 성장한다. 따라서 소명은 의무의 윤리만이 아니라 열망의 윤리 또한 창출한다. 안디옥의 이그나티우스(Ignatius)는 빌라델비아인들에게 "예수 그리스도가 아버지를 본받은 것같이 그리스도를 본받으라"고 권면했다. 알렉산드리아의 클레멘스(Clemens)는 이렇게 썼다. "우리의 교사이신 예수 그리스도는 참된 삶의 본을 친히 보이시고 그리스도 안에 있는 자를 훈련하신다.…그분은 명령을 내리시고 그 명령을 구체적으로 실천하시는데, 그것은 우리 역시 명령을 성취하도록 돕기 위해서다."

클레멘스의 마지막 문장은 주목할 만하다. 어떤 그리스도인들은 모방의 개념에 의심스런 눈초리를 보내는데, 그것이 마치 자력으로 영성을 수련하는 것처럼 들리기 때문이다. 모델링(modeling)이란 개념 역시 모형 비행기의 조립 지침서처럼 기계적인 뉘앙스를 풍기며 그것을 따라 하기만 하면 성장이 100퍼센트 보장되는 것같이 보인다. 그러나 이것은 모방의 개념을 오해한 것이다. 우선 진정한 '독창성'은 하나님의 특권이지 우리의 것이 아니다. 우리가 가장 '창조적'일 때에도 우리는 모방하고 있을 뿐이다. 다른 한편, 삶을 모방하는 것은 경직성과 거리가 멀다. 실제 삶은 우리에게 깊은 영향을 미친다. 우리가 거의 인식하지 못하는 수준에서 우리를 자극하고 도전하며, 꾸짖고 부끄럽게 하며, 즐겁게 하고 감동시키기도 한다. 그 때문에 전기야말로 소명의 문학인 것이다. 기계적인 것은 거의 없다.

예수님과 바울을 제외한다면, 아우구스티누스보다 교회에 큰 영향을 미친 인물은 없다. 우리에게는 그의 많은 저작이 있을 뿐 아니라 그의 독특한 『고백록』(Confessions)이 있다. 그러나 아우구스티누스가 죽었을 때 생전에 그의 설교를 직접 들었던 동시대인들이 가장 높이 평가한 것은 그의 삶이었다. 그의 친구인 포시디우스(Possidius)는 이렇게 썼다. "하지만 그로부터 가장 많은 것을 얻은 사람은 그가 교회에서 가르치는 것을 직접 보고 들었던 사람들이라고 생각한다. 무엇보다, 사람들 가운데 보였던 그의 고귀한 삶을 어느 정도라도 접해 본 이들일 것이다."

중요한 것은, 그리스도를 본받는 것은 스스로 변화를 만들어 내는 과정이 아니라는 점이다. 왜냐하면 그것은 소명에 응답하는 데 본질적인 요소이기 때문이다. 소명은 결정적인 하나님의 말씀으로, 그분의 창조적인 능력은 변화를 불러일으키는 중대한 비결이다. 에스겔이 보았던 마른 뼈의 환상이나 죽은 나사로를 무덤에서 불러내신 예수님의 기적을 생각해 보라. 그 음성을 듣고 그 결과를 보았다면, 듣는 자들이 그들 스스로 반응한 것이라고 말할 수 있겠는가? 깨지기 쉬운 마른 뼈들이 스스로 재조립되어 몸을 이루는 것이 과연 가능한 일인가? 시체가 홀로 죽음의 먼지를 털어 버릴 수 있는가?

우리가 그리스도를 본받고자 할 때 우리 스스로 변화를 도모하지 못하는 것도 이와 마찬가지다. 그리스도를 본받는 것은 그분을 따르는 삶에 필수 불가결한 부분으로서, 그분이 우리를 부르실 때 우리가 그 부르신 목적을 성취할 수 있도록 우리에게 능력을 주시는 것을 의미한다.

이와 관련해 오스왈드 챔버스가 제자가 지닌 최고의 열정을 묘사한 문구인 "최고의 하나님을 위한 나의 최선"(My utmost for his highest)보다 더 좋은 표현은 없을 것이다. 탁월성을 뜻하는 헬라적 개념―어떤 사람이나 사물이 도달 가능한 최고의 경지에 이르는 이상(理想)―과 동일한 기독교적 개념이 없다는 말을 종종 듣지만 사실은 그렇지 않다. 그러나 헬라인들은 인간의 노력으로만 탁월성을 성취할 수 있다고 여긴 데 비해, 그리스도의 제자들은 하나님의 소명에 대한 반응으로서만 그것을 성취할 수 있다고 생각한다.

❖ **묵상 질문**

당신은 당신이 창조될 때 의도된 완전한 수준까지 성장하기를 갈망하는가? 또한 삶의 강렬한 열정을 온전히 알고 싶은가? 최고의 하나님을 위한 당신의 최선에 도달하고 싶은가? 부르심인 동시에 명령인 사령관 예수님의 초대에 귀를 기울이라. "나를 따르라."

14
책임성: 과연 누구에 대한 책임인가?

파블로 피카소는 20세기 예술의 최정상에 위치한 천재적인 예술가다. 그러나 그는 대인 관계 특히 여성과의 관계에서는 탐욕스러운 괴물이었다. 그는 자기를 '미노타우로스'(인간의 몸과 소의 머리를 가진 그리스 신화에 나오는 괴물—역주)라고 불렀으며, 조각가 자코메티를 비롯한 친구들은 그를 '괴물'이라고 불렀다. 피카소는 "내가 죽는 것은 배가 난파하는 것과 같아서, 거대한 배가 침몰할 때처럼 주변의 많은 사람들이 배와 함께 가라앉을 것이다"라고 말했다.

불행하게도 피카소의 말은 옳았다. 1973년에 91세의 나이로 그가 죽은 후 두 번째 부인 자클린, 초기의 정부(情婦) 마리 테레즈, 손자 파블리토 등 그와 가까웠던 세 명의 인물이 자살했고 첫 번째 부인 올가와 가장 유명한 정부인 도라 마르를 포함하여 여러 명이 정신적인 붕괴를 겪었다. 이 같은 파괴적인 종말은 이미 오래전부터 예상된 것이었다. 피카소의 어머니는 첫 번째 며느리에게 이렇게 경고했다. "나는 어떤 여자라도 내 아들과 행복하게 살 수 없을 거라고 생각해. 그 아이는 자기만을 위할 뿐 타인에게는 전혀 관심이 없기 때문이야."

프랑수아즈 질로는 피카소의 세 번째 정부인데, 그보다 40세 연하로서 그와 함께 산 10년의 세월을 『피카소와의 삶』(Life with Picasso)에서 들려준다. 그는 너무나 강렬하게 그녀를 사로잡았기 때문에 그녀는 "그와 함께 있지 않으면 숨을 쉬는 것조차 불가능하게 느껴질 때"도 있었다고 썼다. 그러나 피카소가 시인한 것처럼 그의 세계에는 오직 두 종류의 여인―여신 아니면 신발 흙털개―이 있을 뿐이었다. 모든 여인은 전자로 시작했다가 조만간 후자로 변하게 마련이었다. 질로 이전의 정부였던 도라 마르는 결국 피카소에게 "당신은 평생 어느 누구도 사랑한 적이 없는 사람이에요. 당신은 사람을 사랑하는 법을 몰라요"라고 말했다. 한번은 질로가 그에게 '악마'라고 말하자 피카소는 피우고 있던 담배로 그녀의 뺨을 지졌다. 그리고 손을 떼면서 "아직은 당신을 바라보고 싶어"라고 그 이유를 말했다.

피카소는 질로에게 이렇게 말했다. "내가 아내를 바꿀 때마다 이전의 여인은 묻어 버려야 해. 그게 내가 그들에게서 벗어나는 방식이지…당신은 그 여인을 죽이고 그녀가 상징하는 과거를 깨끗이 씻어 내는 거야." 질로는 이것을 피카소의 '푸른 수염 콤플렉스'(푸른 수염의 사나이는 6명의 아내를 차례로 죽인 동화 속의 잔인한 남자다―역주)라고 불렀고, 이것이 그의 무신론과 관계가 있음은 틀림없는 사실이다. 자신이 니체의 추종자라고 공언했던 피카소는 신은 죽었다고 주장했으며 "나는 신이다. 나는 신이다"라고 중얼거리곤 했다고 한다. 피카소가 창조한 허무주의적인 공허함 속에는 악마적인 힘이 있었으며, 그것이 그로 하여금 계속해서 작품을 만들어 내도록 하고 사람들에게 영향력을 행사했던 것이다.

하지만 분명 파블로 피카소는 여전히 위대한 화가일 뿐 아니라 하나님의 형상으로 만들어진 인간이다. 그는 파괴성을 드러내었음에도 불구하고 무언가 다른 방향을 향한 동경심을 보였다. 가장 뚜렷한 예로, 질로가 그의 모순을 발견하고 놀란 사건이 있다. 피카소와 같이 생활한 지 3년째 되던 어느 날 그들은 프랑스 남부의 앙티브에 있었는데, 갑자기 피카소가 질로를 조그마한 교회로 데리고 가서는 그녀를 앞쪽 구석진 곳으로 이끌었다.

"여기서 나를 영원히 사랑하겠다고 맹세해 주었으면 하오" 하고 피카소가 말했다.

"나 자신이 그 정도로 헌신하길 원하기만 한다면 어디에서나 그렇게 맹세할 수 있어요. 그런데 왜 하필이면 여기서죠?"라고 질로가 되물었다.

"그저 아무데서나 하는 것보다 여기서 하는 게 더 낫다고 생각하오"라고 그가 말했다.

"여기서든 다른 곳에서든 다 마찬가지예요"라고 그녀는 대답했다.

피카소는 이렇게 말했다. "아니, 아니오. 글쎄, 물론 그 말이 맞소. 다 마찬가지요. 하지만 그게 다가 아니요. 누가 알겠소. 교회에 뭔가 특별한 게 있을지도 모르지 않소. 모든 걸 좀더 확실하게 해 줄 수도 있으니까. 그럴지도 모르지 않소?"

그래서 질로는 맹세했고 피카소 또한 맹세를 했으며, 그는 만족스러워하는 표정이었다고 그녀는 말한다.

피카소의 고집은 일종의 미신이었는가, 아니면 직관이었는가? 피카소가 미신적이고도 운명론적인 인물이었던 것은 분명하다. 그는 질로에게 "모든 사랑은 예정된 기간 동안만 지속될 수 있을 뿐이다"라고 서글픈 어조로 말했다고 한다. 그래서 그녀는 "하루하루가 지나갈 때마다 우리의 관계가 끝날 날이 하루씩 다가오고 있음을 느꼈다"고 썼다. 다른 한편 그 또한 치유 불가능한 갈망을 갖고 있었다. 그는 "나는 한 번도 사랑을 받아 보지 못한 채 죽을 것 같다"고 말한 적도 있다. 결국 옛날 노래 가사와 같이 "사랑이 영원하지 않다면 영원이 무슨 소용인가?" 하지만 그러한 동경은 인간관계의 연약성 너머를 향한 것이다. 그것은 영원한 준거점을 찾는 절규다. 오직 영원한 표준만이 영속적인 사랑을 향한 욕구를 해명할 수 있을 뿐이다. 그러므로 무신론자 피카소는 하나님을 부인했지만, 그 역시 하나님의 형상으로 만들어진 인간이었기 때문에 직관적으로 교회로 가서 서로에게 사랑을 맹세하며 스스로 책임을 지려 했던 것이다.

무엇에 대한 책임인가, 누구에 대한 책임인가?

피카소의 이 일화는 소명의 또 다른 중요한 측면을 부각시키고 있다. **소명의 개념은 도덕적 책임의 근거를 찾는 현대인의 탐구와 윤리 자체를 이해하는 데 매우 중요하다.**

서구 세계는 오늘날 도덕적 위기에 대한 우려의 목소리와 더불어 그것을 치유하는 더 큰 책임을 요청하는 목소리들로 가득하다. 종교적인 사람들과 많은 보수주의자들에게는 이 두 가지가 긴밀하게 연결되어 있다. 즉, 도덕적 책임은 도덕적 위기에 대한 해답이다. 일부 세속적인 사람들에게는 사실상 도덕적 위기라는 것은 없으며 단지 새로운 도전만 있을 뿐이다. 세속 사회에서 종교는 이전만큼 쓸모가 없고, 책임성이야말로 종교를 운운하지 않으면서 도덕을 말할 수 있는 훌륭한 방식이다. 또 어떤 세속적인 사람들은 현재의 도덕적 위기를 매우 실감한다. 윤리는 '도덕적으로 근거 없는 도덕'으로 와해되어 버렸고, 우리를 구원할 수 있는 기반은 책임이라고 그들은 말한다. '도덕적'이 된다는 것은 '선하게' 되는 것이 아니라, 작가나 배우로서 선과 악을 선택할 때 자신의 자유와 책임을 행사하는 것이다.

오늘날 책임을 요청하는 목소리는 무수히 많다. 그것은 1948년 세계교회협의회(WCC)가 슬로건으로 삼은 '책임 사회'(responsible society)로부터 1994년 공화당의 공약 문서 "미국과의 계약"(Contact with America)에 포함된 '개인의 책임 있는 행동'에 이르기까지 다양하다. 도덕에 관한 어떤 토론도 이 고상한 만능의 단어가 없으면 완벽할 수 없다. '책임 있는'이라는 단어는 윤리학에서는 '선한'과, 이웃 관계에서는 '좋은'과, 비즈니스 세계에서는 '전문적인'과, 「뉴욕 타임즈」 사설에서는 '합리적인', '믿을 만한' 등과 중복되는 용어다. 죄수와 미혼모, 복지 기금으로 살아가는 자들과 빈털터리 아버지들, 십대 아이들과 대통령 후보 등 이 모두를 위한 종합 치료제는 바로 더 큰 '책임'이라는 것이다.

한 가지 신기한 사실은 '우리의 몫을 책임지는 것'이 무엇을 뜻하는지, '책임성'이 과연 이 모든 과중한 기대치에 대해 책임을 질 수 있는지 묻는 사람은 거의 없다는 점이다. 아마도 책임질 수 없다고 말해야 할 것 같다. 첫째, 책임성이란 개념은 '황혼의 가치'를 지니고 있다. 즉 태양이 지평선 너머로 지고 있을 때 가장 멋지고 매력적인 것과 같다.

둘째, 최근에 들어와서 그 단어가 급속히 부상했다는 것을 유념할 필요가 있다. 19세기 이전까지만 해도 책임성은 덕(德)의 기초로 간주되었으나 그 자체가 덕으로 여겨지지는 않았다. 다만 고전적인 미덕들이 사라짐에 따라 그것은 살아남은 소수의 덕 중의 하나가 되었고, 관용이라는 현대의 미덕과 함께 오랜 생명을 부지하고 있다. 셋째, 가장 중요한 점으로서 책임성의 개념은 그 뿌리가 절단되어 버렸으므로 이제 시들어 죽을 운명이라는 것이다. 현대적 책임성은 그 기원과는 모순되게도 '누구에 대한 책임'이 아니라 모두 '무엇에 대한 책임'이다.

달리 표현하면, 현대적 책임성에 대한 요청은 우리에게 무거운 짐을 부과한다. 우리는 우리 자신에 대하여, 우리 인성에 대하여, 우리 몸에 대하여, 우리 장래에 대하여, 우리 가족에 대하여, 우리 공동체에 대하여, 우리 환경에 대하여, 우리 사회에 대하여, 우리 지구에 대하여 책임이 있다고 배운다. 그런데 이런 논리는 갈수록 절망적이며 불공평해 보인다. 한편으로는, 그 모든 것이 해가 거듭할수록 더욱 커져 가고 더욱 복잡해져 가며 더욱 통제하기가 어려워진다. 다른 한편으로, 우리는 그 모든 부담이 결국 **누구에 대한** 책임인지 더 이상 알지 못한다. 자유를 옹호하는 세속적 현대인은 하나님에 대한 책임은 아예 배제해 버렸고 사회에 대한 책임 역시 논외로 간주한다.

그러므로 우리가 과중한 부담에 압도당하면 그 모든 책임을 통째로 벗어 던지기 쉽다. 물론 '무책임'을 지적하는 것은 '책임'이란 표준을 가정하기 때문에 가능한 것이다. 하지만 역설적이게도 오직 '나쁜 사람'이 '선한 양심'을 가지고 있는 것도 사실이다. 그러나 우리가 지나치게 많은 것에 대해 책임을 져야 하면서도 그 누구에 대해서도 책임이 없다면 책임은 그 자체로 무너지게 된다.

그래서 우리는 지도자들이 실수에 대해 '전적인 책임을 지고' 엄중하게 "내 선에서 모든 걸 책임지겠다"고 말하면서도, 실상은 절대 물러나지 않거나 죄책감도 전혀 느끼지 않는 것을 볼 수 있는 시대에 살고 있다. 사실상 책임은 무책임과 별로 다를 것이 없어 보인다. 한순간에는 '책임을 지는 것'에 대해 열변을 토하던 사람이 다음 순간에는 '자신이 피해자'라고 주장하는 모습을 본다. 불가능한 책임 하나를 거부하는 것과 모든 책임을 부정하는 것은 많은 이들이 생각하는 것보다 더욱 가까운 관계에 있다.

이같이 서글픈 상황과는 아주 대조적으로 소명의 진리는 책임에 대한 깊은 근거를 제공한다. "태초에 말씀이 계시니라"(요 1:1상). 그리고 우리 각자의 시작에도 우리를 향한 말씀이 있었다. 따라서 우리 인생의 핵심에는 관계적인 요소와 청각적인 요소가 있다. 우리의 존재 전체는 하나의 들음이요 하나의 반응이다. 우리가 책임 있는 존재인 이유는 반응할 수 있는(response-able) 존재이기 때문이다. 하나님이 창조 때 발하신 최초의 말씀과 그분이 심판 때 발하실 최후의 말씀 사이에서, 우리 인생은 우리를 향한 하나님의 말씀에 대한 반응이다. 하나님 이외에 다른 신은 없다. 하나님의 말씀 이외에 다른 말은 없다. 하나님의 삶의 방식 이외에 다른 삶의 방식은 없다. 그런데 당분간, 우리의 반응은 우리 자신에게 달려 있다. 우리가 '예'라고 말하도록 강요당하지는 않기 때문이다. 키르케고르가 주장하듯이 "'인간'의 모든 교활함은 한 가지를 추구한다. 즉 책임질 것 없이 사는 것이다."

그러므로 예수님은 가르침을 주신 다음에 "들을 귀 있는 자들은 들으라"고 덧붙이신다. 그분의 말씀을 들은 자들이 모두 귀를 갖고 있었던 것은 사실이다. 그러나 그들 모두가 경청하지 않았던 것도 사실이다. 우리는 책임 있는 존재이므로 오늘이 아니더라도 장차 언젠가는 책임을 져야 할 것이다.

히틀러의 선전 대원이었던 요제프 괴벨스(Joseph Goebbels)는 다음과 같은 공리, 즉 "세상을 향해 최초의 말을 한 자는 항상 옳은 법이다"라는 격언에 기초해서 자신의 모든 전략을 수립했다. 그러나 그는 틀렸다. 실은 최후의 말이 진정 중요하기 때문이다. 우리가 선택의 자유를 놓고 논쟁할 수 있을지는 몰라도 우리에게 선택하지 않을 자유는 없다. 하나님의 최초의 말씀을 거부한 자들도 그분의 최후의 말씀은 결코 피할 수 없을 것이다. 최후 심판의 날에는 각자가 자기 책임을 분명히 져야 할 것이다. 우리의 생애 중 한 번은 책임 전가가 끝나고 합당한 책임을 질 때가 있을 것이다.

그날이 올 때까지 우리 그리스도의 제자들은 이처럼 책임에 대한 도전적인 견해를 메고 가야 한다. 소명에 응답하는 것은 그 자체가 책임에 한 발짝 다가서는 것이다. 책임의 다른 이름은 순종이다. 우리에게는 부르시는 분이 없는 사람들에게나 해당되는 부주의한 침묵, 거북한 침묵 혹은 절박한 침묵을 변명할 여지가 없다. 우리는 이미 부르심을 들었고, 따라서 우리의 책임을 인정한다. 그래서 셰익스피어식으로 말하자면, 책임이 있는 곳이 내가 서 있는 곳이다("Where the buck stops, there stand I"). 우리의 소명은 우리의 책임이 유효한 영역이다. 그러나 우리가 우리의 소명에 대해 책임지는 것은 아니다. 우리는 하나님께 책임이 있는 것이고, 우리의 소명은 우리가 그 책임을 행사하는 곳에 있다.

　소명의 책임은 유행어나 상투적인 말이 되어서는 안 된다. "신앙의 사회적인 의미는 모든 사람이 각각 자기 인생의 매순간에 대해 영원히 책임지도록 모든 것을 동원하는 데 있다. 심지어는 가장 사소한 것에 대해서도 책임지게 해야 한다. 그것이 기독교이기 때문이다"라고 키르케고르는 썼다. 오늘날처럼 공허한 호언장담이 난무하고, 변명은 늘지만 책임은 서로 미루는 시대에 우리는 진정한 책임성을 회복해야 한다. 피카소 이야기가 암시하듯이, 책임은 우리가 하나님 외의 모든 이에게 보이지 않거나 익명의 존재일 때 가장 어렵기 때문이다.

　과거 전통적인 도덕의 대부분은 책임성이 차지하고 있었다. 옳은 행동을 하는 사람과 그릇된 행동을 하지 않는 사람은 모두 다른 사람들이 자기를 보고 있다는 것을 알았기 때문에 그렇게 행동했다. 그들의 도덕은 가시성을 통한 책임성이었다. 물론 익명성이 존재하는 상황이 현대에 새로 생긴 것은 아니다. 하지만 대부분 시대의 대부분 사람들의 경우, 그들이 사는 마을은 충분히 결속력이 있었고 서로의 관계가 무척 가까웠기 때문에 개인의 행위가 통제될 수 있었다. 작은 마을에서는 이웃 관계가 종종 '지나친 참견'이었던 것과 마찬가지로, 도시에서는 익명성이 종종 '해방'을 의미했다. 그러나 전통적인 도덕은 여전히 책임성과 긴밀히 묶여 있었다.

　그런데 현대 세계에서는 익명성이 급격히 부상했다. 해군 제독 넬슨 경은 "지브롤터 해협만 넘어가면 모든 수병이 총각이 된다"고 말했다. 그러나 18세기에 해군의 부인들과 연인들의 등줄기를 서늘하게 만들었던 것이, 지금은 옳고 그름과 관련된 모든 것에 의문을 제기한다. 그것은 현대의 삶에서 많은 부분이 이미 '지브롤터 해협 너머'에 위치하고 있기 때문이다. 오늘날은 인류 역사상 어느 때보다도 더 익명의 시대다. 인간적인 차원에서 우리가 익명의 존재요 보이지 않는 존재인 이상 더욱 의식적으로 유일한 청중에 대해 책임 있는 삶을 살아야 한다. 그렇지 않으면 무책임성의 나락으로 떨어져 버릴 것이다.

바츨라프 하벨은 『올가에게 보내는 편지』에서 이렇게 물었다. "우리가 차장이 없는 전차의 이등석에 혼자 앉아 한 정류장만 갈 때, 즉 우리가 요금을 내지 않는 것을 아무도 보지 못할 때라도 요금함에 돈을 넣는—아마 내적인 갈등을 약간 거친 후에라도—이유는 무엇인가? 돌아오는 보상이 분명히 없는데도(예를 들어, 아무도 나의 선행을 모르고 앞으로도 알 가능성이 전혀 없는데도) 우리가 선을 행하는 이유는 무엇인가?"

그 답은 양심과 가정교육 그 이상이라고 하벨은 주장한다. 우리는 책임 있는 인간이고, 책임이란 '우리 자신을 보증하는 것'이며, 인생의 배후에 무엇이 있든 간에 '우리가 하는 모든 일 뒤에 서 있는 것'을 뜻한다. 그러나 여기서 다시 하벨은 비범한 사람임을 유의해야 한다. 왜냐하면 하벨과 같이 행동하는 사람보다 그렇게 행동하지 않는 사람의 수가 월등히 많기 때문이다. 왜 집에 있을 때보다 먼 도시의 호텔방에 있을 때 더 많은 유혹을 느끼는가? 왜 사무실에서 냉정을 잃는 경우보다 인터넷상에서 감정이 폭발하는 경우가 많은가? 현대의 생활 방식 중에는 얼굴과 얼굴을 맞대는 세계로부터 비인격적이고 비가시적인 세계로 몰아넣는 것이 여럿 있는데 그 가운데 여행과 첨단 기술이 대표적이다. 따라서 (하나님을 제외하고) 아무도 보는 이가 없을 때 우리가 행하는 것이 우리의 진정한 책임성에 대한 시험이다.

창세기에 나오는 요셉과 보디발의 아내 이야기는 행동하는 소명의 본보기다. 요셉이 자기 주인의 아내에게서 동침하자는 제의를 받았던 때는 어떤 사람의 눈에도 띄지 않는 완벽한 상황이었다. 아버지, 형제들, 주인, 동료 등 그 누구도 요셉의 반응을 목격할 수 없는 순간이었다. 그러나 그의 대답은 너무나 분명하였다. "내가 어찌 이 큰 악을 행하여 하나님께 죄를 지으리이까?"(창 39:9하) 요셉에게는 인간 청중이 전혀 없었다. 유일한 청중이신 그분으로 충분했다.

디트리히 본회퍼도 『윤리학』(*Ethics*, 대한기독교서회 역간)에서 동일한 점을 기술하였다. "과연 누가 견고히 서겠는가? 그는 최종적인 기준이 자신의 이성도, 원칙도, 양심도, 자유도, 미덕도 아닌 사람, 믿음 안에서 하나님께만 전적인 충성을 바치며 순종적이고 책임 있는 행동을 하라고 부름받았을 때 이 모든 것을 희생할 준비가 되어 있는 사람이다. 즉 자신의 전 생애를 하나님의 질문과 소명에 대한 대답으로 살고자 애쓰는 책임 있는 사람이다. 이러한 책임 있는 사람들은 어디에 있는가?"

이러한 책임 있는 사람들은 어디에 있는가? 니체는 『도덕의 계보』(*Genealogy of Morals*)에서 인간의 책임성을 추구하는 것을 "약속을 맺을 권리를 가진 동물을 번식시키는 과제"라고 묘사했다. 많은 연인을 두었던 피카소와 시인이요 철학자인 하벨, 그리고 약속을 소중히 여기는 모든 이들은 이에 동의할 것이다. 그러나 소명을 들은 사람들은 여기서 더 나아간다. 우리 자체로는 연약한 인간인지라 맹세하기보다는 기도하는 편이 더 나을 때, 우리에게 약속을 맺을 수 있는 권리를 부여하는 것은 무엇인가? 소명을 떠나서는 반응하는 것도, 책임지는 것도 있을 수 없다. 오직 이 책임성으로만 우리는 약속을 맺을 수 있는

데—맺을 권리를 얻는 게 아니라—이 약속은 소명 배후에 있는 언약을 희미하게나마 반영하고 있다.

❖**묵상 질문**

당신은 견고하게 서고 또한 책임 있는 인물이 되고 싶은가? 당신은 '자신의 전 생애를 하나님의 질문과 소명에 대한 대답으로 삼고자 애쓰는' 사람이 되고 싶은가? 부르심인 동시에 명령인 사령관 예수님의 초대에 귀를 기울이라. "나를 따르라."

15
소명의 공동체

흔히 인간이 미치지 않고서는 직접 응시할 수 없는 것이 두 가지 있다고 하는데, 그것은 하나님의 영광과 어둠에 싸인 인간의 악이다. 제2차 세계대전에 참전한 바 있는 웨슬리언 대학교의 철학 교수 필립 할리(Philip Hallie)는 인간의 잔인성에 관해 깊이 연구했는데, 그 연구를 하면서 미치기 직전까지 가는 것을 느꼈다. 그는 나치의 잔인성에 관한 프로젝트를 진행하는 동안 특히 나치 의사들이 유대인 어린이들을 대상으로 죽음의 수용소에서 실시한 의학 실험에 집중했다.

나중에 할리는 이렇게 썼다. "이 연구 과정에서 강자가 약자를 파괴하는 패턴이 너무나 반복적으로 나타났기 때문에, 나는 쓰라린 분노를 느끼거나 그렇지 않을 때에는 반복되는 핍박의 패턴이 지루하게 느껴졌다.…육화된 악에 대한 내 연구는 감옥이 되었다. 그 창살은 폭력을 향한 나의 분노이고 그 벽은 서서히 진행되는 살인에 대한 나의 끔찍한 무관심이다. 그 창살과 벽 사이를 나는 광인처럼 오락가락했고…

수년 동안 나 자신을 지옥에 밀어 넣었다."

그 기간에 할리는 남부 프랑스의 산악 지대에 위치한 작은 마을에 관한 짧은 글을 읽게 되었다. 3천 명의 주민이 사는 그곳은 독일이 점령한 전 유럽에서 유일한 유대인 피난처였다. 그는 학문적인 객관성을 유지하며 잔인성의 유형과 그에 대한 저항의 형태를 분류하려고 그 글을 읽어 가던 중 세 번째 쪽의 중간쯤에서 "두 뺨에 감지되는 이상한 느낌으로 애를 먹었다." 결국 그는 휴지로 두 뺨에 흐르는 눈물을 닦기 시작했고, "한두 방울이 아니라 뺨 전체가 눈물로 얼룩졌다." 그 눈물은 본능적으로 '도덕적 칭찬의 표현'이었다고 할리는 썼다.

할리가 읽고 있었던 것은 르 샹봉 주민들에 관한 내용으로, 그들은 제2차 세계대전 동안 5천 명 이상의 유대인 어린이를 구한 영웅이었다. 나중에 할리는 그가 쓴 현대의 고전 『무고한 피를 흘리지 않도록』(Lest Innocent Blood Be Shed)에 그의 독자 한 사람이 적절하게 요약한 문장을 포함시켰다. "홀로코스트가 폭풍, 번개, 천둥, 바람, 비였다면, 르 샹봉은 무지개였다." 그랬다. 그는 "나에게도 르 샹봉의 작은 이야기는 히틀러를 저지한 피비린내 나는 전쟁보다 더 숭고하고 더 아름다운 것임을 깨달았다"고 결론지었다.

그의 이야기에 나오는 내용은 르 샹봉 사람들의 고집스런 용기다. 그들은 위그노 교도로서 그리스도에 대한 신앙이 열심인 프랑스 개신교인들이었으며, 낭트 칙령의 해지에 이어 300년간 핍박을 받았다. 그들은 불굴의 의지를 지닌 목사 앙드레 트로크메(André Trocmé)와 훌륭한 아내 마그다(Magda)의 지도와 가르침 그리고 격려를 받아 왔다. 그러나 이 책 전반에 계속 반복해서 나오는 것은 그들의 성품과 현실적이면서 부조리하지 않았던 신앙이다.

많은 프랑스인들은 독일인들이 죽음의 수용소를 은폐하기 위해 벌인 '밤과 안개' 선전 전략에 기만당했다. 그러나 그들이 배운 대로 꼭 해야 할 일을 했던 르 샹봉 사람들은 그리스도께서 그들에게 기대하시는 대로 위험에 처한 이웃인 유대인들을 구해 주었다.

트로크메 목사가 체포된 사건은 이야기 전체를 잘 보여 준다. 이 목사 부부가 한 교인에게 저녁 식사 초대를 받았는데, 이들이 그런 초대를 잘 잊어버리는 것을 안 그 교인은 자기 딸을 보내어 그들을 모셔 오게 했다. 그런데 이 딸이 집에 들어갈 무렵 경찰이 목사를 체포하고 있었다. 그래서 앙드레 트로크메 목사가 체포되었다는 소문이 마을 전체로 퍼져 나갔다.

그러나 늘 그랬듯이 마그다 트로크메는 두 경찰에게 저녁 식사를 함께하자고 청했다. 나중에 친구들은 황당해서 실망감을 토로했다. "사모님은 도대체 어떻게 남편을 체포하여 죽일지도 모르는 그놈들과 함께 식탁에 앉을 수 있습니까? 어떻게 그들을 용서할 수 있습니까? 어떻게 그들을 정중하게 대할 수 있었나요?"

트로크메 부인의 대답은 한결같았다. "도대체 무슨 말씀을 하시는 겁니까? 그때는 저녁 식사 시간이었고, 그들은 내 앞에 서 있었으며, 우리는 모두 배고팠습니다. 음식은 이미 준비되어 있었고요. 당신들은 무슨 의미로 '용서'라든가 '정중하게' 같은 바보 같은 말을 하시는 건가요?"

그것이 그들의 전형적인 반응이었다. 르 샹봉 사람들은 자신에게 돌아오는 찬사를 거듭거듭 사양했다. 그들은 할리의 눈을 똑바로 보면서 이렇게 말할 것이다. "당신은 어떻게 우리를 '선하다'고 할 수 있습니까? 우리는 마땅히 해야 할 일을 했을 뿐입니다. 했어야 할 일이죠. 그게 전부입니다. 우리는 어쩌다가 그 일을 할 위치에 있었을 뿐입니다. 이 사람들을 돕는 것은 세상에서 가장 자연스런 일임을 알아야 합니다." 외부인의 도덕적 칭찬은 "마치 친절하지만 낯선 사람이 머리 위에 불편한 화관을 씌워 주는 것과 같다"고 필립 할리는 결론적으로 말했다.

르 샹봉 이야기는 매우 감동적이지만, 현대 세계에서 그리스도의 교회가 하나의 공동체로서 따를 본보기로는 너무나 드문 경우다. 또한 그것은 현대의 신자들이 쉽게 잊어버리는 소명의 또 다른 차원을 상기시켜 준다. 예수님의 소명에는 개인적인 차원이 있지만 순전히 개인적인 것만은 아니다. 예수님은 제자들을 부르실 때 개별적인 소명뿐 아니라 공동체적인 소명도 부여하신다.

언약 공동체

마거릿 대처(Margaret Thatcher) 영국 전 수상은 재임 기간 동안 자유 시장 경제의 역동성을 끌어내기 위한 성공적인 시도의 일환으로 사회보장 체제를 상당 부분 조직적으로 해체시켰다. 그가 자신의 정책을 정당화하기 위해 사용한 유명한 주장 중 하나는 큰 논란거리가 되었다. "사회는 존재하지 않으며 오직 개인과 가족만 있을 뿐이다."

수상의 발언은 자유주의자들을 심란하게 만들었다. 바로 자유주의의 언어를 사용하여 자유주의를 공격했기 때문이다. 그러나 이 말은 동시에 보수주의자들까지 당황케 했다. 우리가 살고 있는 세상을 구성하는 수많은 집단과 회합을 무시했기 때문이다. '사회'는 대부분 사람들에게 너무 추상적이어서 존재가 느껴지지 않을지 모르지만 개인과 가족만이 모든 구성 요소라고 생각하는 것도 별로 나을 바 없다.

물론 공동체가 현대 세계에서 수난을 겪고 있는 것은 사실이다. 첫째, 모든 현대인은 전통적인 사람들에 비해 공동체 의식이 크게 약화된 채 살고 있다. 그것은 현대의 여행, 현대적 이동성, 현대 미디어, 현대적 일과 생활 방식, 현대의 인간관계 등에 연유한다.

분명 잃어버린 세계에 대한 노스탤지어—문자적으로 향수(鄕愁)—가 전통적인 세계에 존재했던 공동체를 낭만으로 그리는 것은 사실이다. 물론 그 공동체는 우리를 자유롭게 했던 곳이라기보다는 이따금 폐소 공포증을 불러일으키는 경직된 곳이었음을 부인할 수 없다. 그리고 현대 세계가 주는 혜택이 엄청나다는 것도 분명한 사실이다. 그러나 비자발적인 공동체에서 자발적인 집단으로 전환되기 위해서는 크나큰 대가가 필요하다. 그리고 '가상 공동체'에 대한 수많은 담론들은 얼굴과 얼굴을 맞대지 않는 의사소통이 심각한 손실을 일으킨다는 점을 간과한다. 대부분의 현대인에게 공동체는 희귀한 경험이거나 허상에 불과한 머나먼 이상이다.

둘째, 현대인은 모든 기관, 특히 거대한 기관에 대해 편견을 가지고 거부 반응을 보이기 쉽다. 우리는 자라면서 그것들을 비인격적이고 비인간적이며 인간을 소외시키는 것으로 믿도록 배웠다. 1960년대의 반항아들은 "접거나 뚫거나 찢지 마시오"라는 슬로건으로 유명하다. 인간은 IBM 카드마냥 비인격적으로 취급되고 있었던 것이다. 하지만 1960년대의 외침이 된 그러한 전반적인 우려는 사실 훨씬 앞선 현대 세계의 발흥에 대한 일련의 비판에 뿌리를 두고 있다.

위대한 독일의 사회과학자 막스 베버(Max Weber)는 최초로 현대 관료주의를 날카롭게 분석하였다. 그러나 그의 안목을 가장 잘 담아 낸 것은 프란츠 카프카(Franz Kafka)의 소설들인데, 특히 『성』(城)과 『심판』이 대표적이다. 『성』의 세계는 관료적인 권력과 권위가 판치는 영역이다. 전화 통화는 서로를 연결시켜 주기보다는 오히려 혼란을 조장한다. 관료주의는 인간을 온갖 서류와 양식의 홍수 속에 수장시킨다. 숨 막히는 계급 구조 속에서 상층부로 오르는 것은 불가능하다. 수많은 하급 관료들이 계속해서 초과 근무를 하지만 아무런 성과가 없다. 셀 수도 없는 인터뷰가 계속되지만 그 어느 것도 분명한 목적이 없다. 『성』에서는 인간이 서류더미로 축소되고, 『심판』에서는 사건으로 전락한다. 한때 카프카는 그런 세계에 대해 이렇게 언급했다. "인생의 컨베이어 벨트는 당신을 계속 이동시키지만 자기가 어디에 있는지 아는 사람은 아무도 없다. 인간은 살아 있는 피조물이기보다는 사물이나 물건에 불과하다."

셋째, 현대 세계에서 교회의 공동체성에 대한 신자들의 의식이 약화된 것은 자발적인 협회(association)들의 발흥에도 기인한다. 토크빌이 쓴 『미국의 민주주의』(Democracy in America, 한길사 역간)에 나오는 다음 단락은 자주 인용되는 글이다. "모든 연령과 모든 조건 그리고 모든 성향을 막론하고 미국인들은 계속해서 협회를 만든다.…어느 때건 거대한 프로젝트를 주도하는 자리에는 프랑스에서는 정부가, 영국에서는 지위 높은 인물이, 미국에서는 협회가 중심부에 있음을 볼 수 있다."

이 말은 보통 자발주의의 초기 황금기를 떠올리게 하지만 사실상 미국의 자발주의는 식민지 시대의 초창기에 비롯된 것이 아니다. 그

사상의 씨앗은 이미 존재하고 있었다. 즉 자발적인 교회와 그에 따른 자발적인 회원제와 자발적인 기부는 자발적인 협회의 역사적인 원형이다. 그러나 토머스 홉스(Thomas Hobbes)의 『리바이어던』(*Leviathan*, 물속에 사는 거대한 짐승으로 성경에는 '악어' 혹은 '리워야단'으로 표현되어 있다. 전체주의 국가를 비유하기도 하는 이 짐승의 이름을 딴 홉스의 정치 철학론—역주)에서 조지 워싱턴의 고별 연설에 이르기까지, 자발적인 협회에 대한 강한 의구심이 도도히 흐르고 있는데 그것은 '파당'(派黨)에 대한 두려움 때문이다(국가의 통제를 벗어나서는 그 어떤 것도 존재해서는 안 되므로 자발적인 협회는 '리바이어던의 내장 속에 있는 벌레'라고 홉스는 썼다).

사실 자발적인 협회가 번성하기 시작한 때는 토크빌이 미국에 도착하기 직전이었는데, 코네티컷 주의 리만 비처(Lyman Beecher)와 같은 복음주의 지도자들이 그 흐름을 주도했다. 그들은 부분적으로 제2차 대각성 운동의 산물이었고, 19세기 초 제2의 국교제 폐지 운동의 소산이었으며, 또한 부분적으로 영국의 윌리엄 윌버포스 시대에 있었던 성공적인 복음주의 협회들의 후신이었다. 그러나 중요한 것은 그런 움직임이 미친 영향이다. 자발적인 협회의 발흥으로 말미암아 공적인 삶에서의 도덕적인 기능이 지역 교회라는 기관으로부터 개개의 그리스도인—협회에서 공적인 삶을 영위하는 개개인—에게로 옮겨졌다.

결과는 유익한 측면이 압도적으로 많았다. 자발적인 협회들은 지역 교회가 감당할 수 없는 다양하고도 창의적인 기획을 엄청나게 주도했다. 그리고 개개 그리스도인은 협회를 통하여 개 교회라면 도무지 위험을 감수할 수 없을 그런 영역으로 들어가고 여러 쟁점에 관여할 수 있었다. 그러나 치러야 할 대가도 있었다. 자발적인 협회들(그리고 이후의

'병행 교회' 단체들)은 개인주의적인 성향을 더욱 강화시켰고, 더욱이 대부분 그리스도인의 마음속에 있는 교회의 공동체성에 대한 의식을 희미하게 만들었다.

상기한 세 가지 주요 요인은 그보다 작은 여러 요인들로 인해 더욱 강화되었다. 그 가운데에는 상업적인 회사가 공동체적 기관의 모든 언어를 실제로 탈취한 사실도 포함된다. 오늘날 우리가 '회사'(corporation)라고 말할 때에는 대부분 상업적인 회사를 지칭한다. 이것은 동인도 회사의 합병이 초라하게 시작한 것과 큰 차이가 있다. 동시에 한 사람 이상으로 이루어진 연합체(corporation)가 인격적인 특징을 지닐 수 있다는 사상이 급격히 퇴조했음을 뜻한다.

요컨대, 르 상봉의 경우와 같은 지역 교회의 결정적인 영향력은 차치하고라도, 오늘날 신자들은 대부분 교회의 공동체성을 거의 체험하지 못하고 있다. 우리의 개인적인 소명 의식이 아무리 강하더라도 공동체적 소명에 대한 의식은 종종 매우 희미하다.

그러나 예수님의 부르심은 이 모든 현대적 추세와 정면으로 충돌한다. 그 부르심은 불가피하게 공동체적 부르심이기 때문이다. 교회라는 단어는 대중의 '회합'을 의미하는 일반적인 세속 헬라어를 번역한 것이다. 그러나 그 어원은 '불러내어진'(called out)이란 의미가 있고 구약성경의 관점으로는 '불러내어진 백성'이란 의미를 지니고 있어, 결국 교회는 하나님께 부름받아 그분께 속한 그분 백성의 회합이다. 우리 각자는 개별적으로 따라서 독특하게 개인적으로 부름받았다. 그러나 우리는 개별적인 신자들의 무더기로 부름받은 것이 아니라 믿음의 한 공동체로 부름받았다.

신약성경을 보면, 여러 곳에 서로 다른 교회들이 있다기보다는 하나의 교회가 여러 장소에 있는 것으로 나온다. 각각의 지역 교회는 전체 교회를 구체적으로 표현하고 대변하는 만큼 교회는 지역적이면서 보편적이고, 가시적이면서 비가시적이며, 전투적이면서 승리적인 것이다. 하지만 이런 교회의 개념이 모호한 신비주의 속으로 증발하지 않는 것은 바로 소명 때문이다. 부름받은 하나님 백성의 회합은 머리 되신 그리스도께 속해 있고 몸의 지체들과 서로 엮여 있으며, 그리스도 안에 있는 하나님의 부르심에 실제적으로 순종하는 삶을 산다.

교회의 이야기는 이스라엘 이야기처럼 한 백성의 이야기이지 그저 개개인들의 이야기가 아니다. 성경은 하나님이 출애굽 이전 시대에 개인과 가족을 부르신 사건을 기록하고 있다. 그러나 '이스라엘 백성'이라는 용어는 출애굽기에 처음으로 등장한다. 그 동일한 개인들과 가족들의 후손이 해방과 언약의 행위에 기초해 이제는 하나의 백성이요 하나의 공동체로 융합된다.

그래서 부족, 도시 국가, 민족 국가 같은 비자발적인 집단과 대조적으로 이제는 자원하는 구성원들로 이루어진 새로운 공동체, 즉 하나님의 부름받은 자들의 회합이 서게 되었다. 이들은 하나의 언약에 의해 함께 묶여 있으며, 개개인의 소명을 보완하고 초월하는 공동체적 소명을 실천하고 있다.

우리의 소명 중 이보다 더 어려운 부분이 있는가? 우리 중 많은 사람은, 마치 갑작스럽게 마비된 사람이 걷는 법을 다시 배우는 것처럼 서서히 그리고 고통스럽게 공동체적 소명 의식을 다시 정립해야 한다. 하지만 이에 따른 몇 가지 분명한 도전은 다음과 같다.

첫째, 우리의 공동체적 소명에 헌신한다는 것은 현대의 무관심한 개인주의 성향에 단호히 저항해야 함을 뜻한다. 교파주의의 폭발적인 증가가 하나의 예다. 『세계 기독교 백과 사전』(*World Christian Encyclopedia*, 1982)에 따르면 20세기 초에는 약 1,900개의 기독교 교파가 있었는데 20세기 말에 와서는 약 22,000개로 추정된다고 한다. 현대 세계의 영향력 아래, 교파의 역사적인 '돌발사건'은 하나의 교회를 믿는 모든 이에게 신학적인 재난이 되어 버렸다.

이에 비해 존 버니언(John Bunyan)의 관대한 정신은 얼마나 아름다운가! "내가 바라는 대로 나는 그리스도인이고 싶다. 그러나 재세례파, 독립교파, 장로교파 같은 파당적인 호칭에 대한 내 결론은 그들이 예루살렘이나 안디옥이 아니라 지옥이나 바벨론에서 왔다는 것이다." 조지 휫필드(George Whitefield)의 말도 들어 보라. "조상 아브라함이여, 하늘에서 당신이 데리고 있는 사람은 누구입니까? 성공회 교인? 아니오! 장로교인? 아니오! 독립교파 교인이나 감리교인? 아니, 아니, 아니오! 그러면 누구를 데리고 있는 겁니까? 여기서는 그런 이름은 모르오. 여기에 있는 사람은 모두 그리스도인이오.…아, 그렇습니까? 그렇다면 하나님, 우리로 하여금 파당의 이름은 잊게 하시고 행함과 진리에서 그리스도인이 되게 하소서." 윌리엄 윌버포스도 이렇게 썼다. "나는 태어나면서부터 성공회 교인이지만 하나님의 전체적인 큰 뜻은 하나이며 일치라는 것을 느낀다. 머리 되신 그리스도를 모시는 모든 교회와 해마다 한 번씩 친교를 나눈다면 그보다 더 기쁜 일은 없을 것이다."

개인주의에 대한 또 다른 도전은 정기적으로 성실하게 예배에 헌신하는 것인데, 이는 많은 사람이 좀더 현실적으로 느끼는 문제로서 해결하기도 쉽다. 서구 교회의 가장 기형적인 특징 하나는 그리스도인 지도자들 가운데 정기적으로 예배를 드리는 훈련이 제대로 되어 있지 않은 사람들이 있다는 사실이다. 변명거리는 수없이 많다. 바쁜 일정 때문에, 다른 형태의 교제가 더 풍성하므로, 율법주의를 경멸하므로, 유명한 그리스도인이 예배에 참석하면 주의가 산만해질 것 같아서 등등. 그러나 이는 예배를 임의적으로 생각하는 태도를 조장하며, 안됐지만 그러한 태도는 그들의 리더십과 상치된다.

둘째, 우리의 공동체적 소명에 대한 헌신은 모든 개인적인 소명을 추구할 때 그리스도의 교회의 목적과 유익을 존중해야 함을 뜻한다. 우리가 이렇게 하지 못하는 이유 중 하나는 '특정주의'(particularism)의 오류 때문이다. 즉 어떤 일을 하는 데는 단 하나의 특정한 기독교적 방법만이 있는데, 자신의 방법이 '바로 그 기독교적 방법'이라고 생각하는 것이다.

특정주의의 오류는 하나님이 우리에게 모든 것에 관해서 확정적으로 말씀하시지는 않았다는 사실에 연유한다. 그분이 그렇게 의도하신 것은 분명 아니다. 하나님이 절대적으로 만드신 것을 그리스도인이 상대화하는 것은 잘못이다. 그러나 하나님이 상대적으로 두신 것을 그리스도인이 절대화하는 것도 똑같이 잘못이다. "현대 사회에 들어와서 중요한 도덕을 약화시키는 것보다 더 나쁜 일이 하나 있다면 그것은 사소한 도덕을 크게 강화시키는 것이다"라고 체스터턴(G. K. Chesterton)은 썼다.

달리 말하면, 하나님이 확정적으로 말씀하시지 않은 부분에 대해서는 만약 그것이 성경의 가르침과 상치된다면 우리가 "이 관행(정치적 결정, 생활 방식 혹은 어떤 것이든)은 기독교적이 아니다"라고 말하는 것이 정당하다. 그러나 어떤 관행에 대하여 "이 관행만이 기독교적이다"라고 말하는 것은 정당하지 못하다.

시를 쓰는 법이나 가족을 부양하는 법, 경영 방법, 은퇴 후의 인생 설계 등에서 기독교적인 방식이 단 한 가지만 존재하지 않는 것처럼, 정치 형태에서도 유일한 기독교적 방식이란 없다. 이런 것들과 관련하여 분명히 기독교적이지 않은 방식이 많이 있지만 어느 하나만이 유일하게 기독교적인 것도 아니다. 특히 우리는 자발적인 기독교 협회들이 명칭 앞에 정관사(the)를 붙이는 것을 경계해야 한다. 그러한 명칭은, 특히 기독교적 정치 조직의 경우 원칙적으로 잘못되었을 뿐 아니라 실제로 혼돈을 야기한다. 그것은 세상을 오도하여 종종 그 집단을 전체 교회와 동일시하게 만들기 때문이다. "하나님의 일은 하나님의 방식으로 하라"는 금언을 무시하는 기독교 정치 조직은 상황을 더 악화시킨다. 그리스도의 목적에 부합하지 않는 기독교적 수단은 그리스도의 목적을 전복할 것이고, 그들의 지혜롭지 못한 방식은 전 교회의 얼굴에 먹칠하는 결과를 초래할 것이다.

셋째, 우리가 공동체적 소명에 헌신한다는 것은, 개혁은 지속되어야 하며 심지어는 개혁을 개혁하는 것도 필요함을 기억하는 것이다. 우리가 앞서 살펴보았듯이 카르투시오회[1086년 성 브루노(St. Bruno)가 프랑스 샤르트뢰즈에서 개설한 수도회—역주] 수도원 운동의 주도자들은 그들이 내세운 표어를 자랑스러워했다. "불구가 된 것이 없으므로 개혁된 것도 없다"(Never reformed because never deformed). 그러나 타락한 세계에서는 종교개혁의 금언인 '항상 개혁하고 있는'(*Semper Reformanda*)이 더 적합한 것 같다. 우리 모두는 항상 개혁되어야 하기 때문이다.

오늘날 우리가 깊은 차원에서 필요로 하는 것은 단지 개혁만이 아니라 '개혁의 개혁'까지도 해당된다. 기독교 역사를 통틀어서 개혁을 향한 움직임은 자발적인 원칙과 자발적인 운동에 의해 촉발되어 왔다. 베네딕도회와 프란치스코회 같은 초기의 가톨릭 운동이나 선교회와 교회 병행 단체 같은 좀더 최근의 개신교 운동이 대표적인 예다. 자발적 협회 중 이러한 특별한 종류의 개혁적인 협회는 '교회 속의 작은 교회'(*ecclesiola in ecclesia*)였다.

현대에 와서 개인주의가 심화되어 공동체적 교회가 내리막길을 걸으면서 개혁의 원리가 마구 설치는 지경에 이르렀다. 많은 '작은 교회들'은 그 자체가 목적이 되어 버렸다. 그들은 교회를 개혁하기보다는 오히려 불구가 되게 만들었으므로 그 자체가 개혁되어야 한다. '작은 교회' 사업은 그것이 지닌 지혜와 관심사를 '큰 교회' 속으로 주입시킴으로써 스스로 물러나고, 전 시대에 걸쳐 하나님의 중심 목적인 하나의 몸을 개혁하는 데 기여하는 것이다. 하지만 많은 개신교 기관들이 헨리 8세 당시 영국의 수도원들처럼 해체되어야 할 상황에 처해 있다.

두말할 필요도 없이, 우리가 그리스도 교회의 지체로서 받은 공동체적 소명은 여러모로 어려운 문제와 도전을 함축하고 있다. 그러나 그 소명이 그저 그럴듯한 경건한 말로 끝나지 않고 정직하며 실천적인 것이 되게 하기 위해서는 이 문제를 덮어 두지 말아야 한다.

저명한 프랑스 정치인이자 사제였던 탈레랑(Talleyrand)은 이렇게 잘 표현했다. "개인 없이는 아무 일도 일어나지 않는다. 그러나 기관 없이는 아무것도 생존하지 못한다." 그러나 교회의 공동체성은 기관을 통해 생존하는 차원을 훨씬 넘어선다. 그것은 '그리스도의 몸'을 이루는 그리스도의 제자들 간의 신비로운 연합의 문제다.

심리학자 장 피아제(Jean Piaget)는 이 신비로운 공동체 의식을 이유로 기독교 신앙을 공격하였다. 그는 『아동의 도덕 판단』(*Moral Judgement of the Child*, 울산대학교출판부 역간)에서 이렇게 썼다. "단지 신학에서만, 말하자면 가장 보수적인 기관에서만 원죄의 개념이 집단적인 책임이라는 개념을 여전히 지지하고 있다." 그러나 우리는 그의 비판을 칭찬으로 받아들일 수 있을 것이다. '원죄'뿐 아니라 좀더 긍정적인 개념인 공동체성—'그리스도의 몸'과 '성도의 교제'와 같은—은 영광스러운 복음의 한 부분이다. 우리가 믿음의 삶에 존재하는 공동체성을 인정하고 유지한다면 우리의 소명에 충실할 뿐 아니라 온전한 인간됨에도 충실하게 된다.

❖묵상 질문

당신은 '제도적인 교회'에 좌절감을 느끼고 있지는 않은가? 당신은 믿음의 공동체성을 어떻게 구체적으로 표현하고 있는가? 당신은 거룩하고 보편적인, 사도적 교회에 헌신되어 있는가? 당신은 부족이나 민족이 아니라 하나님의 소명에 근거해 모든 국가를 하나로 묶는 비정치적이고 비민족적인 교회를 믿는가? 부르심인 동시에 명령인 사령관 예수님의 초대에 귀를 기울이라. "나를 따르라."

16
그 도를 따르는 자들

미국 연방 정부의 고위 관료이자 주(駐) 서독 대사였던 아서 번스(Arthur Burns)는 상당히 비중 있는 인물이었다. 중간 정도의 키와 은빛 곱슬머리 그리고 파이프가 트레이드마크인 그는 아이젠하워에서 로널드 레이건에 이르는 수많은 대통령의 경제 자문관으로 활약했다. 그의 의견은 무게 있게 다루어졌고 워싱턴 정가는 그의 말에 귀를 기울였다.

아서 번스는 유대인이었는데, 1970년대에 백악관의 비공식적인 기도 모임에 참석하기 시작했을 때 특별한 대우를 받았다. 사실상 그 모임에서 모두가 그를 어떻게 대해야 할지 몰랐으며, 매주 돌아가면서 한 사람이 마무리 기도를 했는데 번스는 거기에서 줄곧 면제되었다. 존중과 조심스러움이 섞인 반응이었다.

그런데 어느 날 번스의 예외적인 위치를 모르는 새로운 참석자가 모임을 인도하게 되었다. 모임이 끝날 때가 되자 그는 아서 번스에게 마무리 기도를 부탁했다. 몇몇 참석자들은 놀란 표정으로 서로 쳐다보며 무슨 일이 벌어질지 의아해했다. 그런데 번스는 손을 내밀더니 둥그렇게 둘러선 다른 이들의 손을 잡고 이렇게 기도하는 것이었다. "주님, 유대인들이 예수 그리스도를 알게 해 주시길 기도합니다. 무슬림들이 예수 그리스도를 알게 해 주시길 기도합니다. 끝으로 주님, 그리스도인들이 예수 그리스도를 알게 해 주시길 기도합니다. 아멘."

아서 번스의 기도는 워싱턴에서 전설적인 일화가 되었다. 그는 신선하고 단도직입적인 기도로 참석자들을 놀라게 했을 뿐 아니라 '그리스도인'과 '기독교'를 향해 중요한 일침—정기적으로 반복할 필요가 있는—을 가했다. 이것은 소명의 진리에 담긴 또 다른 중요한 측면을 부각시켜 준다. **소명이 그리스도인에게 끊임없이 상기시켜 주는 것은, 그리스도인은 이미 도달한 자가 아니라 이 생애 동안 항상 '그리스도의 추종자'요 '그 도'를 따르는 자로서 길 위에 있는 사람이라는 것이다.**

반박할 수 없는 한 가지 걸림돌

그리스도, 그리스도인, 기독교라는 세 용어를 생각해 보자. 당신은 첫 번째 용어가 두 번째로 그리고 세 번째로 진전되는 것을 어떻게 설명하겠는가? 우선 각 단어가 연상시키는 것을 모두 생각해 보라. 그러면 당신이 두 방향 중 한쪽으로 움직이고 있음을 알게 될 것이다. 즉 인격적인 것으로부터 비인격적인 방향으로 또는 참신하고 직접적인 것으로부터 제도적이고 이데올로기적인(종종 타락한) 방향으로다. 그리스도에 대해 매력을 느끼더라도 '기독교'에 대해서 싫증을 느끼거나 거부 반응을 보이는 사람이 매우 많은 것처럼 말이다.

물론 그 이유는 타락한 세상의 현실에 있다. 죄의 현존과 시간의 흐름이라는 두 가지 요인 때문에 어떤 인격적인 관계나 영적인 체험도 자율적인 영속성을 지닐 수 없다. 이것들은 계속해서 영양분을 공급하고 유지하고 부채질해 주어야 불꽃을 보존할 수 있지, 그렇지 않으면 사라지고 말 것이다. 영적인 부흥도 오래 지속될 수 없다. 인격적인 것과 영적인 것에 적용되는 엔트로피의 자연스러운 경로는 몰락과 죽음을 향하거나, 아니면 위축되고 추한 모습―'형식화'나 '관례화' 같은 말이 전달하고자 하는―을 향하고 있다. 반복을 하다 보면 비범한 것도 평범하게, 혁명적인 것도 일상적으로 변해 버린다. '그리스도'는 자유롭고 신선한 반면에 '기독교'는 종종 형식적이고 죽은, 혹은 더 나쁜 것이다.

문제는 "이것 또한 지나가리라"라고 간과할 수 없다는 데 있다. 죽지 않고 다만 사라질 뿐이라는 노병(老兵)과는 달리 신앙의 낡은 표현 방식과 낡은 종교 기관들은 그냥 사라지지 않는다. 그것들은 본래의 목적을 망치고 왜곡하며 심지어 그 목적과 모순되는 부산물을 땅에 가득 남겨 놓는다. 이로 인해 슬픈 결과가 초래되었다. 지난 2,000년에 걸쳐, 기독교 신앙에 대한 반박할 수 없는 한 가지 걸림돌이 바로 그리스도인들이라는 사실이다. 나는 미국에서 이런 구절이 쓰인 티셔츠를 본 적이 있다. "예수님, 당신의 추종자들로부터 나를 구하소서."

다행스럽게도 그리스도의 제자들 중에는 그리스도의 정신에 따라 살면서 사람들을 그리스도에게 인도하는 이들이 어느 정도는 있다. 그러나 슬픈 사실은, 전반적인 교회사는 종종 교회가 그리스도의 모범에서 이탈하고, '기독교'가 그리스도를 선전하기보다는 그리스도인의 악한 모습을 공공연하게 보여 온 이야기라는 것이다.

교회를 비판하고 대적하는 자들이 다른 것을 비판하고 대적하는 이들보다 더 객관적이고 공평한 것은 아니다. 하지만 정말 괴로운 것은 그들의 비난 중에 계속 반복되는 주제가 한 가지 있다는 점이다. 즉 '기독교'가 그리스도와 너무나 비슷하다고 비난받는 경우는 매우 드물고 특별한 악의를 품은 상황에서만 그러하며, 기독교가 충분히 그리스도적이지 못하다고 지적받는 경우가 훨씬 많다.

분명히 신앙 고백과 신앙의 실천 그리고 신앙의 설득력 사이에는 직접적인 연관 관계가 있다. 당신이 전하는 것을 몸소 실천하라. 그리하면 당신의 신앙을 권하는 셈이 될 것이다. 실천하지 않으면 자가당착에 빠지게 될 것이다. 예수님은 "너희가 서로 사랑하면 이로써 모든 사람이 너희가 내 제자인 줄 알리라"(요 13:35)고 말씀하셨다. 1,500년이 지난 후 에라스무스(Erasmus)는 그의 동시대인들에게 당시의 타락한 세대에 대해 이렇게 상기시켰다. "터키인을 기독교로 개종시키고자 한다면 우리가 먼저 그리스도인이 되어야 한다."

역사는 '그리스도'에서 '기독교'로 초점이 옮겨진 것 자체가 바로 타락의 표지임을 보여 준다. 직접적인 관계와 역동적인 삶의 방식은 종교적인 이데올로기와 제도가 된다(이런 이유로 여기에서는 **기독교**라는 용어를 사용하지 않고, 단지 따옴표로 묶어서 사용하든지 다른 것을 인용하는 도중에 사용한다). 랠프 왈도 에머슨은 "스토아학파 사람들은 누구나 금욕적(Stoic)이었는데, 기독교계에는 그리스도를 닮은 사람(Christian)이 어디에 있는가?"라고 썼다. "사실상 그리스도인은 오직 **한 명** 있었는데, 그는 십자가에서 죽었다"고 니체는 썼다. 조지 버나드 쇼(George Bernard Shaw)는 "누가 기독교를 시도만 했더라면 기독교는 좋은 것으로 판명 났을지 모른다"고 비꼬아 말했다.

이 먹구름 속에도 한 줄기 빛은 분명 있다. 코미디언 레니 브루스(Lenny Bruce)는 "날마다 사람들은 교회를 떠나 딴 길을 걸어 하나님께 되돌아가고 있다"고 말했다. 그럼에도 불구하고 교회 위에는 구름이 드리워져 있으며, 가장 훌륭한 신앙의 대변인들은 그런 현실을 슬퍼했다. 체스터턴은 이 문제의 한 측면을 이렇게 표현했다. "기독교적 이상은 시도된 적이 없으며 부족하다고 판명된 적이 없다. 그것은 어려운 것으로 여겨졌고 검증되지 않은 채로 남아 있다." 그러나 윌리엄 템플 대주교는 문제의 다른 면을 지적했다. "'나는 거룩한 공교회를 믿는다.' 다만 그 교회가 존재하지 않는 것이 유감일 뿐이다." 키르케고르는 덴마크에서 기독교적 비판을 담은 『기독교계에 대한 공격』(*Attack upon Christendom*)에서, "'기독교'는 현재 가장 무서운 유의 신성 모독죄를 범하고 있는데, 그것은 영의 하나님(God of the Spirit)을…바보 같은 허튼소리로 변질시키는 것이다"라고 말했다.

루터 이후 4세기가 지난 시대의 루터교도인 키르케고르는 자신의 반박문을 "논제―단 하나"로 축소시켰다.

오, 루터여. 그대는 논제를 95개나 썼으니, 끔찍하도다! 하지만 좀더 깊은 의미에서는 논제가 많을수록 그만큼 덜 끔찍하다. 내 경우가 훨씬 더 끔찍하다. 단 하나의 논제밖에 없기 때문이다. 신약성경의 기독교는 한마디로 존재하지 않는다. 그러니 개혁할 것도 전혀 없다. 이제 해야 할 일은 기독교에 반하여 저지른 범죄를 밝히 드러내는 것이다. 그것은 수 세기에 걸쳐 수많은 자들이 끊임없이 저질러 왔다(자책감의 정도는 차이가 있어도). 그들은 교활하게도 기독교를 온전케 한다는 미명하에 조금씩 조금씩 하나님을 속여서 기독교를 빼앗아 내고 기독교를 신약성경에 나온 모습과는 정반대로 만드는 데 성공했다.

C. S. 루이스는 특유의 방식으로 정곡을 찔렀다. "내가 쓸 계획이 없는 책이 혹시나 집필된다면, 그 책의 내용은 기독교가 인간의 모든 잔인성에 구체적으로 기여한 것에 대한 기독교의 완전한 고백일 것이다. 우리가 공개적으로 우리 과거의 많은 부분과 관계를 끊지 않는다면 세상은 우리 목소리에 귀 기울이지 않을 것이다. 그들이 들어야 할 이유가 있는가? 우리는 입으로는 그리스도의 이름을 외쳐 대고 행동으로는 몰렉을 섬겼다."

토머스 리나커(Thomas Linacre)는 영국의 헨리 7세와 헨리 8세의 주치의였고, 왕립 의과대학의 설립자였으며, 위대한 르네상스 사상가인 에라스무스와 토마스 모어 경의 친구였다. 그는 말년에 가톨릭 수도회에 입회하여 복음서 한 권을 받아 처음으로 읽게 되었다. 물론 당시만 해도 성경은 성직자의 전유물이어서 보통 사람은 읽을 수 없었다. 그리고 리나커는 교회사의 암흑기 중에서도 가장 칠흑 같은 시기에 살았다. 즉 교황 알렉산데르 6세(로드리고 보르자)가 뇌물, 타락, 근친상간, 살인 등으로 기독교의 수치스런 역사에 크게 기여한 시기였다.

혼자서 사복음서를 읽은 리나커는 놀랐고 마음이 괴로웠다. 그는 "이것이 복음서가 아니든지 우리가 그리스도인이 아니든지 둘 중 하나다"라고 말했다.

인생은 여정이다

이처럼 **그리스도**에서 **그리스도인**으로 그리고 **기독교**로 하향 곡선을 그으며 미끄러지는 것에서 소명의 진리는 우리를 어떻게 보호해 주는 가? 첫째, 소명이 그 성격상 우리에게 상기시켜 주는 것은 우리가 실제로 그리스도를 따를 때에만 그리스도의 제자라는 사실이다. 환언하면, 우리가 다른 모든 흠모의 대상을 내려놓고 그분만을 따라 걸으며, 그분이 말씀하시는 것을 행하고, 그분이 요구하시는 대로 살 때 비로소 진정한 제자가 된다는 것이다. 예수님은 언행이 일치하지 않는 자들에 대해 날카롭게 지적하셨다. "너희는 나를 불러 주여 주여 하면서도 어찌하여 내가 말하는 것을 행하지 아니하느냐?"(눅 6:46) 그리스도와 모순된 삶을 사는 그리스도인들은 그분의 소명을 따라가지 않는 자다.

이것은 쉽게 간과되는 점이다. '길'(the Way)은 여행을 위한 것이다. 우리는 앞으로 나아가고 있든지(아무리 천천히 확신 없이 움직이고 있다 해도), 아니면 길에 발을 들여 놓지 않았든지 둘 중 하나다. 배타적이고 편협하며 위선적인 것은 말할 것도 없고, 순전히 이론적이기만 한 것, 선한 의도에 불과한 것, 정적(靜的)이고 고정된 것은 예수님 한 분만이 전부이고 그분을 향하여 그분의 발자취를 좇아 전진하는 사람들에게는 전혀 논외의 것들이다.

그리스도인이란 용어는 분명히 신약성경에서 사용된 단어지만, 공동체 밖의 사람들이 모욕적인 의미로 사용한 것이다. 또 다른 이들은 그리스도인을 '크리스티아노이'(*Christianoi*, 메시아의 사람들)라고 했다. 하지만 그리스도인들은 제자를 지칭하는 용어로 예수의 추종자나 그 도(道)를 따르는 자라 불리는 편을 선호했다. 세례 요한은 '주님의 길'을 예비했다. 예수님은 "나를 따르라"는 결정적인 말씀으로 자기 제자들을 모으셨다. 당시 세상에는 소위 '기독교'가 존재하지 않았으며 오직 급진적이고 새로운 '도'만 있고, '그 도를 따르는 자들'인 다양한 '형제'와 '자매'의 무리가 있을 뿐이었다.

둘째, 소명은 '그 도를 따르는 자'가 된다는 것은 인생을 하나의 여정으로 보는 것임을 상기시켜 준다. 그것은 우리가 이 땅에 살아 있는 동안에는 최종적인 평가를 받을 수 없는 불완전한 여정이다. 인생이 여정이라는 개념은 오늘날에는 생소한 것이 아니다. 여행과 이동은 20세기의 주요한 주제다. 달 착륙과 같은 굉장한 업적이나 아우슈비츠 같은 처절한 비극만큼 두드러지지는 않지만 여행은 우리 시대를 특징짓는 현상으로서 가히 현대는 문자 그대로 계속 이동하는 세계다.

남부 캘리포니아의 계곡을 통해 몰래 들어오는 멕시코 사람들부터 남중국해를 표류하는 베트남 보트피플, 살기등등한 후투족을 피해 르완다를 떠나는 투치족에 이르기까지 수천만에 달하는 이웃들이 추방과 이민의 시대에 계속 이동하는 삶을 살아가고 있다. 전쟁, 질병, 기아, 박해, 대량 살상 등으로 국외로 추방된 사람의 수가 국내에 갇힌 사람의 수와 비슷할 정도다.

점점 더 많은 사람이 뿌리를 잃은 채 어디에도 정착하지 못하고 있다. 그래서 우리 시대는 망명객, 이민자, 국외 거주자, 포로, 피난민, 추방자, 불법 체류자, 불청객, 거주 외국인과 이주 노동자, 유랑민, 부랑자와 떠돌이의 시대다. 과거에 주류를 이룬 순례자, 탐험가, 정복자와 식민지 개척자의 여행이, 지금은 현대적 유목민의 쉼 없는 이동과 무국적자의 방황으로 무색해졌다.

물론 현대의 이동 현상에는 매우 긍정적인 측면도 있다. '이민자의 나라' 미국의 역사가 보여 주듯이, 그리고 상징적인 엘리스 아일랜드(뉴욕 만 내의 작은 섬으로서 예전에 이민 검역소가 있었다—역주)와 자유의 여신상 아래 새겨진 엠마 라자루스(Emma Lazarus)의 시(詩)가 압축적으로 보여 주듯이 말이다. 그리고 포로와 망명객의 창의적인 통찰력에 힘입어 여행에 대한 의식이 고양된 것도 사실이다. 단테와 페트라르카는 피렌체에서 온 망명객으로서 작품을 썼고, 칼뱅은 프랑스에서 온 망명객이었으며, 루소는 스위스에서 온 망명객이었고, 존 키츠는 영국에서 추방당한 인물이었다. 20세기에는 망명객과 추방자의 수가 홍수처럼 불어났다. 파리의 미국인 작가와 예술가들, 영국의 헨리 제임스와 T. S. 엘리엇, 미국 프린스턴의 알베르트 아인슈타인, 뉴욕의 W. H. 오든, 버몬트 주의 솔제니친, 그리고 나치즘과 공산주의를 피해 주로 미국으로 이주한 수많은 난민들. 이런 흐름은 중동의 위기와 국제적 테러리즘의 발흥으로 계속 이어지고 있다.

이상의 20세기와 21세기 여행객들은 지리적·문화적·심리적으로 서로 엄청난 차이가 있다. 그러나 모든 사람이 공통적으로 경험하는 것은 고향과 역사를 상실한 느낌, '조국'과 '모국어'와 '어린 시절의 언어'를 잃어버린 느낌이다. 그 결과 모두가 우리 시대의 경험인 노스탤지어의 '향수병'에 시달리고 있다. 우리 중 너무나 많은 사람이, 오든의 표현대로 '전적으로 다른 곳에' 있다고 느낀다.

그러나 여정에 대한 우리의 인식에서 가장 중요한 차원은 이보다 더 깊은 것이다. 무척 보편적인 직관에 따르면, 여행이야말로 인생 자체에 대한 가장 적합한 은유다. 적어도 인간 최고의 오디세이는 목적과 의미, 종착지와 본향을 추구하는 삶이다.

"우리 인생 여정의 중간 지점에서 나는 어두운 숲속에서 헤매고 있었다." 단테는 형이상학적인 모험 이야기인 『신곡』, 즉 죽음 이후 영혼의 운명을 밝히는 3부에 걸친 순례기를 이렇게 시작한다. 히브리인의 출애굽에서 호메로스의 『오디세이아』, 베르길리우스의 『아이네이스』, 존 버니언의 『천로역정』, 마크 트웨인의 『허클베리 핀의 모험』, 헤르만 헤세의 『싯다르타』에 이르기까지, 인생을 여행, 항해, 탐구, 순례, 개인적 방랑으로 보는 것보다 더 보편적인 묘사는 없다. 우리는 모두 인생 여정의 어느 지점—인간 존재라는 이 모험의 여정 시작과 끝 사이, 우리에게는 알려지지 않은 어딘가—에 있다.

인생을 여정으로, 믿음을 여행으로 보는 사람에게는 소명이 분명한 의미를 지닌다. 즉 우리는 모두 그 여정의 다양한 단계에 와 있으며, 살아 있는 우리 중 누구도 최종 목적지에 도달하지 않았음을 상기시켜 준다. 우리가 이것을 망각한 채 인생을 고정되어 움직이지 않는 것으로 여기고, 모든 것을 흑백으로 분명히 나누고 정확하게 이름 붙일 수 있으며, 최종적인 평가가 가능하다고 생각할 때 문제가 생긴다. 그래서 어떤 사람은 우리 편이고 다른 사람은 아니며, 누군가는 이미 도달했고 다른 이는 그렇지 않다고 생각하는 것이다.

막강했던 로마가 주후 410년에 알라리크(Alaric)의 이방인들에게 약탈당했을 때 아우구스티누스는 영원할 것만 같았던 그 도시를 갈구했던 사람은 신실한 아벨이 아니라 불충한 가인이었다고 썼다. 그는 『하나님의 도성』(*The City of God*, 크리스챤다이제스트 역간)에서 "성도의 진정한 도성은 하늘에 있다"고 썼다. 이 땅 위에 사는 그리스도인들은 "영원한 나라를 바라보며 순례 길을 걷는" 자들이다.

그리스도를 따르는 우리는 왜 우리가 본향을 잃어버렸는지 분명히 알고 있다. 우리는 우리가 향하고 있는 집을 안다. 또한 그곳에서 우리를 기다리시며 우리에게 집을 마련해 주신 그분을 알 뿐 아니라, 이 여정에서 우리와 함께하시는 그분도 알고 있다. 하지만 우리는 아직 여정 중에 있는 여행자임이 분명하다. 우리는 방랑자가 아니라 여행자다. 우리는 그분이 길 되심을 발견했지만 여전히 그 길 위에 있다. 본질적으로 우리 신앙은 정착된 장소와는 어울리지 않는 순례자적 신앙이다.

삶에서 우리가 어디까지 도달했는지를 의식하면 모든 것이 바뀐다. 우리가 그리스도 없이 살았다면 어떻게 되었을지 상상해 보라. 소설가 에벌린 워(Evelyn Waugh)는 논쟁을 좋아하기로 악명이 높았고, 때로는 편집증적인 증세를 보이기도 했다. 하지만 그는 친구에게 이렇게 시인했다. "나는 내가 지독한 사람이라는 것을 알고 있네. 하지만 나에게 신앙이 없었다면 얼마나 더 지독했겠나?" 이 점에 대해 C. S. 루이스는 『피고석의 하나님』(*God in the Dock*, 홍성사 역간)에서 이렇게 언급했다.

> 그리스도인이면서도 심술궂은 어떤 노파를 보자. 또 한 번도 교회에 가 본 적이 없지만 쾌활하고 인기 좋은 남자를 생각해 보자. 그 노파가 그리스도인이 **아니었다면** 얼마나 더 심술궂은 사람이었을지 누가 알겠는가? 그리고 그 남자가 그리스도인**이었다면** 얼마나 더 좋은 사람이 되었을지 누가 알겠는가? 당신은 이 두 사람에게 나타난 **결과**만을 비교해서 기독교를 판단해서는 안 된다. 두 경우 각각에서 그리스도께서 어떤 원재료를 가지고 일하시는지를 알아야 한다.

셋째, 소명은 우리에게 사람들이 모두 각기 다른 단계에 위치해 있음을 상기시켜 주는 한편, 예수님을 따르는 이들이 우리가 아는 것보다 훨씬 더 많이 있음을 알려 준다. 이것을 망각하고 모든 사람이 우리와 같은 단계에 있어야 하고, 우리와 같은 이야기를 가지고 있어야 한다고 고집하면 바리새인처럼 된다. 복음서는 예수님을 따르는 사람들을 보고 충격을 받은 자들이 바로 바리새인이었다고 기록하고 있다. "그의 집에 앉아 잡수실 때에 많은 세리와 죄인들이 예수와 그의 제자들과 함께 앉았으니 이는 그러한 사람이 많이 있어서 예수를 따름이러라"(막 2:15). 배타성과 배척은 항상 잘못된 순수성을 우상화함으로써 초래되는 것이다. 마치 인종 청소가 왜곡된 인종적 순수성에서 유래한 것처럼 바리새주의는 신학적 순수성에 대한 왜곡된 열정에 기인한다.

오늘날은 상황이 이와 얼마나 다른가? 우리는 예수님을 믿음으로써 구원받는가, 아니면 믿음에 관한 바른 신학적 교리를 신뢰함으로써 구원받는가? 정통적인 교리를 붙들고 있기만 하면 참된 그리스도인으로 여겨지는가? 그리스도께서 가장 사랑하는 제자들 중에 동방 박사들, 우물가의 문란한 이방 여인, 증오의 대상이었던 점령군의 백부장처럼 그럴듯하지 않은 자들이 포함되어 있으리라고 예상이나 했는가? 예수님의 제자들 중 가장 일찍 선택된 자들도 예수님이 누구신지를 아는 데 3년이란 세월이 걸렸다. 그리고 그들은 그 진리를 알자마자 오해하고 그분을 배신했다. 그런데 우리는 그 과정을 더 단순하게, 더 확실하게, 더 일상적으로 만들려고 하는가?

우리는 오스왈드 챔버스처럼 "하나님이 나를 변화시키신 것이 너무나 놀라워서 나는 그 어떤 사람도 단념할 수 없다"고 말할 수 있는가?

아니면, 도스토옙스키의 작품 속 대심문관처럼 그리스도께 '기독교'의 모든 우월성과 말끔한 교리와 도덕적 규율을 들이대며 "우리가 당신의 일을 바로 고쳤소"라고 말하겠는가?

결코 그럴 수는 없다! 그리스도께서 자신이 부른 제자들을 확인하고 영원한 집으로 영접하시기 전까지는, 우리는 가망이 없어 보일 정도로 초라한 미완성의 존재일 뿐이다. 그러나 우리는 길 위에 있다. 그리고 우리는 그 도를 따르는 자들이다.

❖묵상 질문

당신은 인생을 여정으로 여기며 살기 원하는가? 당신은 그 도를 간절히 알기 원하는가? 당신이 추구하는 목표에 이르고자 하는 열정이 있는가? 당신은 반성하는 삶을 영위하면서, 같은 표지판을 보며 같은 본향을 갈구하는 사람들과 함께 여행하기 원하는가? 부르심인 동시에 명령인 사령관 예수님의 초대에 귀를 기울이라. "나를 따르라."

17
시대의 징표

몇 년 전 스탠퍼드 대학교에서 강연할 때 한 학생이 예전에 들어 본 적이 없는 질문을 했다. "만일 당신이 태어난 그 세대를 제외한 다른 세대의 일원이 될 수 있다면 무엇을 선택하겠습니까?" 대답은 했지만 그 질문은 오래도록 내 마음에 남아 있었다. 그리고 그에 관해 생각하면 할수록 그것이 더욱 도전적으로 다가왔다. 당시에 내 마음에 떠오른 구체적인 대답뿐만 아니라 웅대한 성경적 시간관도 걸려 있었기 때문이다.

해리 블레마이어즈(Harry Blamires)가 1963년에 『그리스도인은 어떻게 사고해야 하는가』(The Christian Mind, 두란노 역간)를 썼을 때, 그것은 한 세대의 그리스도인 전체를 향해 쏜 화살과 같았다. 그는 말하기를, 기독교적 지성의 분명한 특징은 기독교적 지성이 존재하지 않는 것이라고 했다. 우리가 우리 주님께 충실하고 우리의 마음과 지성을 다해 하나님을 사랑하려면, 무엇이든 예수의 주되심 아래 '기독교적으로 생각하고' 성경적 실재관(觀)과 진리관의 틀 안에서 모든 것을 생각해야 한다. 그 이후 그리스도인들은 여러 영역에 걸쳐 줄줄이 장족의 발전을 이루었고, 전반적인 기독교적 사유와 기독교적 학문 분야에서도 굉장한 진보를 이뤘으며 우리 주님에 더욱 합당한 모습을 띄게 되었다.

그런데 유독 한 영역은 항상 뒤처지곤 했다. 성경적 시간관에 대한 이해다. 어쩌면 철학자들이 오랫동안 인정했듯이 시간은 이해하기가 어렵기 때문일지 모른다. 하지만 또 다른 이유도 있는 것 같다. 너무도 많은 기독교적 사유가 아직도 히브리식이기보다는 그리스식이라서 성경적 관점의 깊이와 역동성이 결여되어 있다. 따라서 그리스도인들은 종종 정적인 시간관을 갖고 있어서 성경적 관점의 특징인 움직임, 기회, 긴급성을 의식하지 못하는 실정이다.

사실상 성경적 시간관 및 역사관과 다른 종교나 세계관의 견해들은 큰 차이가 있다. 한편에는 순전히 **순환적** 시간관이 있는데, 특히 힌두교와 불교 같은 동양의 주요 종교들에서 두드러진다. 이 관점에 따르면, 시간은 돌고 도는 바퀴와 같아서 문자 그대로 아무데도 가지 않는다. 다른 편에는 단지 **연대기적** 시간관이 있는데, 시간은 순간순간의 직선적 연속일 뿐이고 식별할 수 있는 리듬이나 이유가 없다고 한다. 위대한 철학자 비트겐슈타인은 한 시스템의 의미는 그 시스템 바깥에서 와야 한다고 주장했다. 그래서 우리가 역사 내에서만 시간을 고찰하면 우리가 다루는 바는 셰익스피어의 맥베스가 "한 설화, 아무런 의미도 없고 소음과 격노로 가득한, 바보가 들려준 이야기"라고 부른 것에 불과하다.

성경적 시간관은 이 양자와 사뭇 다르다. 이 관점은 순전히 순환적이지 않고 단지 연대기적이지도 않고 **언약적**이라서 자연스럽게 하나님의 소명 개념과 수렴한다. 물론 시간은 부분적으로 순환적이고, 그리스도인들 역시 사계절 및 인간 수명의 성장과 퇴보를 경험하면서 산다. 그러나 우리 인생 전반에는 하나님이 시간과 역사를 창조하신다는 진리가 있다. 늘 우리를 위협하는 타락한 세상의 혼돈 가운데서, 하나님은 한 백성을 그 자신에게로 불러 역사 내에서 그분의 웅대한 목적을 추진하는 일을 도울 동반자로 삼으신다. 이는 시간이 단지 연대기적인 것이 아니라는 뜻이다. 왜냐하면 전반적인 역사와 그 순간들의 연속은 하나님의 약속과 하나님의 섭리라는 쌍둥이 진리이기 때문이다. 그 약속은 하나님이 인류와 맺은 언약, 즉 '다시는' 악을 벌하고 지구를 파괴하지 않겠다는 언약에서 나온다. 그리고 그 섭리는 시간과 역사를 다스리는 하나님의 주권에서 나온다. 이는 온 세상을 다시금 혼란에 빠뜨릴 수 있는 인간의 터무니없는 구실 둘레에 항상 경계선을 그을 준비가 된 '하나님'을 내포한다.

그런즉 인간 행위자는 실존하며 사명을 갖고 있다. 마치 각 인생이 운명을 지니고 있는 것과 같다. 그러나 그 행위는 언제나 하나님과의 동반자 관계에서, 그리고 하나님의 섭리 아래서 취해진다. 흔히들 말하듯이, '사람이 계획을 세우나 하나님이 성패를 좌우한다.' 우리는 합목적인 역사의 웅대한 프로젝트에 동참하는 하급 동반자들인 셈이다. 우리는 계속 진행되는 창조 사역에 동참하는 하급 창조자들인 셈이다. 우리는 하나님의 대리자로 이 세상에서 활동하는 부(副)섭정들인 셈이다. 우리는 하나님의 우주에 대한 신탁 책임을 지닌 청지기로서 그분께 직접 보고하고 그분께 책임을 지는 존재들이다. 하나님의 부르심을 듣고 응답한 우리의 과업은 하나님의 부르심을 경청하려고 애쓰고, 하나님의 부르심과 생활 방식을 따르고, 세상의 잘못을 바로잡는 일에서 하나님의 큰 목적인 공의와 자유를 위해 행동하는 것이다.

우리는 하나님의 형상으로 창조되어 자유와 책임을 겸비한 예수의 추종자인 만큼, 우리의 소명은 우리의 행동을 역사로 만드는 일이다. 단, 역사보다 더 높은 관점과 역사 너머를 겨냥하는 목표를 갖고 그렇게 한다. 우리는 히브리서 11장에 나오는 영웅들처럼 믿음으로 행하고 '더 나은 본향'과 더 나은 세계를 구하며, 하나님이 우리의 하나님이 되기를 부끄러워하지 않으시고 우리를 위해서도 한 도성을 예비하고 계심을 신뢰한다.

시대를 분별하라

이 언약적 소명에 충실하려면 우리의 행동으로 역사를 만들 뿐 아니라 우리가 몸담은 시대를 분별해야 한다. 이는 우리 시대에 지혜롭게 잘 행동하기 위해서다. 그 분별력은 성경의 전반적인 시간관과 역사관과 더불어 더 작은 시간 단위—세대, 날, 시간, 순간 등—를 생생하게 인식하게 해 준다. 우리가 이런 단위들을 접할 때 그 선택권은 항상 우리 앞에 있다. 우리가 늘 삶이나 죽음, 복이나 저주를 선택하도록 도전받는 것처럼, 우리는 그 순간을 분별하고 그것을 놓치지 않도록 부름받았다.

구약과 신약은 그런 분별력(또는 분별력의 결여)을 보여 주는 본보기들로 가득하다. 일부는 긍정적이고 일부는 부정적이다. 많은 사람은 구약에 나오는 긍정적인 예들을 잘 알고 많이 인용한다. 예컨대, 잇사갈

지파 소속 다윗 왕의 신하들 중 일부는 '시세를 알았다'고 묘사되었다 (대상 12:32). 그들은 시대의 징표를 읽는 데 노련한 사람들이었다. 이보다 더 유명한 예는 모르드개가 사촌인 페르시아의 왕비 에스더에게 한 말이다. "네가 왕후의 자리를 얻은 것이 이때를 위함이 아닌지 누가 알겠느냐?"(에 4:14) 구약에는 두드러진 부정적인 예들 역시 있다. 무엇보다도 단 두 사람, 갈렙과 여호수아만 빼고 모세가 이집트에서 구출한 세대 전체가 약속의 땅에 들어가지 못했다는 엄연한 사실이다. 이스라엘 역사에서 일어난 (금송아지 둘레에서 벌인 방탕한 소동 다음으로) 중대한 불신 사건으로 인해 한 세대 전체가 그 땅에 들어갈 자격이 없다고 심판받은 것이었다.

신약에는 언뜻 보기에 긍정적인 본보기보다 부정적인 본보기가 더 많아 보인다. 그 이유는 예수님이 찾아오신 그 세대가 오랫동안 그분을 '알지' 못했고 그의 제자들도 마찬가지였기 때문이다. 예컨대, 마태복음에서 예수님은 바리새인과 사두개인들에게 그들의 분별력이 날씨 예보에 못 미친다고 꾸짖으셨다. "아침에 하늘이 붉고 흐리면 오늘은 날이 궂겠다 하나니 너희가 날씨는 분별할 줄 알면서 시대의 표적은 분별할 수 없느냐?"(마 16:3) 누가복음에서는 예수께서 '이 세대'에 과실이 있다고 거듭 책망하시면서 장차 심판의 날이 이르면 니느웨 사람들과 남방 여왕이 일어나 그들을 정죄할 터인데, 그것은 요나와 솔로몬보다 더 위대한 분이 그들에게 나타났으나 그들이 그것을 '알지' 못했기 때문이라고 했다(눅 11:29-32). 예수가 누구신지 그리고 그분이 왜 오셨는지를 알아보지 못한 것이 얼마나 큰 잘못인지는 예루살렘을 보고 슬퍼하시는 예수님의 모습에 가장 심오하게 반영되었다. "예수께서 예루살렘 가까이에 오셔서, 그 도성을 보시고 우시었다. 그리고 이렇게 말씀하셨다. '오늘 너도 평화에 이르게 하는 일을 알았더라면, 좋을 터인데! 그러나 지금 너는 그 일을 보지 못하는구나.…이것은 하나님께서 너를 찾아오신 때를, 네가 알지 못했기 때문이다'"(눅 19:41-44, 새번역).

신약에서 가장 긍정적인 예는 사도 바울이 1차 선교여행 중에 비시디아 안디옥 회당에서 행한 설교 중반에 나온다. 회당의 장로들이 바울에게 할 말이 있는지 묻자 바울은 확실히 할 말을 했다. 그는 유대 민족의 이야기를 들려주었고 그 절정을 위대한 왕 다윗과 다윗의 더 위대한 아들, 예수를 비교하는 것으로 장식했다. 그러고는 거의 지나가듯이 이렇게 언급한다. "다윗은 당시에 하나님의 뜻을 따라 섬기다가 잠들어"(행 13:36).

바울은 그 말이 정확히 무슨 뜻인지 설명하기 위해 멈추지는 않지만, 그의 언급이 강조하는 전략적 목적, 구체적인 시기, 단순한 결말이 여기에 다 섞여 있음을 놓치기는 어렵다. 여기에 언급된 성경 단락들과 다른 많은 대목들을 다 함께 공부해 보라. 그리고 우리가 몸담은 시대를 분별하는 것이 하나님의 부르심을 좇는 일의 일부임은 의문의 여지가 없다. 어떤 이유로든지 자신의 때를 분별하지 못한 사람들은 책임을 면할 수 없었다. 그리고 자신의 때를 잘 읽은 이들은 칭찬을 받았고, 이는 그런 분별이 하나님이 주신 소명과 하나님께 대한 신실함의 중요한 부분이었음을 보여 준다.

지성이 아닌 마음의 문제

그렇다면 '시대의 징표를 읽는' 일이 단순하고 쉽다는 뜻인가? 천만에.

예수께서 바리새인과 사두개인의 위선을 비난한 이래 날씨 예보의 과학은 큰 진보를 이뤘으나, 역사를 이해하고 '시대의 징표를 읽는' 일은 예나 지금이나 무척 어렵다. 그런데 이 간격이 넓어지는 이유가 우리에게 전진에 필요한 실마리를 제공해 준다. 라인홀드 니부어(Reinhold Niebuhr)가 그 문제를 정확하게 지적한 바 있다. 자연을 연구하는 일과 인간 역사를 해석하는 일은 뚜렷한 차이가 있고, 그것은 두 분야에서 인간의 마음이 수행한 역할의 차이에 있다.

니부어에 따르면, 우리가 자연을 연구할 때는 지성이 중앙에 있고 자아는 변두리에 있다. 그래서 우리가 유한한 사람이 아닐 수는 없지만, 자연을 고찰할 때는 가장 객관적이 될 수 있다. 그러나 우리가 역사를 연구할 때는 이 관계가 역전된다. 우리의 욕망, 감정, 편견, 이익 등이 작용하게 된다. 역사는 사람들에 관한 것이고, 거기에는 잠재의식일지언정 우리가 싫어하는 사람들, 우리가 불신하는 지도자들, 우리가 두려워하는 사건들, 우리가 갈망하는 결과들이 있다. 그런즉 우리의 감정이 밀려들어 간섭하고, 우리의 지성은 옆으로 밀려나고, 우리는 생각만큼 객관적이 되기 어렵다. 이 때문에 역사 자체와 일간 신문이 선전과 정치적 무기가 되기 쉬운 것이다. 이번에도 잠재의식적으로 그런 경우가 많다. 요컨대 니부어의 주장인즉, 우리가 역사를 해석할 때 접하는 문제는 '지성의 결함'이 아니라 '마음의 타락'이기 때문에 오류의 제거는 지적인 차원이 아니라 도덕적이고 영적인 차원에서 이뤄져야 한다는 것이다.

열심당이 예수를 '알지' 못한 것은 그들의 정치적 견해가 예수를 바라보는 렌즈를 왜곡시켰기 때문이다. 예수는 전쟁용 군마가 아닌 당나 귀를 탔기 때문에 로마인을 쫓아낼 수 없다는 것이 명백했고, 따라서 그들이 찾던 메시아가 아니었다. 예수의 가장 가까운 친구인 야고보와 요한조차 처음에는 그분을 '알지' 못했던 것은 그들과 그들의 어머니가 예수가 그들을 부른 목적과 엇갈린 목적을 야망으로 품고 있었기 때문이다. 그런 왜곡에 맞서 우리는 기독교적으로 생각한다는 말의 뜻에 교정책을 사용할 필요가 있다. 하나님을 경외하는 것이 참으로 지혜의 시작이다. 왜냐하면 그 경외심이 유리한 관점으로 인도하고 또 겸손으로 이끌어 줘서 우리의 '자아'를 제자리에 둔 채 우리로 하여금 하나님 나라의 견지에서 모든 것을 볼 수 있게 해 주기 때문이다. 그 다음에 성령의 열매 안에서 자라는 것이 중요해진다. 그래야 우리가 인식하지 못하는 마음의 편견과 부패를 바로잡을 수 있기 때문이다. 친구들의 역할 역시 중요한 것은 "철이 철을 날카롭게 하는 것같이 사람이 그의 친구의 얼굴을 빛나게 하[기]" 때문이다(잠 27:17). 이는 교정 받는 일에 항상 열려 있는 것이 중요하다는 뜻이다. 우리는 누구나 종종 잘못되고, 우리는 실수를 범하며, 우리는 진리의 길로 되돌려질 필요가 있기 때문이다. 끝으로, 우리가 성령의 직접적인 인도를 받는 일이 꼭 필요하다. 오직 하나님의 영만이 진정한 상황을 알고, 그분만이 우리의 흐린 렌즈를 닦아 내실 수 있으며, 우리 눈을 열어 우리 시대에 일어나는 일과 하나님이 행하시는 일을 제대로 보게 하시기 때문이다.

결국에는 시대의 징표를 읽는 일이 결코 완벽할 수 없다. 우리는 아직도 거울을 통해 흐릿하게 보기 때문이다. 우리가 최선을 다해 생각해도 상대적으로 불공평할 뿐이고, 우리가 가장 확실하다고 생각하는 결론을 궁극적인 것으로 믿고픈 유혹을 뿌리쳐야 한다. 우리는 우리가 내리는 최선의 판단이 언젠가 판단받을 것임을 기억하는 가운데 항상 겸손에 뿌리박을 필요가 있다. 이 땅에서 우리의 인생이 짧고, 최대의 노력이 종종 불완전하며, 우리의 시력이 항상 최정상에 못 미치지만, 우리는 여전히 마카비 시대로부터 내려오는 옛 기도-"오 주님, 우리가 이 세대에 사는 것은 특권입니다"-에 합류할 수 있다. 그리고 하나님이 우리를 두신 이 시대를 이해하기 위해 애쓸 수 있다.

그러면 우리는 히브리 시편 기자와 함께 명료한 지성과 연관된 정직함을 위해 기도할 수 있다. "하나님이여 나를 살피사 내 마음을 아시며 나를 시험하사 내 뜻을 아옵소서"(시 139:23). 우리의 소명과 열망은 하나님의 마음에 맞는 사람(행 13:22)인 다윗왕과 같이 되는 것이다. 그리하여 우리도 그렇게 생각하고 살고 우리 시대의 징표를 읽음으로써 소박하나마 우리 역시 우리 세대에 하나님의 목적에 기여했다는 말을 듣게 되기를 바란다.

❖묵상 질문

당신은 당신의 세대, 지도자들, 이념들, 경험들, 획기적 변화, 음악, 유행, 큰 사건들에 대해 곰곰이 생각한 적이 있는가? 당신은 하나님의 나라를 위해 교회의 상태를 이해하고 사회 문제의 중요성을 판단하려고 애쓰는가? 당신은 매일 뉴스를 찾아 읽는 만큼 기도에도 시간을 사용하는가? 당신은 이 세대를 향한 하나님의 목적과 당신의 역할에 대해 얼마나 알고 있다고 생각하는가? 부르심인 동시에 명령인 사령관 예수님의 초대에 귀를 기울이라. "나를 따르라."

18
고상한 마음이 짓는 탁월한 죄악

"나는 이 세상에서 가장 멋진 황혼을, 뉴욕의 스카이라인을 한 번 보는 것과 바꾸겠다." 에인 랜드(Ayn Rand, 미국의 철학자, 소설가—역주)는 자신의 소설 『수원』(The Fountainhead)에서 이렇게 썼다. "뉴욕의 하늘과 가시화된 인간의 의지. 그 외 무슨 다른 종교가 필요하겠는가?"

얼핏 보기에, 높이 솟은 중세 성당의 장엄함만큼 현대의 마천루가 상징하는 공격적인 인본주의에서 동떨어진 것은 없는 것 같다. 중세 성당들은 정교한 현대 공학으로 단기간에 완성된 것이 아니라 수 세대에 걸쳐 꾸준하게 세워졌으며, 국제적으로 유명한 건축 회사가 아니라 셀 수 없이 많은 익명의 세공들이 디자인하고 장식했고, '가시화된 인간의 의지'에 관한 인본주의자의 논설이 아니라 분명 하나님의 영광을 돌에 새긴 교향곡이다.

그러나 어떤 경우에는 그 차이가 별로 분명하지 않다. 버나드 맨더빌(Bernard Mandeville)은 『벌들의 우화』(The Fable of the Bees, 1714)에서

"자만심과 허영심은 모든 미덕이 힘을 합친 것보다 더 많은 병원을 세웠다"고 썼다. 또한 자만심과 허영심이 그림을 그렸고, 음악을 작곡했고, 소설을 썼고, 재산을 나누어 주었고, 호화로운 선물을 주었고, 성당까지 세웠다고 믿는다 해도 무리가 아니다.

그것이 윌리엄 골딩(William Golding)의 소설 『첨탑』(The Spire)의 주제다. 1220년 4월 28일 솔즈베리 성당이 초석을 놓던 때에는 첨탑을 세울 계획도 첨탑의 기초를 놓을 자리도 없었다. 그 성당은 1266년에 완공되었는데 그것은 은혜로울 뿐 아니라 보기 드문 건축학적 통일성을 갖춘, 영국 초기 양식의 완벽한 모범이었다. 그러나 오늘날 솔즈베리 성당은 영국에서 가장 높은 우아한 첨탑으로 유명하다.

그 첨탑은 14세기에 추가된 구조물로, 어느 사제장이 당시의 모든 건축학적 지혜를 거슬러 만든 편집광적인 이기주의의 기념물로 추정된다. 오늘날 이 성당을 찾아온 방문객은 맨눈으로도 심하게 비틀린 기둥들을 볼 수 있다.

골딩의 도덕적인 우화에 나오는 주인공은 조슬린 사제장과 로저인데, 조슬린은 첨탑 건축을 냉혹하게 고집하는 교만하고 유력한 사제이고, 로저는 노련한 건축가로서 첨탑을 세우는 데 따르는 건축적·인간적 비용에 대해 경고하는 인물이다. 그 두 사람이 함께 수백 미터 높이에서 발 아래 광경을 훑어보던 중, 로저는 '첨탑을 세우는 것이 불가능한 이유'를 열정적으로 설명한다. 그는 열심히 주장하던 끝에 "나는 건물이 무너지는 것을 본 적도 있다"고까지 말한다.

한편 사제장은 눈을 감은 채 이를 갈면서 그의 말을 듣고 있었다. 그의 머릿속에 첨탑이 마치 '45미터나 되는 고깔모자'처럼 흔들리다가 무너지기 시작하는 장면이 그려졌다. 그러나 건축가가 "건축을 중단하십시오"라고 말하자 그는 자기 존재의 중심에서부터 "아니, 아니, 아니, 안 되오"라고 외쳤다.

그러고 나서 조슬린 사제장은 자신의 의지 깊숙한 곳으로 파고 들어가 이렇게 속마음을 드러냈다.

"이제 아무도 모르는 사실을 당신에게 말해 주겠소. 그들은 내가 미쳤다고 생각할지 모르오. 하지만 그게 무슨 상관이오? 그들은 언젠가 알게 될 것이오. 그러나 당신은 탑의 기반부, 아무도 듣지 못하는 이곳에서 인간 대 인간으로서 지금 내 말을 듣는 거요. 건물은 기도를 나타내는 도해(圖解)고, 우리 첨탑은 가장 고상한 기도의 도해가 될 것이오. 하나님이 무익한 종인 나에게 환상 중에 이것을 계시해 주셨소. 그분은 나를 선택하셨소. 인간의 자녀들에게는 쳐다볼 것이 있어야 하기 때문에, 그분은 당신을 선택해서 그 도해를 유리와 쇠와 돌로 채우도록 하셨소. 그것을 피할 수 있으리라고 생각하오? 당신은 내 그물에 걸린 게 아니오. 아, 그렇소, 로저. 난 당신이 어떻게 끌려와서 비틀리고 고통당하고 있는지 그 모든 걸 알고 있소. 하지만 그건 내 그물이 아니오. 그것은 그분의 그물이오. 누구도 이 일을 피할 수 없소. 그리고 한 가지가 더 있소. 나는 우리가 그것을 왜 깨닫지 못하는지 이제야 알기 시작했소. 한 발씩 새로 디딜 때마다 새로운 결과와 새로운 목적을 보게 되기 때문이오. 당신은 그것을 무모한 짓이라고 생각하고 있소. 그래요, 그건 무섭고 불합리한 것이오. 그러나 언제 하나님이 선택받은 자들에게 합리적으로 행동하라고 요구하셨소? 사람들은 이것을 조슬린의 어리석음이라고 부르오. 그렇지 않소?"

"나도 그렇게 부르는 걸 들었습니다."

"로저, 그물은 내 것이 아니고 어리석음도 나의 것이 아니오. 그건 하나님의 어리석음이오. 먼 옛날에도 그분은 인간에게 합리적인 것을 요구하신 적이 결코 없었소. 합리적인 것이라면 인간은 스스로도 할 수 있소. 그들은 사고 팔며, 치료하고 다스릴 수 있소. 그러나 그러고 나서 어딘가 깊은 곳에서부터 전혀 이해할 수 없는 것을 하라는 명령이 온다오. 마른 땅 위에 배를 건축하라고, 똥더미 위에 앉으라고, 매춘부와 결혼하라고, 아들을 제단에 바치라고…. 사람이 믿음을 가지면, 새로운 일이 일어난다오."

노아, 욥, 호세아, 아브라함…. 조슬린 사제장은 성경에 나오는 담대한 믿음의 영웅들을 자기 논리에 이용하고 있다. 그들은 불가능한 것을 보았고, 불가능한 것을 시도했으며, 불가능한 것을 성취했다. 조슬린처럼 그들도 하나님의 부르심을 받지 않았는가?

그런데 조슬린 사제장은 정말 부름받은 사람인가? 아니면 그는 오만의 극치에 이르러 하나님을 이용해서 자신의 비전과 정력을 승인하시도록 하는가? 하나님만이 아실 것이다. 우리가 선을 긋기는 불가능하다. 그러나 실제로는 반대가 묵살되었고 첨탑은 세워졌다. 600년이 지난 후에도 첨탑은 여전히 서 있다. 사제장의 탐욕스러운 의지가 건축가의 반대 의견을 이겨서, 논리를 무시한 채 계획을 밀어붙여서 결국 해 낸 것이다.

단 한 사람만 다른 길에 설 뿐. 그를 추앙하는 자들은 최고의 기업가적 비전과 추진력이라고 격찬할 것이다. 그러나 첨탑의 비계를 내려오기 전에 로저가 내린 결론은 달랐다. "나는 당신이 사탄이라고 믿습니다. 사탄 그 자체입니다."

고상한 마음이 짓는 죄

골딩은 이야기를 잘 펼쳐 가면서 등장인물들을 생생하게 묘사한다. 이들은 우리가 직면해야 하는 소명의 어두운 면을 부각시킨다. **소명의 이면에는 자만심의 유혹이 있다.** 교리를 회복하는 것을 간단하고 쉽게 여기고, 그것을 재확증하기만 하면 재발견된다고 생각하는 것은 착각이다. 전혀 그렇지 않다. 타락한 세상에서는 모든 진리가 쉽게 왜곡될 수 있다. 사실 각 진리는 그 이면에 예측 가능한 왜곡을 숨기고 있다. 또한 각 진리는 그 진리를 믿는 사람들과 그들이 살아가는 시대에 왜곡된 모습으로 퍼지는 경향이 강하다. 좀더 현실적으로 생각하도록 돕기 위해서 이 장과 다음 세 장에 걸쳐서 소명을 둘러싼 주요한 유혹 몇 가지를 살펴보려고 한다.

소명과 자만심이 서로 가깝다는 것은 쉽게 알 수 있다. 결국 부름 받는다는 것은 하나님이 수많은 방법으로 당신의 귀에 속삭이시는 세 가지 음성을 듣는 것이다. "너는 선택받았다. 너는 재능 있는 인물이다. 너는 특별하다." 당신이 이 세 가지를 처음 들었던 고귀한 순간을 지나 그것을 오랫동안 묵혀 두면, 불가피하게 또 다른 목소리를 듣게 될 것이다. 그것은 달콤하고 부드럽다. "맞아. 너는 정말 선택받았고…재능도 있고…특별한 인물이야."

이어서 당신은 하나님의 음성을 가장한 사탄의 메아리에 반응하게 될 것이다. 즉 당신 자신에게, 결코 크지 않은 소리로 말하는 것이다. **나는 선택받았어. 나는 재능 있는 인물이야. 나는 정말 특별한 사람임에 틀림없어.** 당신이 미처 깨닫기도 전에 소명의 경이감은 무서운 자만심으로 자라난다.

선택받음과 자만심이 자라면서 너무나 가까워졌기 때문에 많은 사람이 그 두 가지를 혼동한다. 선택받음이 곧 자기중심주의이며, 자화자찬을 가리는 세련된 신학적 무화과 나뭇잎이라고들 말한다. 그러나 본래 이 둘은 분명히 다른 것이었다. 구약성경이 주장하듯이 유대인의 '선택받음'은 유대인이 다른 민족보다 더 낫다거나, 더 지혜롭다거나, 더 자격이 있다는 것을 의미하지 않았다. 그것은 하나님의 사랑이 빚어낸 기적이었다. 또한 선택받았다는 것은 유대인만이 어떤 특별한 권리와 혜택을 부여받았다는 뜻도 아니다. 그것은 더 고상한 과업과 더 무거운 짐과 더 엄격한 심판을 초래한 부르심이었다. 이스라엘이 선택받은 목적은 세계 보편적인 것이다. 이스라엘의 중요성은 모든 인류를 위한 것이다.

그러나 유대인만큼이나 우리에게도 불가피하게 유혹이 찾아온다. 제2차 세계대전 동안 윈스턴 처칠의 연립 정부는 스태퍼드 크립스(Stafford Cripps) 경을 상공부 장관으로 임명했는데, 그는 후에 사회당의 재무 장관이 되었다. 절대적인 금주주의자요 채식주의자였던 크립스가 처칠의 눈에는 성격에 문제가 있는 사람으로 비쳤다. 그가 스스로에게 허락한 유일한 즐거움은 담배 피우는 것이었다. 그런데 크립스는 대의를 위해 치르는 희생의 본보기로 담배를 포기한다고 선언하면서 그것마저 끊어 버렸다.

처칠은 같은 연단에 서 있던 동료에게 이렇게 속삭였다. "정말 안 됐군. 그에게는 그것이 인간성과의 마지막 접촉점이었는데."

크립스는 또한 독실한 칼뱅주의자였는데, 처칠의 눈에는 하나님의 섭리에 대한 의식이 크립스에게 그 자신이 중요한 인물이라는 생각을 새겨 놓은 것 같았다. 그는 자존심이 지나치게 높았던 모양이다. 어느 날 크립스가 내각 집무실을 떠나는데 처칠이 다른 이들을 향해서 이렇게 말했다. "저기 하나님의 은혜가 아니었다면 하나님이 되었을 사람이 가는군요."

그와 같은 자만과 허영심은 깊은 소명 의식을 지닌 사람들에게서 심심치 않게 볼 수 있다. 「타임」의 창립자인 장로교인 헨리 루스(Henry Luce)에 대해서, 예일 대학 동창생들은 그가 마치 '하나님의 동급생'이나 되는 것처럼 말했었다고 묘사했다. 17세기의 위대한 시인 존 밀턴은 고차원적인 소명감을 지닌 청교도였다. 그는 『그분의 자기변호』(*Defense of Himself*)에서 "나를 향한 하나님의 호의는 진정 유일무이한 것이다. 그래서 그분은 다른 모든 이들 위에 나를 부르셔서 자유를 지키게 하셨다"라고 썼다. 후에 어떤 비평가는 다음과 같이 평했다. "다음 중 어느 것이 먼저인지 여전히 의심스럽다. 밀턴이 하나님을 믿은 것인지, 혹은 밀턴이 밀턴을 믿은 것(그리고 하나님도 자신을 믿었다고 믿은 것)인지."

특히 위대한 예술가는 이런 자만심에 빠지기 쉽다. 그들은 하나님처럼 창조적인 일을 하는 만큼 자신을 하나님에 대한 도전자로 여기기 쉬운 것이다. 로렌스(D. H. Lawrence)는 이렇게 느꼈다. "언제나 나는 벌거벗은 채로 있는 나를 전능하신 하나님의 불이 뚫고 나가는 것처럼 느낀다. 그것은 소름 끼치는 느낌이다. 예술가가 되려면 굉장히 종교적인 사람이 되지 않으면 안 된다." 비평가 조지 스타이너는 그것에 대해 이렇게 썼다. "하나님과 그분을 좀더 닮은 피조물과의 장엄한 만남. 메디치 예배당에 인물상을 조각한 것, 햄릿과 폴스타프(셰익스피어의 희곡 『헨리 4세』의 등장인물—역주)라는 인물들을 상상해 낸 것, 귀머거리 상태에서 '장엄 미사곡'(베토벤의 작품—역주)을 들은 것은 비록 죽을 운명을 지닌 인간이지만 쉽게 굴복하지 않은 예들이다. 그것은 '빛이 있으라'는 창조의 말씀을 발한 것과 같다. 천사와 씨름한 것이다."

그러나 "한 사람이 상처 입지 않은 채로 얼마만큼이나 창조 세계를 지배할 수 있겠는가?"라고 스타이너는 묻는다. 야곱은 얍복 강가에서 씨름한 다음 절름발이가 되어 떠났다. 스타이너는 장님이 된 밀턴과, 귀머거리가 된 베토벤과, 죽음으로 도주한 톨스토이의 경우도 이와 유사한 합당한 처벌이 가해진 것이라고 주장한다. 막심 고리키(Maxim Gorky)는 하나님에 대한 톨스토이의 태도를 '한 우리 속에 있는 두 마리 곰'의 관계로 묘사했다.

개개인에게 일어날 수 있는 이 같은 현상이 집단과 국가의 경우에도 발생할 수 있다. 예를 들어, 미국의 '명백한 운명'(Manifest Destiny, 19세기에 미국의 영토가 계속 확장될 때 그것이 분명한 운명이었다고 믿은 사상—역주)이나 좀더 넓게는 미국 예외주의적 의식은 지리적·경제적으로 뿌리를 거슬러 올라갈 수 있지만 가장 깊은 뿌리는 신학적인 것이다. 영국의 청교도들은 그들의 혁명을 '하나님의 대의'로 보았고, 그들의 공화국을 [시인 앤드루 마벌(Andrew Marvell)의 표현에 따르면] '천국의 연인'이라 생각했다. 그래서 그 혁명이 실패하자 그들은 영국이라는 애굽으로부터 뉴잉글랜드라는 가나안으로 이주했고, 그러한 운명 의식을 옮겨 왔다. 그들은 '광야 속으로 경건한 심부름을 하도록' 보내진 '주님의 장자'였다. 요컨대, 미국의 운명은 그 대륙의 발견보다 앞선 것이었다.

청교도에 대해 공정하게 말하자면, 사실 그들은 '명백한 운명'이란 말을 만든 것도, 그 개념을 믿은 것도 아니었다. 그들은 하나님이 미국을 포함한 모든 나라에 대하여 섭리적 목적을 갖고 계신다고 믿었다. 즉, 그런 목적이 미국에만 해당하는 것은 아니었다. '명백한 운명'이라는 용어를 최초로 사용한 사람은 1845년 「데모크라틱 리뷰」(*Democratic Review*)의 편집인이었던 존 설리번(John Sullivan)이었다. 하지만 그것은 소명을 세속적·민족주의적으로 왜곡한 개념으로서 개인적 차원뿐 아니라 국가적인 차원에서도 배격되어야 마땅하다. "하나님은 아기들과 술 취한 자들과 미국을 돌보신다"는 옛 격언은 순전히 자만에 불과한 것이다.

개개인이 소명을 변질시킬 때에는 대부분 그 결과가 제한적으로 나타난다. 한 국가가 그렇게 하는 경우는 그보다 더 위험하지만 또한 그보다 더 드물게 일어난다. 그러나 『첨탑』이 예증하듯이 가장 흔하고 교묘하며 조작적인 왜곡은 종교적인 제국 건설에서 볼 수 있다. 얼마나 많은 교회와 선교회와 자선 단체와 대학과 부흥 집회와 개혁 운동과 기부 행위가 하나님의 소명을 외치면서도 실제로는 지도자들을 부추겨 그들의 자아를 왜곡시켰는지는 오직 하나님만 아실 것이다. 한 세대만 지나면 이 문제가 대형 교회 운동의 최대 문제점으로 판명될지도 모른다. 그리스도의 교회에 속한 여러 부분 가운데서도, 오늘날의 대형 교회와 대규모 병행 교회 단체들은 한 개인의 힘에 의해 흥망이 좌우되는 대표적인 예다.

영웅적인 창립자는 "내 대의(그것이 무엇이든 간에)는 하나님이 세상에 주신 선물이다"라고 말한다. 그러면 충성스러운 추종자들은 "그의 소명(그것이 무엇이든 간에)은 하나님이 우리의 대의에 주신 선물이다"라고 수백 가지 방법으로 반복한다. 그래서 하나님의 소명을 명분으로 내세워 왜곡된 자아를 위장하고, 반대 의견을 묵살하며, 실패에 대해 변명하고, 반대파를 비난하며, 성공의 훈장을 닦는 것이다. 하나님의 은혜가 아니었다면….

두말할 필요도 없이 유대 민족에게는 이 같은 자만에 대한 끔찍한 안전장치가 있었다. 그것은 바로 고난이었다. "당신은 여러 민족 중에서 우리를 선택하셨나이다"는 그들의 매일 기도에 들어 있는 반복 문구다. 그리고 이에 대칭되는 이디시어 문구는 "왜 당신은 유대인을 괴롭혀야만 하셨나이까?"라는 물음이다.

교만은 전통적으로 일곱 가지 큰 죄 중에서 가장 첫 번째요 가장 나쁜 죄로 여겨져 왔다. 그런데 현대 세계는 교만의 정의를 자존감(自尊感, self-respect)으로 바꾸어 놓음으로써 이 악덕을 미덕으로 변모시켜 버렸다. 그래서 교만은 더 이상 '패망의 선봉'이 아니라 승진의 선봉으로 작용해서, 우리에게 충분한 자신감과 자부심을 부여한다. "교만은 항상 내가 좋아하는 미덕 중 하나였다"고 시인 이디스 시트웰(Dame Edith Sitwell)은 썼다. "나는 특정한 몇몇 경우를 제외하고는 그것을 중대한 죄로 여긴 적이 전혀 없었다.…나는 인간의 교만을 위축시키는 모든 것을 경멸한다."

그러나 중대한 죄는 자존감, 곧 자기 가치에 대한 정당한 의식이라는 의미의 교만이 아니다. 교만의 죄는 지나치게 거드름을 피우는 것이기 때문에 잘못이다. 교만의 유사어들을 생각해 보라. 이기심, 거만, 방자, 자기 본위, 허영심, 자고함, 건방짐, 자랑, 잘못된 자부심, 자기만족, 자기중심주의 등등. 이 가운데 어느 것도 바람직하지 않으며, 소명의 왜곡된 열매인 자만심(conceit)도 마찬가지다. 오스왈드 챔버스는 "영적인 삶에서 최악의 저주는 자만심이다"라고 썼다.

자만은 두 가지 특징적인 방법으로 소명을 왜곡시킨다. 첫째, 부름받은 사람은 소명 자체가 매우 고상한 것이기 때문에 교만에 특히 약하다. 유혹이란 유혹하는 자가 유혹받는 자를 칭찬할 때 발생하는 법인데, 따라서 가장 강한 유혹은 가장 교묘하게 온다. 달리 말하면, 우리가 추구하는 최고의 목표에 도달하는 지름길로 유혹하는 것이 가장 매혹적이다. 따라서 가장 고상한 우리의 열망을 왜곡시키는 것은 가장 저급한 열망을 왜곡시키는 것보다 두 배나 더 악한 일이다. 도로시 세이어즈(Dorothy Sayers)는 다음과 같이 경고했다. "교만의 사악한 전략은 우리의 가장 큰 약점이 아니라 가장 큰 강점을 공격하는 것이다. 그것은 현저하게 고상한 마음이 짓는 죄다."

둘째, 부름받은 우리는 특정한 종류의 교만에 특히 약한데, 그 이유는 군중의 인간적인 칭찬을 멀리하고 유일한 청중 앞에서 살려는 소원 때문이다. 물론 문제가 발생하는 경우는, 우리가 유일한 청중 앞에서 살더라도 그 청중이 하나님이 아니라 우리 자신일 때다. C. S. 루이스가 『순전한 기독교』(Mere Christianity, 홍성사 역간)에서 다루었듯이, 그런 이유로 허영심이 교만의 여러 형태 중 가장 덜 나쁘고 가장 용서받기 쉬운 것이다. 허영기 있는 사람은 항상 수많은 청중 앞에서 살면서 칭찬과 찬사를 갈구한다. 이와 대조적으로 "진짜 사악하고 음흉한 교만은,

당신이 다른 사람들을 너무나 멸시하고 그들이 당신에 대해 어떻게 생각하든 전혀 상관하지 않을 때 생겨난다." 그 결과 우리는 선지자 에스겔이 교만한 도시 두로에 대해 쓴 것처럼 "나, 나 말고 누가 있는가?"라고 말하게 된다. 혹은 영화감독 찰리 채플린이 안하무인격으로 "내가 전부다. 오직 나뿐이다. 그것으로 충분하다"라고 말한 것과 같다.

오늘날 기독교 기관에서 볼 수 있는 자만의 실제적인 결과는 정당한 책임성을 결여한 지도자다. 그러한 지도자들 곁에는 책임을 물을 만한 강심장의 동료가 없는 경우가 대부분이다. 게다가 그런 지도자를 위해 일하는 사람들은 대개 그보다 더 젊어서 맹목적인 추종자의 태도를 갖게 된다.

그리스도의 교회가 제도적인 방법으로 교만에 도전한 적도 가끔 있었다. 합스부르크가의 황제들은 죽은 후 빈의 카푸친 수도원 지하 납골당에 안장되었는데, 그 장례식은 더할 나위 없이 감동적이었다. 프란츠 요제프 황제가 죽었을 때 거대한 장례 행렬이 굳게 닫힌 수도원의 정문에 도착했고 의전관이 문을 두드렸다. 문 너머에서 수도원장의 목소리가 들렸다.

"문을 두드리는 분은 누구요?"

"나는 오스트리아의 황제이자 헝가리의 왕 프란츠 요제프요"라고 의전관이 대답했다.

"나는 당신을 모르오. 당신이 누구인지 다시 한번 말해 보시오."

"나는 오스트리아의 황제이자 헝가리, 보헤미아, 갈리치아, 로도메리아, 달마티아의 왕이며, 트란실바니아의 대공이자, 모라비아의 후작이며, 스티리아와 코린티아의 공작인 프란츠 요제프요."

"우리는 아직 당신을 모르겠소. 당신은 누구요?"라는 서늘한 목소리가 또다시 들려왔다. 그때서야 의전관은 무릎을 꿇고 말했다.

"저는 하나님의 자비를 겸손히 구하는 불쌍한 죄인 프란츠 요제프입니다."

"그대는 이제 들어오시오"라고 수도원장이 말했고 대문은 활짝 열렸다.

우리는 오늘날의 지도자들에게도 동일한 도전을 던지고 싶을 것이다. 즉 우리가 선출해서 다양한 지위에 올려놓은 대통령, 수상, 모든 고위 관료에게 그렇게 도전하고 싶을 것이다. 또한 종교 지도자들에게도 동일하게 도전하고 싶을 것이다. 그러나 우리에게 정작 필요한 것은 거울을 쳐다보듯이 규칙적으로 이 점을 상기하면서 날마다 스스로 도전하는 것이다. 체스터턴은 이렇게 경고했다. "어떤 사람이 '나는 나 자신보다 더 큰 어떤 것을 찾고 싶다'고 말한다면 그는 바보이거나 미치광이일지 모른다. 하지만 그는 중요한 본질을 붙들고 있다. 그러나 어떤 사람이 '나는 나 자신보다 더 작은 어떤 것을 찾고 싶다'라고 말한다면 대답은 오직 하나다. 즉 '결코 찾을 수 없다'는 것이다."

우리는 부름받은 데 대해 경이감을 느끼고 있는가? 그것은 순전히 선물이요 은혜다. 우리가 기대하는 것과는 정반대로, 은혜는 영접의 문제가 아니다. 곧 하나님이 준법자뿐 아니라 범법자를, 존경받는 자뿐 아니라 불명예스러운 자를, 집에 남아 있던 장남뿐 아니라 탕자를 영접하시는 문제가 아니다.

오히려 그와 정반대다. 교만은 첫 번째이자 최악의 죄이기에, 은혜는 다음과 같은 경우에 가장 놀랍게 드러난다. 즉, 은혜는 탐식이나 정욕의 열매보다 교만의 열매를 끌어안을 때, 방탕한 막달라 마리아보다 바리새인의 영혼에 미칠 때, 자신을 무가치한 존재로 느끼는 죄인에게 다가갈 때보다 소명에 의해 더 자만해진 자만할 인간을 사로잡을 때, 더욱 찬란한 빛을 발한다.

우리 각자 속에 있는 교만이라는 죄, 즉 홀로 뽐내는 단단한 '자아'를 녹일 수 있는 것은 오직 은혜뿐이다. 그런데 좋은 소식은 그런 은혜가 지금도 역사하고 있다는 것이다.

❖ 묵상 질문

당신은 하나님의 소명을 받을 만한 자격이 있다고 생각하는가? 당신의 소명이 당신만을 위한 것, 즉 당신의 소원과 꿈과 계획과 직함과 성취만을 위한 배타적인 것인 양 행동하지는 않는가? 아니면 자신을 너무나 잘 알기 때문에 부르심이 오로지 선물이요 은혜임을 조금도 의심 없이 깨닫고 있는가? 당신은 천국의 문 앞에서 "당신은 누구요?"라는 질문을 받을 때 어떻게 대답하겠는가? 부르심인 동시에 명령인 사령관 예수님의 초대에 귀를 기울이라. "나를 따르라."

19
네게 무슨 상관이냐?

"사람들은 종종 내게 그렇게 부유하고 이름 있는 가문에서 자란 것이 어땠냐고 묻는다. 때로 나는 솔직하게 대답한다. '목에 맷돌을 단 채 깊은 우물 밑바닥에서 사는 삶을 상상할 수 있습니까? 그것이 바로 내가 자라면서 느꼈던 것입니다.'"

세계적인 갑부의 상속자가 나에게 이 말을 하면서 풍겼던 비애로운 분위기를 결코 잊을 수 없다. 사람들은 대부분 이 가련한 부자의 슬픔을 이해하기 어렵다. 다만 그만한 부를 단 한 번만이라도 누려 보길 소원할 뿐이다. 그런데 재산이 많은 사람뿐 아니라 재능이 많은 사람도 그런 부담을 느낀다. 어느 정도까지는 칭찬받는 가운데 자신을 재능으로 적당히 포장할 수 있다. 그러나 언젠가는 그 재능이 너무나 특별해서 그것이 선물(gift)로 받은 것임을 도무지 부인할 수 없는 지경에 이르게 된다. 분명 우리를 초월하는 수준으로 말이다.

그때 부담감이 스며든다. 만약 재능이 그처럼 특별하다면 그것을 받은 사람은 그에 대한 책임을 어떻게 다할 수 있겠는가? 그리고 누구에게 책임을 지는가? 엄청난 재능을 가진 사람들은 보통 특별한 불안감을 느낀다. 사람들이 그들을 그 자체로 높이 평가하는 것인지, 아니면 단지 재능 때문에 그렇게 인정하는 것인지 의심스럽기 때문이다.

모차르트는 분명 천재들 중에서도 최상위권 소수에 속하는 인물일 것이다. '놀라운 아이', '자연이 낳은 천재', '진정한 기적', '탁월한', '천상의', '믿을 수 없을 만큼 조숙한', '모든 상상을 뛰어넘는'…. 이 모든 말은 그가 1763년 아버지 레오폴드의 후견 아래 일곱 살의 나이로 세계 음악계에 데뷔한 이래 작곡가와 음악가로서 그의 재능에 대해 쏟아진 찬사다.

그처럼 초월적으로 보일 정도로 특별한 재능이 경쟁자들의 질투를 산 것은 놀랄 일이 아니다. 특히 모차르트와 안토니오 살리에리(Antonio Salieri)의 관계가 가장 유명하다. 모차르트보다 다섯 살 연상이었던 살리에리는 모차르트가 빈으로 오기 전 7년 동안 궁중 작곡가요 이탈리아 오페라 지휘자로 입지를 굳히고 있었다. 그는 36년간―모차르트가 죽은 후로는 33년간―빈에서 황제의 궁중 악장이라는 더 높은 지위에 있었다. 따라서 궁중의 시각에서나 일반 대중의 시각에서나, 살리에리가 모차르트에게 연민의 정을 느낄 이유는 충분했을지 몰라도 그를 질투할 만한 이유는 없었다. 그리고 1825년에 살리에리가 죽기 전 해에 자신이 그 젊은 경쟁자를 독살했다고 자백했다는 소문은 아무 근거도 없다.

그러나 소문으로 떠돌던 이 극적인 경쟁 관계를 바탕으로, 극작가인 알렉산드르 푸시킨(Alexander Pushkin)이 각본을 쓰고 림스키-코르

사코프가 곡을 붙인 "모차르트와 살리에리"가 탄생했다. 피터 셰이퍼(Peter Shaffer)도 희곡 "아마데우스"(Amadeus)를 썼는데, 이것을 밀로스 포먼(Milos Forman)이 동일한 제목의 영화로 작품화하여 아카데미상을 수상했다.

셰이퍼의 희곡에 나오는 한 장면에서, 살리에리는 책상 위에 놓인 모차르트의 작품집 앞에 홀로 서 있다. 그는 작품집을 향해 손을 내밀지만, 자신이 발견하게 될 무언가가 두려운 듯 잠시 동작을 멈춘다. 그리고 그것을 급히 움켜쥐더니 리본을 풀고 케이스를 연다. 그의 눈은 모차르트의 29번 교향곡 A장조의 첫마디를 응시한다.

그녀는 이것이 그의 원본이라고 말했다. 처음이고 유일한 초안이라고. 그런데 그것은 깨끗한 복사본처럼 보였다. 전혀 교정을 본 흔적이 없었기 때문이다. 처음에는 어리둥절했으나 나중에는 오싹해졌다. 분명 모차르트는 그의 머릿속에서 완벽하게 끝낸 음악을 그저 옮겨 적은 것이다. 그리고 대부분의 곡들은 미완성인 데 비해 그의 작품은 이미 완성된 것이었다.…음표 하나만 옮겨도 곡이 손상될 것이다. 악구 하나만 바꾸어도 구성이 무너질 것이다.…나는 그 꼼꼼한 잉크 자국에서 절대미(Absolute Beauty)를 응시하고 있었다.

살리에리는 너무나 놀란 나머지 기절하여 바닥에 쓰러져 버린다. 그는 머리를 그 천상의 악보 곁에 둔 채 조용히 누워 있다. 벽시계가 9시를 알리는 종을 치자 그는 머리를 들고 하나님께 이렇게 말한다.

저는 제 운명을 압니다. 아담이 벌거벗은 사실을 깨달은 것처럼 이제 저는 처음으로 공허감을 느끼고 있습니다.…오늘 밤 이 도시의 어느 여인숙에 있을 그 킬킬거리는 녀석이 당구를 치면서 대충 쓴 악보들은 제가 가장 잘 쓴 작품들을 생명력 없는 낙서로 만들어 버립니다. 주님, 감사합니다! 당신은 제게 당신을 섬기려는 욕구—대부분의 사람이 갖고 있지 않은—를 주시고 나서는 그 섬김을 제 귀에 부끄러운 것이 되도록 만들었습니다. 감사합니다! 당신은 제게 당신을 찬양하고픈 욕구—대부분의 사람이 결코 알지 못하는—를 주시고 나서는 저를 벙어리로 만들었습니다. 정말 감사합니다! 당신은 저에게 비교 불가능한 것을 인식할 수 있는 능력—대부분의 사람이 결코 알지 못하는!—을 주시고 나서 제가 영원히 보통 수준임을 알도록 확증하셨습니다. **왜?…제가 무엇을 잘못했습니까?**…오늘에 이르기까지 저는 힘을 다해 덕을 쌓아 왔습니다. 저는 이웃을 구제하기 위해 오랜 시간 땀을 흘렸습니다. 저는 당신이 허락하신 재능을 계발했습니다. 제가 얼마나 열심히 일했는지는 당신이 아십니다! 이 세상을 이해할 수 있는 유일한 길인 예술을 연습하면서 마지막에는 당신의 음성을 들을 수 있으리라는 일념 하나로 달려왔습니다! 그리고 이제서야 그것을 듣게 되었는데, 그 음성은 오직 하나의 이름, 모차르트만 말할 뿐입니다.…그리고 **저의** 유일한 보상—지극한 특권—은 당신의 성육신을 분명히 알아보는 이 시대의 유일한 사람이 되는 것입니다! 감사하고 또 감사합니다. 아멘! 이 시간부터 당신과 나는 서로 적입니다! 나는 당신을 순순히 따르지 않을 것입니다. 당신, **듣고 계십니까?**…사람들은 하나님은 조롱당하지 않는다고들 말합니다. 난 당신에게, **인간은** 조롱당하지 않는다고 말하겠습니다!…**나는 조롱당하지 않습니다!**…사람들은 영(靈)은 임의로 분다고 말합니다. 당신에게 말하건대 절대 그렇지 않습니다! 그것은 미덕을 향하거나, 그렇지 않으면 전혀 불지 않는 것입니다!

셰이퍼의 희곡은 무대와 스크린을 통하여 전 세계 관객을 크게 감동시켰다. 그러나 모차르트의 실제 생활을 보면 그런 재능이 자신에게는 짐이 되었음을 알 수 있다.

모차르트는 1791년 35세의 나이에 죽어 빈민들의 묘지에 묻혔는데, 그의 짧은 생애는 몇 가지 분명한 특징을 지닌 비극적인 인생이었다. 그는 강압적인 아버지에게 통제당했으며, 불성실한 아내에게 배신당했고, 경제적인 염려가 끊이지 않았으며, 불행하게도 생의 3분의 1을 여행하는 데 허비했다. 무엇보다도 그는 '궁중 음악'의 세계―그곳에서는 음악가의 지위가 하인보다 별로 높지 않다―에서 '예술가의 음악'의 세계―여기서는 음악가가 독립적인 천재이며 자신의 작품을 자유로이 취급할 수 있었다―로 전환되는 과도기에 살았다.

그러나 모차르트의 비극적인 인생을 더욱 고통스럽게 만든 것은 그의 재능과 그의 욕망 그리고 그의 의무감 사이의 상호 작용이었다. 그의 고향인 잘츠부르크 시민들은 모차르트를 별로 높이 평가하지 않았다. "내가 직접 연주하건 다른 사람이 연주하건 청중은 내 곡 앞에서 그저 목석과 같았다." 그는 잘츠부르크의 대주교였던 콜로레도 백작에게 고용되었지만 말 그대로 쫓겨났다. 하지만 그의 삶에 의미를 준 것은 자신의 특별한 재능과 그로 인한 하나님에 대한 의무감이었다. "나는 작곡가이고 태어나면서부터 악장(樂長)이 되도록 운명지어진 사람이다. 하나님이 선한 은혜로 나에게 풍성하게 내려 주신 작곡의 재능을 묻어 둘 수는 없으며 묻어 두어서도 안 된다."

모차르트의 재능에는 신뢰할 수 있는 여인의 사랑과 그의 음악을 제대로 감상할 빈의 청중을 원하는 갈망이 깊게 연관되어 있었다. 그는 잠시 동안 두 가지를 모두 맛보았고 곧 둘 다에 대해 상실감을 느꼈다. 그런 상실감과 함께 찾아온 것은 회복 불가능한 실패감과 고독감이었다. 모차르트가 죽은 원인은 독약이 아니라, 의학적인 이유 이상의 것이었다고 추정된다. 어떤 학자는 "마지막에 그는 단순히 포기하고 손을 놓았던 것 같다"고 썼다. 슬프게도 그가 마지막으로 작곡한 레퀴엠(Requiem, 죽은 이의 명복을 비는 미사곡)은 자기 자신을 위해 만든 것으로 많은 이가 추측했다.

200년이 지난 지금 모차르트란 이름이 천재와 동의어로, 또 지극한 음악적 환희와 유사어로 여겨지는 시점에서 다음과 같은 의문이 떠오른다. 어떻게 그처럼 창조적인 재능을 지닌 인물이 그렇게도 인정받지 못할 수 있었을까? 사랑과 호의를 거절당한 상실감이 그의 죽음을 재촉했고 그 죽음과 더불어 미처 태어나지 못한 수많은 작품이 사장된 것은 아닐까? 모차르트의 실제 인생과 각색된 인생 둘 다에는 마음에 사무치는 비극적인 차원이 있다. 이는 소명의 또 다른 측면을 밝히 보여 주는 것이다. 소명의 진리는 재능과 욕망 그리고 거의 불가피한 질투의 유혹 사이의 관계를 깊이 건드린다.

실패의 복수

저널리스트 헨리 페얼리(Henry Fairlie)는 『현대의 일곱 가지 큰 죄』(*The*

Seven Deadly Sins Today)란 탁월한 저서에서 우리 시대의 표어는 '실패의 복수'인 것 같다고 말했다. 그림을 잘 그리지 못하면 좋은 그림의 규범을 파괴해 버리고 자신이 화가인 체 행세한다. 글을 읽을 수 없거나 읽기 싫으면 직선적인 사고는 부적절하다며 배제시키고 독서 자체를 불필요한 것으로 만들어 버린다. 이 영역 저 영역에서 엄격한 훈련에 순복하기 싫으면 우리는 기준 자체를 파괴해 버리고는 마치 합격한 인물인 양 행세하는 것이다.

그 이유는 무엇인가? 페얼리는 그 이유를 타락한 평등주의와 물러빠진 민주주의에서 찾는다. "동등하지 않은 것들을 마치 서로 동등한 것처럼 맞붙여 놓는 것은 질투가 자라날 밭을 가는 것과 같다.…우리는 성취할 능력이 없는 것에 대해서는 무시해 버린다. 그리고 재능과 훈련과 고된 노력이 필요한 것에 대해서는 그런 것들 없이도 성취할 수 있음을 보여 주려고 한다."

페얼리의 분석은 현대 사회의 질투라는 암을 가차 없이 드러내 준다. 이러한 현상은 폭로조의 전기(傳記)들, 비난 일색의 인터뷰, 험담 위주의 칼럼, 공격적인 광고 중심의 선거 운동, 지도자에 대한 변덕스러운 기대치 등에서 드러난다. 더 깊은 차원에서 그의 분석은 민주주의를 타락시키는 데 질투가 역사적으로 기여한 바를 상기시켜 준다. 그리고 가장 깊은 차원에서 그것은, 인간의 마음속에 있는 질투심이라는 악에 대한 성경적·고전적 견해를 현대적으로 날카롭게 해석한 것이다.

전통적으로 질투는 일곱 가지 큰 죄악 중에서 두 번째로 악하며 두 번째로 만연한 것으로 간주되었다. 그것은 교만과 마찬가지로, 육신의 죄가 아닌 영적인 죄이며, '냉정하고' 상당히 '모양새 좋은' 죄다. 이는 탐식과 같이 '화끈하고' 공개적으로 '평판이 안 좋은' 육신의 죄와 대조된다. 질투의 독특성은 그 죄를 짓는 자가 결코 즐기지 못하며, 고백하는 경우가 거의 드문 유일한 죄라는 데 있다.

교만의 경우와 마찬가지로 현대인은 이 경우에도 질투의 정의를 다르게 내림으로써 고전적인 비난을 회피하려 한다. 어떤 사람이 사업이나 스포츠 등에서 성공하는 것을 보면서 자기도 성공하길 열망하는 것이 왜 잘못이냐고 말한다. 열망, 경쟁, 우열을 다투는 것은 열린 사회와 자유 시장 경제를 움직이는 추진력이 아닌가?

그러나 질투는 단순히 열망이나 야망이 아니다. 열망과 야망은 건설적인 것이고 소명에서 중심적인 요소가 될 수 있다. 이에 비해 질투는, 토마스 아퀴나스의 유명한 정의에 따르면 '다른 이가 잘되는 것에 대해 슬퍼하는 것'이다. 다른 사람의 행복이나 성공을 보면서 우리 자신에 대한 의구심이 들 때 질투가 스며든다. "친구가 성공할 때마다, 나는 조금씩 죽어 간다." 그러면 우리는 자존감에 상처를 입고 말이나 행동으로 상대방을 우리 수준으로 끌어내리려고 애쓴다. 그들의 성공 때문에 자신이 보잘것없는 존재로 전락한다고 느끼는 것이다. 그래서 질투심은 우리가 그들을 마땅한 수준으로 끌어내려야 한다고 부추긴다. 요컨대, 완전한 질투는 낙담에 비난을 더하고 거기에 파괴를 더한 것이다.

도로시 세이어즈는 질투를 간명하게 잘 정리하였다. "질투는 '남들이 즐기는 것을 나는 왜 즐기지 못하는가?'라는 물음으로 시작하여, '내가 즐길 수 없는 것을 왜 남들이 즐겨야 하는가?'라는 고압적인 물음으로 끝난다." 존 길거드(John Gielgud) 경은 질투의 예를 들어 달라는 요청을 받았을 때, 솔직하면서도 자기 비하적인 어조로 이렇게 대답했다. "1948년 로렌스 올리비에 경이 햄릿을 공연했을 때 비평가들은 격찬했고, 나는 눈물을 흘렸습니다."

모차르트와 살리에리의 경쟁이 예증하듯이 소명이 질투에 약한 데는 중요한 이유가 있다. 첫째, 질투는 우리의 재능과 깊은 욕구가 소명 의식과 얽혀 있는 곳에 침투한다. 우리 자신을 잘 이해하기 위해서는 우리의 재능뿐 아니라 우리의 가장 깊은 욕구를 알아야 한다. 두말할 필요도 없이, 우리의 욕구가 그저 하나님의 소명을 이루는 것이 아닌 이유는 의식할 수 있는 선한 욕구와 함께 잘 의식하지 못하는 저급한 욕구도 있기 때문이다.

이 같은 깊고 원초적인 욕망은 수십 년에 걸쳐 성인으로서의 삶에 추진력을 제공하는 형태로 굳어진다. 물론 그중 많은 것은 우리 과거의 궤도 전체에 뿌리를 내린 채 줄곧 강화되어 왔다. 그 욕구들을 충족시키라. 그러면 인생이 의미 충만하고 만족스럽게 느껴질 것이다. 그것들을 부정하라. 그러면 가장 정교하고 강한 믿음조차도 무의미하게 보일 수 있다. 그 욕망들을 소명과 혼동해 보라. 그러면 충족되지 않은—아마 충족될 수 없는—욕망이 질투심을 키우는 근거지가 될 것이다.

둘째, 질투는 경쟁의 요소를 도입함으로써 소명을 타락시킨다. 질투는 교만처럼 본질상 비교하기 좋아하고 경쟁적인 속성을 지닌다. 좀더 정확하게 말하면, 교만은 경쟁적이고 질투는 교만이 경쟁에서 상처 입은 결과다. C. S. 루이스는 『순전한 기독교』에서 이렇게 썼다. "교만은

본질적으로 경쟁적이다.…그것은 어떤 것을 소유한 데서 즐거움을 느끼지 못하고, 오직 곁에 있는 사람보다 더 많이 가진 데서 즐거움을 느낀다. 우리는 사람들이 부유하거나 영리하거나 잘생긴 것을 자랑스러워한다고 말하는데, 사실은 그렇지 않다. 그들은 남보다 더 부유하거나 더 영리하거나 더 잘생긴 것을 자랑스러워하는 것이다."

교만에 대한 C. S. 루이스의 통찰은 소명에도 적용할 수 있다. 일단 경쟁이라는 요소가 개입되면 질투가 생겨나는 것은 시간문제다. 당신이 자신의 소명의 길에서 잠시 멈추어 건너편 사람을 바라본다면 어떤 일이 생기겠는가? 당신은 누군가가 더 행복한 결혼 생활을 즐기고, 더 예쁜 아이들을 키우며, 더 많은 돈을 벌고, 공적으로 더 많이 인정받는 것을 보며 그들이 당신의 욕구 저변에 깔려 있는 깊은 곳을 건드리는 것을 항상 발견할 수 있다.

그러한 비교 의식을 당신의 덜 중요한 욕망과 뒤섞어 보라. 그러면 질투심이 다시 고개를 쳐들 것이다. 그것은 나이가 들면서 줄어들기는커녕 오히려 더 커질 것이고, 사소하게 보일지 모르지만 모든 것을 삼켜 버릴 것이며, 당신의 재능과 소명의 영역에서 가장 경쟁적인 관계에 있는, 즉 가장 가까운 사람들에게 초점을 맞출 것이다. 결국 질투는 자기 파괴적인데, 그 이유는 질투하는 자가 즐길 수 없는 것은 어느 누구에게도 허용되지 않기 때문이다.

셋째, 질투는 소명을 공격한다. 그 이유는 소명은 직접 하나님께로 돌아가는 데 비해 질투는 본질적으로 불경하기 때문이다. 페얼리는 이렇게 설명했다. "질투는 우발적인 사건이나 행운―혹은 다른 알 수 없는 힘, 운명, 심지어는 하나님마저도―이 다른 누군가에게 좋은 것을 선사했다고 생각하는 것을 참지 못한다.…이것이 질투가 지닌 불경함이다. 그것은 운명으로 주어진 것이나 우연히 주어진 것, 혹은 하나님이 주신 것을 포용하려 하지 않는다."

누군가의 성공으로 내가 보잘것없는 존재가 되는 것이 그 다른 사람의 소명에 기인한다면, 나의 불만은 그저 상대방과 대치하는 것이 아니라 결국 하나님과 대치하는 것이다. 그래서 마치 가인이 아벨에 대한 질투 때문에 하나님께 대들었고 사울은 다윗에 대한 질투 때문에 그랬던 것처럼, 각색된 살리에리도 하나님께 대들었던 것이다. 어떤 이들은 분노로, 다른 이들은 불평으로, 또 어떤 이들은 하나님에 대한 실망을 경건하게 표현함으로 질투에 반응한다. 그러나 페얼리가 결론적으로 말했듯이 각각의 경우 질투는 "더욱더 괴로워지는데, 그 이유는 질투가 과도한 자기애에서 나오기 때문이다."

토마스 만(Thomas Mann)은 『파우스트 박사』(*Doctor Faustus*)라는 소설에서 19세기 빈 음악가들 사이의 교묘한 경쟁 관계에 대해 묘사했는데, 이는 항상 우리가 자신의 재능과 소명에 가장 가까운 자들을 질투하기 쉽다는 점을 상기시켜 준다. 일반적으로 음악가는 다른 음악가를 (정치인이 아니라), 정치인은 다른 정치인을, 스포츠 선수는 다른 스포츠 선수를, 교수는 다른 교수를, 목사는 다른 목사를 질투한다.

볼프(Wolf)와 브람스(Brahms)와 브루크너(Bruckner)는 오랫동안 같은 도시, 즉 빈에서 살았지만 내내 서로를 피했는데, 내가 알기로는 그들 중 어느 누구도 다른 이를 만난 적이 없었다. 그들이 서로에 대해 가졌던 생각을 고려하면 충분히 이해가 간다. 그들은 동료의 태도로 판단하거나 비판하지 않았다. 그들의 논평은 다른 이들을 눌러 버리려는 의도가 담겨 있었고, 그 영역에서 자기 작품만 남기려는 것이었다. 브람스는 브루크너의 교향곡에 대해 가능한 한 최소 점수를 주고는, 그 작품들을 아무 모양도 없는 거대한 뱀이라고 불렀다. 브람스에 대한 브루크너의 평가 역시 매우 낮았다. 그는 D단조 협주곡의 제1주제는 대단히 좋다고 생각했으나, 브람스가 그 후로는 그만큼 좋은 작품을 만들지 못했다고 주장했다.

성경에는 질투에 대치되는 요소가 많이 있지만, 예수님이 소명과 질투의 뿌리에 관해 단호하면서도 간명하게 다루신 불편한 진실을 비켜가서는 안 된다. 요한복음의 끝 부분에는 예수님이 베드로의 장래에 대해 진지하게 말씀하시는 장면이 나온다. "내가 진실로 진실로 네게 이르노니 네가 젊어서는 스스로 띠 띠고 원하는 곳으로 다녔거니와 늙어서는 네 팔을 벌리리니 남이 네게 띠 띠우고 원하지 아니하는 곳으로 데려가리라." 그러고 나서 예수님은 끝으로 베드로에게 "나를 따르라!"고 말씀하셨다.

무슨 이유에서인지 베드로는 돌이켜 요한을 보고 "주여, 이 사람은 어떻게 되겠사옵나이까?"라고 물었다.

이에 예수님은 "내가 올 때까지 그를 머물게 하고자 할지라도 네게 무슨 상관이냐? 너는 나를 따르라"고 대답하셨다(요 21:18-22).

예수님이 우리를 부르실 때는 한 사람씩 부르신다. 비교는 부질없는 짓이고, 다른 사람에 대한 억측은 시간 낭비이며, 질투는 어리석은 죄악이나 다름없다. 우리는 개별적으로 부름받았다. 우리는 하나님에게

만 책임이 있으며, 그분만을 기쁘시게 해야 하며, 결국에는 그분에게만 인정받을 것이다. 우리가 혹시라도 유혹을 받아 주변을 두리번거리고, 서로를 비교하면서 남의 진보를 우리 자신의 소명의 성공 여부를 판단하는 잣대로 사용한다면 주님이 베드로에게 하신 말씀을 우리 역시 듣게 될 것이다. "네게 무슨 상관이냐? 나를 따르라!"

❖ 묵상 질문

당신은 당신의 소명과 비슷한 소명을 받은 다른 사람들을 눈여겨보는 습관이 있는가? 그들이 성취한 업적을 보면서 자신에 대해 의구심을 느끼지는 않는가? 그들의 성공은 그들에게는 분에 넘치는 것이고, 당신이 받은 것은 분에 못 미치는 수준이라고 느끼지는 않는가? 당신은 당신의 소원과 성취 사이에 있는 간격으로 인해 실망하거나 심지어 분노를 느끼지는 않는가? 부르심인 동시에 명령인 사령관 예수님의 초대에 귀를 기울이라. "나를 따르라."

20
더 많이, 더 많이, 더 빨리, 더 빨리

"서방 세계가 직면한 결정적인 질문은 그들이 과연 자본주의를 주도하고 길들일 수 있을 만큼 강력한 윤리적 역량을 갖추고 있느냐는 것입니다. 저는 그들에게 그런 역량이 없다고 생각합니다." 수년 전, 내가 10장에서 언급한 그 싱가포르 경제학자가 이런 신랄한 평가를 했을 때 강연장은 흥분된 분위기로 술렁거렸다. 거기에는 학문적인 '만약에'나 '그리고', '그러나' 등이 없었다. 이 다소 '편협한' 경제학자의 단도직입적인 선언은 아마도 해리 트루먼을 기쁘게 했을 것이다.

그러한 도전은 많은 서구인의 심경을 불편하게 한다. 물질주의에 대한 또 하나의 성가신 비난이라니 말이다. 하지만 오히려 그런 불편한 심경을 갖는 게 이상하다. 그런 유의 비판은 새로운 것이 아니고 근원상 기독교적인 것이기 때문이다. 그것은 일종의 '무덤 파기 논제'로서, 자본주의는 성공으로 인하여 스스로 무너질 수 있다는 것이다. 이 개념은 칼 마르크스의 말("부르주아는 무엇보다 자기 자신의 무덤을 파는 일꾼들을 만들어 낸 셈이다")과 연관되기 때문에 나쁜 평판을 받아 왔다. 그러나 기독교 역사를 보면 마르크스 이전에 그 개념은 이미 청교도의 분석에서 중요한 부분이었음을 알 수 있다. 예를 들면, 18세기 미국의 코튼 매더(Cotton Mather)는, 경계하지 않으면 소명 의식은 번영을 가져올 것이고 그 번영이 결국 소명 의식을 파괴할 것이라고 경고했다.

우리 세대에서는 하버드 대학의 한 저명한 교수가 자본주의의 '문화적 모순'이라는 개념으로 주의를 끌었다. 그는 본래는 억제되지 않는 경제적인 충동의 위협이 프로테스탄트 윤리에 의해 통제되어 사람들이 자신의 소명에 응답하여 일했다고 주장했다. 그런데 지금은 이 윤리가 무너졌고, 열심히 일하는 것과 저축에 대한 도덕적 태도마저 무너져 쾌락주의만 남았다. "프로테스탄트 윤리를 파괴한 최대의 동력 중 하나는 바로 할부 판매나 즉석 신용 제도의 발명이다. 과거에는 사람들이 물건을 사기 위해서 저축을 해야 했다. 그러나 이제는 신용카드로 즉각적인 만족을 누릴 수 있게 되었다"고 썼다. 또 다른 학자는 이렇게 간단하게 표현했다. 즉 자본주의는 사회주의를 비롯한 모든 도전을 물리쳤고 이제는 자신이 가장 큰 도전으로 남았는데, 그것은 자본주의가 자신이 번창하는 데 필요한 미덕들을 집어삼키기 때문이라는 것이다.

요컨대 그 싱가포르 교수의 강연은 정곡을 찔렀다. 공산주의가 내부의 모순으로 붕괴된 이래 자본주의의 승리는 경제적인 차원에서는 논란의 여지가 없지만, 영적·도덕적·사회적 차원에서는 훨씬 더 불확실한 상태에 있다. 과연 자본주의를 통제할 만큼 강한 믿음이나 윤리가 있는가?

돈은 영적인 문제다

이 도전은 소명과 무슨 관계가 있는가? 모든 면에서 관계가 있다. 세계 경제의 이슈들은 인간의 마음과 관련된 이슈가 외형적으로 투시된 것이다. 그러므로 우리는 소명의 진리에 있는 또 다른 측면을 접하게 된다. 소명은 과거 근대 자본주의가 발흥하는 데 핵심적인 역할을 했는데, 이제는 자본주의를 지도하고 제어할 수 있는 역량을 가진 소수의 진리 중 하나다.

자본주의의 폭발적인 힘을 지도하고 제어하는 일은 보통 과업이 아니다. 그 중심에는 피할 수 없는 문제가 있다. 즉 어느 누구도 돈의 의미를 다스리지 않고는 돈을 다스릴 수 없다는 점이다. 다시 이 사실은 돈을 올바르게 이해하는 것을 방해하는 현대의 두 가지 신화를 제거하도록 요구한다. 한 가지 신화는, 수많은 세일즈맨과 판매 전략, 세미나들이 매일 외쳐 대듯, 돈을 버는 것이 돈의 의미보다 더 중요하다는 주장이다. 또 하나의 신화는, 돈은 단지 교환 수단에 불과한 가치 중립적인 것이라는 주장이다. 텍사스의 한 석유 갑부는 "돈은 아무것도 아니야. 그저 장부를 편리하게 기재하도록 돕는 수단일 뿐이지"라고 말했다.

그러나 사실 돈은 통화(通貨) 이론의 문제를 훨씬 넘어서는 것이다. 그것은 과거나 지금이나 영적인 문제다. 돈의 문제를 해결하기 위해 서투른 경제학적 지식을 동원하거나 제도를 바꾸는 것은 실패하기 마련이다. 돈이란 자유 시장 경제 체제에서든 계획 경제 체제에서든 어디까지나 돈일 뿐이고, 또 그렇게 이해되어야 한다. 한 가지 분명한 점은, 오늘날 우리는 돈을 너무 심각하게 생각한다는 것이다. 하지만 우리가 돈을 정말로 심각하게 생각하지 않기 때문에, 즉 돈을 이해할 만큼 심각하지 않기 때문에 그런 것 같다.

돈의 의미 그 핵심에는 "왜 돈에 문제가 있는가?"와 같은 여러 가지 질문이 놓여 있다. 의미심장하게도, 현대 사회에서 돈이 지배적인 위치에 군림하게 된 것은 현대인의 사고에서 탐욕의 개념—돈이 왜 문제인지에 대한 가장 급진적인 견해—이 사라진 것과 맥락을 같이 한다. 역사를 통틀어 돈과 관련하여 가장 보편적으로 인정되어 온 문제는 돈을 추구하는 욕망은 결코 충족될 수 없다는 것이다.

돈과 소유를 추구하다 보면 결코 충족될 수 없는 욕망이 되어 탐욕을 부추긴다. 이는 성경에서는 '바람을 잡으려는 것'과 같이 헛된 것으로, 현대에는 일종의 '중독'으로 묘사된다. 돈에 해당하는 히브리어 '케세프'(kesef)는 '어떤 것을 동경하다' 혹은 '갖고 싶어 하다'라는 의미의 동사에서 유래했다. 이 점을 강조하는 것이 중요한데, 그 이유는 탐욕이 종종 스크루지의 축재(蓄財) 같은 것으로 혼동되기 때문이다. 그러나 전통적으로 탐욕은 일종의 영적인 수종(水腫)이나 채워질 수 없는 목마름으로 더 잘 묘사되어 왔다. 결코 충족될 수 없는 욕망이란 두 가지인데, 하나는 우리에게 없는 것을 얻으려는 것이고, 또 다른 하나는 우리가 갖고 있는 것을 꽉 붙잡는 것이다.

둘째, 돈에 대한 지칠 줄 모르는 추구는 보통 위험한 집착, 곧 오로지 돈을 버는 데만 집착하는 편협함과 결부되어 있다. 대부분의 사람은 부자가 되기를 꿈꾸는데, 그것은 돈으로 모든 것을 할 수 있다고 생각하기 때문이다. 그래서 그들은 돈을 버는 것으로 목적을 전환하고 결국에는 좌절하고 만다. 돈에 대한 집착이 강한 사람은 오로지 돈 **버**

는 생각만 하기 마련이다. 예를 들어, 헨리 포드에 대한 어떤 전기는 그를 "일편단심으로 한 길만을 따라 달리도록 만들어진 일종의 인간 발전기"라고 묘사했다.

셋째, 탐욕은 항상 다른 욕구, 즉 권력과 보호와 인정 등의 표징으로 여겨져 왔다. 예를 들면, 하워드 휴스(Howard Hughes)는 사람과 장소에 대한 소유욕이 특별한 인물이었다. 그는 사람을 고용하여 수개월 동안 호텔 방에서 어떤 전화를 기다리게 했는데, 사실은 오지도 않을 전화였다. 또 그는 호화 저택들에 최소한 다섯 명의 젊은 여배우들과 자동차, 요리사와 경비원, 음식점 외상 거래 계정을 보유하고 있었으나 한 번도 그들을 방문한 적이 없었다. 그러면서도 그는 아무도 그들을 방문하지 않는지 확인하려고 사립 탐정들까지 고용했다.

넷째, 지칠 줄 모르는 탐욕은 보통 당사자를 소진시키고 만다. 돈에 자신을 파는 개인과 사회는 조만간 돈에 삼켜지게 된다. 성경의 표현에 따르면, 우리는 우리가 예배하는 대상과 같이 된다. 돈은 거의 말 그대로 사람을 먹어 치우고, 생명력을 말려 버리며, 자발성과 관대함과 기쁨을 시들어 버리게 한다. 사람들은 그런 인물을 다양하게 묘사했다. 앤드루 멜론(Andrew Mellon)은 '도깨비 불', '사람의 그림자'라 불렸고, 하워드 휴스는 '마녀의 오빠' 같다고 묘사되었다. 큰 부자에게서 삶의 정수가 증발해 버린다거나 그 자신이 부의 열매를 즐기지 못한다는 것은 언제나 반복되는 이야깃거리다.

다섯째, 가장 중요한 것인데, 탐욕의 문제는 돈에 수반되는 또 다른 큰 문제인 '상품화'(commodification)를 부추긴다. 이 금단의 용어는 돈이 사회에서 지배적인 위치에 군림하여 모든 것(그리고 모든 사람)이 사고팔 수 있는 상품으로 취급되는 과정을 설명해 준다. 이 용어 자체는 새로운 것일지 모르지만, 그리스 신화의 미다스(Midas) 전설이 보여 주듯이 이것은 오래된 문제다. 상품화의 유명한 본보기 중 초기의 것으로는 유대 성전의 환전상들을 들 수 있고, 중세에는 요한 테첼(Johann Tetzel)이 교황청에서 면죄부를 판 예가 있다.

상품화를 비난한다고 해서 시장경제 자체를 비판하는 것은 아니다. 사고팔고 거래하는 것은 모두 나름대로 정당한 행위다. 그러나 모든 것에 시장 가격을 붙일 수는 없는 노릇이고 또한 그렇게 해서도 안 된다. '판매용'과 '비매품'을 구분하는 선이 그 국가 혹은 집단의 가치관을 가장 잘 보여 주는 지표다. 한 사회가 좋은 사회인지는 시장 가치 이상으로 평가되는 것들이 얼마나 많은지, 그 수준은 어디까지인지를 보아 알 수 있다. 즉 그것들은 그 자체로 가치가 인정되며, 외적인—특히 재정적인—보상으로 평가될 수 없는 것들이다. 초대교회의 교부 테르툴리아누스(Tertullianus)는 이렇게 말했다. "하나님의 것 중에는 사고팔 수 있는 것이 하나도 없다. 우리에게 보물 상자가 있는 것은 사실이지만, 그것은 돈을 주고 산 것이 아니라 값진 신앙으로 만들어진 것이다."

체스터턴은 통속적인 자본주의자의 "주된 이단성은, 사용하기 위해서가 아니라 팔기 위해 무언가를 만든다는 근본적인 오류"에 있다고 썼다. 오늘날 소련의 전체주의가 붕괴된 이래 서구가 직면한 주된 위험은 '시장 전체주의' 혹은 '경제적 제국주의'라고들 말한다. "경제학자는 무엇을 경제적으로 절약하는가?"라는 질문이 있다. 그 답은 '사랑'이다. 수익과 손실을 엄격히 따지는 시장 체제에서는 다른 어떤 체제에서보다도 더 적은 사랑으로도 사회가 굴러갈 수 있다. '상품화'하는 사회는 결국 사랑을 절약하고 있는 것이다.

끝없는 탐욕이 주는 전반적인 교훈은 돈만으로는 우리가 가장 깊이 갈망하는 것들을 살 수 없다는 것이다. 돈으로는 사랑이나 영원, 혹은 하나님을 결코 살 수 없다. 그것은 잘못된 수단이자 잘못 들어선 길이며 잘못된 추구다. 그래서 돈을 추구하는 것은 헛되다. '아무것도 얻은 것이 없는 상태'가 탐욕이 주는 마지막 교훈이다.

그러나 그 추구는 계속된다. 우리는 계속 투자한다. 우리가 앞으로 다가갈수록 지평선은 뒤로 물러난다. 그러나 우리는 멈추지 않는다. 월마트의 창업주 샘 월턴(Sam Walton)의 아내인 헬렌이 시인한 것처럼 말이다. "여보, 우리는 꽤 부유하게 살고 있다고 제가 줄곧 얘기했잖아요. 그런데 왜 계속 나아가죠? 왜 그렇게 크게 확장하려는 거죠? 가게가 점점 더 많아지고 있잖아요. 열일곱 번째 가게를 차린 후에야 나는 당신이 결코 멈추지 않으리라는 걸 깨달았어요."

존 록펠러(John Rockefeller)는 한 사람을 행복하게 만들기 위해 얼마나 많은 돈이 필요하냐는 질문을 받았을 때 불후의 명답을 내놓았다. "그저 조금 더 있으면 됩니다." 언제나 그것은 우리가 다음 정상을 정복한 다음, 그 다음 지평선 너머에 있다. 언제나 그것은 내일에 있다.

모든 것이 마음의 문제다

충족될 수 없는 욕망은 물론 우리 **마음속**에 있다. 그 욕망은 플루타르크의 표현과 같이 '촌충처럼' 움직인다. 미술가 들라크루아(Delacroix)는 금융 재벌인 제임스 로스차일드(James Rothschild)에게 거지 그림의 모델이 되어 달라고 부탁한 적이 있다. 그의 얼굴이 '배고픈 표정을 정확하게 보여 주고' 있었기 때문이다. 들라크루아의 친구였던 로스차일드는 그 부탁을 받아들여 다음날 형편없는 거지 옷을 입고 나타났다. 그가 변장을 얼마나 잘했던지 지나가던 행인이 돈을 줄 정도였다. 비슷한 이야기로, 텍사스의 어느 석유 갑부의 동료는 그 갑부에 대해 "돈을 얼마나 많이 갖고 있든 상관없이 **그의 마음은 항상 가난했다**"고 말했다.

많은 사람이 이론적으로는 그 문제를 인정한다. 앤드루 카네기는 1868년 33세였을 때 유명한 메모를 써서 서랍에 넣어 두었다. "사람은 분명 우상을 갖고 있다. 부의 축재가 가장 나쁜 우상숭배 중 하나인데, 돈보다 사람을 더 타락시키는 우상은 없기 때문이다." 그러나 1905년에 루스벨트 대통령은 망설이면서 카네기에 대해 다음과 같이 썼다. "나는 카네기를 좋아해 보려고 매우 노력했으나, 그것은 상당히 어려운 일이다. 단지 돈 버는 것을 신으로 삼는 사람보다 더 경멸스러운 증오를 느끼게 하는 사람은 없다."

카네기의 전기 작가에 따르면, 마치 나폴레옹이 보병들은 저마다 배낭 속에 사령관의 지휘봉을 들고 나간다는 슬로건으로 병사들을 이끌었던 것처럼, 카네기는 직원들에게 근무자는 저마다 도시락 통 속에 파트너십을 들고 다닌다고 믿도록 가르쳤다고 한다. 그러나 그 다음에는 끝없는 탐욕과 불안감이 스며들었다. 카네기는 그들에게 마지막에 번쩍이는 상품과 보상을 주겠다고 약속했으나 말뿐이었다. 이것은 톨스토이의 이야기 "사람에게는 땅이 얼마나 필요한가?"가 현실에서 실제로 재현된 무서운 이야기다. 즉 "항상 '더 많이, 더 많이, 더 빨리, 더 빨리'였다. 경주는 계속되었고 사상자는 대단한 규모였다. 그러나 카네기의 환호와 저주를 번갈아 들으면서 그들은 계속해서 달렸다."

끝없는 탐욕에 대한 이러한 관찰은 우리를 잠시 멈추게 한다. 그리스·로마 시대로부터 현대에 이르기까지 한 가지 단순한 믿음이 세상을 지배했다. 즉 우리는 '필요'와 '잉여'를, '필수'와 '사치'를 구별함으로써 돈의 문제를 해결할 수 있다는 생각이다. 예를 들어, 카네기는 자선이란 '**잉여의** 부를 베푸는 것'이라고 생각했다. 그런데 우리가 그 균형을 잡지 못하면 어떻게 되는가? 한 사람의 사치품이 다른 사람의 필수품일 경우에는 어떻게 되는가? 얼마만큼이 충분한 양인지 우리는 항상 합리화할 수 있지 않은가?

예수님은 이보다 훨씬 더 현실적인, 전혀 다른 대답을 주셨다. 문제는 돈이 우리 삶에서 터무니없는 위치를 점할 수 있으며 결국 우리를 지배하는 인격적·영적·신적인 세력 즉 맘몬이 되기에 이른다는 것이다.

예수님이 사용하신 '맘몬'(*Mammon*, '부'를 의미하는 아람어)의 의미는 매우 독특하다. 그분은 그 단어에 이전에는 없었던 힘과 정확성을 부여하셨다. 보통 그분은 사물을 신격화하지 않는 것은 물론 인격화하지도 않았다. 그리고 유대인들에게나 근처의 이방인들에게도 이런 이름을 가진 신은 없었다. 그러나 예수님은 맘몬이라고 언급하심으로써, 돈이 하나의 권력(power)이며 그 권력은 말의 '힘'(force)과 같이 막연한 의미의 힘이 아니라고 말씀하신 것이다. 오히려 돈은 결정적인 영적 권력을 지닌 능동적인 동인으로서 결코 중립적이지 않다는 의미에서 권력이다. 돈은 우리가 선하게 혹은 나쁘게 사용할 때 힘이 되는 것이 아니라, 우리가 사용하기 **이전에** 이미 하나의 권력으로서 존재한다.

그런 의미에서 맘몬은 진정 하나님의 경쟁 상대다. 성경은 '너희는 너희 손으로 만든 것을 예배하지 말라'고 반복해서 요구한다. 예수님은 청중에게 하나님이나 맘몬 가운데 한 주인만을 선택하라고 도전하셨다. 하나님을 섬기면서 돈을 사용하든지, 아니면 돈을 섬기면서 하나님을 이용하든지 둘 중 하나다. 궁극적으로 우리는 우리가 가장 강렬하게 사랑한 것을 좇아서 그것이 귀결되는 종착역인 영원 또는 죽음에 도달할 것이다. "네 보물 있는 그곳에는 네 마음도 있느니라"(마 6:21).

맘몬에 대항하기 위해 섣불리 소명에 호소하기 전에, 한 가지 분명한 사실에 직면해야 한다. 앞에서 언급한 코튼 매더의 지적이 강조하듯이, 소명은 이미 과거의 번영에 의해 손상된 적이 있다. 따라서 이는 결코 쉬운 과제가 아니다. 소명이 더욱 성공적일수록 다시금 그 자신을 손상시킬 여지가 더욱 커지기 때문이다.

매더는 그의 책 『미국에서의 그리스도의 위업』(*Magnalia Christi Americana*)에서 "종교는 번영을 낳았고 그 딸은 어머니를 파괴했다"고 썼다. 환언하면, 초기 청교도와 후기 청교도 사이에는 불행한 전환이 있었다. 전자의 경우, 소명은 그들로 하여금 "세상에서 부지런하게 살도록 만들어 주었지만 그 세상에 대해 죽게" 해 주었다. 반면에 후자의 경우에는 "그들은 선한 일을 해서 성공했다"고 알려져 있다.

번영의 교리와 '건강과 부의 복음'이라는 어리석은 이단은 타락한 소명이 낳은 사생아다. 코튼 매더의 시대로부터 1세기가 지난 후 그리고 그의 할아버지 존 코튼의 시대로부터 2세기가 지난 후, 알렉시 드 토크빌은 미국을 여행하던 중에 들은 설교들에 대해 이렇게 썼다. "그들의 설교를 들으면 종교의 주된 목적이 내세에서 영원한 복락을 얻는 것인지, 이 세상에서 번영을 획득하는 것인지 종종 혼란스럽다."

소명이 타락할 때 소명보다 더 조작하기 쉬운 진리는 없는 것이 분명하다. 그러나 소명이 개혁될 때 소명보다 더 영향력 있는 진리가 없다는 것도 분명하다. 그리고 소명의 진리는 돈에 흠뻑 젖어 시장에 지배되는 문화를 향해 두 가지 중요한 메시지를 던진다.

첫째로 소명이 의미하는 바는, 그리스도를 따르는 자에게는 매순간 즉각적이고 결정적으로 돈과 시장을 뛰어넘는 권위가 있다는 사실이다. 어느 주인을 선택할 것인지는 이미 정해진 바다. 오직 유일하신 하나님만이 계실 뿐이며, 그 하나님이 아닌 다른 신을 섬기는 자에게는 결코 안식이 없다. 그러므로 맘몬에 대한 대답은 영단번에, 무조건적으로 '아니오'다.

둘째로 좀더 실제적으로는, 소명은 시장 중심의 의식 구조와 정면으로 대치하는 전혀 다른 행동 양식을 사회에 소개한다. 우리는 돈으로 보상받기 때문이 아니라 부름받았기 때문에 어떤 일을 하는 것이다. 맘몬과 맘몬의 '시장 전체주의'하에서는 상업적인 경제 원칙과 습관과 안목이 북극의 얼음처럼 삶 전체를 뒤덮고 있다. 상품은 물론 아이디어와 사람까지도 사고팔린다. 일, 정치, 스포츠, 여가, 예술, 교육, 대인관계, 종교 등 모든 것이 거래 대상이며, 그 어떤 것도 어떤 사람도 면제될 수 없다. 인간됨의 중심 동기는 우리의 최고 이익을 어떻게 극대화할 수 있는지 이성적으로 계산하는 데 있다.

아이러니컬하게도, '자유 시장'은 많은 이들이 생각하듯이 자유로운 사회를 창조하지 못한다. 모든 것에 줄곧 가격을 매기고 부과하는 것이 마치 아이디어와 인간관계의 자유로운 흐름을 막는 세관(稅關)과 같은 역할을 하기 때문이다. 이와 마찬가지로 아이러니컬한 사실은, 이렇게는 우리가 가장 절실히 바라는 깊은 관계를 충족시킬 수 없다는 것이다. 만약 '시간이 돈'이고 사람이 시간을 빼앗아 간다면, 대인 관계의 '기회비용'(우리가 그 시간에 다른 일을 함으로써 얻을 수 있는 유익)은 엄청나게 비쌀 것이고, 따라서 친밀한 우정 관계는 매우 드물게 된다. 친구를 만나는 데 시간을 '소비하는 것'은 비싼 대가를 요하므로, 그 시간을 다른 곳에 '투자하는 것'이 나을 수 있기 때문이다.

소명의 정신은 그 얼음에 구멍을 뚫음으로써 이 같은 상업 정신에 대항한다. 그래서 우리는 두 종류의 경제―'상업적 경제'뿐 아니라 '소명적 경제'―가 있다고 말할 수 있으며, 그리스도를 따르는 자는 전자가 아니라 후자의 지배를 받게 된다. 상업의 길과는 정반대로, 소명의 길은 하나님을 위해 사는 것 또는 하나님 아래에서 인생 자체를 위해서 사는 것을 의미한다. 급여, 승진, 인정 등과 같은 외형적인 보상보다 내면의 만족이 더 중요하다.

이런 의미에서 소명은 오랜 아마추어적 이상을 증진한다. 우리가 하는 일 중에는 수익을 위해서가 아니라 순전히 좋아서 하는 일이 많다. 우리 자신을 위해서든 남을 위해서든, 아무도 보는 이가 없고 아무도 우리에게 금전적인 보상을 하지 않더라도 즐거워서 하는 일이 있다. 이전 세대의 표현에 따르면, 우리는 '자유로이 하나님을 위해서'(*gratis pro deo*) 그것을 하는 것이다. 〈콰이 강의 다리〉와 〈아라비아의 로렌스〉 같은 대작을 완성시킨 유명한 영화감독이자 제작자 데이비드 린(David Lean)은 감독과 제작자의 차이점을 말하곤 했다. 그는 제작자이기보다는 감독으로서 이렇게 말했다. "나는 그 일을 해야만 한다. 그 일을 위해서 내가 태어났다." 그가 알고 지내던 제작자들은 단지 돈 버는 데만 관심이 있었다. "실제로 날마다 나는 내가 현재 하고 있는 일로 인해 하나님께 감사드린다. 하지만 저 사람들 중에는 자기가 현재 하는 일로 인해 하나님께 감사하는 자가 한 명도 없으리라고 감히 말할 수 있다."

소설가 조지프 콘래드(Joseph Conrad)는 "예술가는 우리 존재의 바로 그 부분에 호소한다.…그 부분이란 하나의 선물(gift)이며 노력해서 획득한 것이 아니다. 그러므로 영원히 존속하는 것이다"라고 썼다. 삶에서 가장 좋은 것들이 그러하듯이 예술 작품은 소명의 소산일 수도 있고 상업적인 생산품일 수도 있으나, 오직 전자만이 본질적인 것이다. 미술 작품은 시장에서 팔릴 수도 있고, 혹은 시장 없이도 생존할 수 있다. 하지만 단지 상품으로만 축소되어서는 안 된다. 소명으로부터 나온 재능과 영감이 없다면 그것은 진정한 예술이 아니다.

우리는 이제 우리의 삶과 사회 속에서 소명이 지닌 이러한 의미들을 되살려야 한다. 그래야만 모든 사람이, 모든 곳에서, 모든 것에서 하나님과 통속적인 맘몬에 대하여 과단성 있는 인생을 살게 되어, 돈을 본연의 가치로, 즉 우상이 아니라 교환 매체로 축소시킬 수 있을 것이다.

❖ **묵상 질문**

당신은 돈이 당신의 우선순위, 평가, 관계, 시간을 지배하게끔 내버려 두지는 않는가? 당신은 소비 사회의 유혹에 순응하고 있지는 않은가? 당신이 하나님을 위해서 혹은 순전히 좋아해서 하는 일은 얼마나 되는가? 당신은 돈에 대한 염려에서 해방되어 궁핍한 자들에게 기꺼이 베풀 수 있는가? 부르심인 동시에 명령인 사령관 예수님의 초대에 귀를 기울이라. "나를 따르라."

21
나태함이란 이름의 질병

"안 하는 편을 택하겠습니다"(I would prefer not to). 허먼 멜빌(Herman Melville)이 쓴 한 단편의 주인공은 25쪽 남짓한 책에서 이 짧은 말을 25회 이상이나 반복하여, 미국에서 가장 야심차고 활기 넘치는 거리를 멈추어 버린다. 1853년에 출판된 단편 『필경사 바틀비』(*Bartleby the Scrivener: A Story of Wall Street*, 문학동네 역간)는 19세기의 첫 독자들을 깜짝 놀라게 했지만 지금은 더 이상 그런 효과가 없다. 그러나 그 이야기의 주인공은 현대의 집 없는 부랑자만큼이나 불안정해 보이고, 작가는 20세기에 프란츠 카프카와 사무엘 베케트 같은 작가들이 묘사한 부조리와 쓸쓸한 체념의 세계를 탁월하게 그리고 있다.

화자는 한 중년 남자인데, 그는 월가(Wall Street)에 사무실을 낸 야심 없는 변호사다. 그는 악덕 사업가인 존 제이콥 아스터 밑에서 일했다. 그는 젊은 시절부터 "가장 쉽게 사는 인생이 최선의 삶이라는 깊은 확신을 갖고" 살아 왔다. 그는 곧 자기와 어울리는 파트너를 만나게 된다. 그에게는 이미 두 명의 필경사와 심부름하는 아이 등 세 명의 직원이 있었는데, 사무실에서 통하는 별명은 각각 칠면조, 족집게, 땅콩이다. 변호사 사업이 점차 번창함에 따라 그는 또 한 명의 필경사를 채용하려고 광고를 냈는데, 그렇게 하여 "창백할 정도로 말쑥하고, 가련할 만큼 점잖고, 구제 불능으로 쓸쓸한" 인물인 바틀비를 만나게 된다.

우선 바틀비는 다른 직원에 비해 뛰어나게 근면했다. 그는 낮에는 햇빛 아래서, 밤에는 촛불 아래서 엄청난 양의 일을 해 낸다. "그는 마치 오랫동안 필경할 것을 찾아 굶주렸던 것처럼 내 서류들을 마구 해치웠다."

그런데 불과 사흘째 되던 날 바틀비는 어떤 서류를 검토해 달라는 지시를 받자 "한결같이 부드럽고 확고한 목소리로 '안 하는 편을 택하겠습니다'라고 대답하여" 상관과 동료들을 어리둥절하게 만들고 만다.

이 짧은 말은 바틀비의 신조가 된다. 정중하게 다시 부탁한다면? "안 하는 편을 택하겠습니다." 그의 대답이다. 상관이 강요한다면? 일이 코앞에 놓여 있다면? 다른 직원이 그에게 도움을 요청한다면? 그래도 그는 "안 하는 편을 택하겠습니다"라고 담담히 대답한다. 왜 그러는지 설명해 보라고 요구해도, 다른 일을 제의해 보아도, 해고당하고 다른 일을 찾아보라는 소리를 들어도, 당장 사무실을 떠나서 돌아오지 말라고 해도? 때로 바틀비는 전혀 대답하지 않는다. 그는 깊은 공상에 빠져 있다. 이따금 "안 하는 편을 택하겠습니다"라고 말할 뿐이다.

바틀비의 불순응에 그의 상관은 처음에는 당황하다가 결국에는 격노한다. 틈틈이 화자는 세심한 고용주이자 점잖은 인간이 경험할 수 있는 모든 감정을 느낀다. 그러나 그 어느 것도 성공하지 못한다. 어떤 것도 그 벽을 뚫지 못한다. 이야기는 계속 이어져 결국 '무덤'이라 불리는 19세기 맨해튼의 악명 높은 19세기 구치소에서 절정에 다다른다. 결국 음식까지 거부하는 바틀비는 "높은 벽으로 얼굴을 향한 채" 죽어간다.

바틀비의 이상한 행동을 어떻게 설명할 수 있을까? 열두 살 소년 땅콩이 생각하듯이 그는 '약간 미친' 사람인가? 아니면 방관자들이 생각하듯이 완전히 정신 착란에 빠졌는가? 그의 불순응은 직관적인 정치적 저항으로서 간디의 비폭력 저항의 19세기 버전인가? 혹은 현대의 비평가들이 썼듯이 바틀비는 현대 자본주의의 중심에 있는 '치명적인 나태함(acedia)'의 본보기인가?

멜빌은 마치 우리의 마음과 양심에 갈고리를 묻어 두듯이 이러한 의문을 남겨 둔다. 그가 덧붙이는 것은, 화자가 그 필경사가 죽은 후 몇 달이 지나서 들은 '작은 소문 하나'가 전부다. 바틀비는 워싱턴 시에서 왔는데, 그곳에서 구조 조정으로 실직했다는 것이다. 그는 '배달 불가 우편물 취급소(Dead Letter Office)에서 말 잘 듣는 서기'였다고 한다.

"배달 불가능한 편지들이라!" 멜빌은 이야기의 결론에 이렇게 쓴다. "그건 죽은 사람처럼 느껴지지 않는가? 선천적으로 그리고 불행으로 인해 창백한 절망에 빠지기 쉬운 한 사람이 있다. 그런 인물에게 계속해서 배달 불능 편지를 처리하고 일부를 골라내어 불꽃에 태워 버리는 일보다 더 잘 어울리는 직업이 있겠는가?…생명의 심부름을 하는 이 편지들이 죽음의 길을 재촉한다. 오, 바틀비여! 오, 인간이여!"

우리는 멜빌 자신의 삶이 이 이야기 속에 스며 있다는 것을 어렵지 않게 알 수 있다. 그는 33세 되던 해에 깊은 실패를 경험했다. 2년 전인 1851년에 출판된 그의 위대한 대표작 『모비 딕』(*Moby Dick*)은 2,300

부밖에 팔리지 않았고, 대서양 양쪽에서 비평가들의 혹평을 받았다. 다른 작품인 『피에르』(Pierre)는 1832년에 출판되어 35년 동안 겨우 2,030부밖에 팔리지 않았다(평생에 걸쳐 모두 157달러를 번 셈이다). 멜빌은 1851년에 매사추세츠에 사는 친구 너새니얼 호손(Nathaniel Hawthorne)에게 보낸 편지에서 "달러는 나를 저주하나 봅니다"라고 썼다. 판매량을 대중이 저자에게 보내는 편지라고 한다면 그 우편물은 멜빌에게 고무적인 내용이 아니었던 것이다. 그는 『모비 딕』에서 "중요한 진리의 정상적인 광기"를 표현하려고 애썼다고 썼으나, 세상은 별로 관심이 없었다.

바틀비처럼 허먼 멜빌은 그의 생이 어두운 골짜기로 곤두박질하는 것처럼 느꼈고, 그의 눈에는 텅 빈 죽음의 벽밖에 보이지 않았다. 그는 호손에게 쓴 글에서, 역마차의 마부가 우편물을 싣고 가던 중(여기에 메시지의 주제가 다시 등장한다) 말을 교체하는 이미지를 사용했다. "주님, 우리는 언제쯤이면 교체하는 것이 끝납니까? 오, 참으로 기나긴 여정이군요. 여관은 아직 보이지 않고, 밤은 오고 있는데 몸은 차갑습니다."

야만성이 지루함보다 낫다?

『필경사 바틀비』를 단순한 소설로 읽든 혹은 저자의 생애를 배경으로 읽든 간에 그것은 소명의 진리에 담긴 또 다른 측면을 부각시켜 준다. **소명은 죽음에 이르는 죄인 나태함에 대한 최고의 해독제다.**

나태함(sloth)은 일곱 가지 큰 죄 중 네 번째 죄로서, 오늘날 가장 많이 오해되고 있다. 그러나 아이러니컬하게도 이것은 제대로 이해하기만 하면 현대의 특징적인 죄임을 알 수 있다. 우선 나태함은 한가로움

(idling)과는 구별되어야 한다. 한가로움이란 친구들이 함께 식사하면서 느긋하게 시간을 보내거나 연인들이 한동안 즐거운 시간을 보내는 것과 같이 편한 마음으로 어슬렁거리는 것으로서 이는 바람직한 것이다. 데이비스(W. H. Davies)는 "이생이 온통 염려로 가득 찬 나머지 우리가 멈춰 서서 가만히 응시할 시간도 없다면 도대체 이것이 무슨 인생인가?"라는 유명한 시구를 썼다. 한편 조지 맥도널드(George MacDonald)는 "사람이 항상 일하도록 되어 있는 것은 아니다. 거룩한 게으름이란 것이 있는데, 오늘날에는 그런 게으름을 개발하는 것이 무시되고 있다"고 주장했다.

나태함은 또한 무기력하게 소파에 파묻혀 있는 것과도 구별되어야 한다. 나태함은 육체적인 게으름 이상의 것이다. 사실상 나태함은 무기력 상태로 쉽게 나타나는 것만큼이나 극단적인 활동주의로도 나타날 수 있다. 그 뿌리가 육체적인 것보다는 영적인 것에 있기 때문이다. 그것은 진, 선, 미의 본체이신 하나님에 대한 추구를 포기한 상태, 곧 노골적인 영적 낙담 상태를 의미한다. 나태함은 참으로 가치 있는 것의 가치에 대해 내적으로 낙담한 상태로서, 결국에는 '그게 무슨 상관이냐?'는 식의 자포자기적인 태도로 빠져들게 된다.

나태함을 이렇게 정의하면, 에벌린 워가 관찰했듯이 "나태함은 일차적으로 젊은이가 받는 유혹은 아니다." 중세인들은 나태함을 '정오의 마귀'(the noonday demon)라고 지칭했다. 이는 마치 식곤증처럼 결국에는 신체를 압도하는, 영과 정서와 마음의 나태함이다. 그것은 새벽에 기동하는 이상주의적인 마음과 젊은 시절의 정열과는 거리가 먼 상태로서, 다음과 같이 표현된다. 즉 삶의 의욕 상실, 의미 추구의 포기, 경력의 정체 상태, 도덕적인 탈진, 의지의 마비 상태, 프랑스어로는 '앙뉘'(ennui, 권태)와 '아노미'(anomie, 무질서) 등이다.

현대적인 나태함에는 세 가지 주요한 측면이 있는데, 이는 때로는 서로 중복되지만 각각 다르며, 소명은 이 세 가지 모두와 정면으로 충돌한다. 첫 번째는 철학적인 측면이다. 하나님에 대한 믿음을 잃은 상태, 따라서 영원과 불멸에 대한 믿음도 상실한 상태는 삶 자체의 생명력 고갈로 치닫게 된다. 막스 베버는 현대 세계의 세속화 과정을 '마법 풀기'(disenchantment)라고 묘사했다. 영원의 관점에서 조망되었던 삶의 마술과 신비가 조직적으로 축소되고 파괴되었다. 그러나 C. S. 루이스는 오늘날의 '마법에 걸린'(enchantment) 상태에 관해 더 적절하게 논했고, 그보다 앞서 파스칼은 '이해 불가능한 마법' 그리고 믿음을 상실한 데서 오는 나태함의 '초자연적인 마비 상태'에 관해 썼다.

파스칼은 『팡세』에서 이렇게 썼다. "이생에는 순전하고 진정한 만족이 없다는 것, 우리의 모든 즐거움은 한낱 헛된 것에 불과하다는 것, 우리의 괴로움은 끝이 없다는 것, 그래서 결국 매순간 우리를 위협하는 죽음은 수년 후 틀림없이 우리를 찾아올 것이며 그것은 완전한 멸절이냐 아니면 영원한 비참이냐 하는 무섭고도 불가피한 대안과 함께 온다는 것, 그것을 아는 데는 대단한 지성이 필요하지 않다." 그러므로 "나는 전력을 다해 배우려고 애쓰는 자와 그것에 대해 신경도 쓰지 않고 생각조차 하지 않는 자 사이에 절대적인 구분을 짓겠다"고 그는 썼다.

무관심의 위험에 대한 파스칼의 경고는 금세기에 들어와서 진실성이 분명히 증명되었다. 니체는 흥분해서 '신의 죽음'에 대해 썼을 것이다("우리 철학자들과 '자유로운 영혼들'은 '옛 신이 죽었다'는 소식을 접하고 마치 새로운 여명이 밝아오는 듯한 느낌을 받았다"). 버트런드 러셀은 자신의 무신론적 비전인 '자유인의 예배'(Free Man's Worship)에 크게 감동되었을 것이다("오직 불굴의 절망이라는 굳건한 토대 위에서만 영혼의 거처를 안전하게 세워 나갈 수 있다"). 그러나 셀 수 없이 많은 현대인이 보기에, 하나님과 믿음이 없는 세계는 바틀비의 막다른 수동성이나 카프카의 『심판』에 나오는 요제프 K의 음울한 소외나 사뮈엘 베케트(Samuel Beckett)의 『고도를 기다리며』(Waiting for Godot)에 나오는 두 방랑자의 허망한 무의미성에 더 가깝다.

베케트가 파리에 도착한 이듬해에 문인들은 작가 자크 리고(Jacques Rigaut)의 자살로 인해 크게 동요되었다. 그의 죽음은 자신이 일찍이 표명했던 권태감과 모순되었기 때문이다. "계속해서 살아가야 할 이유가 없지만 죽을 이유 또한 없다.…우리가 삶을 경멸한다는 것을 증거할 수 있는 유일한 방법은 그것을 수용하는 것이다.…삶은 그것을 애써 떠날 만큼의 가치도 없다."

바츨라프 하벨은 『올가에게 보내는 편지』에서 현대의 지성인들이 냉소적인 태도로 "모든 것에 대한 믿음을 상실해 버린" 현상에 대해 논했다. 그는 그처럼 "삶을 포기하는 것은 파멸한 인간의 가장 비참한 모습 중 하나다"라고 썼다. 그러나 주목해야 할 중요한 점은 "당사자로 하여금 궁극적으로 삶을 포기하도록 만든 것은 이 세상의 악이 아니다. 오히려 그의 자포자기가 이 세상의 악에 관한 이론으로 그를 이끈 것이다"라는 내용이다.

하벨은 "무(無)에의 유혹은 모든 곳에 산재하는 거대한 세력으로, 점차 더 강력해지고 있으며 호소력 또한 커지고 있다. 그 유혹 앞에 선 우리 인간은 홀로 엉성하게 무장한 채 연약하게, 역사상 그 어느 때보다도 열악한 입장에 처해 있다"고 말했다. 그러고 나서 그는 파스칼을 연상시키는 어투로 "현대인의 비극은 자신의 삶의 의미에 대해 아는 것이 점점 줄어드는 데 있는 것이 아니라, 의미 자체에 대해 점점 관심이 없어지는 데 있다…"

나태함의 두 번째 측면은 문화적인 것이다. 우리는 현대 세계의 발생을 역동성, 에너지, 진보, 업적 중심의 이야기로 생각하는데 사실 그러하다. 하지만 우리는 그 이면을 종종 간과하곤 한다. 그러한 역동성으로 이룩된 세계는 편리함과 안락함, 소비주의의 세계다. 그리고 삶이 안전하고, 쉽고, 호화롭고, 최신 설비를 갖추게 되면 나태함이 다가오게 마련이다.

역동적 낙관주의의 뒷면에는 지루함이 자리잡고 있다. 소파에 파묻혀 있는 인간은 우주 비행사의 배다른 형제다. 이와 마찬가지로 소비주의의 뒷면에는 안주함이 자리잡고 있다. 강박적으로 쇼핑과 텔레비전에 매인 사람은 기분 좋음에서 아무런 느낌 없음으로 움직인다.

키르케고르는 이 같은 현대적인 나태함에 강한 반기를 든 초기 인물이었다. 그는 19세기 중반을 지칭하면서, "이 시대가 악하다고들 불평하도록 내버려 두자. 나의 불평은 이 시대가 열정을 잃어버렸기 때문에 비참해졌다는 것이다.…그들의 정열은 둔하고 느리며, 열정은 다 죽은 상태다. 그들은 최소한의 의무만 다하지만, 한편으로는 푼돈도 꽉 쥔 채 놓지 않는 자들이다"라고 썼다. 샤를 보들레르(Charles Baudelaire) 또한 19세기에 "지루한 냉담함의 열매인 권태가 영원성의 차원을 덧입고 있다"고 썼다. 그리고 테오필 고티에(Théophile Gautier)

는 현대의 지루함이 낳은 폭력과 만행에 대해 음울하게 예언하면서 "야만성이 지루함보다 낫다"고 썼다.

이런 생각은 우리의 관심을 끈다. 나태함이란 상태는 행동과 폭력과 무질서를 조장하는가? 부인할 수 없는 사실은 안락함과 편리함이 우리의 에너지와 이상주의를 고갈시키면 무위(無爲)의 나태함이 혈관에 퍼지는 독처럼 우리 마음속으로 침투한다는 것이다. 그러고 나면 무기력, 싫증, 허무함이 우리를 압도하면서 우리는 서서히 이상을 낮추려는 유혹에 굴복한다. 그 결과는 도로시 세이어즈가 통렬하게 묘사했듯이 나태함의 죄에 빠져드는 것이다. "그 죄는 아무것도 믿지 않고, 아무것도 좋아하지 않으며, 아무것도 알고 싶어 하지 않고, 아무것도 간섭하지 않으며, 아무것도 즐기지 않고, 아무것도 사랑하지 않으며, 아무것도 미워하지 않고, 아무것에서도 목적을 찾지 못하며, 아무것을 위해서도 살지 않는 것이다. 살아 있는 유일한 이유는 목숨을 바칠 만한 것이 아무것도 없기 때문이다." 20세기의 우리는 그 죄에 대해서 너무나 잘 알고 있다고 세이어즈는 결론지었다. "우리가 알지 못하는 유일한 것은 아마도 그것이 치명적인 죄라는 점일 것이다."

성경은 다윗왕이 간음과 살인 죄를 짓는 장면을 묘사할 때 다음과 같이 무엇인가를 들추어내듯 말한다. "그 해가 돌아와 왕들이 출전할 때가 되매 다윗이 요압…[을] 보내니"(삼하 11:1하). 다윗은 임무를 수행해야 할 때에 한가로이 쉬고 있었고, 전투 준비를 하고 있어야 할 때에 아무것도 하지 않았기 때문에 이미 유혹에 반 이상 노출되어 있었던 것이다.

나태함의 세 번째 측면은 전기(傳記)적인 것이다. 우리는 생애의 어느 시점에 이르면 가치 있는 것의 가치에 대한 감각을 잃게 마련이다. 역사를 통틀어서 그렇게 되는 가장 흔한 순간은 실패로 인해 실망에 빠지는 때다. 오늘날 가장 많이 언급되는 것은 '중년의 위기'라 불리는 좌절감이다. 그중에서도 최악은 실패와 중년의 위기가 복합된 경우일 것이다. 애초에 할 만한 가치조차 없는 것을 시도했다가 실패하는 것보다 더 굴욕적인 경험은 없다.

단순히 나이가 되어 찾아오는 위기가 아닌, 진정한 중년의 위기는 보통 세 가지 매우 다른 욕구 사이의 긴장으로 말미암는다. 그 세 가지는 성공적인 경력, 만족스러운 일, 풍성한 개인적 삶 등에 대한 욕망이다. 초기에는 우리의 개인적인 삶과 일 사이의 차이점이 확연하게 나타나지 않을지도 모른다. 그러나 세월이 흐를수록, 특히 한 영역에서의 성공이 다른 영역에서의 성공으로 보충되지 않을 경우에는 둘 사이의 간격이 점차 커지고 결국 깊은 좌절감을 맛보게 된다. 연구 결과에 따르면, 슬프게도 일부 사람들이 자기 일과 개인적인 삶 둘 다를 즐기지 못하고, 그보다 많은 사람들이 자기 일은 즐기지만 개인적인 삶은 그렇지 못하며, 불과 소수만이 둘 다를 즐긴다는 것이다.

성공적인 경력과 만족스러운 일 사이의 모순으로 야기된 위기는 그보다 더 치명적이다. 젊은 시절에 연봉, 사회적 지위, 부모 및 동년배의 압력 등 외적인 이유 때문에 직업을 선택한 경우, 나중에 그 일이 우리의 재능과 소명이라는 내적인 이유와 걸맞지 않는다면 상당한 좌절을 느끼지 않을 수 없다. 즉 '의미'가 우리의 내면에서 빠져 나가는 동안 겉으로는 '성공'이 우리를 치켜세울 수도 있다.

그 순간 많은 사람들은 정반대 극단으로 뛰어들어서 그곳에서 또 다른 좌절감을 경험하기도 한다. 그들은 '성공'이 만족감을 주지 못하는 이유는 그것이 세속적인 성공이기 때문이고, 반면에 '의미'가 충족감을 주는 이유는 그것이 종교적이기 때문이라고 잘못 생각한다. 그것은 사실 '가톨릭적 왜곡'의 재현이다. 여기서 문제가 되는 것은 세속적인 일과 종교적인 일 사이의 상치가 아니라, 재능과 소명(세속적이든 종교적이든)에 따라 선택한 일과 순전히 경력만 의식해서 선택한 일 사이의 모순이다.

어떤 경우든 우리의 소명과 직업 간의 모순은 우리를 부적격자로 만들어 버린다. 이로 말미암는 중년의 위기는 매우 혹독할 수 있으나 그것은 또한 위기만큼이나 기회로 판명되는 경종일 수도 있다. 소명에 따른 직업이 성취감을 주는 만큼 소명을 거스르는 직업은 좌절감을 안겨 준다.

소명의 진리는 나태함이 지닌 이 모든 측면에 대해 다룬다. 우주의 창조주에 의해 개인적으로 부름받은 우리는 우리가 하는 일 속에서 우리 삶의 매순간과 모든 영역을 포괄하는 의미를 발견한다. 또한 하나님의 소명에 의해 도전받고, 감동되고, 책망받고, 격려받기 때문에 한 순간도 편안하고, 미지근하고, 진부하고, 지루한 것에 안주할 수 없다. 그 소명은 항상 더 높고, 더 깊고, 더 먼 곳을 지향하기 때문이다.

우리는 자신의 속 깊은 재능과 열망에 눈을 뜬 이상, 직업보다 소명을 항상 먼저 고려해야 하고, 오직 소명의 관점에서만 가장 깊은 만족감을 추구할 수 있음을 알고 있다.

요컨대, 현대의 삶이라는 습지에서 메탄가스가 스며 나와 우리를 질식시키려 위협할 때마다 하나님의 소명은 우리를 급히 흔들어 깨운다. 우리로 하여금 '무슨 상관이냐?'고 생각하도록 유혹하는 나태함의 손짓에 대해 소명은 최상의 동기, 곧 궁극적인 '이유'가 된다. 하나님이 우리를 부르셨다. 따라서 우리가 모든 잠재력을 다해 그 소명에 응답하기 전에는 결코 우리 본연의 모습을 찾을 수 없을 것이다. 이 소명은 하품을 하면서는 응답할 수 없는 그런 부르심이다.

❖**묵상 질문**

당신은 당신 자신이 세운 목적보다 더 높은 목적이 없는 좁은 인생에서 벗어나고 싶은가? 당신 주변의 수많은 사람이 갖고 있는 미지근함, 지루함, 조용한 절망감을 극복하고 싶은가? 어떤 상황도 꺾을 수 없고, 어떤 실패도 낙담시킬 수 없는 한 가지 목적을 알기 원하는가? 부르심인 동시에 명령인 사령관 예수님의 초대에 귀를 기울이라. "나를 따르라."

22
창문이 있는 세계

1960년대같이 떠들썩했던 시대에 성년이 되고 신앙을 갖게 된 것은 상당한 특권이었다. 어느 누구도 무엇도 당연시할 수 없었다. 또한 어떤 것도 간접 경험으로 남아 있을 수 없었다. 생각이 있는 사람과 관심이 있는 사람은 모든 것에 대해 도전했고, 원점으로 돌이켜서 깊이 재고했으며, 생각만이 아니라 존재 전체로 개입했다. 니체의 말을 차용하자면, "60년대의 아이들에게는 모든 진리가 피비린내 나는 진리였다."

이런 도전이 그 어떤 곳보다 더 명백하게 제기된 영역은 우리가 믿는 믿음의 내용과 이유에 관한 것이었다. 내가 대학에서 철학을 공부할 때는, 수많은 캠퍼스에서 공격적인 인본주의가 지배적인 신앙으로 군림하고 있었고 유행하는 철학은 전투적인 무신론이었다. 그 철학은 실제로 "하나님(G-o-d)은 개(d-o-g)보다 더 의미가 없다"는 공리를 공공연하게 외쳤다. 후에는 일부 개신교 신학자들이 '사신신학'(死神神學)을 긍정한다는 「타임」의 머리기사로 인해 유명해졌다. 당시 풍미하던

'ABC'('anything but Christianity'-기독교만 제외한다면 그 어떤 것이든 좋다)의 분위기는 기독교, 정통주의, 전통적인 것만 아니라면 어떤 종교든 신선하고, 적실성 있고, 흥미롭다는 것을 의미했다.

특히, 1960년대의 수많은 젊은이들은 동양 종교에 심취했던 비틀스를 따랐다. 몸이 아니라면 정신적으로라도 말이다. 동양 종교는 시인 개리 스나이더(Gary Snyder)가 처음으로 비트 운동(Beat Movement)에 소개했고, 이어서 한때 성공회 상담가였던 앨런 와츠(Alan Watts)가 당시 새로이 부상하던 '반(反)문화' 운동 속에서 그것을 대중화했다. 마하리쉬 마헤쉬 요기(Maharishi Mahesh Yogi)를 비롯한 한 무리의 인도 구루들과 선(禪) 수도사들이 서양을 방문한 이후에는 동양 종교가 갑자기 대유행을 하게 되었다. 명상 센터, 채식주의, 공동 생활촌, 환생, 시타르 음악 등이 청바지와 록 음악만큼이나 친숙해진 것이다. 『바가바드기타』와 『티베트 사자의 서』, 헤르만 헤세의 『싯다르타』 등이 성경만큼이나 널리 읽혔던 것 같다.

그리스도의 초보 제자였던 나는 육체적으로나 영적으로 동양으로 향하는 사람들을 이해하고 싶어서 직접 그 길을 따라가 보았다(영적으로가 아니라 육체적으로). 나는 6개월가량 '히피의 행로'를 탐험하며, 카불, 고아, 바라나시, 리시케시, 카트만두, 태국 등 유명한 메카들을 두루 돌아다녔다.

수많은 기억 가운데 특히 두 가지를 잊을 수 없는데, 그것은 둘 다 '죽음의 잠'이라는 어구로 서로 연결되기 때문이다. 내가 그 말을 처음 들은 곳은 히말라야 중턱에 있는 유명한 구루들의 고장 리시케시였다. 당시 나는 비틀스가 방문했던 마하리쉬 아쉬람에서 멀지 않은 한 아쉬람(사원)에서 공부하던 중이었다. 그곳에 있던 대다수는 인도 사람이었으나, 나와 같은 방을 사용했던 사람은 영화감독 페데리코 펠리니와 친구라는 한 이탈리아인이었다. 그리고 힌두교로 입문하는 다양한 과정에 있는 유럽인과 미국인이 적어도 25명 이상이었다.

그곳의 구루는 영어를 유창하게 구사했을 뿐 아니라 서양 철학에 조예가 깊었는데, 서양인들을 몇 번이고 '나의 피난민'이라고 부르곤 했다. 새로운 사람들이 그곳에 도착하면 그는 그들이 서양에서 왔을 뿐 아니라 서구적 의식 구조로부터 온 피난민이라고 설명했다. 그들은 '죽음의 잠에서 도망친 피난민'이었다.

때로 그 구루는 이 어구를 플라톤의 동굴의 비유를 언급하면서 길게 설명하기도 했다. 마치 동굴에 갇혀 있는 사람과 같이 서구인은 이성과 과학에 사로잡혀 동굴 바깥에 있는 깨달음의 세계에 대해서 무지하다는 것이다. 그는 종종 18세기 영국의 시인이자 화가 윌리엄 블레이크(William Blake)의 시를 인용했다. "하나님이여, 우리를 단선적인 시각과 뉴턴의 잠으로부터 지켜 주소서!"

나는 쉬람을 떠난 직후 카트만두로 향했다. 그곳에서 같은 어구를 두 번째로 들었던 것을 결코 잊을 수 없다. 처음에 나는 서양인들이 즐겨 찾는 카페에 들어갔는데, 말기 마약 중독자들을 보살피는 영국인 의사가 나와 동행했다. 적어도 40명이 넘는 젊은 서양인들이 탁자 위에 머리를 떨군 채 잠에 빠져 있었다. 우리가 들어가자 햇빛이 연기 자욱한 방을 꿰뚫어 비쳤고, 여섯 명 남짓 되는 사람들이 가만히 고개를 들더니 흐리멍덩한 눈으로 우리를 응시했다. 그러고 나서는 이미 여러 날 동안 그래 왔듯이 다시 혼수상태로 빠져들었다.

그 의사는, 그에게는 익숙한 광경에 내가 놀라자 이렇게 말할 뿐이었다. "가련하군요. 저들은 은유적인 죽음의 잠에서 벗어나려고 시작했다가 결국에는 진짜 죽음의 잠에 굴복하고 말았어요."

'죽음의 잠', '단선적인 시각', '뉴턴의 잠' 등 그 의사와 그 구루 그리고 그 시인은 각각 무엇을 언급한 것인가? 분명히 윌리엄 블레이크는 17세기에 아이작 뉴턴이 이룩한 과학적 발견에 의해 유포된 기계론적 인생관을 지칭했다. 블레이크는 유명한 판화 "뉴턴"에서, 한 발가벗은 남자가 바위에 앉아 손가락을 펴서 두루마리 위에 그려진 수학적 도형의 호와 삼각형을 측정하고 있는 모습을 그렸다. 그 남자는 명상하는 듯 머리를 숙인 채 완전히 자기 자신과 생각에 몰입해 있다. 그는 거의 바위의 일부가 되어 있는데, 그 바위는 동굴 안에 있는 것처럼 보인다. 그것은 플라톤이 말한 유명한 동굴의 과학적 버전이다.

블레이크는 기계론적 과학이 인간의 삶을 기계 같은 실존으로 굳혀 버림으로써 일종의 포로 상태에 갇히게 했다고 생각했다. 실재에 대한 더 높은 혹은 다른 차원의 인식―그것이 기독교적 관점이든 힌두교적 혹은 다른 초자연적 관점이든―은 아예 배제되어 버린 것이다.

윌리엄 블레이크는 더 유명한 시 "예루살렘"에서 초기 산업혁명 시기에 '시커먼 악마의 맷돌'이 전통적인 풍경을 흉하게 손상시키고 있다고 썼다. 오늘날에는 뉴턴의 사상보다는 자본주의와 산업화된 테크놀로지 같은 현대화의 세력들이 '죽음의 잠'에 대해 책임을 져야 할 것이다. 그 과정을 지칭하는 전문적인 용어는 '세속화'다.

문제의 정확한 기원이 무엇이든 간에 세속화는 현대 세계에서 온전하고 살아 있는 믿음을 가로막는 주요한 도전이다. 그것은 우리가 실재를 조망하는 방식에 영향을 주기 때문이다. 앞에서 강조했듯이 현대 세계는 역사상 가장 보편적인 문화일 뿐 아니라 가장 강력한 문화이기도 하다. 그것이 참으로 놀라운 혜택을 제공했음에도 불구하고 전통 종교에 커다란 손상을 입힌 것 또한 자명한 사실이다. 현대 세계가 종교에 가하는 세 가지 중요하고 해로운 압력 중 가장 크고 으뜸가는 압력은 바로 세속화다.

여기서 우리는 소명의 진리에 담긴 또 다른 차원을 볼 수 있다. 소명은 세속화를 지향하는 거대한 현대의 압력에 정면으로 대항한다는 것이다. 예수님의 부르심은 영적인 훈련에 정진하고 초자연적인 실재를 경험하도록 요구하고 있기 때문이다.

창문 없는 세계

'세속화'라는 용어는 너무나 많은 사람이 너무나 다양한 방식으로 사용하고 있기 때문에 매우 혼란스러울 수 있다. 예를 들면, 어떤 사람들은 이 용어를 종교의 소멸을 언급하는 것으로 잘못 사용한다. 그들 중 많은 이들은 종교가 사라질 것을 바라기 때문에 그 바람을 멋지게 치장하기 위해서 이 과학적 용어를 오용하고 있다. 그들에게는 안됐지만, 현대 세계에서 종교는 분명 사라지지 않았을 뿐더러 그럴 만한 조짐도 없다. 종교가 변한 것은 명백한 사실이고, 어떤 면에서는 결정적으로 악화되었음을 부인할 수 없다. 그러나 사라지지는 않았다.

세속화를 제대로 정의하자면 다음과 같다. **세속화는 사회 및 문화의 여러 부문에서 종교적 이념과 기관들의 결정적인 영향력이 중화되어 버림으로써 종교적 이념이 덜 의미 있는 것으로, 종교적 기관들이**

더욱 변두리로 밀려나는 과정이다. 특히 그것은 현대적 의식과 사고방식이 어떻게 해서 오감의 세계에 제한되어 버렸는지를 보여 준다.

전통적인 사회에서 인간은 대부분 자연적·가시적·실체적인 것을 초월하는 세계에 대해 열려 있었다. 분명 그들은 인생의 대부분을 평범하고 일상적인 일로 가득한 '아침 7시부터 밤 11시까지 깨어 있는 세상'에서 살았다. 그리고 그들은 대부분 더 높은 차원의 실재에 대해서는 신비주의적인 태도와 회의적인 태도라는 양극단 사이의 어느 지점에 위치하고 있었다. 아울러 일반적인 실재를 초월하는 경험들—예를 들어 꿈—이 반드시 종교적인 것으로 여겨지지는 않았다.

그럼에도 불구하고 가장 심오한 차원의 경험은 '종교적인', '성스러운', '다른 종류의', '초월적인'—이 용어들이 어떻게 정의되든지—것으로 이해되었다. 그뿐 아니라 농사, 사업, 성(性), 정치와 같은 매우 세상적인 것들도 초월적인 세계의 관점에서 조망되었다.

세속화는 이 모든 것을 바꾸어 놓았다. 오늘날에는 세속화로 인하여 많은 사람들이 **보통의** 실재를 현대 세계의 **공식적인** 실재일 뿐 아니라 **유일한** 실재로 생각하게 되었다. 전통적으로 인간은 다른 세계를 향한 창문이 있는 집에서 삶을 영위해 왔다. 그것이 아무리 더럽고 깨졌고 판자로 가려져 있다 하더라도 말이다. 그러나 현대인은 피터 버거(Peter Berger)가 묘사한 '창문 없는 세계'에서 삶을 영위하고 있다.

왜 이런 현상이 발생했는지를 여기서 정확하게 설명할 필요는 없다. 간단하게 말해서, 삶 가운데 점점 더 적은 부분이 하나님, 우연, 인간의 자발성에 맡겨지게 되었고, 반면에 점점 더 많은 부분이 이성의 사용에 의해서, 즉 과학과 테크놀로지로 분류되고, 계산되고, 통제된 것이다. 이보다 더 중요한 점은 세속화가 무신론자와 불가지론자에게 영향을 준 만큼이나 종교적인 신자에게도 영향을 미쳤다는 것이다. 카시니 탐사선을 보내 토성 궤도를 13년 동안 돌게 하거나 새로운 아이폰을 만들기 위한 엄청난 계획과 절차들은 '교회 성장'이나 '미전도 종족 복음화'에도 응용될 수 있다.

요컨대, 현대 세계는 문자 그대로 하나님 없이도 '잘 굴러간다.' 우리는 우리끼리 충분히 잘해 나갈 수 있기 때문에 하나님이 필요 없다. 심지어는 그분의 교회에서도 그러하다. 따라서 우리 현대인은 명백히 종교적인 활동을 하면서도 속 깊은 차원에서는 세속적일 수 있다. 이것이 바로 오늘날 너무나 많은 그리스도인이 부지중에 사실은 무신론자인 이유다. 그들은 초자연적인 실재를 믿는다고 고백하지만 실상은 무신론자다. 그들이 믿는다고 입으로 고백하는 것이 무엇이든 간에 실제로는 초자연적인 것에 의지하지 않고 살아가는 모습을 보이고 있다. 언젠가 호주의 어느 사업가가 일본인 사장을 전도하려고 시도한 이야기를 들었는데, 그 일본인의 반응이 무척 당혹스러웠다고 했다. "불교 지도자를 만날 때면 나는 언제나 다른 세계와 접하고 있는 거룩한 모습을 보게 됩니다. 그런데 기독교 지도자를 만날 때면 언제나 나와 마찬가지로 이 세계를 유일한 집으로 삼고 그 속에서 편안히 거하는 경영자의 모습을 봅니다."

예수 그리스도를 좇으라는 소명은 이처럼 세속화를 촉구하는 현대의 압력에 정면으로 대항한다. 첫째, 예수님은 명백히 우리를 초자연적인 차원을 지닌 질적으로 차별성 있는 나라와 삶으로 부르셨다. 『영성 훈련』(The Spirit of the Disciplines, 은성출판사 역간)의 저자이자 이 분야의 훌륭한 안내자인 달라스 윌라드(Dallas Willard)는 "영성은 '또 다른 실재'의 문제다"라고 매우 강조해서 말한다. 영성은 어떤 정치적인 입장이나 신비롭게 들리는 소리가 아닌 것은 물론이지만 단지 종교적인 정서, 헌신, 생활 방식에 불과한 것도 아니다. 그리스도를 따르는 자에게 영성은 다른 실재, 다른 에너지, 다른 가능성, 다른 전망을 지닌 다른 세계의 문제다.

영적인 실재가 보이지 않는다고 해서 비실재적인 것은 아니다. 사실 그것은 그림자 같은 실재인 가시적인 세계를 좌우하는 더 실재적인 것이다. 영적인 실재는 우리 오감의 세계, 즉 세속적인 실재의 속과 위 그리고 사방을 두르고 있다. 영성은 우리가 초자연적으로 거듭나고, 훈련을 통하여 그것이 우리의 정규적인 거처가 되게끔 배울 때에만 들어갈 수 있는 차원이다.

우리는 눈에 보이지는 않지만 실재하는 초자연적인 세계를 진지하게 받아들이는가? 햄릿의 친구처럼 우리 역시 셰익스피어의 말을 상기해야 한다. "호레이쇼, 하늘과 땅에는 자네의 철학이 꿈꾸는 것보다 더 많은 것이 있다네." 니고데모처럼 우리는 예수님이 하신 말씀에 다시 한번 놀랄 필요가 있다. "진실로 진실로 네게 이르노니 사람이 거듭나지 아니하면 하나님의 나라를 볼 수 없느니라"(요 3:3). '거듭났다'고 큰소리로 외쳐 대지만 실제 삶에서는 초자연적인 차원이 나타나지 않는 경우도 상당히 흔하다.

둘째, 예수님은 자기를 따르라고 우리를 부르실 뿐 아니라 친히 영적 훈련이 차지하는 중요한 위치를 보여 주신다. 그분은 세례 받으실 때 하나님의 부름을 받고서 광야로 내몰려 사탄에게 시험당하셨으나,

영적 전쟁에서 결국 그 시험을 이기신다. 그분은 장차 세계적인 운동을 펼쳐 나갈 열두 명의 제자를 선택하는 중대한 과제를 앞두고 산으로 들어가셔서 밤새도록 홀로 하나님께 기도하신다. 그분은 수많은 인파에 둘러싸여 움직일 틈도 없고 식사할 겨를도 없었지만 새벽에 일어나서 아직 어두운 때에 한적한 곳으로 가서 기도하셨다.

예수님에게 영성은 활동적인 삶과 유리된 관조의 삶이 아니었다. 예수님의 삶에는 초(超)영적인 '가톨릭적 왜곡'이나 세속적인 '개신교적 왜곡'이 전혀 없었다. 역사상 가장 짧고도 가장 바빴던 그분의 공적 삶에는, 단지 개입과 물러남, 일과 휴식, 사역과 재충전, 군중과 고독 같은 리듬이 있을 뿐이었다.

우리가 고갈되지 않으려면 우리의 세속적인 삶 역시 초자연적인 해갈이 필요하다. 하지만 이와 마찬가지로 우리의 초자연적인 경험 역시 그 자체가 목적이 되어 탐닉과 자만을 초래하지 않기 위해서는, 단호하게 환상의 산꼭대기에서 우리의 소명이 있는 일상적인 삶의 골짜기로 내려가야만 한다. 신약성경에는 수도원이나 수도사의 자리는 없으며, 단지 힘겨운 일상의 세계에 사는 영적으로 훈련된 제자들의 자리만 있을 뿐이다.

셋째, 예수님은 소명 자체를 지탱하는 데 꼭 필요한 구체적인 영적 훈련으로 우리를 부르신다. '영적 훈련'(spiritual discipline)이란 말을 이루는 두 가지 단어 모두 우리 현대인에게는 쉽게 다가오지 않는다. 우리는 본성상 영적이지도 않고 훈련되어 있지도 않기 때문이다. 그러나 우리가 훈련을 보통의 노력으로는 할 수 없는 것을 해낼 수 있게끔 하는 데 필요한 연습으로 여긴다면, 영적 훈련은 본질적으로 육상 선수가 하는 훈련이나 악기를 연주하는 훈련과 동일한 원리로 행해지는 것이다. 달라스 윌라드의 말을 빌리면, 그것은 "단지 우리로 하여금 그리스도 및 그분의 나라와 좀더 효과적으로 협력하도록 해 주는 한 가지 활동일 뿐이다."

예를 들어, 유일한 청중이신 하나님 앞에서 사는 연습을 하는 데 고독의 훈련이 왜 중요한지 살펴보자. 예수님과 제자들이 너무나 바빠서 식사할 겨를조차 없었을 때 그분은 "너희는 따로 한적한 곳에 가서 잠깐 쉬어라"(막 6:31) 하고 말씀하셨다. 그러고 나서 그들을 '한적한(solitary) 곳'으로 데려가셨다. 다른 금욕의 훈련(개입의 훈련과 정반대인)과 마찬가지로 고독은 우리가 현대 문화의 과잉에 대항하도록 훈련하는 데 꼭 필요하다. 일상적인 삶은 우리 자신을 중요한 인물인 양 치켜올리고 타인 의존적인 생각과 행동 양식으로 몰아넣는 반면, 고독은 유일한 청중이신 그분 앞에서 우리 자신과 우리의 상황을 볼 수 있는 여유를 제공함으로써 그러한 올무에서 우리를 해방시켜 준다.

'광야'나 '골방' 중 어느 것으로 이해되든지 간에 고독은 우리에게 혼자만의 장소를 제공해 준다. 그곳에서 우리는 자신의 위치를 확인하고 주님을 북극성으로 삼아 우리가 사회로 돌아갈 때도 여전히 그분께 고정될 수 있다. 그러므로 고독은 구체적인 장소이기보다는 오히려 마음의 상태다. 그것은 홀로 있는 것이지 외로움을 의미하는 것은 아니다. 우리가 어디로 가든 무엇을 대하든, 고독은 우리 삶의 움직이는 제단으로서 유일한 청중이신 그분 앞에서 예배하면서 살 수 있도록 해 준다.

오늘날 우리는 흔히 '일'과 '여가'를 정반대의 것으로 이야기한다. 일은 심각한 것이고 여가는 노는 것이라고들 말한다. 일은 지겹고 여가는 재미있다고 말한다. 일은 돈을 벌기 위해 하는 것이고 여가는 무상의 놀이라고 생각한다. 일은 다른 누군가를 위해서 하는 것이고, 여가는 우리 자신을 위한 것이라고 여긴다. 그러나 잠깐만 생각해 보면 그렇지 않다는 것을 알 수 있다. 이보다 훨씬 더 정확한 표현은, 현대 세계는 일과 여가를 너무나 이상하게 뒤섞어 버린 나머지 오늘날 우리는 일을 예배하고, 노는 중에 오히려 일하며, 예배 중에 오히려 노는 경향이 농후하다는 것이다.

이러한 혼동은 깊이 숙고할 만한 가치가 있다. 하지만 이보다 더 중요한 점은 일과 여가의 관계가 사회마다 다르고 한 사회 내에서도 세대마다 다르다는 사실이다. 예를 들면, 휴일(holiday)을 '휴가'(vacation)로 여기는 것은 최근에 생긴 사고방식인데, 이는 과거에 휴일을 '거룩한 날'(holy day)로 보던 것과는 매우 다르다. 따라서 특정한 시기를 택해서 그 사회의 여가관을 기독교적으로 비판하는 것도 의미 있는 작업이지만, 쉼과 영적 훈련에 대한 그리스도의 견해를 깊이 상고하는 것이 절대적으로 중요하다. 그것은 모든 시대의 모든 제자에게 적용되기 때문이다.

❖ 묵상 질문

당신은 창문 없는 세계에 살고 있지는 않은가? 당신은 돈을 버는 것보다 시간을 관리하는 것이 더 큰 문제라고 느끼면서 쫓기는 삶을 살고 있지는 않은가? 당신은 이성과 실용성만을 계발하여 믿음의 눈이 어두워지고 영적 전쟁의 무기가 무디어지지는 않았는가? 당신은 엘리사의 사환처럼 "불말과 불병거가 산에 가득하여…둘[러선 것]"(왕하 6:17)을 볼 수 있는가? 부르심인 동시에 명령인 사령관 예수님의 초대에 귀를 기울이라. "나를 따르라."

23
신앙의 세 가지 함정

칼 바르트가 자신을 묘사할 때 사용한 유명한 표현은 마르틴 루터에게도 잘 적용된다. 그는 캄캄한 가운데 중세 성당의 종탑 계단을 고통스럽게 올라가서, 몸을 가누려고 계단의 밧줄을 잡는 순간 머리 위에서 울리는 종소리에 깜짝 놀랐다. 무심코 종 치는 밧줄을 잡아당겨 온 동네를 깨우고 만 것이다.

루터는 포괄적인 개혁의 비전이나 개혁을 추진하기 위한 치밀한 계획과는 거리가 먼 인물로서, 하나님 앞에서 구원의 문제를 놓고 고통스럽게 씨름하다가 그 자신도 당황할 만큼 16세기 대격변 운동—우리가 지금 종교개혁이라고 부르는—의 고삐를 당기게 되었다.

루터의 씨름은 격변적인 것이었는데, 오늘날과 같이 신학이 사회의 변두리로 밀려난 시대에 사는 우리로서는 이해하기 어려운 현상이다. 한 예로, 두 명의 젊은 네덜란드인 사제에 관한 이야기가 있다. 그들은 구텐베르크가 발명한 인쇄술 덕분에, 루터의 초기 개혁 소식을 열심히 찾아다니며 읽었다. 1520년 그들은 (7장에서 언급한) 『교회의 바벨론 유수』에 쓰인 혁명적인 내용을 읽고는 충격을 받았다. 그리스도를 따른다는 것에 대한 그들의 견해 전체가, 특히 교회를 지도하는 그들의 방식 전부가 완전히 잘못되었다는 것이다. 그들은 매우 민첩하고도 단호하게 대처했는데, 바로 다음 주일 저녁 교회 문을 잠가 버린 것이었다.

교회 문을 잠갔다? 도대체 무엇 때문에? 안전을 위해서? 아니면 교회 재산을 갈취해서 억지로 다른 교단에 양도하기 위해서? 하지만 당시에는 '교단'은 물론 '개신' 교회조차 없었다. 그 사제들의 행동은 신학적인 것이었다. '교회'가 전형적으로 '성직자'와 동일시되고 또한 건물, 기관, 교회의 계층 구조와 결부된 시대에, 루터는 소명을 재발견함으로써 중세의 왜곡에 일격을 가한 것이다.

그리스도를 따르는 자들은 오직 하나님의 영광을 위해서 오직 믿음으로 산다. 앞에서 살펴보았듯이 소명에는 성/속, 고상한/저급한, 완전한/허용된, 관조/활동의 구별이 없다. 소명은 심지어 성직자와 평신도 간의 구별조차 없애 서로 평등하게 한다. 그것은 하나님의 부르심에 반응하여 '모든 사람이, 모든 곳에서, 그리고 모든 것에서' 삶을 살아가는 문제이기 때문이다.

물론 건물로서의 교회는 예배를 비롯한 교회의 공동체 생활에 필수적이다. 하지만 건물을 그 이상으로 만들면 영원한 '에디피스 콤플렉스'(edifice complex, 거대 건축물을 지향하는 심리―역주)에 빠지게 된다. 그래서 두 사제는 그리스도를 따르는 자가 삶 전체를 하나님께 드려야 한다는 선언으로서 주일 저녁에 교회 문을 잠갔던 것이다. 벽돌공은 흙손을 들고, 농부는 쟁기 뒤에 서서, 화가는 캔버스 앞에서, 요리사는 오븐 곁에서, 판사는 법정에서, 부모는 아기 침대 곁에서 각각 호칭과 계급과 명예와 상관없이 자신의 소명에 따라 살아야 했다. 그들은 교회 바깥으로 내보내졌으므로 삶의 모든 영역과 매순간에 걸쳐 그리스도의 주되심을 증거해야만 했다.

두 네덜란드 사제의 단순한 행동은 확고한 전통으로 자라나서 네덜란드 교회의 최상의 특징을 대변하게 되었다. 17세기 화가 렘브란트가 가장 유명한 인물이지만, 네덜란드 교회의 통전적(holistic) 신앙을 가장 잘 대변하는 이야기 중 하나로 아브라함 카이퍼의 이야기가 있다. 그는 19세기의 탁월한 기독교 지도자로서 후에 20세기 네덜란드의 첫 수상이 된 인물이다. 카이퍼는 1837년 네덜란드 남부에 있는 마슬라우스에서 태어나서 레이던 대학교를 졸업했는데, 그가 사회생활을 시작한 때는 그리스도를 믿는 신앙이 견고한 세속적 자유주의와 하향세에 있던 복음주의적 경건주의 사이에 끼어 있던 ─ 오늘날 우리도 이와 유사한 상황에 있다 ─ 어려운 시기였다. 카이퍼는 이에 대한 반응으로서 신앙 및 공적인 삶에 대한 포괄적이고 강력하며 영구적인 관점을 정립한 인물이다. 그는 네덜란드 국민의 마틴 루터 킹으로 묘사되어 왔다.

카이퍼는 비전에 찬 사상가였으나 결코 관념적인 사람만은 아니었으며, 헌신된 개혁가로서 점차 네덜란드의 중앙 무대로 진출하였다. 그는 목회 사역을 위한 신학 수업을 받았으나 영향력이 점점 더 넓어짐에 따라 이 직업에서 저 직업으로 옮겨 갔다. 아니 오히려 새로운 일을 하나씩 덧붙여 갔다고 말하는 편이 더 정확할 것이다. 그가 공적인 직무를 수행한 57년간의 이력서를 보면 참으로 경이롭다. 수상으로서 4년, 목사로서 10년, 하원 의원으로서 10년, 상원 의원으로서 7년, 암스테르담 자유대학의 교수로서 20년, 정당의 의장으로서 42년, 일간 및 주간 신문의 편집인으로서 47년 등. 어떤 때는 편집인, 정당 의장, 교수, 수상의 역할을 동시에 수행하기도 했다. 그의 저작 목록에는 232권의 책이 있다. 그는 그를 따르는 자들에게 강력한 리더십과 실제적인 본보기를 보여 주었을 뿐 아니라 그들의 비전을 후대에도 이어 나갈 이론적인 도구까지 제공해 주었다.

카이퍼의 비평가들은 그가 생애 동안 세 번의 신경 쇠약 증상을 보였던 것을 지적한다. 한마디로 이 르네상스적인 사상가가 지나치게 많은 것을 시도했기 때문이라고 그들은 말한다. 그러나 그런 위기가 온 데는 다른 요인도 있었다. '신경 쇠약증'은 19세기 말에 유행하던 병이었는데, 사람들은 카이퍼의 우울증이 부친과의 관계에서 연유했다고 추정한다. 이보다 더 중요한 사실은, 헤라클레스적인 카이퍼의 엄청난 경력은 단지 과로나 그의 딸이 일컬은 바 그의 '강철 같은 섭생'(iron regimen)으로 인한 것이라기보다 삶의 전 영역에 걸친 그리스도의 주되심에 대한 그의 열정적인 비전에서 연유한 것이다.

1903년 수상이었던 아브라함 카이퍼는 자신의 정치 경력에 막을 내리게 할 사건인 철도 파업이 일어났을 때 네덜란드령 동인도에 있던 딸에게 이런 편지를 썼다. "내 소명은 높고 내 과업은 영광스러운 것이다. 내 침대 위에는 십자가상이 걸려 있는데, 그것을 쳐다볼 때면 매일 밤 주님이 나에게 이렇게 물으시는 것만 같구나. '내 쓴 잔에 버금가는 너의 고통은 무엇이냐?' 그분의 섬김은 너무나 높고 영광스러운 것이다."

앞에서 언급한 바 있는 카이퍼의 명언의 배후에는 쫓기는 강박 관념이 아니라, 이처럼 높은 소명에 대한 그의 비전이 있었던 것이다. "모든 피조계에서 예수 그리스도께서 '이는 내 것이다! 이것은 나에게 속한 것이다!'라고 외치지 않으시는 곳은 단 한 치도 없다."

이 강렬한 네덜란드 전통에도 결함이 있는 건 사실이지만 최근의 앵글로 색슨 경건주의가 지닌 연약함과는 뚜렷이 대조된다. 그리고 그것은 소명의 진리가 지닌 또 다른 차원을 가리킨다. **소명은 예수 그리스도가 삶의 모든 영역에서 주님이심을 주장하기 때문에 현대의 강력한 사유화 압력에 정면으로 대항한다.** 더욱 구체적으로는, 소명은 오늘날 공적인 삶의 영역에서 믿음을 위협하는 죽음의 삼각 함정으로부터 우리를 보호해 준다.

더 깊은 데로 가라

공적인 삶에서 믿음의 첫째 함정은 '사유화'(privatization)라는 단어다. 이 전문 용어는 현대 세계에 사는 종교적인 신자에게 굉장히 중요한 의미를 지니고 있다. 사유화는 가끔 사회주의의 와해를 묘사하는 데 사용되고, 특히 국영 회사를 민영화하는 경우에 사용되기도 한다. 하지만 여기서 우리의 관심사는 그런 의미가 아니다. 여기서 말하는 **사유화란, 현대화가 삶의 공적 영역과 사적 영역을 갈라놓고, 사적 영역을 개인의 자유, 성취, 믿음이 작동하는 특별한 장으로 강화시키는 과정을 의미한다.**

물론 현대 생활에서 사적인 영역이 엄청난 자유를 대변하는 것은 의심의 여지가 없다. 과거 어느 때보다도 더 많은 사람이 더 많이 선택하고, 더 많은 것을 하며, 더 많이 사고, 더 많이 보고, 더 많이 여행할 수 있다. 그 결과는 안타까운 것이거나 엉망진창일 수도 있으나, 사적인 영역은 우리에게 '우리 자신의 세계'를 열어 줌으로써 독립적으로 사고하고 행동할 수 있는 전례 없는 기회를 제공해 준다.

그러나 궁극적으로 우리는 기만당해서는 안 된다. 사유화된 자유의 결과는 제한적인 것이며 또한 제한시키는 속성을 갖고 있기 때문이다. 전례 없는 자유가 있긴 하지만 어디까지나 사적인 영역에 한정된 자유일 뿐이다. 우리가 추구하고 싶은 것이 무엇인가? 요가? 사탄 숭배? 부부 스와핑? 카드놀이? 방언? 성경 공부 모임? 선택권은 우리에게 있고 선택의 범위는 실로 엄청나다. 제한이란 돈, 시간, 이웃의 민감한 눈길 등 불과 몇 가지뿐이다.

그러나 금융가, 백악관, 대기업, 정부 기관 등 공적인 세계에서 이와 유사한 자유를 기대하는 사람에게는 재앙이 닥친다. 그곳은 다른 방식으로 살아가는 다른 세계다. 우리는 일하기 전에 조찬 기도회를 가질 수는 있다. 혹은 점심시간에 성경 공부 모임을 할 수 있을지는 모른다. 그러나 정상적인 직업 세계의 대부분 영역에서 개인적인 신념은 모자와 코트와 함께 사무실 문 밖에 두고 들어가게끔 되어 있다.

1830년대 영국 수상이었던 멜버른(Melbourne) 경은 언젠가 신랄한 설교를 듣고는 화난 어조로 이렇게 말했다. "종교가 사생활에 침범하는 걸 허락하다니 심각한 위기다!" 그는 무척 통찰력 있는 인물이었음에 틀림없다. 공식적인 공적 신앙이 지배하던 시대에 개인적인 신앙은 매우 과격한 것이었다. 그것은 개인의 삶에 영향을 줌으로써 삶의 모든 영역에까지 침범하여 결국 영향을 미치지 않는 곳이 없게 되는 위협적인 세력이었다. 대영 제국 시절의 수상에게 그것은 중요한 것이었다.

한편 오늘날 우리는 어떤 상황에 있는지 보자. 1970년대에 어떤 역사가는 자신이 관찰한 미국의 기독교 신앙에 대해 "사적으로는 관여하지만 사회적으로는 적실성 없는" 신앙이라고 평했다. 오늘날의 세계에서는 많은 신자의 삶에서 종교가 **공적인** 삶에 침범하도록 허락하는 것을 심각한 위기라고 여길 것이다.

현대 세계에서 사적인 생활 영역이란 신자들을 위한 무해한 놀이터라는 것을 많은 사람들이 깨닫지 못하고 있다. 그곳은 일종의 영적인 인디언 보호 구역 또는 반투스탄(남아프리카공화국의 아파르트헤이트 정책의 하나로 설치되었던 흑인 거주 구역－역주)과 같은 곳으로, 세속 사회의 구조적인 분리주의가 만들어 낸 별도의 영적 훈련소다. 그런데 문제는 대부분의 그리스도인이 이 문제점을 인식하지 못한 채 단순히 그런 상태를 기꺼이 수용한다는 점이다.

왜 이것이 문제인가? 한마디로 사유화된 신앙은 총체성이 결여되어 있다. 사람들은 "예수님이 주님이시다"라고 말하고 찬양도 부를지 모르지만 그들이 실제 삶에서 보여 주는 모습은 그와 다르다. 주되심은 주머니 크기로 축소되어 버렸다. 총체적인 삶의 규범이 때에 따라 적용되는 시간제 가치관이 되어 버렸다. 그래서 다음과 같은 문제점을 계속해서 거듭 지적해야 한다. **현대 그리스도인들의 문제점은 그들이 마땅히 있어야 할 곳에 있지 않다는 것이 아니고, 그들이 처한 곳에서 마땅히 보여야 할 모습을 갖고 있지 않다는 것이다.**

누가복음은 베드로가 이 문제와 관련하여 어떻게 무릎을 꿇게 되었는지를 묘사하고 있다. 예수님은 무리를 가르치기 위하여 베드로에게 배를 빌리시고 그런 후 그에게 "깊은 데로 가서 그물을 내려 고기를 잡으라"고 말씀하셨다. 베드로는 그 불합리한 지시에 반발한다. 그는 이미 그곳에서 밤새도록 그물을 내렸던 터였다. 그의 대답은 이런 식이었다. "보십시오, 당신은 선생이시고, 나는 어부올시다. 당신의 가르침이라면 내가 종일이라도 듣겠지만 고기 잡는 일만은 나에게 맡겨 두시오."

결국 베드로는 억지로 순종을 한다. 그런데 너무나 많은 고기가 잡혀 그물이 찢어지고 두 배가 가라앉을 정도였다. 그 광경을 본 베드로는 서둘러 육지로 나가서 예수님의 발 앞에 엎드려 "나를 떠나소서. 나는 죄인이로소이다"라고 고백한다.

예수님은 '종교 지도자'가 아니라 삶 전체의 주님이시다. 그분의 부르심에 응답하는 것은 설교뿐 아니라 고기잡이의 세계에도, 물가에서뿐 아니라 호수 깊은 곳까지도 미친다. 우리의 모든 존재, 우리의 모든 행위, 우리의 모든 소유, 심지어는 우리가 생각하고 꿈꾸는 모든 것에 이르기까지 이 요구에 비추어 점검하도록 부름받은 것이다. 다시금 반복하건대 이것은 모든 사람, 모든 곳, 모든 것의 문제다.

사유화는 21세기를 시작하는 현 시점의 신앙을 설명하는 적절한 단어가 아니라는 반론이 충분히 생길 수 있다. 비판가들은 그리스도인들이 공적인 영역에서 크게 활약하고 있지 않느냐고 말할 것이다. 일부 영역에 갇혀 있는 무능한 교회의 모습은 **과거**의 경우가 아니냐고들 말한다. 오늘날 그리스도인은 공적인 삶에서 너무 극단주의로 치달아 문제를 일으킨다고 비난받는 경우가 더 많지 않은가? 자신의 견해를 다른 모든 이에게 '강요한다'고 지적받지 않는가?

그러나 좀더 주의 깊게 관찰해 보면 더욱 복잡한 그림을 보게 된다. 최근 일부 그리스도인들이 공적으로 두드러지게 활동하고 있음에도 불구하고, 대다수 신자들은 여전히 사유화된 울타리에 갇힌 채 삶의 모든 부분에 걸쳐 믿음을 행사하지 못하고 있다. 그런데 정치를 언급하다 보니 사유화가 문제의 전부는 아님을 알 수 있다. 이에 대한 일종의 반작용으로 다른 두 가지 함정이 생겨났는데, 이렇게 형성된 삼각 지대는 사유화에 섣불리 대응하는 이들을 위협한다.

공적인 삶에서 신앙의 두 번째 함정은 '정치화'(politicization)로서, 이는 사유화에 대한 직접적인 반작용이다. 만약 사적으로는 관여하지만 사회적으로 적실성이 없는 신앙이 잘못이라면 정치야말로 신앙을 삶의 모든 영역으로 되돌려 놓는 수단임에 틀림없다. 최근 수십 년간 너무나 많은 그리스도인이 이런 식으로 생각했다. 그러나 사유화의 문제가 신앙의 '총체성'이 결여된 것이라면 정치화의 문제는 '긴장'이 결여되었다는 데 있다. 그리스도인은 이 세상 '안에' 있지만 이 세상에 '속하지 않도록' 부름받은 만큼 그리스도인의 정치 참여는 항상 그리스도에 대한 충성과 정당 노선―또는 정치 운동, 강령, 의제 등―사이의 긴장 관계로 나타나야 한다. 만약 이런 긴장이 없다면, 즉 그리스도인이 정치 운동과 너무나 밀착되어 기독교적 차별성을 상실하면 교회는 치명적 포로 상태에 빠지게 된다.

이 같은 정치적인 형태의 '바벨론 포로 상태'는 이미 유럽 역사상 크게 논의된 문제이며 현대 유럽이 교회를 배척하게 된 중심 이유이기도 하다. 사실상 교회가 어떤 문화에서 정치화된 정도와 그 문화에 의해 교회가 배척당한 정도 사이에는 반론의 여지가 없을 만큼 직접적인 상관관계가 있다. 프랑스 혁명과 러시아 혁명은 타락한 국가 교회가 독점적인 위치를 차지하고 어떤 반대도 허용하지 않자 그에 대한 엄청난 반작용으로 일어난 극단적인 본보기들이다. 1789년의 혁명적인 슬로건은 이러한 반발의 전형적인 예다. "마지막 사제의 창자로 마지막 왕의 목을 매달아라!"

지난 200년 동안 미국 교회는 이 함정을 잘 피했다. 그것은 주로 수정 헌법 제1조 덕분이었는데, 거기서 교회와 국가의 건설적인 분리가 일어났으며 자발적인 협회가 탄생했다. 이는 도덕적인 활동 주체가 집합체인 지역 교회로부터 다른 이들과 협력하여 수행하는 그리스도인 개개인으로 전환된 것을 의미한다. 그러나 20세기의 마지막 사반세기에는 이와 다른 현상이 발생했다. 그리스도인은 공적인 영역에 참여할 모든 권리를 갖고 있으며 그들 나름의 입장을 견지할 모든 권리가 있다는 것이다. 그것이 문제는 아니다. 하지만 공적인 삶에서의 기독교 행동주의가 교회의 정치화를 초래하는 것, 즉 좌파든 우파든 **비판적인 긴장 없이** 정치 운동과 동일시되는 만큼 기독교 행동주의는 그리스도를 배반하게 될 것이고 스스로 불을 질러 교회를 배척당하게 할 것이다.

과거 유럽에서 정치화된 신앙에 대해 반감이 일어났던 것과 유사한 현상이 오늘날 미국에서도 이미 시작되었다. 신앙의 장래를 생각할 때 이런 현상이 확산되는 것을 막는 것보다 더 중요한 사안은 없다.

공적인 삶에서 신앙의 세 번째 함정은 '기둥화'(pillarization)다. 이 생경한 단어는 아브라함 카이퍼 당시의 네덜란드로 거슬러 올라간다. 점차 확대되는 다원주의의 문제에 직면하여 네덜란드는 각각의 신앙 공동체가 각 영역에서 자기 나름의 제도와 기관을 세우도록 격려하는 방향으로 해결책을 찾았다. 그래서 개신교인들은 교회뿐 아니라 개신교

학교, 개신교 대학, 개신교 신문, 개신교 노조 등을 만들었다. 물론 로마 가톨릭과 인본주의자 역시 마찬가지였다. 후자의 경우 교회는 없었지만.

그 결과 네덜란드 사회는 '기둥화'되었다. 마치 고대 그리스·로마의 건물을 많은 기둥이 떠받치고 있는 것처럼 네덜란드 사회는 사회 내적인 다양성을 고무시키는 한편 전반적인 국가적 통일성을 유지하였다.

잠깐 생각해 볼 때 이런 해결책은 매우 유망해 보인다. 많은 이들은 그것이 오늘날 우리 사회 전체를 진일보시켜 준다고 믿고 있다. 각각의 신앙이 삶의 각 영역에 걸쳐 나름대로 일관성 있고 포괄적이며 구체적인 방식으로 적용되도록 해 주기 때문이다. 그리스도인이 각 영역에 걸쳐 일관성 있게 그리스도인으로 존재할 수 있는 자유보다 더 바랄 것이 무엇이겠는가? 분명 이것은 사유화와 정치화의 문제에 대한 해결책이 된다.

그러나 너무 속단하지 말라. 역사를 볼 때 우리는 재고해야 한다. 사유화는 신앙의 **총체성**을 부인하고 정치화는 신앙의 **긴장성**을 부정한다면 기둥화 역시 문제점이 드러났다. 실제적으로 그것은 신앙의 **변혁성**을 약화시킨다. 그리스도인이 자신의 시간과 에너지를 자기들 나름의 분리된 영역과 자기들만의 조직—그것이 모든 것을 흡수하는 초대형 교회든, 기독교 사업이든, 요람에서 무덤까지 이어지는 기독교 문화적 게토이든—에 집중할 경우 복음의 핵심에 있는 외향적인 변혁의 능력을 상실하고 만다. 그리스도인과 기독교 단체는 깊이 스며들고 침투하는 행동을 상징하는 '소금'과 '빛'이 되기보다는 그저 물렁물렁해져서 내부로부터 부패하기 쉬운 상태가 된다.

카이퍼는 공적인 삶에 단호히 관여함으로써 이 문제에 관한 한 면역이 생겼을지 모른다. 하지만 그가 관계한 많은 기관들은 그가 죽은 후 점차 세속화되었다. 카이퍼와 함께 종교개혁의 전통을 이어받은 상속자들은 오늘날에도 '변혁'의 이상을 큰 소리로 외치지만, 공적인 삶의 강력한 도전에 직면할 때면 얼른 안전한 기독교 집단 속으로 후퇴하곤 한다.

지난 한 세대 이상에 걸쳐 기독교계에서는 평신도를 새롭게 구비시키자는 운동이 상당히 많이 일어났다. 우리는 '하나님의 얼어붙은 백성을 녹일 때', '영적으로 실업 상태에 있는 백성에게 일거리를 주어야 할 때', '전략적인 직업을 이용할 때', '평신도를 해방시킬 때' 등등이 '드디어 무르익었다'는 소리를 반복해서 들어 왔다. 그러나 전반적인 변화는 미미할 뿐이고 거듭되는 외침은 이제 일종의 상투어가 되고 말았다. 이 같은 수사학적 표현만으로는 죽음의 삼각 함정과 겨루어 이길 수 없다.

이에 덧붙여 다른 많은 요구 사항이 있다. 우선 단체들이 갖고 있는 정신을 재발견해야 하고, 공적인 철학을 분명히 정립해야 한다. 그러나 소명을 재발견함으로써 현대 사회에 온전하고 효과적으로 침투하는 것보다 더 중요한 것은 없다. 소명은 신앙의 총체성을 주장함으로써 사유화에 저항한다. 소명은 모든 인간적인 헌신과 연합에 대해 긴장을 유지할 것을 요구함으로써 정치화에 저항한다. 소명은 사회 속에서 계속적으로 관여하여 사회 변혁을 일으키게 하는 태도와 행동을 요구함으로써 기둥화에 저항한다.

원대한 기독교 운동은 일어났다가 사라지는 법이다. 거창한 캠페인은 상승세를 탈 수 있고 거대한 연맹도 결성될 수 있다. 그러나 그렇게 인위적으로 조성된 모든 노력도, 셀 수 없이 많은 그리스도의 추종자들이 광대하고 복잡한 현대 사회 속에서 신실하게 자신의 소명에 따라 살아갈 때 미치는 영향력과는 가히 비교할 수 없을 것이다.

❖**묵상 질문**

당신의 신앙은 사적으로는 관여하지만 사회적으로는 적실성 없는 믿음이 아닌가? 당신의 믿음은 집에서만큼 일터에서도 일관성 있게 작동하는가? 당신이 속한 모든 집단과 그에 대한 충성은 그리스도에 대한 헌신에 의해 상대화되고 있는가? 당신은 '소금'과 '빛'으로서 행동하는가, 아니면 기독교 게토 안에 있기 때문에 바깥으로 내보내져야 하는가? 부르심인 동시에 명령인 사령관 예수님의 초대에 귀를 기울이라. "나를 따르라."

24
일편단심으로 사는 인생

그는 매우 불명예스럽게 생을 마감하여 찬란한 승리의 영광을 가려 버렸다. 그가 살았던 시대에는 그가 단지 살아남지 못했기 때문에 자기 이야기를 하거나 명예를 구하지 못했던 것이다. 우리 시대에는 그의 마지막이 용기를 넘어 무모함에 이른 것으로 보이기 때문에 그가 과대망상증 환자로 비난받는다.

그러나 페르디난드 마젤란(Ferdinand Magellan) 총사령관은 그런 비판에 무관심했을 것이다. 남아메리카를 돌아가는 길을 최초로 발견했고—그곳이 '마젤란 해협'이다—최초로 지구 전체를 (거의) 일주했으며, 위대한 탐험의 시대에 가장 위대한 탐험가가 된 그는 역사상 가장 강한 의지를 지닌, 일편단심의 인물 중 하나였다.

마젤란은 키도 크지 않았고 잘생기지도 않았으며 신체적인 매력이라고는 찾아볼 수 없는 인물이었다. 또한 궁중의 총애를 받는 신하도 최고 귀족 계급의 일원도 아니었고 궁중의 예도에 정통한 사람도 아니었다. 이 모든 것이 결여되어 있었음에도 불구하고 그에게는 한 가지 분명한 것이 있었다. 그는 불타는 내면의 비전이 있고 경건한 신앙으로 연단된 꿈꾸는 인물이었다. 그래서 동료 사령관의 표현에 따르면 "강인하고, 강인하고, 강인한" 인물이 되었다. 역경을 헤치고 전진한 인물이라는 표현이 마젤란만큼 정확하게 들어맞는 사람은 별로 없을 것이다.

1519년 9월 마젤란이 배 다섯 척과 선원 265명으로 이루어진 '몰루카의 함대'를 이끌고 스페인을 출항할 때만 해도 그 여행이 3년이란 긴 세월이 걸릴 줄은 상상조차 못했다. 그가 애초에 계획했던 2년도 아니었고, 단 한 척의 배만 돌아올 줄도 몰랐으며 그가 죽을 것은 더더욱 예상하지 못했다. 아울러 그는 당대가 혁명적인 시대라는 사실과 자신의 발견이 지닌 굉장한 의미에 대해서도 잘 몰랐던 것 같다. 그는 탐험가였고 새로운 곳을 발견하는 것이 그의 직무였다. 그런데 그의 전기작가들이 지적하듯이 그는 그것을 발견하기 전에는 자신이 무엇을 찾고 있는지조차 확신하지 못했다.

놀라운 사실은 마젤란이 자신의 진짜 동기를 스페인 왕궁의 후견인들에게조차 밝히지 않았다는 점이다. 그는 카를로스 1세―이후 곧 신성 로마 제국의 황제로 선출되어 카를 5세가 된―를 알현했을 때 세계 일주 항해에 관해 언급하지 않았다. 그의 후견인들의 근본 동기는 이익이었고 그의 동기는 발견이었다. 그들은 그 항해에서 향료를 획득하여 부유해지려 했다. 한편 마젤란은 아메리카를 돌아가는 길을 통해서 지구를 한 바퀴 항해함으로써 세계가 둥글다는 것을 보여 주려 했다.

종교개혁 및 르네상스의 세계는 여러 가지 면에서 혁명적인 성향이 강했는데, 특히 종교, 예술, 과학, 상업의 영역이 그러했다. 그러나 발견의 시대보다 더 중요한 혁명은 없었다. 유럽의 남서부 해안에서 출항한 수백 척의 작은 배들이 30년이란 짧은 기간 안에 세계에 대해 새로 발견한 것은 당시까지 전 세계가 발견한 모든 것보다 더 많았다. 근대 세계는 루터, 에라스무스, 마키아벨리의 펜, 다 빈치와 미켈란젤로의 붓, 코페르니쿠스의 망원경 못지않게 그 항해사들을 통해 탄생하였다.

마젤란은 미지의 세계에 대해 어느 누구 못지않게 잘 알고 있었다. 그는 바다에서 잔뼈가 굵고 온갖 고초를 겪었기 때문에 한 번도 항해한 적 없는 해역에서도 바람과 파도를 다루는 기술이 탁월했다. 그러나 그가 참으로 원하는 것은 아무도 몰랐다. 그는 당시 이미 알려진 대서양에서 미지의 태평양으로 항해할 수 있는 통로, 남쪽 어디엔가 있는 것으로 추정되는 그 해협을 찾기 원했다.

마젤란의 획기적인 항해의 절정은 수 세대에 걸쳐 학교에서 가르쳐져 왔다. 그가 우루과이 해변의 리오 델 플라토(Rio del Plato)를 발견하고는 그것이 포구이지 자기가 찾고 있던 통로가 아님을 알고 느낀 굉장한 실망. 그때 세 명의 스페인 귀족이 일으킨 반란에 대한 무참한 진압. 그리고 유럽인이 한 번도 항해한 적 없는 남극을 향해 남쪽으로 계속된 항해. 1520년 10월 모든 선원이 심한 절망에 빠져 있을 때 드디어 발견한 마젤란 해협. 태평양을 처음 본 순간 흘린 값진 눈물. 그리고 지구상 최대의 대양을 가로질러 장장 20,160킬로미터에 달하는 거리를 항해한 믿기 어려운 일 등.

무슨 일이 일어나든지 마젤란의 반응은 한결같이 "항해를 계속하라, 항해를 계속하라!"는 것이었다. 선원들이 얼마나 좌절했든, 그들의 반응이 어떠하든 간에 그는 카를로스 왕에게 한 약속을 지키려 했고

"항해를 계속하라"고 외쳤다. 선원들은 쇠약해지고, 창고는 바닥이 나고, 항해는 엉망이 되고, 장비는 낡고, 뜨거운 햇빛은 무자비하게 내리쬐었을 것이다. 그러나 그는 결코 위축되지 않았다. 항상 "항해를 계속하라, 항해를 계속하라"는 명령뿐이었다. 1521년 3월 6일 마침내 마젤란의 함대는 육지를 보게 되었다. 먼저 괌을, 그 다음에는 필리핀을.

그러나 애석하게도, 한편으로는 이해할 만하지만, 마젤란은 자신이 이룩한 업적에 대해 강렬한 종교적 희열에 들떠 있었다. 그래서 그는 불운한 원주민들을 강제로 개종시키고, 굉장한 악조건에도 불구하고 무모하게 다른 섬을 공격했다가 자기 목숨마저 잃고 말았다.

결국 마젤란의 배는 고향으로 돌아왔으나 마젤란은 영영 돌아오지 못했다. 그의 기함 트리니다드(Trinidad) 호는 폭풍에 파선되었고, 다섯 척의 배 중 마지막으로 남은 빅토리아(Victoria) 호만이 26톤의 향료를 싣고 절뚝거리며 고향 세비야로 귀향하였다. 처음에 승선했던 선원 265명 가운데 불과 18명의 유령 같은 생존자만이 62,900킬로미터에 달하는 세계 일주 항해를 완수했다. 그들이 이룩한 것은 기적이었다고 그들의 동포들은 말한다. "하나님이 세계를 창조하신 이래 이 세계에서 일어난 일 중 가장 위대하고도 경탄할 만한 업적이었다."

마젤란의 성품은 완전함과는 거리가 멀었고 그의 세계는 우리의 세계와 매우 달랐다. 그러나 그는 영웅적인 일편단심, 결코 위축되지 않는 확신, 칭찬이든 배척이든 어느 것에도 상관하지 않는 단호함, 실망과 패배와 죽음에 대한 과감한 도전 등으로 불굴의 정신을 확실하게 보여 주었다. 그의 이야기는 소명이 지닌 또 다른 측면을 잘 보여 준다. **소명은 다원화를 강요하는 현대의 압력에 정면으로 대항한다. 예수님**

의 부르심은 이 힘겨운 시대에 초점 있는 삶을 사는 데 꼭 필요한 우선순위와 관점을 제공하기 때문이다.

인생은 너무 짧다?
'다원화'라는 또 하나의 불편한 단어는 현대 세계가 신앙에 대해 행사하는 세 번째로 큰 압력을 나타내는 전문 용어다. **다원화란 선택과 변화의 확산이 선택안의 수를 급속히 배가시키는 과정을 뜻한다. 현대 사회에서 이것은 소비재, 대인 관계, 세계관 및 신앙에 이르는 사적인 영역의 모든 차원에 걸쳐 영향을 미친다.**

세속화와는 달리 다원화는 전혀 새로운 것이 아니고 이해하기 어려운 것도 아니다(교회는 1세기의 고도로 다원화된 여건 속에서 탄생하여 부흥하였다). 하지만 오늘날의 다원화는 과거의 좀더 전형적인 인간 경험과 크게 다르다. 그 이유는 과거에는 선택의 범위가 제한되어 있었고 일과 지위상의 차이가 종교라는 응집력에 의해 하나로 묶여 있었기 때문이다.

반면에 현대 세계는 전통적인 단순성과 응집력을 압도하면서 끝없는 선택과 변화의 범주를 제공한다. 수많은 군중으로 복작거리는 현대 도시에서 우리는 과거보다 서로 더 가까이 있기는 하지만 오히려 서로에게 더 낯설다. 오늘날은 지식의 폭발로 인해 다른 민족, 장소, 시대, 정신을 과거 어느 때보다 더 쉽게 접할 수 있다. 그러나 그 모든 것을 해석할 수 있는 일관된 지혜는 찾을 길이 없다. 현대의 교통수단은 우리를 세계 어느 곳에든 데려간다. 현대의 대중 매체는 버튼 하나만 누르면 온 세계와 우리를 현혹시키는 수많은 선택안을 보여 준다. 현대의 비즈니스는 세계 전역에서 생산된 상품을 동네에서 구입할 수 있게 해 준다.

이처럼 선택과 변화가 급격하게 많아지고 빨라짐에 따라 우리는 다양한 차원에서 영향을 받게 되었다. 남의 것에 대한 인식이 더욱 높아지면서 우리에게 가능한 것이 무엇인지를 더욱 의식하게 된다. **그들의 음식**, **그들의 관습**, **그들의 확신**이 **우리의 선택**, **우리의 대안**, **우리의 가능성**이 될 수 있다. 삶은 마치 셀 수 없을 정도로 많은 음식이 즐비한 뷔페식당과 같이 되었다. 그리고 이보다 더 중요하게는, 선택은 그저 마음의 상태에 그치지 않는다. 선택은 하나의 가치, 하나의 우선순위, 하나의 권리가 되었다. 현대적이 된다는 것은 선택과 변화에 중독되는 것을 뜻한다. 이런 것들이 현대적인 삶의 본질로 여겨지고 있다.

다원화의 영향 중 어떤 것은 교묘하고 파괴적이다. 예를 들면, 선택과 변화의 증가는 (모든 사람과 모든 것에 대한) 헌신과 연속성의 감소를 초래한다. 그래서 반드시 해야 할 의무가 선택적인 것으로 변하고, 주어진 것이 선택한 것인 양 착각하게 된다. 한편 너무나 분명한 영향도 있다. 즉 선택과 변화의 증대는 이내 파편화, 포화 상태, 과부하의 느낌으로 이어진다. 한마디로 말해서, 현대 세계에는 너무 많은 선택안이 있고, 관계할 사람이 너무 많고, 할 일이 너무 많으며, 볼 것이 너무 많고, 읽을 것이 너무 많으며, 따라잡을 것과 따를 것이 너무 많고, 살 것이 너무 많다.

어느 것을 선택하든 나름대로 의문이 생기게 마련이다. 그래도 괜찮을까? 그럴 수 있을까? 그래야 할까? 그렇게 할까? 그렇게 하지 말까? 그렇게 한다면? 그렇게 하지 않는다면? 무성한 의문의 숲은 캄캄한 자유 속으로 깊이 더 깊이 이끈다. 그러면 외견상 무한한 가능성으로 보였던 것이 캄캄한 염려가 되는 것이다.

   사람마다 각기 다르겠지만 어느 지점에 이르면 차단 스위치가 나가 버린다. 우리는 과중한 짐에 치이고 포화 상태에 이른다. 할 일은 너무 많은데 시간이 너무 없다. 하지만 삶의 쳇바퀴는 계속 돈다. 계획을 세우거나 요령을 부려도 그 간격은 좁혀지지 않는다. 하지만 삶의 쳇바퀴는 계속 돈다. 대인 관계 하나만 보아도 사람의 수와 다양성과 강도는 감당할 수 없을 정도다. 그러나 삶의 쳇바퀴는 계속 돈다. 한 순간에는 그 끝없는 가능성에 현기증을 느끼다가 다음 순간에는 그 피상성에 좌절한다. 그러나 삶의 쳇바퀴는 계속 돈다.

   결국 우리는 과중한 짐에 치일 뿐 아니라, 삶에서 통일성과 견실함과 일관성을 상실하게 된다. 우리의 경험은 여러 파편으로 조각난 단편들로 다가오게 된다. 각각의 순간은 그 자체로만 존재하며 과거에 뿌리를 내리고 있는 것도 미래에 어떤 결과를 낳는 것도 아니다. 각각의 경험은 마치 순간적인 음향이나 신문의 머리기사처럼 잠시 우리 주의를 끌었다가 곧장 기억에서 멀어져 간다. 그래서 오늘 열광하는 것이 내일이면 우스운 것이 되고 만다. 오늘 유명한 것이 내일이면 지겨운 것이 된다. 따라서 주의력 결핍이 오늘날의 무질서를 대변하며, 진정한 전통이 희소 상품이 된 것은 놀랄 만한 현상이 아니다.

   흔히들 돌은 고대인의 매체였고, 철은 초기 근대인의 매체였다고 말한다. 우리의 매체는 플라스틱이고 게임의 이름은 재활용이다. '단 하나의 유일한'과 '영원히'라는 말은 진부하고, '더 많은 여지가 필요하다'라는 것이 오늘날 가장 흔한 변명이다. 파편화된 우리의 삶에서 유일하게 필요한 것은 '선택안을 계속 열어 놓는 것'이다. '정체성 정립'의 기술은 고정된 것이라기보다는 유동적이다. 그리고 게임의 규칙이 게임 자체만큼이나 빨리 변하기 때문에 우리는 내일의 자유를 '담보로 잡힐 수 있는' 헌신에 '발목 잡히지' 말라고 단단히 교육받고 있다.

이러한 일상의 현대적 곤경에 대해 소명은 어떻게 말하는가? 물론 소명이 즐비하게 진열된 선택과 변화를 순식간에 사라지게 만들고 조각난 삶을 하나로 묶어 주는 요술 지팡이는 분명히 아니다. 그러나 소명은 그 자체로 파편화에 대항하는 특성이 있으며, 중요한 지점에 힘을 가함으로써 이 포화된 세상에서 초점 있는 삶을 살도록 길을 열어 준다.

첫째, 소명은 선택을 숭배하는 현대의 치명적인 우상을 전복시킨다. 현대의 삶에서 선택은 의문시되지 않는 강력하고 중심적인 것이며 우리가 생각하고 행하는 모든 방식에 스며들어 있다. 그런 만큼 또 다른 선택안을 제시한다고 해서 쉽게 무너질 수 없는 것이다. 현대인에게 선택은 책임성과 합리성을 압도하는 하나의 권리다. 낙태를 반대하는 주장이 선택의 암초에 부딪혀서 어떻게 침몰했는지 생각해 보라. 그들은 '선택권 지지'(pro-choice: 임신 중절 합법화 지지자들이 내세우는 구호—역주)라는 도전 불가능한 용어를 전면에 내세워 논쟁을 잠재우려 한다.

선택을 반대하는 논의들은 선택이 지닌 특별하고도 신적인 힘을 인식할 필요가 있다. 그러나 궁극적으로는 오직 한 가지만이 선택을 정복할 수 있다. 그것은 '선택받는 것'이다. 따라서 그리스도를 따르는 자에게 소명은 현대 생활에서 선택이 지닌 근본적인 특성을 중화시켜 버린다. 예수님은 "너희가 나를 택한 것이 아니라, 내가 너희를 택했다"고 말씀하셨다. 우리는 자신의 소유물이 아니라 값 주고 사신 바 된 존재들이다. 우리에게는 권리가 없고 책임만 있을 뿐이다. 그리스도를 따르는 것은 우리가 주도한 것이 아니라 우리의 순종적인 반응일 뿐이다. 소명의 확신보다 선택의 허식을 더 잘 폭로할 수 있는 것은 없다. 일단 우리가 부름받은 이상 문자 그대로 우리에게는 '선택의 여지가 없다.'

둘째, 소명은 우리 인생에 줄거리를 제공함으로써 파편화되고 혼란스러운 현대 세계 속에서 연속성과 일관성을 의식하게 해 준다. 다원화가 낳은 포화 상태와 과부하는 이동성으로 더욱 강화되어 현대의 소외 현상을 불러일으키는 주 원인이 되고 있다. 우리가 너무 많은 곳에서 살았고, 너무 많은 직업을 거쳤으며, 너무 많은 사람을 알고 있고, 너무 많이 텔레비전을 보았다면 어떻게 그 모든 것의 의미를 이해하겠는가? 우리 인생은 어떤 줄거리가 있는 것인가, 아니면 그저 '건전하고 격렬하며, 아무것도 의미하지 않는' 경험의 뒤범벅에 불과한가? 우리는 역사가 아널드 토인비(Arnold Toynbee)가 표현한바 "한 가지 지긋지긋한 것에 이어 또 다른 지긋지긋한 것을 말하도록" 저주받은 존재들인가? 아니면 우리의 인생 이야기는 뒤죽박죽된 혼란에도 불구하고 어떤 의미가 있는 것인가?

우리가 이런 딜레마를 느낄 때마다 소명은 현대의 이동성이 있기 전에 이미 유랑민이 존재했고, 소명이 그들에게 의미를 부여해 주었음을 상기시켜 준다. 아브라함은 갈대아 우르를 떠났고 어디로 가는지도 모르는 채 하나님의 부르심을 좇았다. 이스라엘 백성은 낮에는 구름기둥, 밤에는 불기둥을 따라 길도 없는 광야를 건넜다. 두 경우 모두 그들의 방향 감각과 의미의 발견은 오직 하나님의 소명으로부터 왔지, 그들의 예견, 지혜, 상황 파악 능력에 의한 것이 아니었다. 그들은 약속의 땅을 향해 가는 중이었다. 그들은 하나님이 그들을 인도해 가시는 길을 항상 알지는 못했지만 그들이 왜 하나님을 신뢰했는지는 항상 알고 있었다. 그분의 말씀이 그 약속이었고 그분의 부르심이 그 길이었던 것이다.

오늘날은 이와 전혀 다른가? 우리는 모두 다시 유랑민의 신세에 처해 있다. 우리는 한 도시에서 오랫동안 살 수도 잠시 살 수도 있다. 우리 직업은 수입이 적을 수도 상당히 많을 수도 있다. 우리의 친구 관계는 풍성하고 유쾌할 수도 있고 혹은 빈약하고 실망스러울 수도 있다. 우리의 이력서는 들쭉날쭉할 수도 있고 혹은 화려할 수도 있다. 그러나 그리스도를 따르는 자에게는 그 어느 것도 인생의 의미를 최종적으로 결정할 수 없다. 참으로 중요한 것은 소명을 좇아가는 것이다.

인생에서 우리는 여전히 광야의 시련들에 직면할 수 있다. 하지만 구름 기둥과 불기둥이 그곳에서 우리를 인도하고 보호할 것이다. 오늘날의 상황이 불확실하고 혼란스럽더라도 그리스도의 소명을 좇으라. 그리하면 당신은 인생의 줄거리를 갖게 될 것이다.

셋째, 소명은 우리가 광적이지 않으면서도 일편단심의 자세를 갖도록 돕는다. 현대적인 선택과 변화는 현대적 삶의 속도와 압력으로 더욱 강화되어 계속해서 우리 집중력을 분산시키고 에너지를 흩뜨리려고 위협한다. 그 결과 오늘날에는 '탈진', '늘 급한 일로 쫓기는 삶', '스케줄에 좌우되는 인생'과 같은 표현이 풍미하고 있다. 그리고 이에 대한 대처 전략 중에는 문제만큼이나 나쁜 것들이 많다. '필요가 곧 소명'이라는 위험한 개념은 과로와 혼란을 초래하는 확실한 비결이다. '당신은 오늘 쉴 자격이 있다'는 기만적인 개념은 권태와 표류로 가는 확실한 처방이다.

  두말할 필요도 없이, 진정한 해결책은 지혜로운 목표를 설정하고 다른 모든 것을 제쳐 두는 것이다. 그런데 어떻게 그것이 가능한가? 오래 전 잠언 저자는 "무지한 자는 미련한 것을 즐겨 하여도 명철한 자는 그 길을 바르게 하느니라"고 썼다. 좀더 최근에는 하버드 대학교의 철학자 조지 산타야나(George Santayana)가 "명확한 어떤 것을 성취하는 데는 다른 모든 것을 포기하는 것이 뒤따르기 마련이다"라고 썼다.

  현대 세계에서는 초점 있는 삶을 살기가 더욱 어려워졌고, 그럭저럭 버티며 사는 것은 사실상 불가능하다. 시인이자 그리스도의 추종자인 W. H. 오든은 자신이 얻은 교훈을 이렇게 피력했다. "오늘날 예술가가 어떤 것을 성취하려면 시간 사용에서 의식적으로 엄격해지는 법을 배워야 한다. 이전 시대라면 이는 신경과민이자 이기적인 모습으로 비쳤을 것이다. 그러나 이제 그는 자신이 사면초가의 상태에서 살고 있음을 잊어서는 안 된다." 솔제니친 역시 예술가가 "덧없는 문제에 지나치게 매달려 바짝 말라 버리고 싶지 않다면 다른 방도가 없다"며 동의했다.

  예술가에게 해당되는 것이 우리 모두에게도 해당된다. 삶 자체가 사면초가의 상태에 있다. 여기서 소명 의식이 도움이 되는 이유는, 그것이 인생의 여러 가지 가능성에 해당하는 동심원들의 중심을 직시할 수 있는 눈을 제공하기 때문이다. 현대 생활은 우리에게 끝없는 일들—우리가 할 수 있는 것, 우리가 하기 좋아할 만한 것, 우리가 해야만 한다고 다른 이들이 말하는 것 등—을 쏟아 붓는다. 그러나 우리는 하나님이 아니며 무한하지도 영원하지도 않다. 한마디로 우리는 매우 유한한 존재다. 우리에게는 한정된 수명, 한정된 에너지, 한정된 지성, 한정된 재정밖에 없다. '…을 하기에 인생은 너무 짧다'는 말은 결국 '인생은 너무 짧다'는 말로 줄일 수 있다.

그러나 우리가 자신의 재능과 소명에 맞게 기여하고 타인들도 그렇게 한다면, 풍성한 열매와 안식이 따른다. 우리의 재능은 본래 주어진 목적을 위해 사용된다. 그리고 우리는 그저 작은 인간에 불과한 우리의 모습을 과장하지 않고 능력껏 살면서 안식을 누릴 수 있다. 르네 뒤보스(René Dubos)의 유명한 금언 "세계적으로 생각하고 지역적으로 행동하라"(Think globally, act locally)는 소명의 맥락에서 가장 잘 이해할 수 있다.

예수님은 십자가에 달리기 전에 드린 위대한 기도에서 아버지께 이렇게 기도했다. "아버지께서 내게 하라고 주신 일을 내가 이루어 아버지를 이 세상에서 영화롭게 하였사오니." 어떤 사람들은 이 구절을 해석할 때 예수님이 하신 일에 초점을 맞춘다. 다른 이들은 예수님이 하지 않은 일—책을 쓰거나, 대학을 설립하거나, 혁명을 주도하지 않은 것, 혹은 모든 병자를 고치거나 모든 사람을 가르치거나 모든 사람을 각각 돌보시지는 않은 것 등—에 집중해서 해석한다. 이 두 가지 다 바른 해석 방법이다. 그러나 그 두 가지는 모두 그분이 받은 단 하나의 소명, 곧 하나님의 메시아로서의 소명이 지닌 다른 측면들이다.

재능과 소명에 초점을 맞춘 이상적인 삶은 작가 도로시 세이어즈에게 굉장한 의미가 있었다. 그녀는 글쓰기나 단테에 관한 연구를 언급할 때 "테니슨(Tennyson)이 표현했듯이 '나에게 맞는 분명한 소명'이라고 느낀다"고 말했다. 그러나 세이어즈가 처음부터 그것을 분명하게 느낀 것은 아니었으며, 그것을 분명하게 느끼며 마무리하기도 쉽지 않았다. 그녀가 옥스퍼드 출판인이자 책 판매업자인 배실 블랙웰(Basil Blackwell) 밑에서 일했을 때, 그는 그녀에 대해 "억지로 마구를 채워 마차에 매어 놓은 경주마처럼" 어울리지 않는 일을 하고 있다고 묘사했다.

또한 세이어즈는 소명을 찾은 이후에도 그것을 꼭 붙잡는 것이 결코 쉽지 않다는 점을 경험했다. 성직자들이 툭하면 그녀에게 가든파티를 요청해서 글쓰기를 방해했기 때문에 그녀는 분개했다. "어떻게 그들이 감히 그리스도인의 소명을 운운하는가? 그들은 글쟁이로서의 나의 소명을 탈취해서 단지 내 이름이 알려졌다는 이유로 전혀 소명도 재능도 없는 일에 시간을 낭비하도록 요청하고 있으니 말이다."

세이어즈의 명성은 그녀에게 기독교 변증가의 역할을 부여했고 교회 지도자들은 계속 그런 일을 요구했다. ("우리는 당신을 이 세대를 향한 선지자로 삼아 당신이 원할 때는 언제든지 사용할 수 있는 마이크를 주어야겠소"). 그녀는 친구에게 이렇게 썼다. "이런 일을 할 때면, 이것은 내가 해야 할 일이 아니고 마치 나 자신의 인격을 침해하는 위험한 짓을 하고 있다는 느낌이 강렬하게 든다."

영예는 유명세나 가치 있는 프로젝트만큼이나 우리를 미혹한다. 1951년 윈스턴 처칠이 수상으로 복권했을 때, 그는 집무실에서 C. S. 루이스에게 대영 제국의 훈작사가 되어 달라는 글을 보냈다. C. S. 루이스는 처칠을 존경했지만 그 제안을 거절했다. 그의 소명이 영예와 타협할 여지가 있었기 때문이다. "종교에 관한 내 글들이 모두 가장된 반좌파 선전용이고, 서작(敍爵) 인명부에 내 이름이 오르면 자기들의 입지가 강화될 것이라고 말하는 악한들과, 또 그렇게 믿는 바보들이 있기 마련이다. 그러므로 내가 거기에 오르지 않는 편이 더 낫다."

소명 의식은 당신의 삶에서 궁극적인 나침반인가? 1941년 T. S. 엘리엇은 "인생이 단 하나의 동기만 표명할 수 있을까?"라고 물었다. 그 한 가지 동기가 우리 자신에게 속한 것이라면 대답은 '아니다'이다. 우리는 평생에 걸쳐 단 하나의 동기만을 지향하고 견지할 만큼 지혜롭지도 순수하지도 강하지도 않다. 그 길에는 광신이나 실패만이 있을 뿐이다.

그러나 단 하나의 동기가 하나님의 소명으로 말미암은 것이라면 대답은 '예'다. 어떤 상황에서든, 오늘이든 내일이든, 우리를 향한 하나님의 소명은 우리 인생의 불변하는 궁극적인 근원지이자 내용이요, 이유이자 목적지다. 소명은 하나님에 대한 '긍정'이요 현대의 혼란스러운 요구에 대한 '부정'이다. 소명이야말로 우리 인생의 줄거리를 파악하는 열쇠이고, 혼란한 세상에서 수수께끼 같은 우리 존재의 의미를 풀어내는 열쇠다.

❖**묵상 질문**

당신은 과중한 짐을 진 채 파편화되고 포화된 삶을 살고 있지는 않은가? 당신은 필요를 채워 달라는 소리에 이끌려 이리저리 정신없이 뛰고 있지는 않은가? 당신은 좋은 일을 하느라고 최선의 것을 종종 놓치는 까닭에 좌절감을 느끼고 있지는 않은가? 당신은 단 한 가지 일에 집중하는 열정과 순수한 마음을 갖고 싶은가? 부르심인 동시에 명령인 사령관 예수님의 초대에 귀를 기울이라. "나를 따르라."

25
한낮에 꿈꾸는 사람

T. E. 로렌스(Lawrence) 혹은 '아라비아의 로렌스'의 공적에 관한 이야기는 언제나 의견이 분분하다. 어떤 이들은 로렌스가 얼마나 총명하고 용맹스러운 사람이건 간에 그것이 그의 어두운 부분을 가려 주지는 못한다고 생각한다. 소설가 로렌스 더릴(Lawrence Durrell)은 그를 '구역질 나는 작은 놈'이라고 불렀다. 다른 이들은 이 세상의 모든 풍자가 동원되더라도 로렌스를 영웅으로 만들어 준 자질들의 광채를 흐리지는 못할 것이라고 생각한다. 윈스턴 처칠은 로렌스를 '우리 시대에 살아 있는 가장 위대한 인물 중 하나'라고 묘사했다. 작가요 정치가이자 캐나다의 총독이었던 존 부캔(John Buchan)이 "나라면 세상 끝까지 로렌스를 따라갔을 것이다"라고 호평한 것은 전형적인 반응이다.

로렌스의 이야기를 바탕으로 만든 작품들도 인상적이다. 논란의 여지는 있겠지만 오스카상에 빛나는 걸작 〈아라비아의 로렌스〉는 오슨 웰스(Orson Welles)의 〈시민 케인〉과 더불어 모든 시대를 통틀어 가장 위대한 영화 두 편으로 꼽힐 것이다. 분명히 그것은 '머나먼 지평의 시인'이라고 불리는 데이비드 린 감독의 작품 중 최고다. 이 영화를 계기로 영화계에 뛰어든 사람이 여럿 있는데 가장 유명한 사람은 스티븐 스필버그(Steven Spielberg)다. "나는 '로렌스'를 처음 보고 무척 감명을 받았다. 그것을 보고는 내가 보잘것없는 존재라고 느꼈으며 지금도 마찬가지다. 그것이 그 작품의 위대함을 가늠하는 한 가지 척도다."

로렌스에 대해 이같이 상반되는 태도가 나타난 원인은 그의 어린 시절로 거슬러 올라간다. 알렉시 드 토크빌은 프로이트를 예견한 듯이 "말하자면, 인간의 전(全) 존재는 아기의 요람 속에 담겨 있다"고 썼다. 아일랜드 시인 조지 러셀(George Russell)은 이렇게 매혹적으로 썼다.

먼 옛날의 그림자와 황혼 속
어린 시절이 빗나간 그곳에서
세상의 크나큰 슬픔이 태어났네.
그리고 그 영웅들이 만들어졌네.
유다의 잃어버린 소년기에
그리스도는 배신당했네.

로렌스는 1888년 8월 웨일스에서 태어나서 8세 때 부모와 세 형제와 더불어 옥스퍼드 북부로 이사했다. 부모인 토머스와 세라 로렌스는 나이, 기질, 사회적인 지위 등 여러 가지 면에서 서로 너무 달랐다. 아버지는 아일랜드인 준(准)남작이었고 어머니는 스코틀랜드인 간호조무사였으며, 성격도 서로 맞지 않았다. 더 중요한 사실은 로렌스는 부모

중 어느 편의 이름도 아니었고, 그들은 결혼한 관계가 아니었으므로 아이들은 모두 사생아였다는 점이다. 그러나 이 어두운 비밀은 가려졌을 뿐 아니라 엄격하고 깊은 기독교 신앙에 의해 오히려 상쇄되었다. 부모 모두 독실한 신자였고 가정생활도 신앙적으로 영위되었다.

로렌스 가족은 유능하고 친절한 성공회 목사 캐넌 크리스토퍼(Canon Christopher)의 영향으로 옥스퍼드에 오게 되었다. 그는 성 알데이트 교회에서 오랫동안 목회를 하면서 수많은 옥스퍼드 학생들의 삶을 변화시켰고 로렌스 가족에게도 큰 영향을 끼쳤다. 크리스토퍼 목사는 제1차 세계대전 직전 93세의 나이로 생을 마감하기까지 그 가정에 가장 큰 영적·지적 영향을 준 인물이었다.

로렌스의 세 형제 모두 크리스토퍼 목사의 영향을 많이 받았다. 첫째는 중국에서 의료 선교사가 되었고, 둘째는 인도에서 그리스도인 교사가 되었으며, 셋째는 기독교 캠프의 유명 강사가 되었다. 로렌스 역시 지울 수 없을 정도로 깊은 영향을 받았다. 비록 그는 자신의 복음주의적 뿌리에서 멀리 떠났고 어머니의 청교도적 통제에서 떨어져 나갔지만, 20대 초반까지는 열심히 신앙생활을 했으며 가정의 신앙적 발자취가 항상 그를 따라다녔다.

옥스퍼드 고등학교와 옥스퍼드 대학교(지저스 칼리지)에서 교육받은 로렌스는 담황색 머리, 총명한 푸른 눈, 몽상가의 비전을 지닌 인물로, 동양에 매혹되어 있었다. '꿈꾸는 첨탑의 도시' 옥스퍼드는 꿈꾸는 아들을 키웠던 것이다.

로렌스는 아랍 세계에 이끌렸고, 옥스퍼드의 고고학자이자 해군 정보 장교였던 데이비드 호가스(David Hogarth)를 사사했기에 세계 여행

가나 집시 학자가 될 가능성이 컸다. 그러나 제1차 세계대전은 그의 성격과 평판을 완전히 뒤바꾸어 놓았다. 그는 아랍 반란군을 돕는 일에 가담하여 예루살렘의 해방을 도왔으며, 그것은 오스만 제국의 멸망과 현대 중동의 탄생을 도왔다. 그는 미국인 기자 로웰 토머스(Lowell Thomas)에 의해 크게 부풀려져 전설적인 영웅이자 메카의 왕자, '아라비아의 로렌스'가 되어 영국에 귀환했다.

로렌스는 자기 생애를 다룬 토머스의 작품 "최후의 십자군"(The Last Crusade)을 보고 상당히 고무되었는데, 이것을 본 사람이 런던에서만 백만 명이 넘었다. 로렌스는 자신이 어떤 인물이 되었는지 목격하기 위해서 밤마다 영화관을 찾아갔다. 하지만 한편 그는 그 신화적인 묘사와 부담감 때문에 매우 두려워했다. 그래서 그는 법적으로 이름을 바꾼 다음, 로스(Ross) 이등병으로 영국 공군에 입대하여 무명의 삶으로 사라졌다. 이는 그가 '두뇌 수면'과 '지성의 자살'이라 일컬은 고의적인 자기 격하의 행동이었다. 그리고 그 많은 모순이 미처 밝혀지기도 전에 1935년 오토바이 사고로 죽었고 영원히 풀 수 없는 수수께끼 같은 인물로 남겨졌다.

로렌스는 과연 어두운 비밀을 갖고 있었는가? 즉 어린 시절 사생아 신분으로 인한 수치심, 어머니의 강렬한 소유욕, 터키인에게 잡혔을 때 당한 '데라(Deraa)에서의 강간' 등 말이다. 이에 대한 논쟁은 결론을 내리지 못한 채 계속될 것이다. 로렌스는 다른 사람들의 공상의 산물인 동시에 황당무계한 인물인가? 어느 정도는 그럴 여지가 있다. 그러나 모든 거품이 가라앉고 연기가 걷힌 다음에도 한 가지만은 의문의 여지가 없다. 로렌스는 이스라엘 국가와 아랍 세계를 포함한 현대 중동의 발흥에 처음부터 중요한 기여를 했다는 점이다. 그는 꿈꾸는 자요 비전에 찬 인물로서 그의 상상력은 그의 행동을 낳는 근원이었다.

로렌스의 작품 『지혜의 일곱 기둥』(*Seven Pillars of Wisdom*, 뿔 역간)의 저변에는 꿈이 흐르고 있다. 그는 친구에게 이렇게 말한 적이 있다. "내게는 위대한 정신이 돋보이는 거작(巨作)들인 『카라마조프가의 형제들』, 『차라투스트라는 이렇게 말했다』, 『모비 딕』을 모아 둔 선반이 있다네. 내 야망은 네 번째 것을 만드는 것일세." 그는 행군하면서 날마다 쓴 메모를 바탕으로 유럽 평화 회담 중 파리에서 처음 이 책을 썼는데, 여기에는 그가 '아라비아에서 하나의 아랍을 목표로 아랍인들에 의해 시작되고 진행된 아랍 전쟁'에서 활약한 영웅적인 이야기가 담겨 있다. 로렌스는 거의 단숨에 다음과 같은 내용을 서정적으로 기술한다. "광활한 벌판, 널리 퍼지는 바람의 맛, 햇살, 우리가 지녔던 희망 등. 장차 태어날 세계의 신선한 아침이 우리를 취하게 했다. 우리는 표현할 수 없는 들뜬 생각으로 흥분되어 그것을 위해 싸워야 했다."

로렌스는 이 같은 꿈이 결국 무너졌다고 시인한다. "젊음이 이길 수도 있었지만 계속 버티는 법을 배우지 못했고 세월 앞에서는 가련할 정도로 연약했다." 그는 새 하늘과 새 땅을 위해 싸웠고, 노인의 해결책은 '모든 평화에 종지부를 찍을 하나의 평화'였다. 그러나 그를 항상 내모는 힘이 한 가지 있었는데, 그는 수백 페이지에 달하는 책을 마무리하면서 이렇게 말한다. "옥스퍼드의 고교 시절 나는 내가 살아 있는 동안 새로운 아시아, 냉혹한 시간이 우리에게 가져다 줄 아시아를 서둘러 형성하겠다는 꿈을 꾸었다.…공상처럼 보이겠지만 이것이 내가 평범한 노력을 시작한 계기였다."

로렌스가 비전에 관해 가장 감동적으로 기술한 대목은 『지혜의 일곱 기둥』의 서문에 나온다. "모든 사람은 꿈을 꾸지만 똑같은 꿈을 꾸는 것은 아니다. 밤에 먼지 쌓인 마음 한구석에서 꿈꾸는 자는 아침에 일어나면 그것이 헛된 꿈이라는 것을 발견하게 된다. 그러나 한낮에 꿈꾸는 사람은 위험한 인물이다. 왜냐하면 그들은 두 눈을 크게 뜬 채 그 꿈이 이루어지도록 실제로 행동할 것이기 때문이다. 내가 바로 그렇게 행동했다."

옥스퍼드 고등학교에서 아카바와 와디 럼까지는 머나먼 길이다. 그러나 그 거리는 꿈꾸는 십대 소년에서 꿈을 행동에 옮겨 '민족주의적인 사상으로 꿈의 궁전을 그리던' 아랍인들을 위해 싸우는 30세의 대령에 이르는 거리보다 더 먼가, 아니면 더 가까운가? 한낮에 꿈꾸는 자는 비전과 현실 사이의 간격을 메우기 위해 노력한다.

로렌스의 경우 꿈을 꾸었던 학창 시절과 신앙이 돈독했던 시기가 일치하긴 하지만, 그의 비전을 비전에 관한 기독교적 이해와 너무 밀접하게 연결시키는 것은 무리한 시도일 것이다. 하지만 '한낮에 꿈꾸는 자'라는 로렌스의 용어는 소명에 응답하는 것을 잘 묘사하는 표현이며, 소명의 독특한 특징 한 가지를 예증해 준다. **소명은 현재에 대하여 외부의 관점으로 꿰뚫고 들어와 기독교적 비전과 그리스도인 비전가의 일차적인 근원이 된다.**

불타는 가슴과 날개 달린 발

오늘날처럼 실용주의적인 풍조에서는 비전 운운하는 것을 경멸하기 쉽다. 그것은 게으르고 위험한 것으로, 혹은 한때 품었다가 사라지는 것으로 치부되곤 한다. 분명 비전은 꽃다운 젊음의 특징이며 넘치는 힘과 이상주의, 현 상태에 대한 욕구 불만 등의 자연적인 산물이다. 예를 들어, 저널리스트 맬컴 머거리지는 말년에 기독교로 회심한 인물인데, 겉치레와 허세를 거침없이 또는 냉소적으로 폭로하는 솜씨로 유명하다. 그러나 젊은 시절에는 전혀 달랐다.

머거리지는 케임브리지 대학을 졸업한 직후 친구에게 자기 묘비문을 써 보냈다. "여기 그 영혼이 때때로 크나큰 갈망으로 불타던 인물이 누워 있노라. 그에게 때때로 조물주의 커튼이 조금 열리긴 했으나 그것을 사용할 배짱이 없던 인물이었도다."

그러나 어떤 이들은 비전과 상상을 지속적으로, 젊은 시절뿐 아니라 인생 자체의 수원(水源)으로서 활용해 왔다. 19세기의 위대한 정치인으로 꼽히는 벤저민 디즈레일리가 정상에 오른 것은 예상치 못한 빠른 행보였다. 그의 초기 일기 속에 성공의 비결이 담겨 있다. "정치에서 공리주의자는 종교에서의 공리주의자와 같다. 이들은 모두 체제 속에 있는 상상을 빼내 버린다. 그런데 상상이야말로 인류를 지배하는 것이다."

디즈레일리가 깨달은 이 진실은 그의 민족 전체에도 그대로 적용된다. H. L. 멩컨(Mencken)은 어느 글에서 이렇게 썼다. "유대인은 아득한 옛날부터 인류 가운데 대표적인 몽상가였고, 타의 추종을 불허할 만큼 인류의 위대한 시인으로 존재해 왔다." 소명 자체가 그러하듯이 소명이 그리스도를 따르는 자에게 불러일으키는 비전에 찬 믿음 역시 아브라함, 이삭, 야곱, 모세의 백성의 경험으로 거슬러 올라간다. 하나님 이외에 다른 신은 없으며, 그 유일한 하나님을 모시지 않는 자에게는 안식이 없는 법이다. 하나님은 항상 움직이시는 분이다. 그러므로 믿음이란 항상 불안정한 상태를 의미한다. 그 부르시는 자는 보이지 않을 수도 있고 최종 목적지는 미지의 것일지 모르지만, 그분의 부르심을 따르는 자는 하늘의 음성과 앞서가는 비전을 갖고 있으며 그 비전은 모든 현 상태를 전복시키고 모든 안식처를 뒤흔든다.

사실상 비전은 소명에서 너무나 중심적이고 너무나 폭발적인 결과를 낳는 것이기 때문에 먼저 여러 가지 모조품과 분명하게 구분하는 것이 현명하다. 구체적으로 말하자면, 소명의 비전은 세 가지 측면에서 보호되어야 한다. 첫째, 우리는 가짜 비전을 경계해야 한다. 하나님의 소명은 진정 소명의 결과에 해당하는 비전만을 불러일으키고 보장할 뿐이다. 그 이유는 성경이 경고하듯이, 상상력이라는 중요한 기능이 타락한 결과 인간이 신이 되기 위한 주요 수단이 되었기 때문이다. 바벨탑 이야기를 킹제임스 성경에서는 이렇게 번역한다. "이제 그들이 상상하여 하고자 하는 어떤 일도 막지 못하리라." 그러나 탑을 세우는 이들의 문제는 능력이 아니었다. 테크놀로지와 통일된 언어의 도움을 받은 그들의 타락한 상상력이 그들을 유혹하여 인간 조건의 한계를 넘어서 하나님과 맞서도록 부추겼던 것이다. 결국 마르크스와 히틀러, 마오쩌둥도 모두 몽상가들이었다.

다른 한편, 하나님의 소명의 닻에서 풀려 버린 비전과 상상력은 그 허황됨이 폭로될 때 취약하다. 프로이트는 공상과 백일몽을 예술적 창조성과 구별하면서 전자를 충족되지 못한 소원의 산물로 무시해 버렸다. "모든 공상 하나하나는 불만족스러운 현실을 바로잡는 일종의 소원 성취다." 백일몽은 "세 가지 시제 사이를 떠다닌다"라고 그는 말한다. 자세히 살펴보면, 성취되지 못한 희망이 '과거, 현재, 미래를 관통하는 소원의 끈 위에서' 그 세 시제를 묶고 있음을 알 수 있다고 한다. 복권에 당첨되는 공상이든 와이키키 해변에서 빈둥거리는 공상이든 자세히 들여다보면 그 사람이 자신의 현재 삶을 어떻게 생각하고 있는지 알 수 있다.

요컨대, 우리는 비전을 오용해서 우리의 자만심과 욕망을 채우는 수단으로 삼기 쉽다. 이와 대조적으로 기독교적 비전은 하나님의 소명에 의해 직·간접적으로 영감받은 것이므로 그만큼 책임을 안고 있다. 그것은 상상력을 동원하여 통찰하는 행위로서, 사물의 핵심을 꿰뚫어 보는 믿음의 통찰력과 가능한 장래의 힘으로 현재를 초월하여 솟구치는 믿음의 예견력을 합친 것이다. 아직 미처 합쳐지지 않은 것을 상상으로 묶어 내는 것이 비전 있는 믿음의 비밀이다. 비전과 현실, 말과 성취, 현재와 미래, 상황과 가능성, 불안정함과 목표를 향해 뻗어 나가는 것, 잘못된 것에 대한 분노와 더 나은 것을 목표로 삼는 것 등 서로 대립하는 짝이 무엇이든 간에 비전 있는 믿음은 그 사이의 간격을 메우려 한다. 이것이 바로 로렌스의 '한낮에 꿈꾸는 자'를 공상가와 구별시키는 것이다. 이것이 또한 그들이 위험한 인물인 이유다. "그들은 두 눈을 크게 뜬 채 그 꿈이 이루어지도록 행동한다."

히브리서 11장은 비전 있는 믿음을 가진 사람들을 기록한 위대한 인명록이다. 그들은 하나님에 대한 비전을 힘입어 당대의 관습과 가치관과 우선순위에 거슬러 살았던 인물들이다. 그들은 다른 북소리에 맞춰 행진했다. 그들의 눈은 다른 목표를 향해 있었다. 그들의 본향은 다른 나라에 있었다. 그들은 다른 도시를 고대하고 있었다. 그들은 믿음으로써 전 세계를 향해 이의를 제기했으며, 히브리서 기자는 "이런 말을 하는 사람들은 자기네가 고향을 찾고 있다는 것을 나타내는 것입니다"(11:14, 새번역)라고 그들에 관해 쓰고 있다.

이 문장에 비전 있는 믿음의 비밀이 담겨 있다. 어떻게 그들은 당대를 초월하여, 당면한 문제를 극복하며, 일반적으로 받아들여지는 것에 거슬러 살고, 불가능한 것 너머에 있는 가능성을 찾으며 살 수 있었을까? 그들은 전 생애 동안 하나님의 부르심을 받아 믿음에 걸맞은 대안적인 비전의 언어와 논리에 따라 말하고 행동했다. 이들이야말로 모리스 웨스트(Morris West)의 『어부의 신발』(The Shoes of the Fisherman)에 나오는 신임 교황이 말한 바, "나에게 불타는 가슴과 날개 달린 발을 가진 사람들을 데려오시오"라고 했던 그런 유의 인물들이다.

둘째, 우리는 진정한 비전이 우리를 끌어당겨 빠뜨릴 수 있는 함정을 경계함으로써 비전 있는 믿음을 보호해야 한다. 소명이 낳은 비전으로 그리스도를 따르는 자는 대부분 사람들이 소속된 분파, 예를 들어 보수파, 진보파, 급진파 등에 쉽게 들어맞지 않는다. 그러나 우리 역시 이 시대의 자녀인 만큼 강력한 물살이 우리를 이 진영 저 진영으로 끌어당기고 있는 것이 현실이다.

한 가지 분명한 예는 전통적인 세계와 현대 세계가 소명을 각각 정반대의 방향으로 이용하려는 경향이다. 전통적인 세계는 보수주의를 선호하는 자연스런 경향이 있는데, 과거에나 그 후에나 소명은 종종 현 상태를 정당화시키는 데 이용되었다. 윌리엄 퍼킨스는 『소명에 관한 소론』에서 표준적인 규칙을 설정하고 있다. "마치 군인이 전쟁터에서 지휘관이 지시한 자기 위치를 목숨을 걸고 고수해야 하는 것처럼, 그리스도인도 어떤 변화나 변경 없이 자기 소명 안에 계속 거해야 한다." 당시의 많은 이들처럼 퍼킨스도 고린도전서 7장에 나오는 바울의 가르침, "각 사람은 부르심을 받은 그 부르심 그대로 지내라"에 근거하여 이 충고를 하고 있다. 그러나 여기서 부르심은 원어를 루터가 잘못 번역한 것임을 그는 알지 못했다.

칼뱅은 그러한 정적인 이해를 피하라고 경고했다. 그는 그 본문에 대해 이렇게 해석했다. "그 단어들은 각 사람이 자기 소명에 묶여 있으므로 그 소명을 버려서는 안 된다는 생각을 말하는 것처럼 보일지 모른다. 하지만 만약 재봉사가 다른 직업으로 옮길 자유가 없거나, 상인이 농업으로 전향할 자유가 없다면 너무나 힘들 것이다. 나는 이것이 사도가 의도한 바는 아니라고 생각한다." 바울이 비난하고 있는 것은 "불안정함, 곧 개인으로 하여금 자신이 처한 여건 속에 평안한 마음으로 거하지 못하게 만드는 것"이다.

그러나 칼뱅의 이러한 주장에도 불구하고 영국의 시민 혁명과 미국의 남북 전쟁에서 소명은 현 상태를 정당화하는 데 오용되었다. 17세기에 케임브리지의 존 체크(John Cheke)는 의회를 공격하는 데 그것을 이용했다. 그는 올리버 크롬웰의 지지자들에게 이렇게 썼다. "성경을 자세히 살펴보라. 그러면 우리는 [하나님을] 진실로 경외할 뿐 아니라, 우리 왕께 충성스럽게 순종하고 우리의 고유한 소명 안에서 섬겨야 한다는 것을 배우게 된다." 이보다 더 나쁜 예로는, 1863년 미국에서 한 남부인은 노스캐롤라이나주의 농장에서 일하던 400명 노예들의 충성심을 정기적인 성경 수업—고린도전서 7장의 가르침을 포함한—덕분으로 돌렸다. 같은 시기에 발간된 리치먼드의 한 신문은 이렇게 선언했다. "수많은 이들[노예들]이 그리스도께 회심하여 구원에 이르고, 따라서 그들이 하늘에 계신 주인의 멍에를 온유한 자세로 짊어지고 이 땅에서 더 나은 종이 되길 바라고 기도해야 하지 않겠는가?"

이와 대조적으로 현대 세계에는 변화와 진보를 선호하는 편견이 있기 때문에, 이같이 보수주의를 위해 소명이 남용되는 것이 우습게 보인다. 그 이유는 우리가 직면한 유혹이 정적인 편견이 아니라 진보적인 편견이기 때문이다. 우리는 선택을 고집하고, 변화를 기대하며, 적실성을 높이 사고, 아무 생각 없이 더 새로울수록 더 참되고 최신의 것일수록 최고인 것으로 믿는다. 우리는 로버트 케네디가 인용한바 조지 버나드 쇼의 말에 담긴 정서를 본능적으로 동경한다. "우리는 사물을 있는 그대로 보고 '왜?'라고 질문한다. 그러나 나는 과거에 한 번도 존재하지 않았던 사물을 꿈꾸면서 '왜 안 되는가?'라고 질문한다."

그런데 우리는 그러한 편견에 이끌려 극단으로 나아간다. 1960년대의 문화 혁명 이래 '왜 안 되는가?'라는 반문이 정의의 꿈보다 훨씬 더 큰 영향력을 행사해 왔다. 그것은 금지된 것에 도전하는 마술적인 단어가 되었다. "왜 안 되는가?" "그래서 어떻다는 말인가?"라고 우리는 묻는다. "그것은 그저 금하기 위해 금하는 것이다." 따라서 꿈에 그리던 이 자유의 땅에서는 '모든 것이 허용된다.' 편의 위주의 허무주의는 전통을 붕괴시키고 그 자리에 영적·도덕적·미학적 황무지가 들어서게 되었다. 이는 사회에서뿐 아니라 교회에서도 마찬가지다.

우리의 도전은 우리의 잘못이 아니므로 분명하게 보이는 이전 세대의 실수를 직시할 뿐 아니라 너무나 가까이 있어서 보기가 더 어려운 우리 시대의 문제점을 잘 보는 것이다.

셋째, 우리는 유사품에 기만당하지 않도록 경계함으로써 비전 있는 믿음을 보호해야 한다. 현대의 한 가지 예는 '자조'(自助)와 '적극적 사고방식'이라는 강력한 흐름이다. 교회보다 훨씬 더 광범위한 근원을 가진 '적극적 사고방식'은 다양한 방식으로 표현되어 왔다. 랠프 왈도 에머슨의 초월주의, 메리 베이커 에디(Mary Baker Eddy)의 크리스천 사이언스, 윌리엄 제임스(William James)의 '건강한 사고의 종교' 등이 그 예다. 이런 사고방식이 대중적인 기독교의 옷을 입게 되면 쉽게 이단으로 전락한다. 소명이 하나의 객관적인 기준이 되어 우리를 이끄는 것이 아니라, 우리 자신의 힘을 키울 목적으로 이용하는 자원이 되어 버리는 것이다. 그래서 소명을 건강, 부, 인기, 중요성, 마음의 평안 등에 이르는 열쇠로 여긴다. 그 결과는 바로 이단이다. 하나님을 믿는 믿음이 우리 자신의 이익을 위한 믿음을 받드는 믿음이 되어 버린다.

더 뿌리가 깊고 오래된 유사품은 비전 있는 믿음과 기사도의 이상을 혼동하는 데서 기인한다. 적극적인 사고의 경우와 마찬가지로 소명이 원정(遠征)과 겹치는 부분이 있다는 것은 중요한 사실이다. 예를 들어, 아시시의 프란치스코의 '그리스도를 위한 음유 시인(Troubadour: 11-13세기에 남부 프랑스, 북부 이탈리아 등지에서 기사도와 용맹성을 노래하던 일파의 서정시인-역주)'과 키르케고르의 '신앙의 기사' 같은 표현에서 그런 현상을 볼 수 있다. 그러나 시대에 관계없이 호소력을 지닌 전사의 정신 역시 그 자체의 위험을 안고 있다. 무엇보다 그것은 높이 치솟은 열망을 통하여 어떤 것이든 정당화시키는 데 이용된다. 예를 들면 군국주의, 십자군 원정, 폭력 숭배, 남성 쇼비니즘, 사랑의 우상화, 텅 빈 낭만주의와 가식적 태도가 여기에 포함된다.

군사적인 이상과 전투적인 삶은, 안락함에 대해 죄책감을 느끼며 '지나친 문명화'의 결과에 대해 우려하는 세대에 큰 호소력이 있다. 그러나 그들의 이상, 기초 교육, 시험, 형제애, 희생의 요구 등은 종종 예수님의 소명을 가장한 유사품이고 위험한 편법일 경우가 많다. 성 프란치스코는 자기를 따르겠다는 젊은 기사에게 이렇게 소리쳤다. "그대는 충분히 오랜 기간 예장대와 칼과 박차를 지녔다오! 이제 당신이 예장대를 끈으로, 칼을 예수 그리스도의 십자가로, 박차를 길의 먼지와 흙으로 바꿀 때가 되었소! 나를 따르시오. 그러면 당신을 그리스도 군대의 기사로 만들어 주겠소!"

오늘날 가장 매력적인 이상은 파우스트적인 노력이다. 아담과 하와, 프로메테우스, 판도라, 이카루스, 파우스트, 프랑켄슈타인 등 역사와 문학에 등장하는 이야기를 훑어보라. 그 이야기들이 주는 강력한 경고는 우리 모두에게 타산지석이 된다. 즉 지식, 부, 권력, 성적 기교를 얻기 위해 인생의 모든 에너지를 쏟아 부어 경계선을 침범하는 자들은 결국 파우스트처럼 악마와의 협정에 의해 파멸하게 될 것이다.

그러나 우리 현대인은 각본을 바꾸어 버렸다. 파우스트는 괴테의 소설에서와 같이 마귀와의 협정을 통해서 정죄받은 것이 아니라 구원받았다. 그래서 우리는 그와 같은 노력에는 한계가 없으며 아픔도 없는 것처럼 생각한다. 그것을 야망이라 부르라, 사업이라 부르라, 경쟁심이라 부르라, 탁월성의 추구라 부르라, 인간 잠재력의 완전한 계발이라 부르라, 권력에의 의지라 부르라. 현대의 삶에서 파우스트적 인간은 열망을 품고 그 경계선을 넘어간다. 그는 사람들의 갈채를 받으며 장애물을 뛰어넘고, 관습을 비웃으며, 도덕적 판단을 무장 해제시키고, 금지된 것을 경멸한다. 자신이 선을 넘었음을 알지 못하고 자신의 운명에 대해 망각한다.

오늘날처럼 억제되지 않은 자아(ego)가 커질 대로 커진 시대에는 과거 청교도들이 '아담의 질병'이라고 불렀던 것이 중심적인 특징이 되어 버렸다. 니체는 이런 정신을 가장 탁월하게 부추긴 인물이다.

당신이 인생의 강물을 가로질러 건너야 할 바로 그 다리를 대신 만들어 줄 사람은 아무도 없다. 오직 당신, 당신만이 그것을 만들 수 있다. 물론 당신이 이 강물을 통과하도록 해 줄 길과 다리와 반신반인(半神半人)은 수없이 많지만 그것은 당신 자신을 앗아갈지도 모른다. 즉 당신이 자신을 저당 잡힌 채 당신 자신을 잃을 수도 있다는 말이다. 이 세상에는 당신 외에는 어느 누구도 알 수 없는 단 하나의 길이 있다. 그 길이 어디에서 끝나는지는 묻지 말고 그냥 그 길을 따라가라. "인간은 자신의 길이 여전히 자신을 인도할 수 있는지의 여부를 모를 때 가장 높이 자란다"고 말한 사람은 누구였던가?

그는 과연 누구였는가? 아이러니컬하게도, 니체는 몰랐지만 그것을 처음 말한 사람은 올리버 크롬웰이었다. 환언하면, 그 말은 기독교적인 맥락에서 한 것인데, 크롬웰이 논한 주제는 그러한 노력을 가능하고도 온건하게 만들어 주는 진리, 곧 소명이었다.

그 주장을 올바른 기초 위에 되돌려 놓자. 그러면 위험하지 않다. "인간은 자신의 길이 여전히 자신을 인도할 수 있을지 여부를 모를 때 가장 높이 자란다." 그를 부르시는 분이 하나님인 한, 히브리서 저자가 말한 것처럼 "믿음으로 아브라함은 부르심을 받았을 때에 순종하여 장래의 유업으로 받을 땅에 나아갈 새 갈 바를 알지 못하고 나아갔[다]"(히 11:8).

오스왈드 챔버스는 "각 사람은 누구나 자기가 붙잡을 수 있는 것 이상으로 뻗어 나가도록 만들어졌다"고 썼다. 그는 자신에 대해 아내에게 이렇게 말한다. "거의 매시간 그분의 소명 의식이 내 안에 자라고 있소. 결국 전 세계를 헤매고 다니는 유랑민의 인생을 살게 될까 걱정되오. 당신과 나를 위한 위대한 시절이 다가오고 있소." 그는 또한 이렇게 쓰고 있다. "우리 앞에는 얼마나 장대한 분투의 인생이 활짝 펼쳐져 있는가! 그분의 사업을 위해 매수당하지 않는 영혼, 그것이 나의 책임이다." 한낮에 꿈꾸는 자는 그리스도의 소명을 좇을 때 바른 경로를 지킬 수 있다.

❖ **묵상 질문**

당신의 믿음은 오직 코앞에 있는 것만 보는가, 아니면 "바라는 것들의 실상이요 보이지 않는 것들의 증거"이기도 한가? 여기에 지금 있는 것, 현재 용인된 것이 당신의 사고를 제한하는 일종의 감방은 아닌가? 아니면 당신은 이미 붙잡은 것을 넘어 그 이상의 것을 향해 뻗어 가고 있는가? 젊은 시절 이후로 당신의 비전은 점차 새어 나가지 않았는가? 아니면 여전히 그 값을 지불하면서 비전과 현실의 간격을 메워 가고 있는가? 부르심인 동시에 명령인 사령관 예수님의 초대에 귀를 기울이라. "나를 따르라."

26

평범한 것에서 광채를

사람들이 자살의 문턱까지 갔다가 뒤로 물러서는 이유를 여러 가지 들었다. 그 가운데 우리 집안과 관련하여 매우 중요한 의미가 있는 것이 있는데, 그것은 가장 드문 이유이기도 하다. 바로 어떤 훌륭한 작업을 보고 매료되는 것이다.

이 젊은 여인은 18세로 어린 두 자녀를 둔 쾌활하고 재능 있는 미인이었다. 하지만 고향에서 멀리 떨어진 곳에서 혈혈단신으로 고아가 된 빈털터리 신세였다. 최근 그녀의 고장을 뒤흔든 한 결투에서 남편을 잃은 그녀는 자발적인 망명의 길에 올라야 했다. 제인 데스테어가 스코틀랜드 에클페칸에서 작은 강물을 응시하는 동안 어두운 생각에 빠진 것도 무리는 아니었다. 쓰라린 고통이 온몸의 세포 구석구석을 파고들었다. 절망이 시야를 가로막았다. 죽음은 그녀 앞을 흐르는 깊은 강물만큼이나 매혹적인 평안을 약속하며 손짓하고 있었다.

때는 1815년, 워털루 전투에서 웰링턴이 나폴레옹에게 승리한 해였다. 결투는 사회적으로 점차 비난의 대상이 되고 있었지만 영국과 아일랜드에서는 아직 합법이었다. 제인이 자신의 인생을 파산시킨 그 결투에 대해 처음 들은 것은 친구들이 죽어가는 남편을 집으로 데려왔을 때였다.

치명적인 총상을 입은 존 프레드릭 데스테어는 시 보안관 후보이자 더블린 사(社)의 평사원이었다. 그는 경솔하게도 회사에 대한 대니얼 오코넬의 공격에 이의를 제기하여 그 위대한 아일랜드 해방자에게 결투를 요청한 것이었다. 덩치가 데스테어의 두 배나 되는 국민 영웅 오코넬은 처음에는 거절했으나 결국 결투를 수락하기에 이르렀다. 그의 사격 솜씨는 형편없다고 알려져 있었다.

운명적인 결투는 2월의 늦은 오후 더블린에서 서쪽으로 20킬로미터 가량 떨어진 눈 덮인 곳에서 더블린 사의 마차들과 일단의 농부들이 집결한 상태에서 벌어졌다.

데스테어가 순서를 정하는 동전 던지기에서 이겨 먼저 방아쇠를 당겼는데 의외로 빗나가고 말았다. 총알이 오코넬의 발 근처 땅에 맞은 채 튕겨 나갔던 것이다. 그 다음에 오코넬이 일부러 낮은 쪽을 향하여 방아쇠를 당겼는데 이번에는 데스테어의 사타구니를 맞추고 말았다. 그는 땅에 넘어져 뒹굴다가 집으로 옮겨졌다. 「더블린 저널」(*Dublin Journal*)은 "데스테어 씨의 상처는 위험한 상태이며 총알을 빼내지 못한 것으로 전해진다"고 보도했다. 데스테어는 당시 신사라면 으레 그랬던 것처럼 오코넬을 용서한다는 말을 남긴 채 그 다음날 숨을 거두었다.

그러나 오코넬은 자신을 용서할 수 없었다. 그는 남은 생애 동안 내내 후회하였고 성찬식 때는 그 운명적인 방아쇠를 당긴 손에 검은 장

갑을 낀 채 참여했다고 전해진다. 오코넬은 젊은 미망인을 방문해서 자신의 수입 일부를 주겠다고 제의했다. 그녀는 정중하게 그 제의를 거절했지만 오코넬은 죽을 때까지 30년간 그녀의 딸에게 소액의 연금을 보내 주었다.

제인 데스테어는 유대인으로 추정되는 음악가 집안 출신이었는데, 그 가정은 영국으로 왔다가 남부 독일을 거쳐 아일랜드로 이주했다. 그녀의 아버지는 조지 3세의 궁중 악단 지휘자이자 웨스트민스터 사원에서 열린 헨델 축제의 지휘자였다. 그녀의 의붓 형제인 존은 헨델이 총애하는 피아니스트였는데, 그 위대한 작곡가가 그를 가리켜 "나머지 사람들은 모두 헛수고한 것이나 다름없다"고 말할 정도였다.

그러나 그날 제인 데스테어가 캄캄한 강물 속을 바라보던 순간에는 그 어느 것도 중요하지 않았다. 그러다 우연히 그녀는 위를 쳐다보았고 강둑 저편 들에서 젊은 농부가 일하는 광경이 눈에 들어왔다. 그는 그녀의 나이쯤 되어 보였는데 무슨 일이 있든지 아랑곳하지 않고 자기 일에 열중하고 있었다. 그의 일솜씨는 무척 치밀하고 노련했으며 정신이 온통 일에 집중되어 있었기 때문에 새로 만든 밭고랑은 마치 화가가 캔버스에 그림을 그린 듯이 훌륭하게 보였다.

제인은 정신이 팔려 그 광경에 매료되었다. 농부의 솜씨에 서서히 감탄이 생겨났고, 감탄이 경이로, 경이가 책망으로 바뀌었다. 도대체 자신은 자기 연민에 빠져 무엇을 하고 있는가? 어린 두 아이가 자신에게 그처럼 의존하고 있는데도 어떻게 그렇게 자기에게만 파묻혀 있을 수 있는가? 그녀는 스스로를 책망하면서 기운을 내어 일어났고 더블린으로 돌아가 인생을 새롭게 시작했다. 농부가 일을 멋지게 하는 모습을 보고 자살에서 구출되어 삶의 의욕을 되찾았던 것이다.

앞서 나는 그런 이유는 매우 드물다고 말했다. 또한 우리 집안에 중요한 의미가 있다고 말했다. 제인 데스테어가 바로 나의 고조모이기 때문이다. 죽음의 문턱에서 가까스로 벗어난 그녀는 몇 주 후 드디어 믿음을 갖게 되었다. 그리고 수년 후 나의 고조부를 만나 결혼했다. 그는 더블린 양조장 주인 아서 기니스의 막내아들이자, 워털루 전투에서 나폴레옹을 패퇴시킨 아일랜드 동향의 아서 웰즐리 웰링턴 공작 아래서 장교로 복무했던 존 그래턴 기니스다.

그 결투가 없었다면 우리 가족은 세상에 존재하지 않았을 것이다. 그 농부가 없었더라면 결투하는 남편의 비극에 이어서 결투인의 과부의 비극이 뒤따랐을 것이다. 그녀는 특별한 솜씨로 일하는 모습에 매료되었던 것이다.

고조모는 몇 가지 면에서 남다른 분이었다. 그중 하나는 그녀가 12세대에 걸친 후손들을 위해 기도했다는 사실이다. 나는 그러한 신앙의 유산을 물려받은 집안에서 태어난 것을 깊이 감사한다. 그녀가 자살에서 물러나게 된 그 드문 이유는 소명의 또 다른 중요한 차원을 예증해 준다. 그 스코틀랜드 농부의 아들에 관해서는 알려진 바가 거의 없다. 단지 그가 밭고랑을 갈던 모습과 일하면서 휘파람으로 찬송을 부른 것 외에는. 그러나 스코틀랜드 역사상 가장 기독교적이었던 당대의 일반적인 동기를 살펴볼 때, 그 사건이 강조하는 바는 **소명은 삶을 변혁시켜 평범하고 비천한 일에도 일상의 광채를 부여한다는 것이다.**

평범한 것에서 광채를

이 시점에서 우리는 굉장한 수사를 동원하여 현실의 속박을 슬쩍 외면하고픈 유혹을 느낀다. 그러나 우리가 하는 모든 일이 신나고, 유익하고, 성취감을 주는 것인 양 가장하는 것은 한마디로 웃기는 짓이다. 많은 일이 지겹고, 또 벗어날 길도 없다. 단지 해야만 하는 일들일 뿐이다. 마루를 닦고, 기저귀를 갈고, 하수구를 뚫고, 쓰레기를 버리고, 범죄자를 처벌하는 등 해야 할 일이 즐비하다. 에이브러햄 링컨이 종종 말했듯이 "정치에서는 누구나 구질구질한 일을 손수 해야 한다." 우리는 종종 '누군가는 해야 하는 일'이라는 식으로 더러운 일을 지칭하며, 그 일이 자신에게 떨어지지 않도록 안간힘을 쓴다. 그래서 그 짐이 보통 가정에서는 어머니에게, 사회에서는 가난한 자에게 지워진다.

그뿐 아니라 현대 세계는 그런 단조로운 일을 피하게끔 맞추어져 있다. 편리함은 선택, 변화와 함께 소비 중심 생활의 거룩한 삼위일체를 형성하고 있다. '즉석' 식품과 '사용자 편의'를 위한 물품이 모두 죄, 고통, 더러움, 싸움 등 부정한 것들로부터 보호된 채 포장되어 있기 때문에 경제적으로 여유 있는 사람이라면 단조로운 일을 덮어 버리는 생활을 영위할 수 있다. 따라서 위험한 결합이 발생한다. 불쾌한 현실에 대한 혐오가 커지는 동안 불쾌한 현실이 뒤로 후퇴하는 것이다. 그 결과는 현대판 까다로움이다. 우리는 너무 중요한 존재라서 일상적인 것에 의미를 부여할 수 없고, 우리는 너무 세련된 존재라서 손수 단조로운 일을 할 수 없다.

현대의 삶이라는 만화경을 다시 돌려 보면 또 다른 특징이 나타난다. 우리는 비천한 일을 무시할 뿐 아니라, 나아가 현대적이고 제한적이며 성에 안 찬다는 이유로 어떤 일들을 하도록 끊임없이 압력을 받는다. 어떤 일의 내재적 중요성—그 자체의 가치—때문에 일하는 것이 아니라 도구적 이유—자기표현, 자기 성취, 이익, 평판 등—로 그 일을 하게 된다. 플로리다 주의 유니버설 스튜디오에서 한 안내원이 영화 촬영을 위해 가짜 문을 단 집을 가리키면서 "올랜도에서는 카메라가 보지 않는 어떤 것도 실재하지 않습니다"고 내게 말한 것과 같다.

소명의 진리는 이 모든 태도에 반발하면서 인생을 달리 보고 다르게 대하도록 도전한다. 일상적인 것의 가치를 제대로 인식하는 것과 비천한 일을 높이는 것은 별개의 문제다. 그러나 소명은 이 두 가지 모두에 대해 중요한 역할을 한다.

첫째, 소명은 다시 한번 우리에게 진정한 청중을 상기시킴으로써 사물을 변혁시킨다. 우리 자신이나 다른 인간 청중을 위해서 한 단조로운 일은 항상 단조로운 일로 남아 있다. 그러나 하나님을 위해 한 단조로운 일은 높임받고 변화된다. 19세기의 위대한 중국 개척 선교사 허드슨 테일러(Hudson Taylor)는 이렇게 가르치곤 했다. "작은 일은 작은 일이다. 하지만 작은 일에 신실한 것은 큰 일이다." 이와 비슷하게 테레사 수녀(Mother Teresa)도 "나는 큰 일을 하지 않는다. 나는 작은 일을 큰 사랑으로 한다"고 말했다.

이 주제는 17세기 사람들의 소명관에도 두드러지게 나타난다. 존 코튼은 소명이야말로 "가장 평범하고 가장 어렵고 가장 위험한 것으로 우리를 이끌어 갈 수 있으며, 또한 그런 것에 우리를 노출시킬 수 있다"고 강조했다. 세상적인 사고방식에 물든 사람은 "소명에 어떻게 순복해야 할지 모른다." 그러나 그리스도를 따르는 자에게는 "너무 힘든 일도 너무 평범한 일도 없다." 그 이유는 "하나님을 위해 하는 일이라면, 하지 못할 정도로 단조로운 일이 없기 때문이다."

동시대에 이 진리를 가장 아름답게 표현한 것은 종종 찬송으로 불려지는 조지 허버트의 시다.

나를 가르치소서, 나의 하나님, 나의 왕이시여.
모든 일 가운데 당신을 볼 수 있도록
내가 어떤 일을 하든
당신을 위해 하게 하소서!
유리를 보는 사람은
그 눈이 유리에만 머물러 있을 수 있되,
원하기만 한다면 그 유리를 뚫고 들어가
천국을 일견할 수 있습니다.
당신이 모든 것에 함께하시는 이상
어떤 것도 너무 비천한 것은 없습니다.
'당신을 위해서'라는 이름의 빛깔이 더해져
밝고 깨끗하게 되지 않을 것이 어디 있겠습니까.
이 어구를 지닌 종은
단조로운 일을 신성하게 만듭니다.
당신의 법으로 말하자면, 방을 청소하는 자는
그것을 멋지게 하는 것입니다.
이것이 그 유명한 돌,
모든 것을 금으로 만드는 돌입니다.

하나님이 만지고 소유하시는 것이라면

그 이하로 말할 수 없기 때문입니다.

이것은 그저 우아한 경건에 불과한 것인가? 이 경건이 과연 실제적인지를 의심하는 이는 구체적으로 적용된 예를 살펴볼 필요가 있다. 예를 들어, 셰이커(Shaker) 가구 회사의 철학을 보라. "모든 제품을 과거에 만들어진 어떤 것보다 더 좋게 만들라. 눈에 보이지 않는 부품을 만들 때도 보이는 부품을 만들듯이 하라. 가장 일상적인 물건을 만들 때에도 최상의 재료만을 사용하라. 당신이 가장 큰 것에 주의를 기울이는 만큼 가장 작은 것에도 주의를 기울이라. 당신이 만드는 모든 물건이 영구적인 것이 되도록 디자인하라." 셰이커에서 만든 의자는 모두 천사가 앉기에 적합하게 만들어졌다고들 한다.

청중을 의식하는 이러한 태도는 전혀 다른 차원인 정치의 영역에서도 가능하다. 예를 들어, 1885년에 찰스 고든 장군은 벨기에의 레오폴(Leopold) 왕을 돕기 위해 유럽을 떠나 콩고로 갔다. 그의 친구들은 매우 놀랐다. 한 친구가 이렇게 편지를 보냈다. "자네는 이미 간장을 녹일 만큼 찌는 더위 가운데 충분히 살았네. 오랜 친구에게 간곡히 하는 말인데, 우리 중 최고인 자네가 적도에서 죽을 것이 확실한데 죽을 만한 명분이 분명하지 않은 것 같군…."

그러나 고든은 그런 충고에 주춤하지 않았다. 칭찬과 자부심은 그의 안중에 없었다. 그 일이 자신의 소명에서 중요한 부분이라면 그 위상과 예상되는 결과는 상관없었다. 이전에 그는 다른 친구에게 이렇게 썼다. "거대한 나라를 다스리는 A가 되든, 가장 작은 곳을 다스리는 B

가 되든 똑같다. 그리스도는 A의 정부와 관련된 사건을 다스리시는 만큼이나 B의 작은 문제도 다스리시기 때문이다." 그래서 그는 떠났다. 중요한 것은 그가 무엇을 하느냐가 아니라 누구를 위해 하느냐였다.

둘째, 소명은 하나님 아래서 우리의 시선을 있는 그대로의 사물에 집중시킴으로써 그것을 변혁시킨다. 불교와 영지주의를 비롯한 많은 종교는 세상을 부정한다. 그들이 보기에 물질은 부패를, 장소는 제한성을, 시간은 죽음을 의미한다. 이와 대조적으로 기독교 신앙은 이중 초점의 시각을 갖고 있는데, 세상을 긍정하는 동시에 세상을 부정하는 것이다. 한편으로 이 세상은 악으로 인해 손상되고 황폐해져 버렸다. 그러나 다른 한편으로 이 세상은 선하게 창조되었다. 따라서 손상되었음에도 불구하고 하나님의 창조의 실재와 선함은 계속 존재하며 양도될 수 없는 것이다.

도로시 세이어즈는 창조에 대한 이런 시각을 일에 적용시켰다. 그녀는 『신조인가 혼돈인가』(*Creed or Chaos*)에서, 기독교적 관점은 현대의 경향과 정면으로 반대되는데, 오늘날에는 일을 돈 버는 것과 동일시하며 따라서 일하는 목적은 어떤 다른 것을 하기 위해 돈을 버는 것이라고 지적했다. "의사가 의술을 펼치는 것은 일차적으로 고통을 덜어 주기 위해서가 아니라 먹고살기 위해서이고…변호사가 사건을 수임하는 것은 정의에 대한 열정 때문이 아니라 그것이 그들을 먹여 살리는 전문직이기 때문이다." 존 러스킨(John Ruskin)은 산업혁명 당시에 이렇게 문제를 진단했다. "사람들이 제대로 먹지 못하는 것이 문제가 아니라, 식량을 얻기 위해 하는 일에서 즐거움을 찾지 못하고 부를 유일한 즐거움의 수단으로 우러러본다는 것이 문제다."

세이어즈는 그 결과가 현대적인 이단과 현대적인 오류라고 말한다. "현대적 오류는, 일이 사람의 창조적인 에너지가 사회에 봉사하기 위해 표출되는 것이 아니라 돈과 여가를 획득하기 위해 하는 것에 불과하다는 것이다." 이와 대조적으로, 부름받은 사람에게는 일이 가능한 한 최대로 우리 본성의 성취이자 하나님이 주신 창조성의 표현이 되어야 한다. 그러면 "일은 한 사람이 전심을 다해 하는 것이 될 것이고, 그는 바로 그 일 자체를 위해서 일하게 될 것이다."

C. S. 루이스는 동일한 창조 교리를 자연에 적용시킨다. 그가 "영광의 무게"(The Weight of Glory)란 글에서 쓴 유명한 문구가 있는데, 이는 '**평범한** 사람이란 없다'는 기독교적 견해를 상술한 것이다.

우리가 그저 죽을 존재에게 이야기한 적은 결코 없다. 국가, 문화, 예술, 문명 같은 것들은 죽을 운명에 있다. 그런 것들의 생명은 우리 생명에 비하면 파리 목숨과 같다. 그러나 우리가 함께 농담하고, 일하고, 즐거워하고, 윽박지르는 대상은 불멸의 존재들이다. 불멸의 공포이거나 영원한 광채다.

그러나 루이스는 평범한 **사물** 역시 없다는 점도 동시에 주장한다. 『개인 기도』(Letters to Malcolm, 홍성사 역간)에서 그는 창조 세계의 모든 평범함, 일상성, 보통의 모습에서 자신이 경험한 것들에 관해 말한다. 늘어선 양배추, 농장의 고양이, 어머니 얼굴의 주름살, 타일로 된 지붕, 책을 읽다 발견한 문장 등 이 각각은 창조주이신 하나님의 작은 계시로 볼 수 있다. 마치 햇빛의 편린이 어두운 나무를 뚫고 부서지듯이,

창조 세계의 부분들이 있는 그대로 보여질 때 그것은 이 세상에서 '하나님 빛의 파편'(patches of Godlight)으로 나타난다.

"나는 모든 즐거움을 경배의 도구로 삼으려고 애썼다"고 루이스는 썼다. 제라드 맨리 홉킨스는 "얼룩진 것을 인해 하나님께 영광"이라고 썼고, 한 설교에서 그와 유사한 내용을 전했다. "두 손을 높이 들고 하는 기도는 하나님께 영광을 돌린다. 하지만 거름 쇠스랑을 손에 든 남자, 오물통을 든 여자도 그분께 영광을 돌린다. 그분은 너무나 크시기 때문에 당신이 진심으로 모든 것이 그분께 영광을 돌려야 한다고 생각하면 실제로 그렇게 된다."

기독교적 견해와 현대적 견해 사이의 간격은 너무나 크기 때문에 그것을 메우려고 시도하기 전에 먼저 그 크기를 알아야 한다. 기독교적 견해는 항상 사물의 있는 그대로의 고유한 가치와 그 뿌리로 되돌아온다. 이와 대조적으로 현대적 견해는 자족하는 경우가 매우 드물다. 에드먼드 버크(Edmund Burke)는 "어떤 한 가지 일이 전부가 아니라는 것을 알기 때문에 아무 일도 하지 않는 사람은 이 세상에서 가장 큰 실수를 저지르는 것이다"라고 경고했다. 조지 맥도널드도 『몽상가들』(Phantastes)에서 동일한 경고를 했다. "영웅이 되려는 사람은 거의 인간이 되지 못한다는 것을 나는 알게 되었다. 그러나 무명인일지라도 자기 일을 하는 사람은 분명히 인간다움을 지니게 된다." 그는 또한 "그림자들"(The Shadows)이란 글에서 이렇게 썼다. 사물을 보는 참된 시각의 특징은 "잘못된 시각이 보통 그렇듯이 평범한 것을 그저 평범하게 보이도록 하는 것이 아니라, 평범한 것으로 하여금 그 속에 있는 놀라운 것을 드러내도록 하는 것이다."

이 말이 마치 아마추어 정신을 치하하는 것처럼 위험하게 들리는가? 사실 그렇다. 유감스럽게도 우리 현대인은 **아마추어**(amateur)란 단어를 프로 정신과 탁월성에 상반되는 것으로 여긴 나머지 그것을 미지근한 동기와 엉성한 결과와 관련된 것으로 변질시켜 버렸다. 그러나 체스터턴이 지겹도록 반복해서 말했듯이 아마추어란 '사랑하는 자'를 뜻한다. "어떤 사람이 어떤 일을 할 때 유명해지거나 돈을 벌 목적으로 하지 않을뿐더러, 심지어는 그 일을 훌륭하게 해내려는 생각도 없이 한다면 그는 틀림없이 그 일을 대단히 사랑하는 것이다." 이것은 체스터턴이 전통적인 격언을 뒤집어서 한 명언, "어떤 일이 할 만한 가치가 있다면, 서투르게 할 만한 가치도 있다"의 기원이다.

셋째, 소명은 단조로운 일이 제자도의 대가 중 일부임을 상기시킴으로써 사물을 변혁시킨다. 이에 대해 오스왈드 챔버스만큼 솔직하고도 끈질기게 쓴 사람은 없었다. 그는 "단조로운 일이야말로 성품을 평가하는 시금석이다"라는 점을 반복해서 지적한다. 우리는 보통 큰 일을 찾는다. 그런데 예수님은 수건을 두르시고 제자들의 발을 씻기셨다. 우리는 우리가 마땅히 있어야 할 곳이 환상의 산 꼭대기라고 생각한다. 그런데 예수님은 우리를 골짜기로 돌려보내신다. 우리는 드물게 찾아오는 영감의 순간에 말하고 행동하기를 좋아한다. 그런데 주님은 우리가 일상적인 일, 보이지 않는 일, 보상이 없는 일 가운데 그분께 순종하기를 요구하신다. 우리는 화려한 순간과 우리 말을 경청하는 청중에게서 우리의 자아상을 찾는다. 그런데 그분은 무대의 조명이 꺼진 상태에서 우리가 하는 평범한 일 가운데서 그것을 찾으신다.

챔버스는 계속해서 이렇게 말했다.

충동적인 용기를 가진 사람이 물 위를 걷기는 쉽다. 그러나 예수 그리스도의 제자로서 마른 땅 위를 걷는 것은 별개의 문제다. 베드로는 예수님께 가기 위해 물 위를 걸었지만 땅 위에서는 멀리 떨어져서 그분을 좇았다. 위기를 견디기 위해 우리에게 하나님의 은혜가 필요한 것은 아니다. 인간의 본성과 자존심으로도 충분하다. 우리는 상당한 긴장에 놀랄 만큼 잘 대처한다. 그러나 매일 24시간 동안 성도답게 사는 것, 제자로서 단조로운 일을 해 나가는 것, 예수님의 제자로서 평범하고, 눈에 띄지 않고, 무시된 존재로서 사는 데는 초자연적인 하나님의 은혜가 꼭 필요하다. 우리는 본능적으로 하나님을 위해 특별한 일을 해야 하는 것처럼 생각한다. 그러나 그렇지 않다. 우리는 평범한 일에서 특별해야 하고, 더러운 거리, 비천한 사람들 중에서 거룩하게 되어야 한다. 이것은 5분 내에 배울 수 없는 것이다.

기독교 변증가인 순교자 유스티누스(Justinus)는 2세기에 갈릴리 언덕 너머에서 자랐다. 흥미롭게도 그는 당시까지만 해도 요셉과 예수님이 만든 쟁기가 널리 사용되었다고 기록하고 있다. 예수님의 십자가가 아니라 그분의 쟁기에 대해 생각해 보는 것은 무척 흥미로운 일이다. 그분이 만드신 쟁기와 멍에가 그렇게 오래 가는 탁월한 물건이었던 비결은 무엇일까?

어떤 철학 교수의 명강의가 널리 소문이 나서 그의 강의실은 뒤편까지 서서 듣는 학생들로 꽉 찰 지경이었다. 학생들은 그의 지혜를 들으려고 몰려들었지만 과제물은 항상 학생들을 당황하게 했다.

그 교수가 과제물에 대해 자세히 설명한 직후에는 항상 여러 명의 학생들이 한 목소리로 "그런데 교수님, 분량은 얼마나 되어야 하나요? 몇 페이지인가요?"라고 묻곤 했다. 그 질문은 항상 그 교수를 주춤하게 만드는 것 같았으나 이내 학생들 차례로 돌아갔다. 그는 이렇게 대답했다. "글쎄, 분량에 대해선 염려하지 않아도 됩니다. 장래 직업에 대해서도 잠시 잊으십시오. 학점은 부차적이란 걸 기억하시길 바랍니다. 그저 여러분이 **인정할** 수 있을 만한 걸 제출하면 됩니다."

소명에 응답하는 자들에게는 하나님 아래 있는 모든 것이 나름대로 중요성을 갖고 있다. 물론 최종적인 인정은 우리 손에 달려 있지 않지만 말이다. 우리가 스스로 인정할 수 있다면 그것은 결국 그 부르신 자가 "잘하였도다"라고 말씀해 주시는 데서 올 것이다. 그러나 그 최종적인 "잘하였도다"를 듣기까지 오늘 우리의 과제는 잘하는 것이다. 사람과 사물을 사랑함으로써, 그들과 그분을 위해 일함으로써.

키플링(Rudyard Kipling)은 예술가의 천국에 대한 "후서"(L'Envoi)에서 이렇게 썼다.

오직 주님만이 우리를 칭찬하실 것이요,
오직 주님만이 비난하실 것이며,
아무도 돈을 위해 일하지 않을 것이요,
아무도 명성을 위해 일하지 않을 것이다.
오히려 각자 일 자체의 기쁨을 위해,
각자 독립된 자기 별에서,
자기 눈에 보이는 그대로 사물을 그릴 것이다.
사물의 하나님을 위해 있는 그대로!

❖ **묵상 질문**

당신은 평범한 것의 광채에 대해 눈이 멀지는 않았는가? 당신은 인상적이고 감동적인 것이 주는 흥분에만 의존하지 않는가? 혹은 삶을 금으로 바꾸어 줄 '연금술'을 갈구하지 않는가? 부르심인 동시에 명령인 사령관 예수님의 초대에 귀를 기울이라. "나를 따르라."

27
네게 있는 것 중에 받지 아니한 것이 무엇이냐?

스페인의 초현실주의 화가 살바도르 달리(Salvador Dali)는 그의 그림에서뿐만 아니라 실제 삶에서도 화려한 쇼맨십이 있는 사람이었다. 그는 자신의 대중적 이미지를 만들어 내는 기획자로서 그림을 생산했고 관습을 조롱하는 생활 양식을 조직했으며 불시에 대중의 관심을 끄는 것을 즐겼다. 이 같은 반항적인 성향은 그의 개인적인 과거사에 깊이 뿌리박고 있었다.

달리는 아버지와의 관계가 매우 험악했다. 젊은 시절 한번은 부자간에 굉장한 다툼이 있은 후 달리가 가출해 버렸다. 혼자만의 거처를 마련한 그는 자위행위를 한 다음 정액을 봉투에 담아 아버지에게 부쳤는데, 마치 가스나 전기 요금을 지불하듯이 봉투에는 '지불 완료'라고 썼다.

당신은 다음 둘 중 어느 것이 더 나쁜지 물어볼지도 모르겠다. 즉 아버지에 대한 아들의 배은망덕함인가? 아니면 분노의 정액 사출을 생명 자체에 대한 보상으로 간주하는 극악한 환원주의인가? 많은 사람이 이 사건을 계기로 더 깊은 질문을 던지게 되었다. 인생에서 되갚는다는 것은 무엇을 의미하는가? 우리의 가장 큰 빚을 청산한다는 것은? 우리가 그저 인간으로서 책임을 다한다는 것은? 우리의 부모님께는 어떻게 보상할 수 있는가? 우리 부모님은 우리에게 그저 '자궁의 행운'에 불과한가, 아니면 그 이상인가? 학창 시절 우리에게 영향을 준 그 선생님께는 어떻게 은혜를 갚겠는가? 어린 시절에 우리의 재능과 잠재력을 발견하여 오늘의 우리가 있게 하는 데 결정적인 역할을 한 코치에 대해서는?

또 다른 차원으로, 데이비드 린의 〈아라비아의 로렌스〉와 같은 영화를 보고 우리가 깊은 영향을 받은 것은 어떻게 보상하겠는가? 혹은 소포클레스의 『오이디푸스 왕』과 셰익스피어의 『리어 왕』 같은 희곡에서 받은 영향은? 바흐의 칸타타나 모차르트의 미사곡에서 받은 감동에 대해서는? 그리고 가장 깊은 차원에서는, 황혼이나 국화 한 송이의 아름다움에 대해서는 어떻게 갚을 수 있을까? 또한 우리가 살아 있다는 것 자체에 대해서는 누구에게 감사를 표해야 할까?

자기 생애에서 '기적'을 경험한 사람들은 대답하기가 더 쉽다. 도스토옙스키는 1849년 총살로 처형되기 직전에 집행 유예로 살아났다. 그는 자신의 남은 생애를 죽은 자가 소생하여 사는 강도 높은 인생으로 보았다. 솔제니친은 병원에서 사형 선고를 받아 집으로 돌아와서, 죽음을 불과 몇 주 남겨 둔 1954년 타슈켄트에서 암에서 신비롭게 치유되었다. 그리고 그는 감사에 넘쳐 새로운 사명감을 갖게 되었다. "나는 죽지 않았다. 절망 가운데 방치되었던 심한 악성 종양을 생각하면 이것은 신이 베푸신 기적이었다. 달리 설명할 방도를 찾을 수 없었다. 그때 이후로 내게 되돌려진 모든 인생은 전적으로 내 것이 아니었다. 그것은 한 가지 목적을 중심으로 세워진 것이다."

그러나 우리 대부분에게는 인생의 빚이 그처럼 명확하거나 극적으로 다가오지는 않는다. 누군가 빚진 인생에 대해 생각해 보라고 강권하지 않는 한 우리는 인생을 당연하게 여긴다. 지금 우리는 인터넷 창에서 클릭 몇 번이면 사전 전체를 화면에서 볼 수 있는데, 그것은 새뮤얼 존슨(Samuel Johnson) 같은 이들이 수년간 매달려 엮어 낸 것이다. 그리고 키보드만 조금 치면 엄청난 정보가 쏟아지는데, 이는 아리스토텔레스와 아우구스티누스가 질투할 만한 것이다. 그리고 과거 수도원에서 많은 수도사들이 손으로 일일이 베꼈더라면 몇 평생이 걸렸을 만큼 많은 정보다.

알베르트 아인슈타인은 1932년 독일 인권 연맹에서 행한 연설에서 "나의 신조"(My Credo)란 제목으로 강연을 했다. "나는 내 삶의 엄청나게 많은 부분이 동료 인간들의 수고에 기초하고 있다는 생각으로 종종 고민에 빠진다. 나는 그들에게 큰 빚을 지고 있다는 것을 잘 알고 있다"고 그는 말했다. 그러나 우리는 그 모든 것, 아니 그 이상의 빚을 잊고 지낸다. 우리는 현대적이기 때문이다. 우리는 우리가 소유한 모든 것을 가질 만한 자격이 있다. '자궁의 행운'은 가족뿐만 아니라 세기와 세대까지 포괄하고 있다. 그러니 당연시할 수 있는 것이다. 기가 막히는 것은 심지어 우리가 우월감을 느낀다는 사실이다. 마치 베토벤, 라이트 형제, 토머스 에디슨, 빌 게이츠, 스티브 잡스보다 나중에 태어난 것이 도덕적인 성취라도 되는 것처럼.

이보다 더 나쁜 것은, 설사 우리가 이에 대해 생각한다 하더라도 그것은 위험스럽게도 살바도르 달리의 환원주의에 가깝다는 점이다. 즉 우리는 어떤 대상의 시장 가격을 지불하면 빚을 모두 갚은 셈이라고 생각한다. 시간과 돈만 조금 있으면 베토벤이 작곡한 9번 교향곡의 최고급판을 즐길 수 있다. 그러나 우리가 "환희의 찬가"를 듣고 받은 감동은 도대체 어떻게 되갚을 수 있겠는가?

이런 질문들을 계속 생각하면 온갖 호기심이 발동한다. 예를 들면, 다음과 같이 생각하는 것은 위선이 아닐까? 즉 우리가 어떤 사람이 사회에 해를 입히는 것을 지적할 때는 그들이 "빚을 졌으므로 그 빚을 되갚아야 한다"고 말하지만, 사회가 우리에게 그처럼 좋은 것을 많이 부어 준 것은 우리의 권리인 양 여기고 마치 되갚을 빚이 전혀 없는 것처럼 생각하는 것이다.

하지만 결국 우리는 같은 기본적인 질문으로 되돌아온다. 인생에서 되갚는다는 것은 무엇을 의미하는가? 우리가 받은 유산에 대해서, 우리의 학교 교육에 대해서, 우리의 언어, 우리의 자유, 우리의 신체, 우리의 외모, 우리의 건강, 우리의 생명에 대해서. 바로 여기에 큰 차이가 있다. 현대 세계는 그 특징상 "우리는 아무것도 빚지지 않았다"라고 대답한다. 그러나 기독교의 복음은 그 특징상 "우리는 모든 것을 빚졌다"고 대답한다.

여기서 소명의 또 다른 측면이 나타난다. **소명은 그리스도를 따르는 자들에게 인생의 그 어떤 것도 당연시해서는 안 되며 삶의 모든 것을 감사함으로 받아야 함을 상기시켜 준다.**

감사할 줄 모르는 인간

도스토옙스키는 1864년 『지하로부터의 수기』(열린책들 역간)에서 이렇게 썼다. "인간은 바보가 아닌 한 어처구니없을 정도로 감사할 줄 모른다! 놀라울 정도로 감사할 줄 모르는 인간. 사실 나는 인간에 대한 최고의 정의란 '감사할 줄 모르는 두 발 달린 동물'이라고 생각한다." 알베르 카뮈(Albert Camus)도 "인간의 첫째가는 기능은 망각이다"라고 썼다. 좀더 최근에는 소설가 밀란 쿤데라(Milan Kundera)가 마르크스주의의 역사 검열을 '조직화된 망각'이라고 공격했다. 감사할 줄 모르는 것과 망각은 궁극적으로 정신적인 문제라기보다는 도덕적인 문제다. 그것은 죄의 직접적인 표출이다. 우리 문화만큼 그런 성향을 한결같이 부추기는 문화는 일찍이 없었다. 우리는 자율적으로 홀로 서는 존재, 자기 스스로를 창조한 존재라고 자랑한다. 하나님을 필요로 하지 않는 현대 세계는 감사할 줄 모르는 현대인을 양산한다.

두말할 필요도 없이, 죄가 망각을 부추기는 현상은 전통적인 세계에서도 있었다. 하지만 전통적인 세계는 감사에 필수적인 두 가지 요건은 결코 사장시키지 않았다. 하나는 인생에서 우리가 전적으로 의존되어 있다는 의식이다. 평균 수명이 짧았고 질병이 만연했으며, 폭풍, 기근, 가뭄, 홍수, 지진과 같은 재난이 항상 인간을 위협하고 있었기 때문에 생명의 연약함과 불확실성이 의식을 떠난 적이 없었다.

다른 하나는 도덕적으로 빚을 졌다는 의식이다. 미국 식민지 시대 청교도의 양심은 루이 14세 치하의 프랑스 궁정 신하의 양심이나 칭기즈 칸 군대의 몽골 보병의 양심보다 분명 더 민감했을 것이다. 그러나 그들 모두는 도덕적인 확신과 관습이 살아 있는 세계에서 살았다. 당시에는 빵 한 조각을 훔치다가 잡히든 황제의 발에 입맞춤을 하지 않아 잡히든 선을 넘고 금기 사항을 깨뜨린 경우에는 분명한 제재 조치가 따랐다.

그러나 현대 세계는 상기한 두 가지를 모두 결정적으로 뒤집어 버렸다. 한편으로는, 의존 의식을 자율 의식으로 바꾸었다. 예수님은 "사람이 떡으로만 살 것이 아니요"라고 말씀하셨다. "그러나 그건 과거지사다"라고 현대 세계는 말한다. "오늘날에는 사람이 떡만으로도 얼마든지 잘 살 수 있다. 혹은 적어도 이성만으로도, 테크놀로지만으로도, 섹스만으로도, 쇼핑만으로도 등등." 과거에는 철학적 무신론자가 "하나님은 없다!"라고 반항조로 외치곤 했다. 지금은 실용적 무신론자―현대의 경영인, 판매업자, 기술자, 컨설턴트―가 전문가의 권위를 빌려 점잖게 말한다. "하나님은 필요 없다. 솔직히 말해서 지금은 그런 질문을 다룰 때도, 다룰 상황도 아니다."

다른 한편, 현대 세계는 빚진 의식을 권리 의식과 자격 의식으로 바꾸었다. 잘못은 서서히 변조되어 과거에는 하나님 앞에서 '죄'였던 것이, 이후에는 법 앞에서 '범죄'로, 더 나아가서는 한때 정신 의학에서 조심스럽게 규정했던 '질병'으로 간주되다가, 이제는 변화무쌍한 대중문화의 풍조에 좌우되기에 이르렀다. 한때 프로이트는, 환자가 '이의 신청'을 하면 피해에 대한 '보험금'이 나와 정서적으로 상처받은 사람들이 그 돈으로 먹고 살게 될 것이라고 우려했다. 그의 우려는 권리의 산업과 하나의 생활 방식이 되었다. 우리는 '책임 면제의 황금 시대'에 살고 있다.

그래서 현대 세계의 핵심에는 의존 의식과 빚진 의식이 거의 없고 그에 상응하는 망각과 감사할 줄 모르는 태도가 깊이 자리 잡고 있는 것이다. 현대 세계 초기에 에이브러햄 링컨은 이런 성향에 대해 국민들에게 경고했다. 1863년 그는 "우리는 과거 다른 어떤 국가보다 숫자와 부 그리고 권력 면에서 크게 성장했다. 그러나 우리는 하나님을 잊어버렸다"고 선언했다. 지금은 그 문제가 전 세계에 보편적으로 나타나고 있다. 솔제니친은 "만약 20세기를 아우르는 중요한 특징을 내게 묻는다면, 그것은 인간이 하나님을 잊어버린 것이다"라고 말했다. 미국의 인기 만화에 등장하는 바트 심슨은 식사 기도를 부탁받고 이렇게 대담하게 말했다. "하나님, 우리가 이 모든 음식을 위해 친히 돈을 지불했습니다. 그래서 감사할 것이 하나도 없습니다."

당신이 가진 것 중에 받지 않은 것이 무엇인가?

감사는 소명과 무슨 관련이 있는가? 감사를 그리스도의 십자가에 대한 반응으로 보는 것은 더 쉽고 정확한 시각이다. 1546년경 미켈란젤로는 성자에 가까운 귀족 친구인 비토리아 콜로나(Vittoria Colonna)를 위해 연필로 "피에타"(Pietà)를 그렸다. 천사가 마리아의 발 앞에서 죽은 예수의 몸을 부축하고 있고, 마리아는 미켈란젤로의 다른 피에타 그림에서처럼 아들을 흔들어 재우는 대신 말없이 경이감에 싸여 두 눈과 손을 하늘로 향하고 있다. 미켈란젤로는 똑바로 선 십자가 기둥 위에 단테의 『천국』(Paradise)에서 따온 문장, "얼마나 많은 피를 대가로 흘렸는지에 대해서는 아무도 생각하지 않는다"를 새겨 넣었다. 이것이 이 그림의 묵상 주제다.

얼마나 많은 피가 대가로 지불되었는지, 누구의 피인지, 왜 흘렸는지 등을 생각하는 사람이 있다면 그는 분명 멈추어 경의를 표할 것이다. 그래서 간음을 일삼던 여인은 용서를 받고는 입맞춤과 향수와 눈물로 온통 예수님의 발을 적셨던 것이다. 분수에 넘친 그녀의 헌신은 그보다 더 분수에 넘친 예수님의 용서에 대한 반응이다. 시몬 베유가 훌륭하게 표현했듯이 "우리의 고향은 그리스도의 십자가다."

비록 십자가 다음에 오는 것이긴 하지만, 소명은 부르심에서 하나님의 주권적인 주도권과 은혜를 주장하기 때문에 믿음에 그 자체의 경이감과 감사 의식을 부여한다.

"네게 있는 것 중에 받지 아니한 것이 무엇이냐?" 아우구스티누스와 성 프란치스코를 비롯한 역사상 위대한 그리스도인들은 바울이 고린도 교회에 제기한 이 질문을 묵상함으로써 결정적인 영향을 받았다. 여기에는 한 가지 대답만이 있다. "아무것도 없다." 왜냐하면 우리는 삶에서 단 하나의 예외도 없이 모든 좋은 것들을 은혜로 받았기 때문이다. 그리스도는 우리가 선택받을 만한 가치가 있어서 우리를 선택하신 것이 아니다. 단지 그분의 은혜 가운데 우리를 사랑하셔서 선택하신 것이다. 사실상 그분은 그 선택을 피로써 인 치기 위해 그 모든 대가를 지불해야 했음에도 불구하고 우리를 부르신다.

이 '선택받은 백성'에게 합당한 감사의 마음이 없다는 것은 참을 수 없는 일이다. 모세는 유대 민족에게 이렇게 상기시켰다. "여호와께서 너희를 기뻐하시고 너희를 택하심은 너희가 다른 민족보다 수효가 많기 때문이 아니니라. 너희는 오히려 모든 민족 중에 가장 적으니라. 여호와께서 다만 너희를 사랑[하셨기 때문이니라]"(신 7:7-8). 다윗 왕 역시 개인적으로 받은 소명에 너무나 놀라 압도되었다. "주 여호와여, 나는 누구이오며 내 집은 무엇이기에 나를 여기까지 이르게 하셨나이까?… 주와 같은 이가 없고 주 외에는 신이 없음이니이다"(삼하 7:18, 22).

십자가를 있게 한 그 은혜가 소명 또한 존재하게 한다. 한편으로 보면, 소명이 우리 삶에 시작한 것을 십자가가 완성한다. 또 다르게 보면, 십자가가 의심의 여지 없이 최종적으로 결론 내린 것을 소명은 그 시발점으로 선포한다. 여기에 우리의 한계를 뛰어넘는 신비스러운 관계가 있다. 자만은 어불성설이다. 우리가 하나님을 부르는 것은 모든 것이 하나님의 은혜로 말미암았기 때문이다. 힐레어 벨록(Hilaire Belloc)의 유대인에 관한 유명한 짧은 시는 부름받은 모든 이에게 적용된다.

유대인을
선택하시다니
얼마나
이상한 하나님인가.

소명과 감사, 선택받음과 경이로움 사이의 연계성은 실제적으로 우리 삶의 두 가지 영역에 영향을 미친다. 첫째, 그것은 우리가 너무나 많은 은혜를 받았으므로 우리도 타인에게 은혜를 베푸는 자가 되어야 마땅함을 상기시켜 준다. 실제로, 예수님은 용서하지 않는 채무자의 비유를 들어 우리에게 경고하신다. 즉 하나님은 우리에게 너무나 은혜로우셨는데 우리가 타인에게 은혜를 베풀지 않는 것은 문자 그대로 하나님과 이중 거래를 하는 것이다. 하나님은 그것을 참지 못하시는 분이다.

우리는 앞에서 소명이 어떻게 흉악하게 자만심으로 왜곡되는지를 살펴보았다. 소명의 은혜에 관해 이야기하는 중에도 터무니없는 왜곡이 발생할 수 있다. 사람들은 처음에는 자신이 받은 소명에 대해 놀라는 듯하다가 서서히 자만심이 발동해서 하나님이 자기는 불렀지만 다른 이들은 부르지 않은 것 같은 착각에 빠져든다. 그래서 결국에는 소명을 경이로운 것이 아니라 무서운 것으로 만들고, 하나님을 괴물로 전락시킨다.

1835년 11월 폭풍이 몰아치는 날 스코틀랜드 던펌린에서 앤드루 카네기가 태어난 지 일주일 후 그의 부친 윌리엄은 평소대로 그 지역의 장로교회로 갔다. 목사는 그날의 설교 주제로 유아 지옥 형벌을 택했는데, 당시 극단적인 칼뱅주의자들이 그랬듯이 유아가 고통당하는 장면을 생생하고도 능란하게 묘사했다.

윌리엄 카네기는 갓난 아들을 몹시 자랑스러워하던 차에 그 설교를 들으면서 이전에는 느껴 보지 못한 강한 분노가 내면에서 치밀어 올랐다. 그것은 설교자뿐 아니라, 그런 가르침을 받아들이는 회중에 대한, 그리고 목사가 묘사한 그런 하나님에 대한 격분이었다. 그는 자리를 박차고 일어나 감정에 북받친 목소리로 이렇게 외쳤다. "그것이 당신의 신앙이고 그런 하나님이 당신의 하나님이라면 나는 더 나은 신앙과 더 고상한 하나님을 찾겠소."

이 사건 이후 앤드루 카네기의 부친은 교회를 떠나 다시는 돌아가지 않았으며, 어린 아들을 회의론자로 성장시켰다. 후에 앤드루 카네기는 부친이 생각했던 '더 고상한 하나님'이란 '용서하시는 하나님'이었다고 말했다. 하지만 아버지와 아들 모두 그런 하나님을 발견하지는 못했다.

우리는 은혜와 심판, 천국과 지옥을 서로 양자택일의 상반된 것으로 대립시켜야 하는가? 물론 그래서는 안 된다. 예수님은 분명 두 가지 다 믿고 가르치셨다. 그러나 놀랍게도, 지옥에 대한 그분의 많은 경고가, 당시 대부분 사람이 지옥에 갈 것이라고 생각했던 이들을 향한 것은 아니었다. 그분은 소위 세리와 죄인들에게 은혜에 관해 말씀하셨다. 그분이 지옥에 대한 경고를 한 대상은 천국에 이미 자리를 맡아 놓았다고 안일하게 생각하던 사람들이었다. 바리새인들은 '선택받았다'는 의식과 '순결하다'는 자부심에 가득 차 은혜를 망각하고 감사하는 마음을 갖지 못했다.

바리새주의에 가장 가까운 오늘날의 예는 도덕주의로서, 이는 공적인 영역에서의 기독교적 증거가 받은 저주다. 도덕주의는 흔히 이런 식으로 작용한다. 첫째, 그것은 어떤 문제를 논의할 때 은혜를 제거해 버린다. 그러고는 모든 문제를 도덕적인 차원으로 축소시킨다. 다음으로 도덕적 판단을 타인을 공격하는 무기로 사용함으로써 자신의 우월감을 합리화시킨다. 결국 도덕주의는 죄와 하나님에 대한 적대감 모두를 더욱 강화시키고 마는데, 불행히도 도덕주의가 하나님의 이름을 걸고 나오기 때문에 하나님이 비난을 받는 것이다.

신약성경의 독자라면 잘 아는 바와 같이 규칙만으로 도덕적인 표준을 정립하려는 시도는 헛된 것이다. 심지어 그 규칙이나 법이 하나님에게서 온 경우에도 마찬가지다. 달리 말하면, 도덕주의자들이 말하듯이 죄는 잘못되고 부자연스러운 것이다. 그러나 그들이 잊고 있는 것은, 죄를 짓지 않는 것 또한 너무나 부자연스럽기 때문에 하나님이 은혜로써—우리 죄로 인해 마땅히 받아야 할 대우와 다르게—우리를 다루신다는 사실이다. 그래서 그리스도를 따르는 자는 진리뿐 아니라 은혜를 대변해야 한다. 체스터턴이 아시시 출신의 그 작은 음유 시인에 관해 쓴 내용은 그리스도를 따르는 모든 자에게도 해당된다. "성 프란치스코는 하나님의 용서의 화신처럼 세상을 다녔다." 오스왈드 챔버스는 "하나님의 은혜를 제외하면 내 안에 남는 것이 무엇인지 분별한 후로는 내가 단념할 만한 사람을 한 명도 만나지 못했다."

둘째, 소명과 은혜의 연계성은 감사야말로 하나님에 대한 우리의 우선적이고도 지속적인 반응이어야 함을 상기시켜 준다. 체코의 위대한 작곡가 드보르작은 새로운 곡을 쓰기 시작할 때는 "하나님과 함께"라는 문구를, 끝날 때는 "하나님께 감사할지어다"라고 썼다. 요한 세바스찬 바흐도 그의 악보의 여백에 'SDG'(*Soli Deo Gloria*: 오직 하나님께만 영광을)와 "어린양께 영광을"이라고 썼다.

아우구스티누스는 그리스도인을 묘사하기를 "머리에서 발끝까지 알렐루야"라고 했다. 17세기 성공회 시인이었던 조지 허버트는 시 한 편 속에 이런 기도를 썼다. "당신은 제게 너무나 많은 것을 주셨나이다. 제게 한 가지만 더 주십시오. 감사하는 마음을." 체스터턴은 "나의 으뜸가는 인생관은 모든 것을 감사함으로 받고 당연한 것으로 여기지 않도록 연습하는 것이다"라고 말했다. 그는 화가 로세티(Dante Gabriel Rossetti)가 한 말, "무신론자에게 최악의 순간은 진정으로 감사하는 마음이 생길 때다. 왜냐하면 그는 감사할 대상이 없기 때문이다"에 열정적으로 동의했다. 그러고 나서 체스터턴은 특유의 방식으로 이렇게 말했다. "우리 아이들은 성탄절 아침에 일어나서 양말에 들어 있는 사탕을 보고 감사할 대상이 있는데, 나는 내 두 발을 양말 속에 넣을 수 있게 된 걸 감사할 대상이 없단 말인가?" 오든은 간단하게 "당신의 마지막 생각이 모두 감사가 되도록 하라"고 썼다.

도스토옙스키는 자신의 인생에서 감사의 중요성을 너무나 잘 알고 있었기 때문에 감사의 대상인 하나님이 없는 인간에 대해서 상당히 우려했다. 그는 『카라마조프가의 형제들』에서 "그렇다면 사람은 누구를 사랑할 것인가?"라고 묻는다. "그는 누구에게 감사할 것인가? 그는 누구에게 찬송을 부르겠는가?" 오직 바보만이 하나님 대신 인간을 사랑하고, 인간에게 감사할 것이라고 그는 생각했다.

오늘날의 세속 문화가 어떤 잘못된 방향으로 향하든지 간에 그리스도를 따르는 자는 이 점에 관한 자신들의 입장을 잘 견지해야 한다. 즉 그리스도인들은 선택받고 부름받은 것에 대해 진정 놀라면서 겸손하게 반응해야 한다. 우리는 체스터턴의 말을 빌려, 신비롭고 은혜로운 하나님의 소명에 경이로움을 느끼는 모든 그리스도인의 좌우명을 이렇게 기술할 수 있을 것이다. "아무것도 당연시하지 말도록, 모든 것을 감사함으로 받도록, 모든 것이 은혜로 넘치도록."

❖묵상 질문

당신은 당신이 선택받은 것을 영예의 배지처럼 달고 다니지는 않는가? 당신은 그것을 당신의 고상한 삶에 대한 칭찬으로 여기지는 않는가? 아니면 측량할 수 없는 소명의 경이로움이 당신을 완전히 사로잡는가? 당신은 당신을 부르신 그리스도에 대한 사랑으로 인해 극도로 흥분해 본 적이 있는가? 예수님이 눈물로 그분의 발을 씻긴 여인에 대해 하신 말씀을 당신을 향해서도 하실 수 있겠는가? 부르심인 동시에 명령인 사령관 예수님의 초대에 귀를 기울이라. "나를 따르라."

28
그리스도를 위한 바보

일설에 따르면 그의 진짜 이름은 프란치스코가 아니라 조반니였다. 아시시 최고의 부자요 직물상이었던 피에트로 디 베르나르도네(Pietro di Bernardone)의 장남인 그는 22세 때 프란치스코(Francisco)란 이름을 별명으로 얻었다. 프란치스코는 '작은 프랑스인'이라는 뜻인데 그는 프랑스에 대한 열정, 특히 고상한 사랑의 이상과 전통에 대한 열정으로 유명했다. 후에 전해진 바로는, 프란치스코가 프랑스어로 말할 때면 언제나 그가 행복한 때라는 것을 알 수 있었다고 한다.

그러나 1207년 봄 어느 날 프란치스코 디 베르나르도네는 더 이상 태평한 음유 시인이 아니었다. 그는 홀로 말을 타고 아름다운 움브리아의 시골길을 지나면서 매력적이고도 도전적인 공상에 깊이 잠겨 있었다. 아침 일찍 그는 평소대로 하나님을 불렀는데, 이런 대답을 들었다. "프란치스코, 네가 나의 뜻을 알고 싶다면 먼저 네가 육신으로 사랑하고 원했던 모든 것을 경멸하고 미워하는 것이 네 의무다. 그리고 그것을 시작하면 지금 네게 달콤하고 사랑스러워 보이는 모든 것이 견딜 수 없이 쓴 것이 될 것이다. 반면에 네가 과거에 혐오하던 모든 것이 너무나 달콤하고 더없는 기쁨으로 변할 것이다."

이 말씀을 곰곰이 생각하느라 사색에 빠져 있던 그는 갑자기 정신을 차렸다. 그의 말이 깜짝 놀라 버둥거리는 바람에 깨어난 것이다. 눈을 떠 보니 몇 발짝 앞에 심한 문둥병자가 서 있었다.

그는 당장 말을 돌려 떠나고 싶은 마음이 간절했다. 그가 '혐오하던' 것이 있다면 바로 문둥병이었다. 13세기에는 이사야 53장의 한 단락에 기초해서, 다른 병자들보다도 문둥병자가 고난받는 메시아의 이미지로 비쳤다. 당시에는 문둥병자들을 돌보는 특별한 기사단 즉 나사로의 기사들이 있었고, 그들을 보살피는 성 게오르기우스의 집이 무려 19,000개나 있었다. 그러나 여전히 사람들은 대부분 문둥병을 혐오했으며 프란치스코도 예외가 아니었다. 문둥병을 보기만 해도 항상 두려움으로 떨었다. 프란치스코는 누군가가 자기를 대신해서 구제금을 갖다 줄 경우에만 문둥병자에게 자선을 베풀었다. 그는 그 병에서 풍기는 구역질 나는 냄새를 싫어했고, 바람이 불어 수용소에서 시내로 냄새가 밀려올 때면 손으로 코를 막았다.

그러나 대역전(Great Reversal)을 예고하는 그리스도의 말씀을 묵상하던 중이었으므로 이제 그는 자신이 어떻게 해야 할지를 알고 있었다. 그는 말에서 내려 문둥병자에게 가서 그의 문드러진 손에 자선금을 쥐어 준 다음 악취가 풍기는 손가락에 입을 맞추었다. 그러고는 말에 올라타 감정에 북받쳐 집으로 돌아왔다. 하나님이 말씀대로 약속을 지키신 것이다. 그의 가슴에 기쁨이 밀려왔다.

다음 날 그는 돌아가서 나병원으로 들어갔다. 순간적으로 코를 잡긴 했으나, 곧 안정을 되찾고 전날 했던 것처럼 애처롭고 기괴하게 생긴 무리 사이를 돌아다니면서 문드러진 손 하나하나에 입을 맞추고 자선금을 나눠 주었다.

어느 전기 작가는 아시시의 프란치스코가 "인간이 거둘 수 있는 최고의 승리 곧 자신에 대한 승리를 얻었다"고 기록했다. 더 정확하게는, 아마도 프란치스코 자신의 표현대로 주님이 그를 이기시고 최고의 승리를 거두셨다고 해야 할 것이다. 그는 더 이상 사랑을 노래하는 음유시인이나 원정을 떠나는 신앙의 기사에 불과한 인물이 아니었다. 아시시의 프란치스코는 자신이 사랑했던 것을 경멸하고 자기가 멸시했던 것을 사랑하는 법을 배우면서 완전히 뒤바뀐 사람이 되었으며, 이제는 하나님의 어릿광대, 하나님의 재주꾼, 하나님의 바보가 되었다.

체스터턴이 그의 탁월한 전기에서 말한 것처럼, 그리스도의 바보라는 자기 인식이야말로 성 프란치스코를 이해하는 열쇠가 된다. 자신의 군사 작전이 좌절되고, 아버지와 불행한 다툼을 하고, 주교의 공개적인 책망으로 수치를 당한 다음 프란치스코는 자신이 스스로를 바보로 만들었다는 것을 알았다. 그러나 그가 쓰라린 심정으로 바보라는 단어를 묵상하자 그 단어 자체가 변화되었다. 그래서 "프란치스코는 자신의 제한된 시각에서 빠져 나오면서 '바보'라는 동일한 단어를 모자의 깃털로, 투구로, 심지어는 왕관으로 쓰고 다녔다. 그는 기꺼이 계속 웃음거리가 되고자 했다. 그는 점점 더 바보가 되고자 했다. 그는 낙원의 왕을 위한 어릿광대가 되고자 했다."

이런 식으로 "주님은 나의 회심이 시작되도록 승낙하셨다"고 성 프란치스코는 나중에 섰다. 그의 소명은 무너진 교회(와 교회들)를 다시 세우는 것이었다. 그의 계획은 복음의 말씀을 문자적으로 따라 자기 십자가를 지고 예수님을 따르기 위해 모든 것을 버리는 것이었다. 그가 추구한 모습은 항상 하나님의 겸손한 바보(le jongleur de Dieu)가 되는 것이었다.

'작은 형제들'이라는 수도회를 만들려는 프란치스코의 계획이 추기경단에서 부결되었을 때, 그 제안을 지지했던 한 추기경은 이렇게 간단하게 말했다. "이 사람들이 우리에게 바라는 바는 그저 복음에 따라 살도록 허용해 달라는 것이다. 만약 우리가 지금 그것을 불가능하다고 선포하면, 이는 복음은 따를 수 없는 것이라고 선언하는 셈이며, 따라서 복음의 기원이 되시는 그리스도를 모욕하는 것이다." 그렇게 해서 예수님의 복음을 그대로 실천에 옮기려는 시도, 곧 역사상 가장 단순하고 급진적이며 강력한 운동이 시작되었다. 그리고 그 시도에는 거룩한 어리석음이라는 주제가 따라다녔는데, 이는 그리스도를 따르는 자에게 가장 오래되고 가장 독특한 배지 중 하나다.

성 프란치스코의 이러한 자각과 그에 따른 행동은 소명의 또 다른 차원을 강화시켜 주는데, 이것 없이는 소명이란 주제를 완전히 섭렵할 수 없을 것이다. **소명은 제자도의 대가를 수반한다. 가장 깊은 도전은 자아를 버리고 자신을 고난받고 배척당한 예수님과 동일시하는 것이다.**

조롱받는 왕의 옷을 입고

오늘날 많은 그리스도인은 극단적인 상대주의에 반대한 나머지 상대주의를 통째로 배척하면서 모든 것이 절대적이라고 주장한다. 그러나 타락한 세상에서 상대주의는 하나의 현실이며, 상대주의의 가장 깊은 뿌리는 사회적이거나 철학적인 것이 아니고 신학적인 것이다. 죄는 '나 자신에게 속한 권리를 주장하는 것'이다. 곧 그것은 '내 관점을 가질 권리를 주장하는 것'이므로 깊고도 피할 수 없는 상대주의의 뿌리가 된다.

이 점은 '어리석음'과 '영웅적 자질'이 항상 상대적이라는 것을 의미한다. 어떤 인물은 특정 집단의 관점에서 볼 때 어리석게 보이거나 어리석게 취급당할 수 있다. 그러나 현명한 사람이라면 그런 표현을 액면 그대로 받아들여서는 안 된다. 그는 항상 "누가 그렇게 말하는가?"라고 물어보아야 한다. '진정한 바보'는 하나님이 바보라고 말하는 사람, 즉 하나님을 경외하지 않고 지혜가 없는 자다. 그러나 '바보처럼 보이는 자'는 다르다. 그들은 세상의 눈에는 어리석어 보이지만 하나님의 눈에는 그렇지 않다.

이 같은 죄의 상대성은 '거룩한 어리석음'이 특유의 활력을 얻는 발판이다. '그리스도를 위한 바보'는 실제로, 문자 그대로 객관적으로 바보가 아니라, **그리스도를 위해서** 바보의 모습을 하고 또 그렇게 대우받을 준비가 되어 있는 사람이다. 이 세상은 어리석게도 가짜 지혜를 가지고 스스로 지혜롭다 여기기 때문에 하나님의 참 지혜를 어리석은 것으로 여긴다. 그러므로 하나님께 신실한 자는 세상과 절연하고 스스로 어리석음을 짊어져야 한다. 그들이 바로 내가 '바보처럼 보이는 자'(foolbearer)라고 부르는 자들이다. 그들은 그리스도에 대한 사랑으로 행동하며 세상에서 당하는 수치를 충성과 영예의 배지로 달고 다니는 자들이다.

그리스도를 위하여 어리석은 자라는 말은 바울이 고린도에 보낸 편지에 나오는데, 그 대목은 사도가 심오한 역설로써 그리스도인 형제자매들에게 쓴 내용이다. 하지만 이 개념은 그보다 훨씬 더 오래된 것이다. 다윗왕은 기쁨이 충만하여 옷이 흘러내리는 것도 의식하지 못한 채 여호와 앞에서 춤을 추다가 아내에게 바보 취급을 당했다. 많은 선지자들도 어떤 시각에서는 미친 짓으로 보이는 행동을 하도록 부름받았다. 이사야는 3년 동안 벗은 몸과 벗은 발로 돌아다녀야 했고, 예레미야는 목에 나무로 만든 멍에를 멘 채 한 세대 동안 웃음거리가 되어야 했으며, 에스겔은 공중이 보는 앞에서 배설물에 구운 음식을 먹어야 했고, 호세아는 창녀와 결혼해야 했다.

바울이 사용한 '어리석은 자'(μωροί)라는 단어는 오늘날 우리가 사용하는 '머저리'(moron)라는 단어의 기원이다. 소포클레스가 안티고네의 미친 상태를 일컬을 때 이 단어를 사용했는데 이는 심히 모욕적인 말이다. 사실 사도 바울 자신도 미치광이라고 비난받았는데, 아테네의 지식인들로부터, 또한 아그립바 왕 앞에서 로마 총독 베스도로부터 그런 말을 들었다.

그러나 이 모든 예는 성경에서 가장 으뜸가는 '바보처럼 보이는 자'였던 예수님에 비하면 아무것도 아니다. 예수님은 자기 가족에게 미치광이로 여겨져 버림받았으며, 결국에는 로마 친위대 앞에 선 채 조롱거리가 되셨다. 세상의 죄를 짊어지기에 앞서 그분은 세상의 어리석음을 짊어지신다. 예수님은 홍포와 가시 면류관과 갈대 홀로 치장되어, 고의적으로 바보 왕의 모습을 한 조롱받는 왕이 된다. 그러므로 셀 수 없이 많은 예수님의 제자들이 로욜라의 이그나티우스(Ignatius of Loyola)

의 말을 되울리는 것은 전혀 이상할 것이 없다. "그분에 대한 감사와 사랑의 마음으로, 우리는 바보로 취급받기를 원해야 하고, 그분의 옷을 입는 것을 영광으로 생각해야 한다."

거룩한 어리석음이 일부 기독교 집단에서는 반박할 수 없는 이유로 나쁜 평판을 얻은 것도 사실이다. 때로 이것은 명백하게 괴상한 짓을 부추겼는데, 비잔티움과 아일랜드의 과격한 인물들이 그 본보기다. 때로는 거룩한 어리석음이 노골적인 반(反)지성주의를 정당화하는 데 사용되어 왔다. "나는 그것이 부조리하기 때문에 믿는다"(*Credo quia absurdum*)라는 지속적인 흐름이 그 예인데, 이는 2세기 때 테르툴리아누스가 쓴 것을 오해한 데서 번성하기 시작해서 우리 시대의 일부 근본주의자들에게까지 이어지고 있다.

그러나 거룩한 어리석음은 제자도로의 부름에 중심적인 것이다. 그것은 과거 역사를 통틀어 예수 그리스도께 신실했던 많은 위대한 인물에게 영감을 주었으며, 아시시의 프란치스코는 그 가운데 한 명일 뿐이다. 어린아이, 바보, 어릿광대, 광대, 백치, 실없는 사람 등 많은 단어가 사용되었지만, 그 모두는 하나님을 섬기는 것을 '즐거워하면서 동시에 미칠' 준비가 되어 있는 사람들을 일컫는다. 그런데 그 하나님이야말로 스스로의 '어리석음'으로 '구유에 무방비 상태로' 누우시고 '십자가 위에 버림받아' 달리고자 하신 분이다.

통제하기 좋아하고 이해타산이 빠른 이 시대에 세상적인 이상형은 항상 남을 주관하는 것이지 책잡히는 자가 되어서는 안 된다. 한마디로 '그 누구에게도 바보가 되어서는 안 된다.' 이와 반대로, 그리스도를 위한 바보는 이렇게 말한다. 그 자신의 세상적인 지혜로 인해 미쳐

돌아가는 세상에서, 참된 지혜는 절망적으로 취약한 상태가 되더라도 '하나님을 위해 미치는 것'이다. 즉 '모든 이에게 바보가 되는 것'이다.

어릿광대니 농담이니 하는 말들은 단순히 재미있게 들린다. 사실 바보처럼 되는 것은 그것이 지독히 현실적이지만 않고 십자가로 시작하지만 않는다면, 그리스도의 제자들에게 재미있는 일일지도 모른다. 진정한 자유는 항상 경박함에 가까운데, 경박함은 마치 은혜가 그런 것처럼 값비싼 것일 수도 값싼 것일 수도 있다. 그러므로 우리는 거룩한 어리석음이 소명과 제자도에 왜 그처럼 중요한지를 실제적으로 살펴보아야 한다.

첫째, 바보처럼 되는 것이 소명에 필수적인 이유는 그것이 예수님과 같아지는 데 따르는 대가를 지불하는 길이기 때문이다. 그것은 자아를 부정하고 그분을 좇아 십자가를 지며 그분의 소명에 순종하는 값이다. "그리스도께서 한 사람을 부르실 때 그분은 그 사람에게 와서 죽으라고 말씀하시는 것이다." 1937년 『나를 따르라』(*The Cost of Discipleship*, 기독교서회 역간)에서 본회퍼가 쓴 이 말은 20세기의 가장 유명한 신학적인 문장일 것이다. 그는 히틀러에게 저항하는 가운데 자신의 피로 이 말에 친히 서명했다.

그러나 본회퍼는 "십자가는 모든 그리스도인 개개인 위에 놓여 있다"고 가르친 동시에 죽음에는 여러 종류가 있다고 가르쳤다. 그런가 하면 교회에서는 전통적으로 세 가지 종류의 순교가 있다고 가르쳐 왔다. 피를 흘리는 적색 순교, 금식처럼 금욕의 영적 훈련으로 이루어지는 녹색 순교, 하나님의 사랑 때문에 모든 것을 버리는 백색 순교가 그것이다. 따라서 제자도란 '백색 장례식', 곧 우리 자신의 독립성에 죽음을 고하는 장례식을 의미한다.

그러나 오해해서는 안 된다. 어떤 근사한 용어를 사용하든지 간에 고난을 선택하는 것은 결코 정상적인 모습이 아니라는 엄연한 사실을 은폐해서는 안 된다. 인간은 고난을 피하는 존재이고 죽음에 대해 생각하지 않으려 한다. 선택권이 주어진다면 우리는 더 좋은 날씨를 선호한다. 우리는 아스피린을 먹는다. 우리는 폭신한 방석을 좋아한다. 우리는 추운 데서 실내로 들어온다. 우리는 캄캄한 골짜기로 다니지 않는다. 우리는 브레이크 없는 차는 운전하지 않는다. 피학성애자가 아닌 한 고통을 선택하는 자는 누구든지 우리 눈에 이상하게 보일 것이다.

그러나 복음서들은 제자도의 대가에 대해 너무나 분명하게 말하며, 또한 예수님이 제자들을 부르신 것은 그분의 아버지가 그를 부르신 것을 반영하고 있다. 메시아로 부름받은 예수님은 곧 그가 반드시 고난을 당하여야 한다는 것과 모순처럼 보이는 '버림받은 메시아'가 되어야 한다는 것을 알았다. 그런데 그분은 이 피할 수 없는 짐을 자기 제자들에게도 지우신다. 예수님이 반드시 고난을 당하고 버림받아야만 메시아(그리스도)이신 것처럼, 예수님의 제자 역시 그 대가를 지불할 준비가 되어 있을 때만 예수님의 부르심에 순종하는 것이다.

여기가 바로 예수님의 복음이 가장 전복적인 지점이다. 복음은 혁명일 뿐 아니라, 다른 모든 혁명 및 혁명가와 비교해서도 가장 혁명적인 방법으로 혁명적이다. 예수님은 악이 자신에게 최악의 해를 입히도록 허용함으로써 악과 싸우고 악을 무찌르셨다. 그러고 나서 너무나 놀랍게도 그분은 우리도 똑같이 하라고 부르신다. 자기 생명을 구하려는 자는 잃을 것이고, 자기 생명을 잃는 자는 구할 것이다.

편안한 시대에는 외적인 소명의 대가가 작을 수 있고 어려운 때에는 본회퍼의 경우와 같이 그 대가가 엄청날 수 있다. 그리스도를 따르는 모든 자는 그리스도를 위한 바보가 되라는 부름을 받았지만 어떤 이들은 다른 이들보다 더 어리석어지라는 요청을 받았다. 하지만 어떤 경우든지 내적인 대가는 항상 동일하다. 즉 자아를 죽이는 것이다. 루이스는 『천국과 지옥의 이혼』(The Great Divorce, 홍성사 역간)에서 이렇게 썼다. "결국에는 두 종류의 사람이 있을 뿐이다. 즉 하나님께 '당신의 뜻이 이루어지이다'라고 말하는 사람과, 마지막에 하나님이 '네 뜻대로 이루어질지어다'라고 말씀하실 사람들이다." 그것이 천국과 지옥의 차이다.

예수님의 부르심은 거절이나 경쟁자를 허락하지 않는다. 그것은 우리에게 그분과 경쟁 관계에 있는 모든 유의 충성과 그분의 주되심에 상치되는 모든 행습을 버리라고 요구한다. 항상 그렇듯이 그 부르심이 전부다. 또한 항상 그렇듯이, 아무런 선택도 하지 않기로 선택하는 것도 하나의 선택이라는 점이 분명히 나타나 있다. "**만약** 누구든지 나를 따라오려거든…." 예수님은 제자들이 이미 그분을 따르고 있었음에도 불구하고 이렇게 말씀하신다. 다시 한번 그분은 그들이 자유로이 그분을 선택하거나 배척하도록 허용하신 것이다. 본회퍼는 이를 암시적으로 해석한다. "제자는 베드로가 그리스도를 부인할 때 했던 말을 자기 자신을 향해서 해야 한다. '나는 이 사람을 알지 못하노라.'"

자기 자신을 버리는 것은 우스운 짓이고, 자기 이익을 포기하는 것은 어리석은 짓이며, 자기 보호를 포기하는 것은 부조리한 행위다. 그러나 이것이 바로 제자들이 십자가에서 죽은 신인(神人)이신 조롱받은 메시아의 제복을 입기 위해서 선택하는 명백한 어리석음이다. 그러나 이 어리석음은 기쁨 없이 찡그린 얼굴을 한 금욕주의의 산물이 아니다. 역사적으로 기쁨이 충만한 얼굴로 죽어간 사람, 고난받으면서도 마음으로는 찬송하며 살다 간 사람들에 관한 수많은 이야기가 우리를 감동시킨다. 우리의 고난은 그분의 고난에 비하면 아무것도 아니며, 그분의 고난은 모두 우리를 위한 것이었기 때문이다.

12세기에 클레르보의 베르나르(Bernard of Clairvaux)는 "우리는 어릿광대나 곡예사와 같다"고 썼다. 그는 당시에 멸시받던 표현과 성직자에게 금지되었던 직업을 일부러 사용해 말했다. 하지만 극단적인 시토 수도회의 헌신은 그저 타락을 부각시키고 미지근한 상태에 있는 신분 높은 사람들을 일깨우는 충격 요법에 불과한 것이 아니었다. 그것은 무엇보다도 십자가에 대한 반응이었다. 베르나르는 한 설교에서 이렇게 선포했다.

형제들이여, 그리스도의 눈물은 수치심과 두려움과 슬픔으로 나를 압도하고 있습니다. 궁정의 내밀한 회의실에서 나에게 사형 선고가 내려지는 동안 나는 문 밖의 길에서 놀고 있었습니다. 그런데 왕의 독생자가 이 소식을 들었습니다. 그 아들이 무엇을 했습니까? 그분은 왕궁에서 뛰어나가 왕관을 벗어 던지고는 베옷을 걸친 채, 머리에는 재를 뿌리고 신발을 벗고, 자신의 가련한 종이 죽도록 정죄받았다는 소식에 눈물을 흘리며 애통해했습니다. 나는 뜻밖에도 이 슬픈 처지에서 그분을 만납니다. 나는 그분에게 일어난 비참한 변화에 깜짝 놀라서 그 까닭을 묻습니다. 그분은 나에게 모든 이야기를 들려줍니다. 이제 나는 어떻게 해야 합니까?

계속 놀면서 그분의 눈물을 조롱거리로 만들어야 하겠습니까? 만약 내가 그분을 좇아 그분의 눈물에 나의 눈물을 합하지 않는다면 나는 분명히 미친 자요 이성을 잃은 자일 것입니다.

둘째, 바보처럼 되는 것이 소명에 필수적인 이유는 그것이 우리를 세상의 본질에 정반대되는 반문화적 존재로 여지없이 세상 앞에 세우기 때문이다. 교회는 세상을 긍정하는 입장과 세상을 부정하는 입장 사이에서 필요한 긴장을 늘 견지해 왔다. 현대 세계는 그 비상한 힘으로 인해 전자 쪽으로 상당히 치우쳐 버렸다. 오늘날 세상을 부정하는 그리스도인은 무척 드물다. 세상으로부터 물러나 있을 만한 사막도 드물고 게토 역시 구식에 속한다. 우리는 사방에서 그리스도인들이 적당히 어울리는 존재가 되려고 애쓰는 모습을 본다. 그리스도인들은 복음을 멸시하는 '교양인들'에게 인정받기를 구하거나, 현대의 '비교회인'(unchurched)들에게 '사용자 친화적인' 복음을 전하거나, 그렇지 않으면 그저 이 시대의 안락함을 즐기는 모양으로 나타난다.

이제 많은 신자들에게 그리스도인의 삶이란 선한 생활을 뜻한다. 이는 심지어 하나님도 없고 부활도 없다 하더라도 "예수를 알고 지내는 편이 더 낫다"고 생각한다. 그 결과는 기독교 신앙을 현대인에게 맞춰 타협하는 것인데, 이는 지난 2,000년 동안 찾아보기 어려운 경쟁자에게 항복하는 것이나 다름없다.

그러한 모든 경향에 반하여 거룩한 바보는 도로 위의 장애물로 우뚝 서 있다. 복음에는 우리가 안주할 수 없는 세상에 대한 대립(antithesis)이 있고, 우리가 회피할 수 없는 제자도에 대한 대가가 있으며, 우리가 은폐해서는 안 될 순종에 대한 도전이 있고, 우리가 결코 지워 버려서는 안 될 믿음에 대한 스캔들이 있다. 그러한 진리에 충실하다가 경계선 밖으로 밀려나도 좋다. 우리더러 미쳤다고 선언하는 오늘날의 세상적인 지혜는 내일이면 구시대의 이론으로 전락할 것이다. 우리의 어리석음이 진정한 복음이고 얼간이의 망상이 아닌 이상, 우리는 '무지하게 무지하거나' '어리석게 어리석은' 자가 아니라, 오히려 그리스도의 학교의 겸손한 학생일 것이다. 신학자 헬무트 틸리케(Helmut Thielicke)가 돈키호테에 관해 썼듯이 "바보는 항상 옳다. 오직 바보만이 이 세상에서 옳다."

예수님을 따르는 자에게는 합리성, 정상, 제정신의 기준을 결정하는 분이 교수도 학자도 여론도 아닌 예수님이다. 세상 사람들에게 우리는 '구제 불능'이고 우리의 생각은 '미친' 것일지 모른다. 그러나 현대 세계의 광적인 모습과 아이러니를 깊이 숙고하는 사람에게는, 우리가 세상과 다르기 때문에 바보로 취급받는 것이 위로가 되고, 우리가 세상에 순응하기 때문에 세상이 우리를 더 심한 바보로 여기지 않는 것이 불편하게 느껴진다. 거룩한 어리석음은 반(反)문화적인 입장이다. 우리는 예수님과의 관계에서는 '사랑의 바보들'이고, 세상 권력과의 관계에서는 과격한 반란민이다.

키르케고르는 19세기 덴마크 교회가 온통 세속화된 것을 목도하고는 일기에 이렇게 썼다.

어떤 남자가 치통을 앓을 때 세상은 그를 '가련한 사람'이라고 말한다. 한 남자의 아내가 외도를 했을 때 세상은 그를 '가련한 사람'이라고 말한다. 한 남자가 재정적인 곤궁에 빠졌을 때 세상은 그를 '가련한 사람'이라고 말한다. 한 남자가 비천한 종의 모습으로 이 세상에서 고난을 당함으로써 하나님을 기쁘게 했을 때 세상은 그를 '가련한 사람'이라고 말한다. 한 사도가 하나님의 위임을 받아 진리를 위해 고난받는 영예를 누릴 때 세상은 그를 '가련한 사람'이라고 말한다. 가련한 세상이다!

셋째, 바보처럼 되는 것이 소명에 필수적인 이유는 그것이 손해에 반응하는 그리스도의 방식이기 때문이다. 복음서에서 손해에 대하여 새로운 방식으로 반응하라는 예수님의 요구보다 더 혁명적인 것은 없다["그러나 너희 듣는 자에게 내가 이르노니, 너희 원수를 사랑하며, 너희를 미워하는 자를 선대하며, 너희를 저주하는 자를 위하여 축복하며, 너희를 모욕하는 자를 위하여 기도하라"(눅 6:27-28)]. 이와 마찬가지로, 현대 교회에 속한 그리스도인들(과 지도자들)이 공적인 삶에서 원한의 정치를 일삼고 추종자들을 '핍박받는 작은 소수'로 내세우는 것보다 더 반기독교적인 것은 없다.

가스파르 드 콜리니(Gaspard de Coligny)는 프랑스의 해군 대장이자 위그노파 지도자였는데, 1572년 그의 개신교 신앙 때문에 살해당했다. 그는 이렇게 선언했다. "만약 하나님의 영광과 공공의 안녕이 보장된다면, 내가 개인적으로 당한 손해나 화는 모두 홀가분하게 잊어버릴 것이다." 그러나 오늘날 상당수의 서구 교회는 공적인 영향력을 추구한 나머지 손해에 대한 그리스도의 반응을 저버렸고, 부끄럼 없이 현대의 세속적인 전략, 곧 비난으로 되갚거나 피해자인 양 행세하는 전략을 발전시켰다. 그러한 그리스도인은 공적 생활의 '잠자는 거인'의 모습이다가 갑자기 적대적인 세속 세력을 대신해 '작고 가련한 희생양'의 모습으로 변한다.

그처럼 고의적으로 선택한 전략은 참으로 수치스런 것이다! 비서구 세계의 여러 곳에서 신앙을 고백하는 그리스도인들을 무자비하게 핍박하는 것은 한마디로 범죄 행위다. 그리고 오늘날 서구 사회의 곳곳에서도 반기독교적 편견과 불공평이 팽배해 있음은 주지의 사실이다. 그런 예들은 얼마든지 찾을 수 있다. 그러나 후자를 변호하기 위해서 피해자 행세를 하는 전략은 그리스도를 따르는 자로서는 생각할 수 없는 것이다. 간단히 말해서, 그것은 사실을 오도하는 것이고, 도덕적으로 위선적이며, 정치적으로 효과가 없을 뿐 아니라, 심리적으로 위험한 것이다. 무엇보다도 그것은 고난과 배척당함으로 부르시는 예수님의 가르침에 신실하지 못한 것이며 그 가르침을 고의적으로 부정하는 행위다.

이런 그리스도인 지도자들은 부끄러움을 느끼지 못하는가? 그들로 하여금 신약성경을 처음부터 끝까지 샅샅이 살펴보게 하라. 그들은 최근 공적인 영역에서 자신들이 일삼은 불안과 원한의 정치를 정당화시켜 주는 구절을 단 하나도 찾을 수 없을 것이다.

바보가 되고자 하는 자는 다른 길로 가야 한다. 그리스도를 따르는 자들은 다양한 이름으로 불릴 것이다. 그러나 우리의 정체성은 오직 하나님에게서 오며, 그분의 부르심이 우리의 이름과 본질을 드러내 준다. 그리스도를 따르는 자는 그리스도 외의 다른 길을 좇는 자들과 마찬가지로 헌신의 대가를 짊어지고 싶지 않을 수도 있다. 그러나 우리의 주인이 무엇을 짊어지셨는지 아는 자라면 그 누구라도 다른 사람에게 책임을 전가할 수는 없을 것이다. 사실상 오늘날 피해 의식을 가진 이들 간의 형제애는 십자가에서 죽으신 그리스도와의 교제를 왜곡시키는 모조품이다. 우리는 모두 그리스도를 따르는 자로서 때때로 상처의 아픔과 모욕의 고통 앞에서 주춤할 수 있으나 그 대가는 소명의 계약과 십자가의 길 속에 들어 있다.

'거룩한 어리석음'이나 '바보처럼 되는 것'과 같은 주제는 풍부한 함의를 갖고 있다. 그것은 기독교를 증거하는 데 굉장한 잠재력을 갖고 있다. 또한 교회의 새로운 개혁 가능성을 제시한다. 그것은 심지어 복음주의 전통이 그리스도의 교회에 중심을 차지함을 입증한다(복음주의적이 된다는 것은 성 프란치스코의 표현을 빌리면 '예수님의 복음에 따라 사는 것'이며 따라서 복음 자체의 첫 번째 것들로 우리 자신과 우리의 삶을 규정하는 것이다).

그러나 결론적으로 바보처럼 되는 것은 한마디로 신실함이다. 더 나은 표현으로는, 클레르보의 베르나르가 '심각한 게임'이라고 부른 것이고, 니사의 그레고리우스(Gregory of Nyssa)가 '맑은 정신의 만취 상태'라고 표현한 것인데, 이는 예수님의 복음의 핵심 곧 십자가에서 죽으신 하나님으로 말미암은 것이다. 옥스퍼드의 철학자 오스틴 파러(Austin Farrer)는 한때 이렇게 말했다. "만약 예수님이 기꺼이 우리 안에 계시며 우리가 그분을 세상에 보여 주기를 원하신다면, 우리가 그리스도를 위해 바보가 되고 우리가 담당할 역할로 인해 구경거리가 되는 것은 별로 대단한 일이 아니다."

❖**묵상 질문**

당신은 자신에 대해 '백색 장례식'을 치른 적이 있는가? 당신의 신앙은 가능한 한 세상과 최소한의 긴장 관계만 유지하는, 점잖고 냉정하고, 중용적이고 계산적이며 안락한 그런 신앙은 아닌가? 당신은 작은 꽃이라 불린 리지외의 테레즈(Thérèse of Lisieux)의 말처럼 '오직 예수님만 사랑하기 때문에 어리석음을 자초할' 준비가 되어 있는가? 당신은 당신의 방식대로 '복음에 따라 살아가고' 있는가? 부르심인 동시에 명령인 사령관 예수님의 초대에 귀를 기울이라. "나를 따르라."

29

때가 왔도다

가이우스 율리우스 카이사르(Gaius Julius Caesar)는 결정적인 신속함(*celeritas Caesaris*)으로 유명하다. 그보다 더 유명한 것은, 그가 로마의 최대 지방인 갈리아를 즉각적으로 세 부분으로 분할한 사건이다. 그러나 가장 유명한 이야기는, 뛰어난 지휘력으로 순식간에 승리를 쟁취한 다음 소아시아의 젤라 전투에서 했다는 불멸의 명언이다. "왔노라, 보았노라, 이겼노라." 후에 알려지기로, 그는 50회 이상의 전투를 승리로 이끌었으며 백만 명이 넘는 적을 죽였다. 주지하다시피, 율리우스 카이사르는 의심 많은 도마나 주저하는 햄릿 같은 인물이었기 때문에 카이사르 대왕으로 등극하지는 못했다.

그러나 주전 49년 1월 중순의 어느 차가운 밤, 51세의 카이사르는 전진하던 발걸음을 멈출 수밖에 없는 상황에 직면했다. 의심할 바 없는 그의 능력과 자질 그 무엇도 소용이 없는 것 같았다. 오히려 그 모든 자질이 그가 직면한 중대한 결정을 더욱 선명하게 부각시켰다. 그의 발 앞에는 폭우로 크게 불어난 좁은 강물이 세차게 흐르고 있었다. 이 강은 그가 총독으로 있는 갈리아 지방의 남쪽 경계선이었다. 강 건너편은 이탈리아 본토로서 로마와 로마 원로원이 지배하는 영토였다.

과연 군대 없이 친구 몇 명만 데리고 강을 건너서 자신의 지휘권을 포기하고 일개 시민으로서 로마에 불만을 표명할 것인가? 아니면 원로원의 권위를 비웃으면서 군대를 이끌고 강을 건너 로마로 진격해 내전을 일으킬 것인가? 그는 친구들에게 "강을 건너지 않으면 나에게 불행이 올 것이고, 강을 건너면 모든 사람의 불행을 초래할 것이다"라고 말했다.

그해 1월부터 로마의 집정관들은 율리우스 카이사르를 총독에서 물러나게 하려고 온갖 방법을 다 동원했는데, 심지어는 비상사태에 해당하는 '극단 칙령'까지 통과시켰다. 카이사르의 총독 임기는 10년 만에 만료되었는데, 그들은 카이사르가 로마에 재입성해서 지방 총독의 후보자로 나설 것으로 예상했다. 일단 그가 그 자리에 앉으면 그들의 권한을 넘어서게 될 것이므로, 그들은 10년 전 그가 집정관으로 재임할 때 헌법을 위반했다고 고발하여 그의 야망을 꺾으려고 혈안이 되어 있었다.

카이사르와 원로원 간의 문제는 개인적인 차원도 포함되어 있었지만 그보다 훨씬 더 광범위한 것이었다. 오랜 로마 공화국의 힘과 명성의 배후에는 원로원이 있었는데, 원로원은 '원로'(*patres*)로 구성된 특별한 조직체로서 로마 자체의 의지요 목소리이며 집행 기구였다. 그러나 시간이 흐르면서 공화국 내에 긴장이 고조되어 갔다. 특히 가난한 계층의 증가, 로마 전쟁의 퇴역 군인들, 제국의 팽창으로 새로 유입된 사람들 등으로 인한 사회 문제가 심각했다.

요컨대 원로원은 진퇴양난에 빠졌다. 더 이상은 팽창일로에 있던 세계 제국을 다스리는 데 따르는 도전을 감당할 수 없었다. 그러나 원로원 자체는 개혁을 할 만큼 유연하지 못했고, 간헐적으로 군대 지도자들이 일어나서 개혁을 통해 최고 권력을 손에 넣으려고 위협하는 것도 못마땅했다.

율리우스 카이사르는 그들 중 가장 위대한 최후의 군사 지도자였으므로 원로원의 권위에 치명적인 위협이었다. 카이사르는 26세 때 해적에게 잡힌 적이 있는데, 해적들이 그에게 20달란트의 보석금을 받고 풀어 주겠다고 제의하자 자기는 적어도 50달란트 가치가 있다고 말하면서 거절했다. 31세 때는 스페인의 카디스에서 헤라클레스 신전에 있는 알렉산더 대왕의 기념비를 보게 되었다. 수에토니우스(Suetonius)에 따르면 그때 카이사르는 알렉산더가 그 나이에 세계를 정복했는데 자신은 아직 이렇다 할 업적을 이루지 못했다는 생각에 격한 감정에 휩싸였다고 한다.

그 작은 강가에 선 바로 그 순간에, 카이사르는 정복자로서 이름을 아로새겼다. 어떠한 명령이나 허락도 받지 않고, 그는 앞서 간 그 어떤 로마 장군보다도 더 위대한 정복을 이루었다. 그의 수하 부대는 4개 군단에서 10개 군단으로 증강되었고 온 세계가 그의 발 앞에 엎드렸다. 키케로는 카이사르가 순풍에 돛 단 듯이 승승장구했다고 쓰고 있다. 플루타르크는 카이사르가 강 앞에 멈추기 전날 밤 어머니를 강간하는 꿈을 꾸었다고 기록했다. 아마도 어머니는 그의 발 앞에 정복당할 온 땅의 상징일 것이다.

그렇다면 카이사르에게는 오직 한 가지 대안밖에 없었을 것이다. 하지만 그는 결정을 내리지 못한 채 잠시 망설이고 있었다. 한 친구가 전하는 바로는, 카이사르는 한참 동안 생각에 잠긴 채 입을 다물고 있었다. 그러더니 근엄한 표정으로 자신이 내린 결론을 큰 소리로 선포했다. 한편에는 내전으로 인해 초래될 보편적인 불행이 놓여 있었다. 다른 한편에는 카이사르 자신의 불행, 곧 원로원과의 관계에서 당한 모욕과 괴로움이 놓여 있었다.

결국 카이사르는 한참을 숙고하다가 몸을 일으켰다고 한다. 그는 "주사위는 던져졌다"는 도박 같은 결정을 선언하면서 부하들에게 루비콘 강을 건너라는 명령을 내렸고 동트기 전에 인근 마을에 진입했다. 사실상 그는 원로원을 향해 선전포고를 한 것이다. 5년 동안 많은 전쟁을 치르면서 엄청난 피를 흘린 다음, 율리우스 카이사르는 거상(巨像)처럼 좁은 세계에 걸터앉았다. 얼마 지나지 않아 그는 친구인 브루투스(Marcus Brutus)가 주도한 습격으로 수많은 단도에 찔려 죽음으로써 자신의 성급한 행동에 대한 피 값을 지불했다. 그러나 오래된 공화국은 마침내 무릎을 꿇기에 이르렀고 카이사르 가문의 로마 제국은 그의 형상을 따라 막 태어나려 하고 있었다.

일찍이 주전 63년 키케로는 지구상에서 로마의 지배가 끝나지 않을 것이라고 선언했다. 유일한 한계가 있다면 그것은 하늘의 결정뿐이라고 했다. 이제 그는 내전을 야기한 카이사르의 행동에 관해 "그 명분은 그저 명분에 지나지 않는다"라고 썼다. 한마디로 율리우스 카이사르 자신이 그 명분이었다. 만약 일반 대중을 확신시키는 데 하늘의 후원이 필요했다면, 그는 자신의 담대함과 결단성으로 그런 필요를 충족시켰을 것이다.

율리우스 카이사르는 아낌없는 찬사를 받았다. '첫 번째 황제', '역사상 두 번째로 영향력이 큰 인물', '세계정신'의 집행관(헤겔), '가장 다재다능한 인간'(야코프 부르크하르트) 등. 나폴레옹은 괴테에게 (아마도 자기 자신에 대해) "당신은 카이사르의 죽음에 대해 볼테르가 썼던 것보다 훨씬 훌륭한 필체로 더 위대하게 써야 하오"라고 말했다. "그건 당신 생애 최대의 과업이 될 만하오."

한편 율리우스 카이사르의 주가는 높이 솟아올라 여전히 그 수준을 유지하고 있는데, 여기서 내 관심사는 그의 위대성이나 천재성이 아니라 그의 업적에서 중심 역할을 했던 '때에 대한 감각'이다. 그가 게임을 하듯 던진 말("주사위는 던져졌다")은 이제는 의사 결정에서 본질적인 요소가 되었다. 그의 행동('루비콘 강을 건넌 것')은 이제 운명적인 결정을 일컫는 말이 되었다. 셰익스피어의 희곡에서 마르쿠스 브루투스가 한 유명한 말은 카이사르에게도 적용되며, 인간의 운명에서 타이밍이 중요한 역할을 한다는 것을 묘사한다.

> 인간사에는 조류가 있는 법.
> 만조를 타게 되면 행운으로 이어지고,
> 놓치게 되면 인생이라는 항해 전체가
> 얕은 여울과 불행으로 향하게 된다.
> 우리는 지금 그런 만해(滿海)에 떠 있으므로
> 순조로운 물결을 타야만 한다.
> 그렇지 않으면 우리의 운(運)을 잃을 것이다.

율리우스 카이사르의 비상한 경력과 자신의 때를 포착하는 기술, 자신의 운명을 자신의 손에 맡기는 모습 등은 소명의 진리의 또 다른 특징을 부각시켜 준다. 소명은 성공적인 삶을 특징짓는 타이밍 감각에서 본질적인 부분이다.

하나님의 때

율리우스 카이사르의 비상한 타이밍 감각은 현대의 지도자들에게서도 발견된다. 예를 들어, 영국의 정치가이자 작가인 벤저민 디즈레일리는 일기에 이렇게 썼다. "시대정신, 그것을 알고 자기 자신을 아는 것이 성공의 비결이다." 현대 독일의 창조자인 비스마르크는 무자비한 막후 권력자였지만 자신의 한계를 초월하는 더 큰 세력에 맞추어 조율해야 할 필요가 있다는 것을 인식했다. 그는 정치가의 주요 과업은 "하나님의 옷깃이 스치는 소리를 들을 때까지 귀 기울이다가, 소리가 나는 즉시 뛰어올라 그 옷깃을 붙잡는 것"이라고 즐겨 말했다.

윈스턴 처칠도 유사한 타이밍 감각을 갖고 있었다. 다 빈치처럼 그는 인생이 짧다는 의식을 갖고 있었으며, 동시에 인간의 엄청난 가능성 또한 인식하고 있었다. 그는 친구에게 이렇게 말한 적이 있다. "무정한 시간을 저주하라! 우리가 모든 것을 쑤셔 넣도록 할당된 시간이 얼마나 짧은지 잔인할 정도다." 따라서 타이밍은 처칠의 긴박감과 사명 의식에 열쇠와 같은 것이었다. "내가 보기에 우연, 행운, 운, 운명, 숙명, 섭리 등은 표현이 다를 뿐이지 결국 한 가지, 즉 인간이 자신의 인생 이야기에 기여하는 바는 외부의 더 우월한 힘에 의해 계속해서 지배당하고 있다는 것을 말하는 것이다"라고 그는 썼다.

물론 타이밍 감각이 있다고 해서 전능하다는 뜻은 아니다. 그와 반대로, 타이밍의 중요성은 한 사람이 맹목적인 힘을 지녔을 때 부족한 점을 직관적으로 보충시켜 준다는 데 있다. 이런 예는 야구 선수 중 최고의 타자들, 전쟁 시 최고의 장군들, 국사(國事)를 다루는 최고의 지도자들에게서 찾을 수 있다. 위대한 지도자는 반대 세력과 장애물이 위협하는 상황에서도 영향력을 발휘하는데, 그 이유는 그 자신과 활동하는 시기가 꼭 '들어맞기' 때문이다. 물론 지도자라고 해서 모두 매 시간에 꼭 들어맞는 것은 아니다. 어떤 이는 너무 빨리 오고, 대부분은 머뭇거리다 너무 늦고 만다. 오직 소수만이 성공의 비결인 타이밍 감각을 갖고 있다.

또한 타이밍 감각이 있다고 해서 전지하다거나 선견지명이 있다는 뜻은 아니다. 미국의 국무장관이었던 조지 마셜(George Marshall) 장군이 주장했듯이, 지도자는 대부분의 결정을 '고질적인 모호함' 가운데서 내린다. 훗날 뒤돌아볼 때는 명확해 보이지만, 현실에서는 앞이 도무지 보이지 않을 때 행위 능력은 최대인 경우가 종종 있다. 이와 반대로, 모든 것이 불 보듯 분명할 때는 행동의 자유가 크게 제한될 수 있다. 예를 들어, 아돌프 히틀러의 경우 인생 초반에 그의 행로를 저지했더라면 훨씬 쉬웠을 것이다. 그러나 사람들이 무슨 수를 써서라도 그를 저지해야 한다고 분명히 깨달았을 때는 이미 엄청난 대가를 치르지 않고서는 할 수 없는 때였다.

이상하게도 현대 세계에서 타이밍 감각을 얻기가 더 어려운 이유는, 우리가 타이밍에 대한 강박 관념을 갖고 있기 때문이다. 우리는 우리 세대에 의해 자신을 규정하고, 세대 간의 갈등을 당연히 기대하고, 우리 시대에 그럴듯한 명칭을 부여한다. 우리는 또한 진보를 기리는 동시에 잃어버린 과거에 대한 향수에 젖는다. 그 결과 역사적인 관심의 폭이 극적으로 줄어들었고, 정체성과 생활 양식에 따라 새로운 집단을 분류하며, 세대와 시대와 양식의 전환이 크게 촉진되었다. 타이밍 감각이 이제는 파리의 유행과 디트로이트의 자동차 모델만큼이나 시장의 유행과 욕구 불만에 의해 좌우되고 있다.

그러므로 생각의 전환이 약간 필요하다. 우리는 타이밍에 대한 모든 주장을 조심해서 다루어야 한다. 모든 시대는 도덕적으로 타락하고 있다고 느낀다. 학자들은 자기주장을 '큰 분수령'이라고 과장해서 말한다. '위기'는 현대의 변화무쌍한 상황에서 항존하는 특징이자 상투어가 되었다. 흔들리는 것이라고 해서 모두 넘어지지는 않으며, 여러 가지 '미래의 쓰나미'는 자그마한 소용돌이에 불과한 것으로 판명된다. 큰 소리로 '전환점'이라고 외치던 것들이 대부분 역사적인 사건으로 기록되지 못하고, 전환점 운운하는 논의에는 함정이 즐비하다.

최악의 현상은 요즈음 타이밍이 트렌드 예측—그 자체가 대단히 수익성 있는 트렌드다—과 혼동되는 것이다. 트렌드 예측가는 현대 세계의 점쟁이로서 우리의 장래를 말해 주고 자신의 장래를 만든다. 윈스턴 처칠이 정치 영역에서 시끄럽게 떠들어 대는 예언자들을 비꼬아 말한 것같이 "정치가로서 갖추어야 할 중요한 자질은 내일, 내주, 다음 달, 이듬해에 무슨 일이 발생할지를 예언하는 능력과 나중에 그것이 왜 일어나지 않았는지를 설명하는 능력이다."

이 모든 것에도 불구하고 오직 바보만이 타이밍의 중요성을 무시할 것이다. 올바른 일을 제때에 하는 것은 계산할 수 없을 만큼 효과를 배가시킨다. 그리스도를 따르는 자에게, 타이밍은 인생의 본질적인 요소일 뿐 아니라 하나님 아래서 역사를 이해하는 중요한 요소다. 그것은 또한 율리우스 카이사르보다 훨씬 더 위대한 분이신 예수 그리스도를 이해하는 데 필수적인 요건이다. '날', '때', '시대', '시기', '순간', '세대' 등과 같은 개념은 예수님과 그분의 복음을 깨닫는 데 매우 중요하다.

히브리어에는 추상적으로 어떤 연대기적 시간을 지칭하는 단어가 없다. 대신 시간의 흐름보다 시간의 섭리와 목적에 강조점을 둔다. 즉 하루하루가 연속되는 것보다 한 날의 중요성에, 어느 순간이 측정되는 방법보다 그 순간의 의미에, 시간을 순환적인 것으로 보는 이방적인 관점보다 직선적이고 목적 지향적인 것으로 보는 관점에 강조점을 둔다. 셰익스피어가 언급한 만조나 '만해'(滿海)와 같은 개념은 신약성경에 나오는 '때가 차매'와 나중에 기독교 용어로 자리잡은 '하나님의 선한 때'라는 개념과 매우 유사하다.

성경에는 좋은 타이밍의 예가 많이 나온다. 예를 들어, 구약성경에서는 다윗의 부하 중 "시세를 알고 이스라엘이 마땅히 행할 것을 아는" 자들을 높이 평가한다. 아울러 나쁜 타이밍과 실기(失機)를 보여 주는 주목할 만한 예도 나온다. 예레미야는 바로느고를 이렇게 면직시켰다. "애굽의 바로 왕이 망하였도다. 그가 기회를 놓쳤도다."

성경에서 타이밍 감각이 가장 뛰어난 예는 분명 예수님에게서 볼 수 있다. 예수님은 단 한 장(눅 11장)에서 열한 번이나 '세대'를 언급하시는데, 그중 여섯 번은 '이 세대'를 지칭한다. 각각의 경우에 예수님은 현재 진행 중인 모든 중대한 사건들에 대해 당대가 응답할 책임이 있음을 강조하셨다. 예수님이 예루살렘을 보며 우신 이유는 그 성이 그분의 '평화에 관한 일'을 놓치고 주후 70년에 있을 로마의 침공을 자초했기 때문이며 "네가 보살핌 받는 날을(하나님이 너를 찾아오신 때를) 알지 못함" 때문이었다.

그러나 이 모든 성경의 예는 예수님이 자기 소명에 대해 지니셨던 타이밍 감각에 비하면 아무것도 아니다. 오늘날 그리스도를 따르는 많은 자들은 예수님의 주장을 통해서만 그분을 이해하려 한다. 예수님의 주장은 매우 중요하다. 하지만 그 주장을 그분의 소명 의식을 통해서 이해하지 않고 따로 분리하면 그 위력이 크게 상실된다. 예수님은 어떤 '주장'을 발하는 자로 갈릴리 일대를 다니신 것이 아니다. 그분은 자신의 소명을 추구하는 가운데 어떤 주장을 하게 되었고, 그 주장은 예수님의 자기 이해를 간파하게 하는 창을 열어 주었으며 궁극적으로는 인간의 반응을 촉구하는 도전으로 작용했다.

예수님의 소명 의식은 수많은 상반된 예수 상(像)으로 가득한 세상에서 특히 중요하다. 최근에 제시된 예수 상으로는 위대한 도덕 교사이자 모범, 민족주의의 선동가이자 실패한 유대인 혁명가, 세상의 종말을 고한 묵시론적 선지자, 배회하는 냉소적인 전도자 혹은 기민한 갈릴리의 성자, 이혼 후 세 자녀를 데리고 재혼한 가정적인 남자 등이 있다. 교회에 대해 회의적이거나 반대하는 자들은 사람들을 그렇게 혼란스럽게 만들었다.

그렇다면 진리를 추구하는 자와 믿는 자는 이같이 판이한 초상화들을 어떻게 평가해야 하겠는가? 예수님이 주님이요 하나님이시라는 교회의 믿음에 비해 이런 터무니없는 주장들이 옳지 않다는 것을 어떻게 알 수 있는가? 이 같은 혼동에 대처하는 유익한 원리로는 다음의 네 가지가 있다. 첫째, 그리스도인은 자기 신앙에 대해 어떤 특별한 변호나 보호를 요청하지 않는다. 그 신앙은 다른 어떤 신앙들과 마찬가지로 조사되고 검토되어야 한다. 둘째, 최상의 조사 방법은 역사적 증거를 검토하는 것이다. 거짓된 견해의 문제점은 우리를 다치게 한다는 점이 아니라 꾸며낸 허구라는 데 있다. 셋째, 역사를 검토하는 방법은 이중적인 접근을 통해 가능하다. 한편으로는 유대주의의 기대로부터 순행적(順行的)으로 접근하는 것과 다른 한편으로는 복음서들의 증거로부터 역행적으로 접근하는 것이다. 넷째, "예수는 누구였는가?"라는 질문에 대한 결론적인 대답은 세 가지 핵심 문제, 예수는 자기 자신을 어떻게 이해했는가, 예수는 왜 죽었는가, 기독 교회의 발흥을 어떻게 설명할 것인가를 둘러싼 증거를 만족스럽게 다루어야 한다.

이 핵심 문제들 중 첫 번째 곧 예수님의 자기 이해는 다른 두 가지를 해결하는 데 중추적인 것이다. 그것은 예수님의 자기 소명에 대한 이해에서 가장 뚜렷하게 드러난다. 인생의 목적에 대한 의식이 현대에만 있는 독특한 특징이라는 주장은 한마디로 잘못된 것이다. 세례 요한, 다소의 바울 그리고 페리클레스, 소크라테스, 키케로, 아우구스투스, 카이사르 등과 같은 많은 고대 지도자들처럼 나사렛 예수는 자신이 시종일관 추구한 지속적이고 중요한 목적이라는 동기에 이끌리신 것이 분명하다. 상기한 인물들 가운데 요한과 바울이 그랬듯이, 예수님 역시 자신의 인생 목적을 하나님이 주신 소명으로 분명하게 이해하셨다. 그 소명은 그분이 세례 받으실 때 선포된 것으로서 사복음서 모두 분명하게 기록하고 있다. 하지만 하나님으로부터 온 소명에 대한 예수님의 인식은 전무후무하게 인간의 사고 지평을 초월했다.

첫째, 예수님은 이스라엘의 포로 상태의 종말, 하나님 나라의 도래, 그분의 '평화에 관한 일'을 놓치는 모든 이에게 닥칠 임박한 재앙을 선포하는 선지자로서 말씀하고 행동하셨다.

둘째, 더욱 더 충격적인 것은 예수님이 친히 이스라엘을 대표하는 메시아, 곧 인격화된 새 이스라엘로서 말씀하고 행동하셨다는 점이다. 그분을 중심으로 옛 이스라엘이 용서받고, 치료되며, 재정의되고, 재구성되는 것이었다.

셋째, 당대에 가장 큰 걸림돌로 작용했던 점으로서 예수님은 마치 **이스라엘의 하나님, 야웨께서 실제로 인간의 몸으로 능력 가운데 찾아오신 것처럼** 말씀하고 행동하셨다. 예수님 안에 하나님이 오셨고, 이스라엘의 왕이 자기 백성에게 돌아오신 것이다. 예수님은 자기 자신이, 성경에서 오직 하나님만이 하실 수 있고 되실 수 있다고 가르친 바를 이스라엘과 세상을 위해 행하기 위해 왔다고 보셨다. 따라서 예수님을 주님이요 하나님으로 경배하는 것은 자연스럽고도 전적으로 합당한 반응이다. 하나님은 예수님을 통해서 말씀하셨다. 하나님은 그분 안에서 행하셨다. 하나님은 예수님으로서 말씀하시고 행하셨다.

이같이 두렵고도 충격적인 예수님의 소명은 그분의 생애 전체에 강력하게 흐르고 있다. 그 소명은 예수님의 소년 시절에 언뜻 드러난 바 있고, 세례 받으실 때 확인되고 선포되었으며, 그분의 기도와 영적 훈련을 통하여 배양되었고, 악의 권세와 대결하는 가운데 시험되었으며, 그분의 공적인 언행에서 입증되었고, 나귀를 타고 예루살렘에 입성하는 것과 같은 상징적인 행동으로 실연되었으며, 겟세마네 동산에서의 회의를 통해 고민거리가 되었고, 십자가상의 죽음으로 절정에 달했으며, 무덤에서 부활하셨을 때 그 정당함이 입증되었다.

타이밍 감각은 예수님의 소명 의식에 중심적인 것이었다. "내 때가 아직 이르지 아니하였나이다." 이는 예수님의 어머니가 가나의 혼인 잔치에서 그분을 무대의 조명을 받도록 밀어 넣으려는 시기상조의 행동을 했을 때 예수님이 하신 말씀이다. "내 때는 아직 이르지 아니하였거니와." 이는 예수님의 형제들이 그분께 예루살렘에 올라가서 터를 잡으라는 시기상조의 요구를 했을 때 예수님이 하신 말씀이다. "때가 왔도다." 이는 예수님이 십자가로 가는 도상에서 자신의 루비콘 강을 건널 때 겟세마네 동산에서 아버지께 기도하셨던 내용이다. 예수님은 그분의 말을 듣는 자들이 "시대의 표적"을 읽을 수 있기를 기대하시며, 그분이 친히 자신의 때를 완벽하게 읽고 계셨음을 보여 주었다.

그렇다면 우리는? 우리같이 평범한 추종자는 그분 같은 지식도 능력도 없으며 카이사르와 비스마르크같이 역사를 바꿀 수도 없는데 어떻게 '시대의 수수께끼를 푸는 자'가 될 수 있겠는가? 그리스도인의 순종은 단지 하나님이 행하시는 것을 보고 그에 동참하는 것일 뿐이라고 가르치는 사람들이 있다. 과연 정말 그렇게 간단한 문제인가? 하나님은 흔히 신비로운 방법으로 움직이신다. 그래서 우리가 그분을 이해할 때까지 기다리라는 충고는 종종 수동적이고 마비된 자세로 있으라는 것과 마찬가지다. 예수님이 가르치신 네 가지 주제는 우리의 소명 안에서 타이밍 감각을 가지는 것과 밀접하게 연관되어 있다.

첫째, 소명은 **하나님께 의존하는** 문제다. "하나님을 믿으라.…두려워하지 말라.…염려하지 말라.…너희 천부께서 너희에게 필요한 것을 아시느니라." 예수님은 그분의 제자인 우리가 다른 경우와 마찬가지로

이 점에서도 하나님께 전적으로 의존해야 함을 너무나 분명한 본보기로 보여 주셨고 너무나 강력한 권면으로 가르치셨다. 결국 '우리의 때는 그분의 손 안에 있기' 때문이다.

여기에 타이밍에 대한 다른 견해가 미칠 수 없고 최고의 직관도 도달할 수 없는 차원이 있다. 우리 인간은 한마디로 우리 시대에 맞추어 처신할 수 있는 지식과 능력이 없다. 우리 삶에서 타이밍을 맞추려는 욕구가 자연스러운 만큼이나 타이밍을 맞추는 것은 어렵다. 그러나 부름받은 자들에게는 모든 것이 그들에게 맡겨지지 않았다. 우리는 인간의 결정을 둘러싼 고질적인 모호함을 피하는 척할 필요가 없다. 또한 트렌드 예측가나 손금 보는 사람을 찾아갈 필요도 없다. 우리 눈이 하나님만 바라보고 있는 한, 참새 한 마리까지 주시하시는 그분께 우리 인생의 타이밍 문제도 의뢰할 수 있다. 여호사밧 왕이 엄청난 대적에 직면했을 때 하나님께 기도한 것처럼 "우리가…어떻게 할 줄도 알지 못하옵고 오직 주만 바라보나이다"라고 기도할 수 있다. 하나님의 타이밍이 우리의 타이밍인 경우는 드물다. 그러나 그분은 우리의 날을 우리보다 훨씬 더 잘 계수하시고 우리의 때를 아신다. 우리의 과제는 신뢰하는 것이다.

둘째, 소명은 **타이밍을 맞추기 위한 부적절한 방법을 포기하는** 문제다. "누구든지 나를 따라 오려거든 자기를 부인하고.""만일 네 오른 눈이 너로 실족하게 하거든 빼어 내버리라…만일 네 오른손이 너로 실족하게 하거든 찍어 내버리라.""너희가 하나님과 재물을 겸하여 섬기지 못하느니라." 다른 대상을 신뢰하려는 유혹에 대해서 이와 같이 근본적으로 거부하는 자세는 소명에서의 타이밍 문제에도 적용할 수 있다. 물론 그리스도를 따르는 것 이외에도 타이밍을 맞추려는 많은 시도가 있다. 투시력, 점치기, 미래학, 홍보, 마케팅이 몇 가지 예다.

예수님은 예루살렘에 올라가서 자신을 세상에 나타내라는 형제들의 요구를 거절하시면서 두 가지를 뚜렷하게 대조시키셨다. 그분은 "내 때는 아직 이르지 아니하였거니와"라고 말씀하신 다음 "너희 때는 늘 준비되어 있느니라"고 날카롭게 덧붙이셨다. 하나님의 길은 하나님의 때에 하나님의 주도권에 달려 있는 반면, 인간의 길은 어떤 때이든 무슨 수단을 통해서든 우리 자신을 드러내고 높인다. 모든 것이 우리에게 달려 있으니 그렇게 하지 않을 수 없을 것이다. 그 결과 초래되는 문제는 인간이 자신을 드러내고 홍보하는 것이 힘에 있어서 섭리에 못 미친다기보다는 타이밍에 있어서 섭리에 못 미친다는 것이다. 많은 그리스도인이 박학다식함을 예언과 혼동하는 시대에, 우리는 올바른 대상에게 권위를 부여해야 하며, 다가갈 대상뿐 아니라 등을 돌려야 할 대상에 대해서도 분명한 태도를 취해야 한다.

셋째, 소명은 **준비 자세**의 문제다. "그런즉 깨어 있으라." "롯의 처를 기억하라." "인자가 올 때에 세상에서 믿음을 보겠느냐?" "너희는…항상…깨어 있으라." 예수님은 슬기 있는 처녀와 미련한 처녀에 관한 이야기부터 "노아의 때"를 언급하면서 자신이 '밤중에 도적같이' 올 것이라는 말씀, 그리고 잠자는 제자들을 향한 책망에 이르기까지 거듭해서 자기를 따르는 자들에게 깨어 기다리면서 경계하며 준비하고 있으라고 촉구하셨다.

햄릿의 친구 호레이쇼가 혹시 햄릿이 죽음을 두려워해서 레어티스와의 결투를 피하고 있지 않은지 의아해하자 햄릿은 이렇게 대답했다.

"조금도 그렇지 않네. 나는 전조를 두려워하지 않아. 참새가 떨어지는 것에도 특별한 섭리가 있다네. 만약 지금이라면 앞으로는 오지 않을 것이네. 만약 장차 오지 않는다면, 지금일 것이네. 만약 지금이 아니라면 그것이 장차 올 것이네. 중요한 것은 준비하고 있는 것이지."

그리스도를 따르는 자에게는 준비를 갖추고 있는 것이 최고 수준의 순종이다. 마치 충분한 연습을 거쳐 완벽하게 조율된 교향악단의 모든 시선이 지휘자의 지휘봉에 집중되듯이, 그리스도를 따르는 자들은 그분의 미세한 음성이나 표시에도 응답할 채비를 갖추고 있어야 한다. 민수기는 이스라엘이 구름 기둥과 불기둥에 반응하는 모습을 자세하게 묘사함으로써 무엇인가를 교훈하는 것 같다. "구름이 성막에서 떠오르는 때에는 이스라엘 자손이 곧 행진하였고 구름이 머무는 곳에…진을 쳤으니…구름이 성막 위에 머무는 동안에는 그들이 진영에 머물렀고…구름이 밤낮 있다가 떠오르면 곧 행진하였으며…여호와의 명령을 따라 진을 치며 여호와의 명령을 따라 행진하고…." 이 모든 표현은 지휘자에게 반응하는 이스라엘의 준비된 모습을 묘사하고 있다.

넷째, 소명은 **결단**의 문제다. "손에 쟁기를 잡고 뒤를 돌아보는 자는 하나님의 나라에 합당하지 아니하니라…너희 중의 누가 망대를 세우고자 할진대 자기의 가진 것이 준공하기까지에 족할지 먼저 앉아 그 비용을 계산하지 아니하겠느냐? 그렇게 아니하여 그 기초만 쌓고 능히 이루지 못하면 보는 자가 다 비웃[으리라]."

하나님은 자기 인생의 과업에 유보 없이, 물러섬 없이, 후회 없이 헌신할 사람들을 부르신다. 앞에서 언급한 키르케고르의 '신앙의 기사'처럼 그리스도를 따르는 자들은 자신을 부르신 황제 폐하께 인생의 의미와 결과를 건 사람들이다. 그러므로 그들은 사적인 문제에서 등을 돌려 소명을 추구하는 일에 집중할 수 있다. 이러한 삶을 추구하는 사람에게는 어떤 사소한 일도 그들의 의미를 방해할 만한 것은 없다. 어떤 과업도 소명의 용기를 꺾을 정도로 대단하지는 않다. 그들은 있는 모습 그대로의 세상에 관여하지만 그들이 추구하는 것에서 결코 방향을 전환하지 않는다. 왜냐하면 그들은 타인의 눈에는 보이지 않는 관심사와 이상을 바라보는 눈을 항상 갖고 있기 때문이다.

그들이야말로 항상 '틈새'에서 발견되는 사람들이다. 그들이 바로 '이때를 위해' 준비된 자들이다. 그들은 하나님의 마음에 합한 백성으로서 시대의 표적을 읽고 당대에 그분의 목적을 위해 섬길 준비가 된 자들이다.

❖ 묵상 질문

당신을 앞으로 나아가도록 이끄는 소리는 무엇인가? 당신 인생의 수수께끼를 풀려고 씨름하는가? 당신의 예감을 해석하기 위해 온갖 선지자들을 동원하지는 않는가? 아니면 당신의 시선을 하나님께 고정시킨 채 당신의 때가 그분의 손 안에 있음을 확신하면서 살고 있는가? 부르심인 동시에 명령인 사령관 예수님의 초대에 귀를 기울이라. "나를 따르라."

30
최후의 부르심

몰트케라는 이름은 프러시아와 독일 역사에서 200년간 자랑스럽게 울려 퍼진 이름이다. 헬무트 폰 몰트케는 비스마르크 수상의 육군 원수로서 덴마크, 오스트리아, 프랑스 등을 무찌른 선봉장이었다. 그가 거둔 가장 위대한 승리는 1871년 스당(Sedan)에서 프랑스 제국 군대를 패퇴시킨 것으로, 그 결과 파리를 점령했고 독일 제국을 탄생시켰다.

그래서 몰트케 원수의 4대 조카인 헬무트 야메스 폰 몰트케(Helmuth James von Moltke)는 유명한 튜턴족의 후손으로서, 훌륭한 선조에게 하사된 크라이사우 지방의 저택에서 사는 특권을 누렸다. 그 역시 조상을 닮은 용감한 인물이요 독실한 신앙인이었지만 그의 소명과 장래의 명성은 전혀 다른 방향을 향해 있었다. 그의 4대 선조는 19세기 독일의 가장 위대한 군사 전략가였다. 그러나 야메스 몰트케는 그처럼 빛나는 이름에도 불구하고 히틀러 치하에서 20세기 독일의 가장 유명한 순교자의 대열에 합류했다.

1930년대에 몰려온 정치적 폭풍의 구름 떼는 당대 최고의 독일인들에게 고통스러운 결정―도망갈 것인가, 남을 것인가―을 내리게 했다. 과학자 알베르트 아인슈타인, 소설가 토마스 만, 건축가 미스 반 데어 로에(Mies van der Rohe) 등 많은 이들이 해외로 망명했다. 한편 다른 이들은 남아 있으면서 얼마나 저항해야 할 것인지 고심했다. 디트리히 본회퍼처럼 야메스 몰트케―히틀러가 권력을 잡았을 때 그는 26세였다―도 쉽게 해외로 도피할 수 있었다. 거의 그렇게 할 뻔했다(그의 아내 프레야는 런던에서 "저는 커튼까지 골라 놓았죠"라고 말했다).

그러나 1939년 9월 전쟁이 발발했을 때 그는 본회퍼처럼 고국에 있어야 한다고 생각했다. 그의 이름과 성품으로 말미암아 그는 자연스럽게 반체제주의자들의 집결점이 되었다. 국제법을 전공한 몰트케는 독일군 정보부에 징집되었는데, 훗날 그곳이 반(反)나치 운동의 중심지가 되리라고는 전혀 예상치 못했다. 그는 국제법의 제약을 통하여 나치를 제어하기 위해 공공연하게 자기 직책을 이용했다. 또한 암암리에 두 가지 과업에 전념했는데, 하나는 유대인의 추방 및 살해와 포로 군인의 처형을 저지하는 것(1943년 그의 제보 덕택에 덴마크에 살던 수천 명의 유대인이 구출되었다)이었고, 다른 하나는 가장 총명한 반정부 인사들을 크라이사우 저택으로 초대해서 그들과 함께 나치 정권 붕괴 이후 민주 독일의 건립 계획을 세우는 것이었다. 미국 외교관이었던 조지 케넌(George F. Kennan)은 『비망록』(*Memoirs*)에서 몰트케를 "도덕적으로 가장 위대한 인물이며, 제2차 세계대전 중 내가 양 진영에서 만난 이들 중 가장 폭넓고 진보된 사상을 가진 사람이었다"고 썼다.

그러나 몰트케의 유명한 이름마저도 나치를 영구히 저지할 수는 없었다. 결국은 그 또한 배신당하여 1944년 1월 19일 체포되었다. 그는 히틀러 암살 음모에 본회퍼와 함께 가담하라는 제의를 거절했고, 1944년 7월 20일 그 음모가 실패했을 때에는 수감된 지 6개월이 지난 후였다. '모든 악당의 두목' 히틀러는 그해 4/4분기 동안 여섯 번의 암살 기도가 있었음에도 무사히 피해 나갔다. 7월의 암살 기도 이후 카나리스(Canaris) 제독과 디트리히 본회퍼를 비롯한 4,500명이 살해되었고, 그 사건을 계기로 복수의 대상이 서서히 확대되어 모든 반체제 인사에게 미쳤는데 거기에는 몰트케도 포함되었다.

크라이사우 서클(Kreisau Circle)에 속했던 몰트케와 일곱 친구들은 1945년 1월 악명 높은 '인민 재판소'에서 재판을 받았는데, 당시 기소자는 피의 재판관이라 불린 롤란트 프라이슬러(Roland Freisler)였다. 몰트케는 아내 프레야에게 보낸 참으로 감동적인 편지에서 그 비밀 재판을 우화적으로 묘사했다. 그 편지는 1929년 연애 시절부터 1945년 그가 죽기까지 두 사람이 주고받은 1,600통의 편지 중 마지막 것이었는데, 그 편지들은 전쟁이 끝나기까지 몰트케 가문 저택의 벌통에 숨겨져 있다가 1990년에 『프레야에게 보낸 편지』(Letters to Freya)라는 제목으로 출판되었다.

몰트케가 아내에게 보낸 마지막 편지에서는 하나님의 임재를 매우 가까이 느낄 수 있다. 그 편지는 아내에게 전하는 최후의 메시지였으므로 부분적으로는 아름다운 연애 편지였다. "당신은 하나님이 지금의 나를 빚어내기 위해 사용하신 수단이 아니오. 오히려 그대는 나 자신이오. 당신은 나의 고린도전서 13장이오. 이 장(章) 없이는 어떤 인간도 인간다운 존재일 수 없소."

그 편지는 또한 저항자 몰트케의 유언장이다. 나치 기소자의 연설에 인용된 바, "우리와 기독교의 유사점은 단 한 가지인데, 그것은 전인(全人)을 요구한다는 것이다"라는 것이 그의 버팀목이었다. 그래서 그는 기소자 앞에 "개신교인으로서가 아니라, 대지주로서가 아니라, 귀족으로서가 아니라, 프로시아인으로서가 아니라, 독일인으로서가 아니라, 다른 그 무엇도 아닌 그저 한 사람의 그리스도인으로서" 자랑스럽게 설 수 있었던 것이다.

그러나 몰트케의 편지는 영원으로 떠나는 출발점에 있는 인간의 마지막 말이기도 하다. 그는 이렇게 썼다. "나는 자기 자신에게 이렇게 말하면 충격적인 느낌만 받을 것이라고 항상 상상했었다. 즉, 이제 너에게는 태양이 마지막으로 지는 것이고, 이제 시계는 12시간씩 두 번밖에 가지 않을 것이며, 이제 마지막으로 잠자리에 드는 것이라고. 그러나 이 가운데 어떤 것도 나에게 해당되지 않는다. 내 기분이 몹시 고양되어 있다는 것을 부인할 수 없다. 나는 그저 하늘에 계신 주님께 나를 그곳에 있게 해 달라고 빌 뿐이다. 그처럼 죽는 것이 육신에게는 분명 더 쉽기 때문이다."

37세의 나이에 죽음을 맞이한 몰트케는 "지금 내 앞에 여전히 거친 길이 놓여 있다"고 고백한다. 그러나 처음부터 끝까지 그 편지의 주제는 감사이고 그 어조는 신뢰하는 것이다. "당신의 남편은 엄청난 과업을 감당하도록 선택되었소. 주님이 그와 함께 감당한 모든 난관, 끝없는 우회, 복잡한 지그재그 곡선들, 이 모든 것이 이 한 시간 동안 갑자기 설명되었소…모든 것은 뒤돌아볼 때 의미를 얻게 되는데, 그 의미는 과거에는 감추어져 있었던 것이오. 어머니와 아버지, 형제와 자매,

어린 아들들, 크라이사우와 그 단체의 고통…이 모든 것을 마침내 단 한 시간에 이해하게 되었소."

몰트케는 결론을 내렸다. "사랑하는 당신, 내 삶은 끝이 났소.…그렇다고 내가 기꺼이 좀더 살고 싶고, 이 땅 위에서 기쁘게 당신과 좀더 살기 원한다는 사실이 변하지는 않소. 하지만 그렇게 된다면 나에게는 하나님을 위한 새로운 과업이 필요하오. 하나님이 나를 만드신 목적, 곧 그 과업은 완성되었소."

전쟁의 끝을 불과 몇 개월 앞두고 플뢰첸제 감옥에서 처형된 10명 중에는 헬무트 야메스 폰 몰트케 백작이 포함되어 있었다. 함께 공모에 참여했던 한 동료는 "마지막 순간에 이르기까지 그는 모든 무시무시한 계략 가운데서도 영적으로 완전히 자유로웠으며, 친절하고 유익하며 사려 깊은, 참으로 자유롭고 고상한 사람이었다"고 기록했다. 훗날 그의 아내 프레야는 버몬트 주에 살면서 이렇게 말했다. "내 생각에는, 히틀러를 **반대하는** 군인이었던 남편을 잃는 것보다 히틀러를 지지**하는** 군인이었던 남편을 잃는 것이 훨씬 더 고통스러울 것 같다."

유종의 미

헬무트 야메스 폰 몰트케의 죽음이 지닌 빛나는 용기는 소명의 진리에 담긴 마지막 측면을 강조하고 있다. 즉, **소명은 인생에서 유종의 미를 거두는 특전과 그 도전에 중심적인 것이다.**

'멋지게 죽는 것'이 높은 이상이었던 시대와 사회가 여럿 있었다. 예를 들면, 미켈란젤로가 88세였을 때 그를 축하하기 위해 메달이 주조되었다. 한 면에는 그의 경력이 새겨졌다. 다른 면에는 눈 먼 순례자가 막대기를 잡은 채 개 한 마리를 따라가는 그림과 함께 시편 51편 말씀이 있었다. "그러하면 내가 범죄자에게 주의 도를 가르치리니 죄인들이 주께 돌아오리이다." 미켈란젤로 자신이 이 시편을 골랐는데, 그것은 자신을 늙고 연약하지만 하나님의 뜻에 순복하는 자로 그리고 싶었기 때문이다. 조각가이자 화가, 건축가, 시인이었던 그는 마지막에 쓴 유명한 "단념의 소네트" 중 하나에서 깊은 신앙심으로 다음과 같이 썼다.

> 내 인생 항해는 부서지기 쉬운 배를 타고
> 폭풍우가 몰아치는 바다를 건너서 마침내
> 모든 이가 반드시 거쳐야 할 항구에 도달했나니,
> 이 항구를 지나면 모든 악행과 모든 선행에 대해
> 그 이유를 설명해야 하리라.

이러한 태도는 오늘날에는 매우 드물다. 그것은 단지 현대가 죽음을 부인하는 시대이기 때문만은 아니다. 오늘날은 평균 수명의 상승, 노인 인구의 증가, 노인 복지 및 혜택의 급증 등으로 말미암아 멋지게 죽는 것보다 유종의 미를 거두는 것을 강조하게 되었다. 그런데 문제는 많은 이들의 '노후'가 사람들이 흔히 말하는 것처럼 그렇게 행복하지만은 않다는 점이다.

소명의 진리는 우리 인생의 시작에서만큼이나 인생의 마지막에도 중요하다. 소명은 유종의 미를 거두는 데 중요한 열쇠와 같다. 소명은 인생의 말년에 맞이하는 세 가지 큰 도전에 대처하도록 돕는다.

첫째, 소명은 우리가 마지막 순간에 도달할 때까지 목적의식을 갖도록, 그래서 계속 성장하고 성숙하는 가운데 인생 여정을 걸어가도록 박차를 가한다. 사람들은 보통 인생 여정과 믿음의 도에 대해 동일하지만 정반대되는 오류를 두 가지 범한다. 하나는, 교육 수준이 낮은 사람들에게서 흔히 발견되는 현상으로서, 이미 도달한 것처럼 말하는 미성숙함이다. 그런 사람들이 믿음의 확신과 승리를 강조하는 것은 옳지만 문제는 불확실성과 비극과 불완전성을 최소화한다는 것이다. 그들은 믿음을 갖게 되었으므로 마치 더 이상 배울 것이 없다는 식으로 말하고 행동한다. 모든 진리가 칼로 자른 듯 분명하고, 모든 신비가 해결되었고, 모든 희망이 구체적으로 실현되었으며, 모든 결론이 이미 내려졌다. 그러면 여정이라는 개념은 축소되어 지평선 너머로 사라져 버린다. 모험, 시련, 위험, 후퇴, 재난 등이 없는 것처럼 보인다. 아니 그들은 그런 것들이 존재하지 않는 것처럼 말한다.

다른 하나는, 교육 수준이 좀더 높은 사람들에게서 나타나는 현상으로서, 여정을 너무 의식한 나머지, 끝없는 여정 자체가 그들의 열정이요 생활 방식이 되는 경우다. 그런 사람은 도달한다는 것 자체를 상상할 수 없고, 어떤 길을 발견했다거나 어떤 결론에 도달했다고 주장하는 것을 궁극적인 오류로 여긴다. 우리가 앞에서 만났던 영원한 추구자들처럼 그들에게는 여정 자체가 전부다. 의문과 탐구와 탐색과 극복 등이 궁극적인 목적이 된다. 온통 모호할 뿐이다.

그러나 기독교 신앙은 이 두 극단 사이에서 비상한 균형을 이룬다. 우리는 하나님의 소명에 응답하는 자로서 그리스도를 따르는 자요 그 도를 따르는 자다. 그러므로 우리는 여정 가운데 있으며, 그에 수반되는 모든 대가와 위험과 위험 부담을 안고 있는 여행자다. 이생을 사는 동안에는 결코 우리가 도달했다고 말할 수 없다. 하지만 우리가 왜 본향을 잃어버렸는지 알고 있으며, 더욱 중요한 것은 우리가 현재 향해서 가고 있는 집을 알고 있다는 사실이다.

따라서 그리스도를 따르는 자인 우리는 여행자이며, 비록 그 길은 이미 찾았지만 목적지에는 아직 도달하지 못했다. 우리가 직업에서 은퇴할 수는 있으나 개인적인 소명에서 은퇴하는 것은 불가능하다. 우리는 공적인 책임에서 물러날 수는 있으나 하나님의 백성으로서의 공동체적 소명에서는 퇴진할 수 없다. 무엇보다도, 우리는 길의 끝을 볼 수 있는 지점에 도달할 수는 있으나 그때에는 우리의 눈이 길 끝에 계시는 아버지와 집에 더 가까이 고정될 것이다. 헨리 나우웬(Henri Nouwen)이 썼듯이, "이제 끝났다고 생각하는 자는 끝장난 자다. 이제 도달했다고 생각하는 자는 길 잃은 자다."

둘째, 소명은 우리가 직업의 종결을 소명의 종결과 혼동하지 않도록 방지해 주기 때문에 유종의 미를 거두는 데 도움이 된다. 이것이 소명과 직업을 동일시하는 '개신교적 왜곡'이 마지막으로 흉한 머리를 쳐드는 곳이다. 만일 소명을 우리가 하는 일에 한정시키면 그 일이 우리의 손에서 멀어질 경우—갑자기 실직하든가, 파면되든가, 치명적인 병에 걸릴 수 있다—우울증이나 깊은 회의에 빠지기 쉽다. 무슨 일이 발생한 것인가? 직업이 소명과 뒤얽히게 만들었기 때문에 직업을 잃는 것이 곧 소명 의식을 잃는 것을 뜻하게 된 것이다.

피카소는 한 친구에게 "한 사람이 어떤 것을 하는 방법을 알고 있을 때 그 일을 중단하게 되면 더 이상 존재 가치를 찾지 못하게 된다"

고 말했다. 그 결과는 강박적으로 쫓기는 인생이었다. 한때 우상화되었던 피카소의 재능은 그를 노예 상태로 속박하였다. 비어 있는 캔버스는 모두 그의 창의성에 대한 일종의 모욕이었다. 그는 마치 중독자처럼 자신의 일을 만족의 근원으로 삼았으나 결과적으로는 불만족만 남았다. 피카소는 생애 말년에 "나에게는 단 한 가지 생각밖에 없다. 바로 일이다"라고 말했는데, 그때는 가족이든 친구든 그를 안위할 수 없는 상태였다. "나는 숨을 쉬듯 그림을 그린다. 나는 일할 때면 마음이 편안해진다. 그러나 아무것도 하지 않거나 손님을 대접할 때에는 피곤함을 느낀다."

이와 대조적으로, 윌리엄 윌버포스는 쫓기는 인생이 아니라 부름 받은 삶을 살았다. 그는 1833년 6월 런던의 카도간 플레이스에서 임종을 기다리고 있을 때 위대한 승리의 소식, 곧 영국 전역에서 노예제가 폐지된다는 소식을 들었다. 그러고는 3일 후 숨을 거두었다. 그 대의를 계속 이끌고 나갈 후계자로 선택된 토머스 벅스턴(Thomas Fowell Buxton)은 이렇게 말했다. "우리가 하원에서 성공적으로 노예 해방의 법령을, 즉 역사상 가장 중요한 법조문 중 하나인 그 법을 통과시키던 바로 그날 밤 우리 동지의 영이 이 세상을 떠났다는 것은 신기한 사실이다. 그의 수고가 끝난 그날이 바로 그의 생애의 마지막 순간이었다."

그처럼 완벽한 타이밍은 지극히 드물다. 자신의 '수고'와 '생애'가 동시에 끝나는 특권을 가진 사람은 극소수에 불과하다. 죄로 인해 손상되고 부서진 세상에서는 우리의 생애가 우리의 과업이 끝나기 전에 종결되든지 인생의 막이 내리기 훨씬 전에 우리의 과업을 빼앗기는 경우가 훨씬 많다. 그러므로 우리의 소명 의식이 우리가 맡은 최상의 최고의 과업보다 더 깊고, 더 넓고, 더 높고, 더 길어야 한다는 점을 분명히 해야 한다.

달리 말하면, 대부분의 인생은 아직 끝나지 않은 미완성의 이야기다. 라인홀드 니부어는 이렇게 썼다. "할 만한 가치가 있는 것 중에 우리 생애 내에 성취할 수 있는 것은 없다. 그래서 우리는 소망에 의해 구원받아야 한다. 진실하거나 아름답거나 선한 것 중에 역사의 순간적인 상황에서 완전히 이해할 수 있는 것은 없다. 그래서 우리는 믿음에 의해 구원받아야 한다. 우리가 하는 일이 아무리 훌륭하다 해도 우리가 홀로 완성할 수 있는 것은 없다. 그래서 우리는 사랑에 의해 구원받아야 한다. 어떤 훌륭한 행동이라도 우리의 관점에서 보는 것만큼 친구나 적의 관점에서도 훌륭하게 보이는 것은 없다. 그러므로 우리는 사랑의 최종적인 형태, 곧 용서에 의해 구원받아야 한다."

존 코튼의 명설교는 죽음을 맞이한 시점에서 소명이 얼마나 중요한지를 멋지게 묘사한다. "한 사람의 소명과 관련하여 믿음이 발휘하는 마지막 역할은 이것이다. 믿음은 담대하게 그의 소명을 하나님이나 인간의 손에 내맡긴다. 하나님이 어떤 사람에게 그의 일이 끝났으니 그의 소명을 내려놓으라고 부르실 때마다 그 시점에서 하나님의 아들들은 인간의 아들들을 훨씬 능가하는 반응을 할 수 있다. 다른 사람들은 소명이 자신에게서 멀어지게 될 때 매우 수치스러워하고 두려워한다. 그러나 그리스도인은 자신의 소명을 포기해야 할 경우에 하나님이 보시는 가운데 편안하고도 담대하게 그것을 내려놓는다."

한 친구가 언젠가 윈스턴 처칠에게 그가 **은퇴한** 로마 황제라는 말이 있다고 말했다. 처칠은 "왜 은퇴했다고 하지?"라고 큰 소리로 투덜

거렸다. "어떤 것으로부터든지 은퇴하는 것에 대해서는 할 말이 전혀 없네." 그리스도를 따르는 자로서 우리는 어떤 일을 하도록 부름받기 전에 먼저 어떤 존재가 되도록 부름받았다. 그리고 이러한 두 가지 소명은 모두 그분에게 부름받은 것 안에서만 성취된다. 그러므로 소명은 경력에 선행되어야 할 뿐 아니라 경력보다 더 오래 지속되어야 한다. 직업이 끝을 맞이할 때에도 소명은 결코 끝나지 않는다. 우리는 직업에서 은퇴할 수는 있으나 소명에서는 은퇴할 수 없다. 우리는 때때로 실직할 수 있으나 부름받지 않은 상태가 될 수는 없다.

가장 중요한 사실은, 죽음이라는 최후의 부르심이 세속적인 관점에서는 종결을 의미하지만 영적인 관점에서는 인생의 절정이라는 것이다. 우리는 평생에 걸쳐 여행을 한 다음 드디어 집에 도착한다. 수십 년 동안 목소리만 들어오다가 이제는 얼굴을 보고 실체를 느끼게 되는 것이다. 부르신 분은 우리의 아버지이고, 마지막 부르심은 집으로의 부르심이다.

그날이 오기까지 우리의 과업은 앞으로 계속 나아가고 또 나아가는 것이다. 엘리자베스 여왕 시대의 위대한 항해사요 모험가였던 프랜시스 드레이크(Francis Drake) 경의 저술에서 각색한 유명한 성공회 기도문에 이런 구절이 있다. "오, 주 하나님, 당신이 당신의 종들에게 위대한 일을 하도록 하실 때에는, 그 일을 시작할 때가 아니라 동일한 일을 계속하여 완벽하게 끝낼 때 당신에게 참된 영광을 돌리게 된다는 것 또한 알게 하소서. 당신의 일을 완수하기 위하여 자기 목숨을 내어놓으신 우리의 구세주 예수 그리스도의 이름으로 기도하나이다."

셋째, 소명은 우리 인생의 모든 결과를 하나님께 맡기도록 격려함으로써 유종의 미를 거두도록 돕는다. 체스터턴은 그의 걸작 『정통』(Orthodoxy, 아바서원 역간)에서 "'당신은 무엇인가'라는 질문에 나는 '하나님이 아신다'라고만 대답할 수 있을 뿐이다"라고 썼다. 그러나 오늘날에는 현대인에게서 그런 과묵한 모습을 찾아보기 어렵다. 우리는 자신의 교만함을 거의 의식하지 못한 채 경망스럽고도 유창하게 '우리의 정체성을 발견한' 이야기를 한다. 우리의 소명을 단 한 문장으로 규정하고 우리 '유산'을 평가하면서, 마치 우리가 그것들을 수레에 싣고 하나님께 갖고 가서 그분의 승인을 얻어내서 우리의 자랑스러운 업적에 더할 수 있는 것처럼 생각한다.

한편 다른 사람들은 자신의 중요성을 유지하려고 힘겹게 애쓰는 가운데 다른 극단, 곧 피로와 절망으로 치닫는다. 19세기 작가 반 브룩스(Van Wyck Brooks)는 자서전에서 자기 인생을 개괄한 다음, 그의 노력의 씨앗은 도무지 자랄 수 없는 환경에 뿌려졌으며 밭고랑마저 남아 있지 않았다고 결론지었다. 그는 '쟁기로 바다를 일구었던 것'이다. 위대한 아일랜드 시인 예이츠(W. B. Yeats)도 비망록 『몽상』(Reveries)에서 비슷한 글을 썼다. "나 자신의 인생의 저울에 달아 본 삶 전체가 결코 일어나지 않을 어떤 것을 위한 준비인 것처럼 보인다."

교만한 자와 절망에 빠진 자는 모두 하나님만이 하셔야 할 일을 간과한다. 그들은 정체성뿐 아니라 소명의 핵심에 놓여 있는 신비를 잊어버린다. 하나님은 부르시고, 우리는 이 땅에서는 그분을 보지 못하고 그저 음성을 듣기만 하면서 그분이 부르신 그런 존재가 되기까지 성장해 간다. 우리는 천국에 가서야 그분이 우리를 어떤 존재가 되도록 부르셨는지 비로소 알게 될 것이다.

이 진리를 조지 맥도널드보다 더 깊이 깨달은 사람은 없다. 예수님은 버가모 교회에게 주시는 계시의 말씀에서 "흰 돌을 줄 터인데, 그 돌 위에 새 이름을 기록한 것이 있나니 받는 자밖에는 그 이름을 알 사람이 없느니라"고 약속하셨다. 맥도널드는 『전하지 않은 설교』(Unspoken Sermons)에 실린 "새로운 이름"이라는 설교에서 매우 성경적인 방법으로 이렇게 지적했다. "진정한 이름은 그 이름을 가진 사람의 성품, 본성, 의미를 표현해 준다. 그것은 그 사람의 고유한 상징―한마디로 그의 영혼의 그림―곧 다른 누구에게도 속하지 않고 오직 그에게만 속한 표시다. 과연 누가 그러한 고유한 본성을 줄 수 있겠는가? 오직 하나님뿐이다. 왜냐하면 하나님 이외에 누구도 한 인간의 본질을 알 수 없기 때문이다."

그리고 나서 맥도널드는 매혹적일 만큼 통찰력 있는 단락에서, "우리의 재능과 소명을 발견하는 것"과 "진정한 자아를 성취하는 것"이 간단한 문제라고 생각하는 사람은 모두 거짓말쟁이라고 단정했다.

오직 한 사람이 자기 이름과 같은 존재가 되었을 때에만 하나님은 그 이름이 새겨진 돌을 그에게 주신다. 그래야만 자기 이름이 의미하는 것을 처음으로 깨달을 수 있기 때문이다. 그 이름을 결정짓는 것은 개화(開化), 완벽함, 완성이다. 하나님은 그 모습을 처음부터 예견하고 계시는데 그분이 그렇게 만드셨기 때문이다. 그러나 그 영혼의 나무는 꽃이 만발하기 전에는 자신이 어떤 꽃을 피우게 될지, 아직 도달하지 못한 완전한 모습을 표현하는 것으로서 자신을 명명하는 그 단어가 무엇을 의미하는지를 알 수 없다.

그러한 이름은 당사자가 그 이름이 되고 나서야 주어질 수 있다. 하나님이 그 사람에게 주신 이름은 그에 대한 하나님 자신의 생각이 표현된 것임에 틀림없다. 그것은 하나님이 그 아기를 만들기 시작했을 때 생각에 품고 있던 존재이며, 그 존재는 그 생각을 실현하는 긴 창조 과정을 통하여 늘 유념되고 있었다. 이름을 말하는 것은 성공에 도장을 찍는 것, 곧 "그대 역시 내가 기뻐하는 자로다"라고 말하는 것이다.

당신은 자신의 비전과 자신이 성취한 것 사이에 존재하는 간격 때문에 좌절을 느낄 수 있다. 혹은 당신의 인생 이력서가 타협과 실패와 배신과 죄로 얼룩져 있어서 우울함에 빠져 있을 수도 있다. 당신은 당신이 할 말을 했을 것이고, 다른 사람도 그 나름대로 할 말을 했을 것이다. 그러나 역사의 장막이 걷히고 당신이 하나님이 하신 말씀이 무엇인지를, 그리고 당신이 어떤 존재가 되도록 부름받았는지를 알게 되기까지는 어떤 결론도 내리지 말라.

우리는 '부름받은 존재'다. 누가 감히 이 숭고한 비전에 반하여 우리를 '속박당한 존재'라고 모욕하며, '용기 있는 존재'라고 뻔뻔스럽게 말하거나 '타고난 존재'라는 숙명론을 제기하는가? 하나님의 음성은 들렸으나 형태는 보이지 않았던 그 장엄한 시작부터 최후의 부르심 때 그분의 모든 자녀를 향한 계획을 밝히실 절정에 이르기까지, 소명의 특성과 목적은 가장 귀가 멀고 둔감한 자를 제외한 모든 이의 상상력을 자극하고 그 마음과 영혼을 전율케 한다.

이것을 깊이 숙고하라. 최후의 부르심이 우리 각 사람에게 올 때 우리가 완전히 소명에 응답했고, 그 도를 좇았으며, 유종의 미를 거둔 모습이기를 바란다. 그래서 『천로역정』에 나오는 '진리의 용사'(Valiant-for-Truth)와 같이 마지막 부르심에 응답할 수 있기를 바란다.

이 일이 있은 후 '진리의 용사'가 다른 이들과 같은 전갈을 받고 소환되었다는 소문이 사방으로 퍼져 나갔다. 그리고 그 전갈이 사실이었다는 증거가 있는데, **샘에 있던 그의 주전자가 부서진 것이다.** 그는 그것을 깨닫자 친구들을 불러 사실을 얘기했다. 그러고 나서 자기 아버지에게로 간다고 말했고, 큰 어려움을 겪으면서 여기까지 왔지만 이곳에 도달하기까지 경험한 모든 괴로움에 대해 후회하지 않는다고 말했다. "내 **칼**은 내 순례길에서 나를 계승할 사람에게 주고, 내 **용기**와 **기술**은 그것을 받을 만한 사람에게 준다. 내 **상처**와 **상흔**은 내가 그분의 전쟁을 치렀다는 증거로서 내가 갖고 갈 터인데, 그분은 이제 나에게 상을 주실 것이다." 그가 이전에 있었던 곳으로 돌아가야 할 날이 되었을 때 많은 이들이 그를 강가까지 배웅했고 그는 강 속으로 들어가면서 "사망아, 너의 쏘는 것이 어디 있느냐?"라고 말했다. 그는 더 깊은 곳으로 내려가면서 "무덤아, 네 이김이 어디 있느냐?"라고 말했다. 그래서 그는 강을 건너갔고 건너편에서는 모든 나팔이 그를 위해 우렁차게 울려 퍼졌다.

인생의 기업가들

우리는 인생의 기업가들, 위대한 창조주의 부르심에 응답하네.
우리 인생 "나를 따르라"는 그분의 부르심으로 변화된 기업이니.
그러므로 비용을 계산하고 위험 부담을 생각하며
날마다 우리 재능과 기회를 배가하는 모험 시작하니
하나님께 영광 돌리고 그의 세계에 가치를 더하기 위함이라.

그 부르심에 응답하는 삶, 더할 바 없는 우리 인생의 의미
그분이 우리에게 붙여 주신 이름, 그것만이 우리의 정체성이라.
우리가 추구하는 탁월성은 "주님의 영광을 위한 나의 최선"
가장 친한 동반자는 함께 그 길을 걷는 동료들
우리가 받을 최후의 칭찬 단 한 분의 청중에게서 오는 것
성속을 나누는 그릇된 장벽 모두 무너뜨리고
삶의 모든 영역, 믿음과 행동하는 사랑의 그물로 엮어 내며
오직 그분의 말씀 "잘하였도다"를 듣기 위해 일하네.

비천하고 단조로운 일을 높임은 오직 그분을 위한 일이기에
위험하고 희생적인 삶은 높은 부르심을 받은 특권이라.
편안함, 성공, 인기의 세이렌 소리 피해
더 믿을 만한 음성 듣기 원하네.
선택받아 빠지기 쉬운 자만의 유혹을 이길 힘은
선택하신 은혜에 감사하는 겸손한 반응이리.
우리는 이 세상의 현실적 조건에 적극적으로 참여하는 자들
단, 눈에는 안 보여도 더 현실적인 세상에서 오는
비전과 에너지로 힘을 얻는 자들이네.

이젠 우리 알고 있네 이 모든 것을.
모든 것에서, 변화무쌍한 인생의 사계절에
우리는 어딘가, 무언가로 부름받은 게 아니라
누군가에게로 부름받은 존재들임을.
부르는 자 없으면 부르심도 없음을.
현재의 우리와 미래의 우리를 아우르는 그 부르심을.
스스로 만든 목표는 초라할 뿐,
우리 각자 향한 창조주 하나님의 궁극적인 목적
그 목적이 가장 영광스럽다는 것을.
어딘지 모른 채 하나님의 부르심을 좇아가는 길,
그 길보다 더 고상한 길은 없다는 것을.

우리 일자리, 우리 건강을 잃고 현직에서 은퇴할지언정
우리의 소명에서 은퇴하는 일은 있을 수 없다는 것을.
단, 죽음이라는 최후의 부르심으로
우리 각자 모든 부르심의 절정에 이르기까지.
그날이 되면 처음 우린 말씀만 듣는 게 아니라
우릴 부르신 분을 얼굴을 맞대고 보며
그 아버지의 집에 영원히 살게 될 것을.

이것이 그동안 우리 인생 최후의 날까지 걷게 될 우리의 여정이네.
우리의 열정은 그분을 향해 더 멀리, 더 높이,
더 깊이, 더 가까이 가는 것.
과거에 우릴 부르셨고 지금도 우릴 부르시는 그분
그분을 향해, 그분을 아는 기쁨을 향해 걷는 인생의 여정일세.

오스 기니스

감사의 글

30년 넘게 소명이라는 주제와 씨름하면서 내가 빚을 진 사람들은 너무 많아 일일이 언급할 수 있는 수준을 넘어섰다. 그러나 다음 사람들에게는 특별히 감사를 표한다.

- 『소명에 관한 소론, 혹은 인간의 부르심』(1603년)이라는 책으로 나를 처음 이 주제로 들어서게 해 준 윌리엄 퍼킨스.
- 내가 나의 소명을 탐색하던 기간에 본보기와 사랑과 지도로 중요한 도움을 주었던 프랜시스 쉐퍼와 이디스 쉐퍼 부부.
- 벨에어 장로교회에서 이 주제로 첫 강연을 할 수 있게 나를 초청해 준 게리 월번.
- 마침내 소명에 대한 생각들을 지면에 옮길 시간을 갖도록 격려해 준 알 맥도널드와 트리니티 포럼 이사회.
- 실질적이고 확고한 격려와 지지로 저술을 도와 준 트리니티 포럼의 동료들인 딕 오먼, 피터 에드먼, 마거릿 가드너, 카일 러블리스,

에이미 파이, 데비 사일러.
- 최고의 재능과 전문성으로 편집과 출판 과정을 편안하고 즐겁게 만들어 준 로버트 울지머스, 고(故) 킵 조던, 조이 폴, 렐라 길버트, 로라 켄들, 재닛 리드.
- 책의 초고를 읽고 세심하고 날카로운 비평으로 오류를 바로잡고 최종 원고의 질을 향상시킬 수 있도록 값진 도움을 준 마거릿 가드너, 데이비드 멜빈, 데이비드 포울리슨, 데이비드 웰스.
- 특별히 내가 가장 어려운 시기를 보낼 때, 말로 다 표현할 수도 없고 갚을 수도 없는 깊은 우정을 보여 준 더그와 앤 홀러데이, 밥과 다이앤 크레이머, 스킵과 바버라 라이언, 버드와 제인 스미스, 랠프와 린 비어먼.
- 나의 가족이자 내 여정의 가장 가까운 동반자인 제니와 CJ.

그리고 내가 항상 언제나 어디서나 그 앞에 서는 유일하신 분, 오직 하나님께 영광을.

토론 문제

1장 소명: 궁극적인 존재 이유

1. 당신의 삶에서 목적과 의미를 향한 깊은 갈망에 불을 지핀 사건, 관계 혹은 상황이 있었다면 말해 보자.
2. 전환기라는 시간이 우리의 개인적 의미에 대한 의식에 도전을 주는 이유는 무엇인가?
3. "우리는 너무나 많은 것을 소유하고 있지만 삶의 목적은 너무나 빈약하다"라는 저자의 말은 무슨 의미인가? 당신 자신의 삶 그리고 당신이 아는 다른 이들의 삶에서 이 말을 실증하는 예를 본 적이 있는가?
4. 자본주의, 정치학, 심리학 등 현대의 이론들이 목적과 의미에 대한 우리의 깊은 질문에 적절한 대답이 될 수 없는 이유는 무엇인가?
5. 당신이 지금의 경력을 선택한 이유는 무엇인가? "이건 내 길이 아니야"라고 깨닫는 경험을 한 적이 있는가? 그래서 어떻게 했는가?
6. 저자가 설명한 바와 같이 당신의 '소명'을 삶으로 살아낸다면 당신의 삶은 어떻게 달라지겠는가?

성경 읽기 창세기 1장을 읽으라. 하나님은 왜 이 세상과 인간을 창조하셨는가? 인간의 창조와 그보다 앞선 만물의 창조가 다른 점은 무엇인가? 하나님이 남자와 여자를 지으신 목적은 무엇인가?

2장 진정한 추구자는 그 어디에

1. '진정한 추구자'는 '영적 무소속'과 어떻게 다른가? 둘 중 하나에 해당된다면 당신 혹은 당신의 친구들은 어느 편에 있으며 그 이유는 무엇인가?
2. 진정한 추구자의 탐색에서, 초기에는 불신이 필수 요소인 것은 왜인가?
3. 저자의 주장에 따르면 대부분의 추구자들이 추구에 대한 처음 두 가지 관점에서 금세 등을 돌리는 이유는 무엇인가? 이 관점들에는 무엇이 결여되어 있는가?
4. 사랑의 두 가지 관점들의 핵심적인 차이점은 무엇인가? 그것들은 욕망을 각각 어떻게 보는가? 추구의 수단에 관해서는 어떤가?
5. C. S. 루이스가 신앙에 이르게 된 이야기는 아가페의 관점을 어떻게 설명해 주는가?
6. 당신은 '예기치 못한 기쁨'을 경험해 본 적이 있는가? 혹은 하나님이 당신에게 '포위하듯 다가온' 느낌을 받은 적이 있는가? 그 사건들은 어떠했는지, 당신은 어떻게 반응했는지 설명해 보라.

성경 읽기 예레미야 29:10-13을 읽으라. 하나님과 이스라엘의 관계에서 누가 주도적인가? 그들의 미래에 관해 하나님이 아시는 것은 무엇인가? 본문에 나온 하나님의 말씀을 이스라엘이 들었을 때 어떤 기분이었을지 설명해 보라.

3장 차이점은 차이를 만든다

1. "인생은 한 번뿐, 싸 짊어지고 갈 순 없어"와 "인생은 한 번뿐―그렇다면" 이 두 문장의 차이는 무엇인가?
2. 오늘날 인생의 목적을 찾도록 도와줄 수 있다고 주장하는 온갖 책, 세미나, 대회, 인생 코칭 등이 대유행하는 이유가 무엇이라고 생각하는가?
3. 관용과 상대주의, 포용성의 시대에 당신의 개인적 신념을 주장하기가 어렵다고 느끼는가? 때때로 당신의 절대적인 신념을 옹호할 용기를 낸다면, 어떻게 그렇게 하는가? 그런 때에 어떤 느낌인가?
4. 목적을 추구하는 관점이 그토록 다양한 이유는 무엇인가?
5. 당신의 개인적인 인생 목적이 무엇인지 진술해야 한다면 무엇이라고 말하겠는가?
6. 당신은 모든 시대의 모든 사람에게 적용될 수 있는 5가지 진리를 생각할 수 있는가?
7. 목적에 대한 성경의 관점은 다른 세계 종교들의 답과 어떻게 다른가?

성경 읽기 디모데후서 4:1-5을 읽으라. "때를 얻든지 못 얻든지" 준비되어 있다는 것은 당신에게 어떤 의미인가? 오늘날 목적을 추구하는 대중의 열풍은 어떤 의미에서 "허탄한 이야기"의 반영인가? 당신은 오늘날 어떻게 "모든 일에 신중"할 수 있겠는가?

4장 반문화적 소명

1. 기독교 신앙에서 '반문화적'이 된다는 것, 즉 뚜렷이 구별된다는 것은 당신에게 어떤 의미인가?
2. 동화는 어떤 의미에서 패배만큼이나 처참한가? 또는 성공은 어떤 의미에서 신실함을 지키는 데 거절과 핍박의 시대보다 더 위험한가?
3. 당신은 대중문화의 흐름을 역행하도록 요청하는 결정을 맞닥뜨린 적이

있는가? 그것은 무엇이었는가? 결과는 어떠했는가?
4. "그 복에 닿으려면 아브라함은 먼저 결별하지 않으면 안 되었다"는 문장이 당신에게는 어떤 의미로 다가왔는가? 당신은 비슷한 경험을 한 적이 있는가?
5. 우리를 둘러싼 환경과 우리 주변의 모든 사람 속에서 우리가 눈에 띄게 두드러지는 것이 그토록 어려운 이유는 무엇인가?
6. 당신 주변의 사회적 세력들이 지닌 힘, 그들의 생활 방식, 그들의 우상을 섬기는 그들의 예배에 대해 살펴본 후에 당신의 반응은 무엇이어야 하겠는가?
7. 당신을 향한 하나님의 부르심을 돌아보고, 당신의 인생과 생활 방식을 그분의 요구사항에 비추어 바라보라. 그리고 당신은 필요한 결별을 하고 있는지 자신에게 질문해 보라. 그렇지 않다면, 그 이유는 무엇인가?

성경 읽기 골로새서 3:1-4, 15-17을 읽으라. 어떤 값을 치르든지 당신이 구별되는 존재가 되도록 도와주는 "위의 것"을 어떤 방식으로 마음과 생각에 품을 수 있겠는가? "평강을 위하여…부르심" 받은 것은 우리를 어떻게 세상의 문제 해결 방식과 구별되게 만드는가? 당신이 무엇을 하든지 주 예수의 이름으로 한다면 당신의 삶은 어떤 모습이 되리라고 상상할 수 있는가?

5장 하나님의 웅대한 지구촌 프로젝트

1. 오늘날 우리가 피해의식이 만연한 문화에 살고 있어서 우리 자신만 제외하고 모든 사람과 모든 것을 비난하는 것이 제2의 본성이 되었다는 데 동의하는가? 그렇다면 그에 대한 예를 들 수 있겠는가?
2. 히브리어에는 '복종'에 해당하는 단어가 없고 가장 가까운 동의어는 '경청하다', '주의하다', '귀를 기울이다', '주목해서 그에 따라 행동하다'란

뜻을 지닌 쉐마라는 사실은 어떤 의미에서 중요한가?
3. 우리가 하나님의 형상과 모양으로 창조되었기 때문에 자유롭고 또 자유로이 반응할 수 있다는, 인간에 대한 성경의 진리는 어떤 이유에서 우리가 하나님의 부르심에 응답할 능력에 핵심이 되는가?
4. 성경이 하나님의 말씀이라는 믿음은 어떻게 우리가 그분의 부르심을 더 선명히 따르도록 해 주고 또한 이미지와 겉모습과 욕망의 매력에 빠져 진리와 언어를 경시하는 풍조에 휩쓸리지 않도록 해 주는가?
5. 하나님의 부르심을 교리나 신조나 윤리로 축소시키는 것이 위험한 이유는 무엇인가?
6. 자기가 유일한 길이라는 예수님의 주장["내가 곧 길이요 진리요 생명이니"(요 14:6)]은 당신에게 어떤 의미인가?

성경 읽기 요한복음 14:5-14을 읽으라. 이 말씀은 이상적인 삶과 생활 방식으로 부르시는 하나님의 소명에 대하여 어떻게 이야기하는가? 예수님은 그분의 이름으로 무엇을 구하든지 행하시겠다고 약속하셨다. 그 약속은 당신에게 어떤 의미인가?

6장 나는 누구인가?

1. "우리는 '나'라고 말할 수 있는 힘 외에는 이 세상에서 가진 것이 전혀 없다"는 시몬 베유의 말은 무슨 의미인가? 어떻게 이 발언은 오늘날 우리 세계에 대한 강력한 해설이 되는가?
2. 바츨라프 하벨이 책임과 인간 정체성 사이에서 보았던 연관성은 무엇인가?
3. 오늘날 '전기(傳記)적 질문'에 대한 수많은 '제각각의 답들'은 개인의 정체성을 향한 우리의 깊은 갈망에 대답이 되지 못한다. '속박된 존재'라는 관점이 부적절한 이유는 무엇인가? 당신 자신의 삶에서 그에 대한

한계를 경험했다면 나누어 보자.
4. 또 다른 관점은, 우리에게 의지력이 있다는, 혹은 우리가 원하는 무엇으로든 '존재할 용기'가 있다는 것이다. 당신은 당신의 정체성을 얼마만큼이나 스스로 형성하고자 시도해 보았는가? 그것은 성공적이었는가? 당신이 원하는 것이 무엇인지를 당신은 어떻게 결정했는가?
5. 세 번째 현대적 관점은 모든 것을 운명이나 '타고난 존재'로 보는 것이다. 이 견해의 한계점은 무엇인가?
6. '부름받은 존재'로 보는 관점은 앞의 다른 관점들의 약점을 어떻게 극복하는가?
7. 우리가 하나님의 부르심에 응답할 때 그분은 우리의 개인적 정체성을 어떻게 형성하시는가? 당신이 하나님의 소명에 응답하고 그분을 당신 정체성의 근거로 삼는다면 당신의 삶은 어떻게 되리라고 상상할 수 있는가?

성경 읽기 출애굽기 3장을 읽으라. 떨기나무에서 하나님이 모세에게 말씀하시는 방식의 의미는 무엇인가? 하나님은 그분 자신을 어떻게 규정하시는가? 하나님의 부르심에 대한 모세의 첫 반응은 무엇인가? 그에 대해 하나님은 어떻게 응답하시는가? 이 순간, 하나님은 모세의 정체성을 어떻게 형성하고 계시는가?

7장 모든 사람이, 모든 곳에서, 모든 것에서

1. 윌리엄 윌버포스가 국회를 떠나려는 유혹을 느낀 이유는 무엇인가? 만약 그가 사역의 길에 들어섰다면 하나님이 그를 부르신 '두 가지 위대한 목표'를 성취할 수 있었겠는가? 그렇다면, 혹은 그렇지 않다면 그 이유는 무엇인가?
2. 소명은 어떻게 '하나님의 부르심으로 장차 우리가 될 모습'과 관련되는

가? 이 말은 당신의 삶에 어떻게 적용이 된다고 생각하는가?
3. 신약성경에 묘사된 소명의 의미는 무엇인가?
4. 예수님을 따르는 제자에게 일차적인 소명과 이차적인 소명은 어떤 차이가 있는가? 이 두 가지의 순서를 제대로 지켜 나가는 것이 그렇게 어려운 이유는 무엇이라고 생각하는가?
5. 당신은 어떤 경우에 세속적인 것을 희생시킨 채 영적인 것을 격상시키는 '가톨릭적 왜곡'으로 빠지려는 유혹을 느끼는가? 이러한 생각에 숨어 있는 함정에는 무엇이 있는가?
6. 만일 당신이 당신의 일을 '전임 기독교 사역'과 똑같이 주님께 드려지는 것으로 본다면 어떤 태도로 일에 임하게 되겠는가? 이런 생각은 당신이 일하는 습관, 목표, 관계를 어떻게 변화시키겠는가?

성경 읽기 누가복음 18:9-14을 읽으라. 바리새인이 하나님을 대하는 방식(유대 종교법의 전문가로서)과 세리의 방식(로마 통치하에서 일하는 공직자로서)을 비교해 보라. 바리새인은 왜 자기 자신을 의롭게 여겼는가? 그와 반대로, 예수님은 왜 세리가 의로운 자라고 말씀하셨는가?

8장 하나님에 의한, 하나님을 향한, 하나님을 위한

1. 노라 왓슨이 자신의 직업에 대해 느낀 좌절감을 설명해 보라. 자신의 아버지가 직업을 통해 경험한 것을 보며 그녀가 가장 갈망한 것은 무엇인가?
2. 스터즈 터클은 '대부분의 사람은 마지못해 일을 하는 편과 일을 매우 싫어하는 편 사이의 어디엔가 위치해 있다'는 것을 발견했다. 당신은 이 연속선상에서 어디에 위치하는가? 아니면 당신은 노라의 아버지 편에 더 가까운가? 당신의 일에 대해 그렇게 느끼는 이유는 무엇인가?

3. 소명에 대한 개신교적 왜곡은 소명의 진정한 목적을 사실상 어떻게 부정하는가? 이 왜곡은 소명과 직업을 어떻게 혼동하고 있는지 설명해 보라.
4. 소명(과 직업)에 대한 당신의 관점은 개신교적 왜곡의 영향을 어떻게 받았는가?
5. 일에 대한 성경적 관점은 무엇인가? 이 관점은 당신이 당신의 경력과 일을 보는 방식을 어떻게 바꿀 것 같은가?
6. 부르시는 분이 없는 소명은 일 이상의 아무것도 아닌 이유는 무엇인가?
7. 하나님을 섬기는 것이 어떻게 잠재적으로 일차적인 소명과 경쟁할 수 있는가?

성경 읽기 출애굽기 35:30-36:2을 읽으라. 이 본문에서 하나님은 누구를 부르고 계시는가? 그들은 하나님이 그들을 부르시는 과업을 어떻게 성취할 수 있는가? 어떻게 이것은 일차적 소명과 이차적 소명이 제대로 기능하는 것을 보여 주는 예가 되는가?

9장 당신에게 걸맞은 일을 하라

1. 당신의 유년 시절을 떠올려 보라. 당신 본연의 능력이 발휘되는 활동을 하면서 '문이 열리고 미래가 그 문으로 들어오는' 경험을 한 적이 있는가? 그러한 활동들은 이후 당신의 삶과 직업에 관한 결정에 어떤 영향을 미쳤는가?
2. 당신의 정체성은 당신의 존재 대신 당신이 하는 일에 의해 얼마나 형성되었는가? '당신의 존재에 걸맞은' 일은 무엇인가?
3. 청지기직의 개념과 '타인을 위한 우리의 것'으로서의 재능에 대한 개념은 실제적으로 어떤 함의를 가지고 있는가?
4. 우리 삶에서 우리가 자신의 재능에 관해 이기적으로 되어 가고 있음을 보여 주는 표지는 어떤 것이 있는가?

5. 성경에 규정되어 있는 공동체적 소명이 개인적 소명보다 우선시되어야 하는 이유는 무엇인가?
6. 특별한 소명을 평범한 소명보다 격상시키는 것의 위험은 무엇인가?
7. '당신의 존재에 걸맞은' 일을 하려는 욕구와, 타락한 세상 때문에 우리의 재능이 성취되지 못할 수 있는 현실 사이에서 우리는 어떻게 균형을 잡을 수 있는가?

성경 읽기 고린도전서 9:14-23을 읽으라. 바울의 청지기직 의식은 그가 자신의 소명을 이해하는 데 어떻게 영향을 미치고 있는가?

10장 역사상 가장 거대한 도전

1. 몽테뉴는 테르모필레 전투에 대해 "승리에 필적하는 성공적인 패배가 있다"고 평했다. 이것은 어떻게 가능한가?
2. 당신이 특별히 감동받은 영웅적인 희생의 실례가 있는가? 이러한 이야기들이 우리에게 그토록 강한 영감을 주는 이유는 무엇인가?
3. 오늘날 세계화된 경제는 본질상 그리스도의 제자들에게 어떤 영향을 미치는가? 저자는 현대 문화에서 교회가 당면한 가장 거대한 도전이 무엇이라고 보는가?
4. 신앙을 '개인적인, 관계적인, 영적인 그리고 단순한' 차원에 묶어 두는 생각은 어떻게 생겨나게 되는가? 저자가 이런 사고방식에 대해 반박하는 이유는 무엇인가?
5. 이러한 도전들에 대한 우리의 반응에서 소명과 복음이 중심이 되어야 하는 이유는 무엇인가?
6. 신앙은 문화를 변화시키는 능력이 있다는 것에 대해 당신은 어떻게 생각하는가? 이것이 어떻게 가능한지 예를 들어 보자.

7. 지금 당신이 서 있는 자리는 무언가 변화를 일으킬 수 있는 지점인가? 어떤 곳이 그러한 지점이 되는가? 당신이 나아가지 못하도록 붙잡는 것은 무엇인가?

성경 읽기 디모데후서 4:1-8을 읽으라. 바울은 자신의 처형이 임박했음을 예견하면서, 디모데에게 어떤 일을 위임하고 있는가? 바울이 자신의 일을 잘 마쳤다고 확신하는 이유는 무엇인가? 미래에 대한 그의 확신은 어디에 근거하고 있는가?

11장 하나님을 진정 하나님 되게 하라

1. 유대인의 하나님 이해가 하나님을 믿지 않는 어떤 이들에게 본질상 '잔인한' 이유는 무엇인가? 예수님의 달콤함이 '끔찍한' 이유는 무엇인가?
2. 소명은 어떻게 시내산 사건의 핵심에 자리 잡고 있는가?
3. 하나님의 부르심에 있는 두 가지 차원이란 무엇인가? 당신은 그중 어느 한 차원에만 응답하는 경향이 있지는 않은가? 그렇게 할 때의 결과는 무엇인가?
4. 제자들은 자신을 따르라는 예수님의 부르심에 어떻게 응답하였는가? 무모한 순종이 우리에게 어려운 이유는 무엇인가?
5. 우리의 현대 세계는 어떤 방식으로 하나님의 권위에 도전하고 있는가? 당신은 삶의 어떤 영역에서 하나님과 세상 사이의 긴장을 느끼는가?
6. 소명과 순종은 이 세상에서 신앙의 권위를 회복하는 데 어떻게 핵심적인 요소가 되는가?
7. "하나님을 진정 하나님 되게 하라"는 말은 당신에게 어떤 의미로 다가오는가?

성경 읽기 마태복음 4:18-22을 읽으라. 예수님이 베드로와 안드레에게 무슨 말씀을 하셨기에 그들은 자신의 소유를 즉각 다 남기고 떠날 수밖에 없었는가? 이 이야기는 어떻게 일차적 소명과 이차적 소명 둘 모두에 대한 실례가 되는가? 제자들의 즉각적인 응답은 예수님의 권위에 관해 무엇을 말해 주는가?

12장 유일한 청중

1. 앤드루 카네기의 일화는 우리의 인정받기 원하는 욕구를 잘 보여 준다. 카네기에게는 스코틀랜드의 고향 마을이 가장 중요한 청중이었다. 당신에게 가장 중요한 청중은 누구인가? 이러한 인정받을 필요는 당신의 목표와 인생 결정에 어떤 영향을 끼쳤는가?
2. '하나님의 마음' 앞에서 삶을 산다는 것은 어떤 의미인가? 이 관점과 관련하여 당신에게 도전이 되는 점은 무엇인가? 이것은 당신을 어떻게 자유롭게 하는가?
3. '외부 지향적인' 경향은 사회에 전반적으로 어떤 영향을 끼쳤는가? 지도자들과 교회는 각각 어떤 영향을 받았는가?
4. 현대 사회에서 '외부 지향적'인 존재로의 변화에 기여한 것은 무엇인가?
5. '유일한 청중'은 당신 인생의 가장 큰 도전들에 어떤 함의를 지니는가? 실패와 비판에 대해서는 어떤 함의를 지니는가?

성경 읽기 마태복음 6:1-4을 읽으라. 예수님이 우리에게 선한 행실을 남몰래 하라고 요구하시는 이유는 무엇인가?

13장 불꽃같은 인생

1. 파스칼의 "회상록"에 기록된 바를 볼 때, 파스칼이 하나님을 만난 경험을 어떻게 설명할 수 있겠는가? 이 만남은 파스칼의 위대한 업적에 어떤 영향을 주었을 것이라고 생각하는가?

2. 불신과 현대의 유명세는 영웅적 자질의 소멸에 어떤 기여를 하였는가?
3. 당신의 영웅은 누구이며 그 이유는 무엇인가?
4. 하나님의 부르심에 응답하는 것은 우리의 최선을 어떻게 이끌어 내는가?
5. 현실적으로 말해서, 그리스도를 본받는다는 것은 21세기의 신자인 당신에게는 어떻게 느껴지는가?
6. 기독교적 관점에서 '탁월성'을 정의해 보라.

성경 읽기 마태복음 25:14-30을 읽으라. 주인은 달란트를 어떻게 분배하는가? 성실한 종에게 그는 어떤 상을 내리는가? 달란트를 땅에 묻은 불성실한 종의 변명에 대해 어떻게 생각하는가? 이 본문은 하나님이 우리 각자에게 주신 것에 대한 책임감에 관해 무엇을 말해 주는가?

14장 책임성: 과연 누구에 대한 책임인가?

1. 예술가라 자부하는 피카소가 변치 않는 사랑을 맹세하러 교회에 들어간 이유는 무엇인가? 세상의 모든 약속들은 어떻게 영원한 준거점을 갈구하고 있는가?
2. 오늘날 도덕의 위기를 바로잡는 데 '책임' 하나만으로는 부족한 이유는 무엇인가? 현대적인 책임이 지닌 약점들을 직접 경험하거나 목격한 적이 있다면 나누어 보자.
3. '**무엇에** 대한 책임'과 '**누구에** 대한 책임'은 서로 어떻게 다른가?
4. 저자는 소명, 책임 그리고 순종 사이의 관계를 어떻게 설명하는가?
5. '유일한 청중'이 있다는 점은 당신을 무책임으로부터 어떻게 보호해 주는가? 특히 주변에 아무도 보는 이가 없을 때는 어떤가?

성경 읽기 마태복음 25:31-46을 읽으라. 예수님은 무엇을 근거로 심판하시는가? 심판을 받는 사람들이 당황하는 이유는 무엇인가? 이 본문은 이 책 14장 내용과 어떤 연관이 있는가?

15장 소명의 공동체

1. 제2차 세계대전 때 르 샹봉 마을이 했던 것처럼, 한 공동체가 위대한 업적을 이루어 내기 위해서는 무엇이 필요한가?
2. 르 샹봉 마을 사람들이 자신들의 활약상을 칭찬하는 것을 듣고 불편하게 여긴 이유는 무엇이라고 생각하는가?
3. 현대 세계에서 공동체는 어떻게 약화되었는가? 과거에 그리고 지금 당신은 공동체를 어떻게 경험해 왔는가?
4. 자발적인 협회들과 병행 교회 단체들은 사회에 끼치는 굉장한 유익에도 불구하고, 교회의 공동체성을 어떻게 약화시켰는가? 이것은 어떻게 수정될 수 있겠는가?
5. 예수님의 부르심에 응답하는 데 교회는 어떠한 중대한 역할을 맡고 있는가?
6. '교회 쇼핑'이라는 현대의 유행에 대해, 공동체적 소명은 무엇을 말해 주는가?
7. 소명의 이러한 공동체적 측면을 붙잡고 성취하기가 그토록 어려운 이유는 무엇인가?
8. 공동체적 소명과 별개로 당신의 개인적 소명을 성취하는 것이 가능하다고 생각하는가? 어떻게 가능한가?

성경 읽기 고린도전서 12:1-27을 읽으라. 바울은 그리스도의 공동체 안에 있는 은사와 사역의 다양성을 어떻게 설명하고 있는가? 각 사람이 다른 사람과 관련을 맺는 방식을 이야기하면서 그가 몸의 이미지를 사용하는 이유는 무엇인가?

16장 그 도를 따르는 자들

1. 신앙의 측면에서 볼 때 **공동체적인**(corporate) 것과 **제도적**(institutional) 것은 어떻게 다른가?
2. 왜 신앙은 점점 평범하고 일상적인 것으로 변하는 경향이 있는가? 이러한 퇴보를 막기 위해 우리는 어떻게 대처할 수 있을까?
3. 기독교 신앙에 대한 비난은 냉혹하고 부당한가, 아니면 역사적으로 정당한 평가인가? 그 이유는 무엇인가?
4. **기독교**(Christianity)라는 용어를 버리는 것, 그리고 그리스도인이라는 용어 대신 **예수의 추종자**라는 말을 사용하는 것은 그저 의미론적인 문제일 뿐인가, 아니면 유용한 구분인가? 그 이유는 무엇인가?
5. '노스탤지어의 향수병'은 무엇을 의미하는가? 당신에게는 이러한 갈망의 순간이 어떻게 찾아왔는가?
6. 인생의 여정 가운데 있는 예수의 추종자들이 **방랑자**가 아니라 여행자인 이유는 무엇인가?
7. 인생이 끝나지 않은 여행임을 망각하는 것의 위험은 무엇인가? 당신은 당신의 여정을 지금까지 어떻게 걸어왔는가?

성경 읽기 요한복음 14:1-6을 읽으라. 제자들을 위로하시는 예수님의 말씀은 인생의 여정이라는 개념과 어떤 관련이 있는가? 당신은 최종 도착지인 천국의 모습을 어떻게 상상하고 있는지 설명해 보라.

17장 시대의 징표

1. 시간과 역사에 대한 성경의 견해가 다른 종교 및 세계관의 견해와 다른 점은 무엇인가?
2. 우리가 몸담은 시대를 분별하는 것은 우리 시대에 지혜롭게 잘 행동하

는 데 왜 그토록 중요한가?
3. 예수님 당시의 열심당원들은 그분을 '알지' 못했고 그분의 가장 가까운 친구인 야고보와 요한조차 처음에는 그분을 '알지' 못했다. 그 이유는 무엇이었는가?
4. 오늘날 시대의 징표를 읽는 우리 능력이 '거울을 통해 흐릿하게' 보는 수준이라는 것은 어떤 의미인가?
5. 당신의 소명과 열망은 하나님의 마음에 맞는 사람(행 13:22)인 다윗왕과 같이 되는 것인가? 만약 그렇다면, 어떻게 그 열망이 당신의 삶에서 더 깊은 열정이 될 수 있겠는가?
6. 당신은 이 세대를 향한 하나님의 목적과 그 속에서 당신의 역할에 대해 무엇을 알고 있다고 말하겠는가? 이 영역에 대해 더 많이 알기 위해 당신은 어떤 노력을 할 수 있겠는가?
7. 하나님의 부르심을 분별하는 우리의 여정에서 겸손은 어떤 역할을 해야 하겠는가?

성경 읽기 전도서 3:1-15을 읽으라. 당신의 삶에서 "하나님이 모든 것을…때를 따라 아름답게" 만드신 예를 생각할 수 있겠는가? 이 본문은 하나님의 주권에 대해서 무엇을 말하는가?

18장 고상한 마음이 짓는 탁월한 죄악

1. 조슬린 사제장은 합리적인 이유를 묵살하고 첨탑 준공을 밀어붙이면서 자신의 정당성을 어떻게 입증하는가? 이 사람과 그의 논리에 대해 당신은 어떻게 생각하는가?
2. 선택받음과 자만은 어떻게 구분될 수 있는가? 소명이 자만의 함정으로 미끄러질 때 초점은 어떻게 바뀌는가?

3. 당신의 삶에서 당신이 가진 능력과 목적의식에 대해 자기도 모르는 사이에 자만심에 빠졌던 때를 생각해 볼 수 있겠는가? 결과는 어떠했는가?
4. 소명의 자만심이 개개인에서 집단으로 옮겨갈 때 어떤 일이 벌어지는가? 집단, 특히 국가의 경우에 이것은 왜 위험하겠는가?
5. 저자는 왜곡된 소명이 오늘날 대형 교회들 사이에서 최대 문제점으로 판명될 수 있다고 말한다. 이런 주장에 대해 당신은 어떻게 생각하는가? 그 이유는 무엇인가?
6. 교만이 전통적으로 가장 나쁜 죄로 인식되어 온 이유는 무엇인가? 당신 자신의 삶과 관계에서 교만이 미친 영향력을 생각해 보라.
7. 당신에게 있는 은사나 당신이 이룬 업적으로 인해 자만의 유혹에 빠진 경험이 있는가? 교만으로부터 자신을 지키려면 어떻게 해야 하겠는가?

성경 읽기 사무엘상 9:15-21; 13:1-14을 읽으라. 하나님이 사울을 왕으로 부르셨을 때 사울은 처음에 어떻게 반응하였는가? 그가 왕위에 오른 지 2년이 지나, 사무엘 없이 번제를 드린 사건이 하나님의 진노를 산 이유는 무엇인가? 그는 자신의 행동을 사무엘에게 어떻게 변명하는가? 사울 대신 왕의 자리에 앉을 인물에게는 어떤 특성이 요구되는가?

19장 네게 무슨 상관이냐?

1. 재능이 부담스러운 짐이 될 수 있는 이유는 무엇인가? 우리는 어떻게 이 짐을 덜 수 있는가?
2. 모차르트의 생애에 관한 셰이퍼의 희곡에서, 모차르트의 재능 중 어떤 측면이 살리에리를 특별히 괴롭혔는가? 그는 왜 하나님에게 분노하며 대들고 있는가?
3. 자신의 위대한 재능과 하나님에 대한 의무감을 가지고도, 모차르트가

절망에 빠진 이유는 무엇이라고 생각하는가?
4. 당신은 사회의 어떤 영역이 '실패의 복수'로 왜곡되었다고 보는가? 질투는 어떤 이유에서 민주주의를 타락시키는 능력을 갖고 있는가?
5. 죄를 이해하는 전통적인 입장에서 질투가 교만에 버금가는 위치에 있는 이유는 무엇이라고 생각하는가?
6. 하나님의 부르심에 응답하는 사람들은 어떻게 질투 앞에 약하며 또 그 이유는 무엇인가?
7. 질투가 궁극적으로는 하나님에 대한 불경이며 분노인 이유는 무엇인가? 당신이 질투심을 느꼈던 경우를 생각해 보라. 그 경험은 하나님과의 관계에 어떤 영향을 미쳤는가?
8. 당신은 삶의 어떤 영역에서 다른 이들을 질투하려는 유혹을 느꼈는가? 질투에 대한 해독제는 무엇인가?

성경 읽기 갈라디아서 5:16-26을 읽으라. 질투에 동반되는 것으로는 무엇이 있는가? 질투와 같은 육체의 일을 행하는 자들에게는 어떤 일이 일어나는가? 예수님을 따르는 것의 열매는 무엇인가?

20장 더 많이, 더 많이, 더 빨리, 더 빨리

1. 소명의 부산물인 번영은 어떻게 소명을 부식시키게 되는가?
2. 왜 저자는 돈이 영적인 문제라고 단언하는가? 이것이 참인지 혹은 거짓인지를 보여 주는 표지로서 당신이 목격하거나 경험한 바가 있는가?
3. 현대 사회는 돈이 지배하는 사회가 되어 버렸다. 이것은 우리가 탐욕(혹은 욕심)에 대해 좀더 느슨한 시각을 가지고 있다는 사실과 어떻게 연관되는가?
4. 우리가 파는 것과 팔지 않는 것은 어떻게 우리의 사회적 가치를 보여

주는 지표가 되는가? 당신은 우리가 어느 지점에 서 있다고 생각하며 그 이유는 무엇인가?
5. 돈과 소유에 대해 당신은 어떤 태도를 가지고 있는가?
6. 사람들은 어떤 방식으로 사랑과 관계를 소유와 상품으로 대체하려 하는가? 당신 자신의 삶에서 당신은 어느 정도까지 그렇게 해 왔는가?
7. 소명은 맘몬의 능력을 어떻게 실제적으로 꺾을 수 있는가?

성경 읽기 마가복음 10:17-31을 읽으라. 예수님이 생략하신 계명들(출애굽기 20:1-17을 보라)은 어떤 의미가 있는가? "네게…한 가지 부족한 것"은 무엇인가? 예수님은 왜 이 청년에게 가진 모든 것을 팔라고 명령하시는가? 이것은 부에 관해 모든 사람에게 적용되는 명령으로 주신 것이라고 생각하는가? 부자는 하나님 나라에 어떻게 들어갈 수 있는가?

21장 나태함이란 이름의 질병
1. "달러는 나를 저주하나 봅니다"라고 허먼 멜빌은 그의 친구 너새니얼 호손에게 썼다. 멜빌의 말은, 그가 자기 인생의 성취에 대해 어떻게 느끼고 있음을 보여 주는가?
2. 당신은 당신의 인생과 일에 대해 그러한 지루함과 무력감을 느껴 본 적이 있는가? 그런 감정과 어떻게 싸웠는가?
3. '정오의 마귀'가 특히 나태함에 대한 적절한 묘사인 이유는 무엇인가?
4. 인생의 어떤 시기에 우리는 나태함이라는 죄의 유혹을 받기 쉬운가?
5. 하나님을 믿는 믿음의 상실은 어떻게 모든 것에 대한 믿음의 상실로 이어지는가? 당신의 삶에서 이것을 경험한 바가 있는가?
6. 현대의 나태함은 우리 문화에서 폭력과 만행이 발생하는 데 어떻게 기여하였는가?

7. 왜 하나님의 부르심에 응답하는 것은 나태함을 진압해 버릴 수 있는가? 일상의 맥락에서 볼 때, 이것은 어떤 모습으로 나타나겠는가?

성경 읽기 전도서 2:1-17을 읽으라. 솔로몬은 인생의 의미를 어디에서 찾는가? 그의 탐색에서 특별히 결여되어 있는 것은 무엇인가? 위대한 지혜, 부, 권력을 소유했던 솔로몬이 모든 것이 헛되고 무의미하다고 결론짓는 이유는 무엇이라고 생각하는가?

22장 창문이 있는 세계

1. 서구 철학과 과학은 어떻게 '죽음의 잠'과 '창문 없는 세계'를 만들어 내었는가?
2. 저자는 **세속화**를 어떻게 정의하는가?
3. 오늘날 세속화는 신자들과 교회에 어떤 영향을 끼쳤는가? 평범한 현실은 당신의 신앙 경험을 얼마나 형성하였는가? 예를 들어 보라.
4. 예수님의 부르심은 그분을 따르는 이들에게 어떻게 '창문이 있는 세계'를 열어 주는가? 당신의 현실에서 초자연적인 부분은 얼마나 되는가?
5. 예수님이 니고데모에게 하신 말씀 "사람이 거듭나지 아니하면 하나님의 나라를 볼 수 없느니라"는 무슨 의미인가?
6. 예수님이 실천하신 영적 훈련에서 우리는 어떤 교훈을 얻을 수 있는가?
7. 고독의 훈련이 예수님을 따르는 데 특별히 중요한 이유는 무엇인가? 소명을 지탱해 가는 데 필수적인 다른 훈련들은 무엇이 있는가?
8. 훈련은 우리 삶에서 영적 실재를 어떻게 강화시켜 주는가?

성경 읽기 열왕기하 6:8-23을 읽으라. 처음 사환이 본 '평범한 실재'와, 하나님이 그에게 열어 보이신 '초자연적 실재'를 비교해 보라. 무엇이 더 큰 실재이며 그 이유는 무엇인가? 아람 군대가 눈 먼 사건은 무엇을 의미하는가?

23장 신앙의 세 가지 함정

1. 아브라함 카이퍼는 어떻게 '교회 바깥으로' 내보내진 삶을 살았는가?
2. 저자의 설명에 따르면, 오늘날의 사회에서 사유화된 신앙에 있는 기만적인 요소는 무엇인가? 신앙의 사유화는 예수님의 부르심을 어떻게 거슬러 작동하는가?
3. 예수님을 따르는 자들은 그들의 공적 삶에서 그리스도의 주되심에 있는 총체성을 어떻게 실제적으로 나타낼 수 있는가?
4. 신앙이 정치화되는 예를 본 적이 있다면 말해 보자. 그것이 사회에 끼친 영향은 무엇인가? 당신은 이런 경향에 빠진 경험이 있는가?
5. 예수님을 따르는 자들은 교회를 정치화하지 않고도 어떻게 정치적으로 행동할 수 있을까?
6. 당신이 보기에 사회의 어떤 영역(예를 들면 비즈니스, 교육, 미디어 등)에서 특별히 '기둥'을 세우고자 하는 유혹을 받기 쉬운가? 그 이유는 무엇인가?
7. '소금'과 '빛'이 되는 것에 대해 당신이 직면하는 도전은 무엇인가?
8. 신앙의 사유화, 정치화, 기둥화에 대해서 소명은 어떻게 도전하는가?

성경 읽기 마태복음 5:13-16을 읽으라. 소금과 빛이라는 물질은 어떤 성질을 갖고 있는가? 이러한 성질은 어떤 환경에서 활성화되는가? 이것이 우리가 되어야 할 존재에 대해 의미하는 바는 무엇인가?

24장 일편단심으로 사는 인생

1. 성격적인 결함에도 불구하고, 마젤란은 어떻게 그의 시대에 위대한 발견을 이루어 낼 수 있었는가? 그 과정에서 가장 큰 장애물은 무엇이었으리라 생각하는가? 그 이유는 무엇인가?
2. 인생에서 선택안이 급속하게 증가한 것은 당신에게 어떤 영향을 주었는

가? 좋은 영향인가, 나쁜 영향인가?
3. 그리스도의 부르심에 응답하는 것은 우리 문화에서 선택이라는 우상을 어떻게 폭로하는가?
4. 현대적 삶의 끊임없는 이동에 직면한 당신은 어디에서 의미와 연속성을 이끌어 내는가? 여기에서 소명은 어떤 도움이 되는가?
5. 현대 세계에서 광신적이지 않으면서도 초점 있는 삶을 사는 데 소명이 핵심적인 이유는 무엇인가?
6. 당신의 목표를 성취하는 일에 당신은 얼마나 성공하였는가? 당신을 방해하고 압도하는 것은 무엇인가?

성경 읽기 빌립보서 3:3-14을 읽으라. 바울이 바라보고 있는 목표는 무엇인가? 그는 왜 이전에 이룬 성취들이 쓸데없다고 말하는가? 바울이 그리스도를 믿는 신앙을 설명하는 것에서 당신은 무엇을 깨닫는가?

25장 한낮에 꿈꾸는 사람

1. "한낮에 꿈꾸는 사람은 위험한 인물이다. 왜냐하면 그들은 두 눈을 크게 뜬 채 그 꿈이 이루어지도록 실제로 행동할 것이기 때문이다"라는 T. E. 로렌스의 말에 대해 어떻게 생각하는가?
2. 공상가와 '한낮에 꿈꾸는 사람'은 어떻게 다른가? 한낮에 꿈꾸는 사람이 위험한 이유는 무엇인가?
3. 어떻게 해서 부르심은 비전이 지속적으로 살아 있게 하는 추진력이 되는가?
4. 특별히 진보주의가 오늘날 비전 있는 믿음을 지닌 이들을 유혹하는 이유는 무엇인가? 그 위험은 무엇인가?
5. 저자는 소명의 몇 가지 '유사품'에 대해 말한다. 그중 가장 자주 볼 수

있는 것은 무엇이라고 생각하는가? 어떤 사람이 이런 기만에 넘어가기 쉬운가? 당신에게 가장 매혹적으로 보이는 유사품은 무엇인가? 그 이유는 무엇인가?
6. 마지막 문단의 첫 문장을 다시 읽어 보자. "각 사람은 누구나 자기가 붙잡을 수 있는 것 이상으로 뻗어 나가도록 만들어졌다." 자신의 소명에 대한 오스왈드 챔버스의 고백에서 당신은 무엇을 느끼는가?
7. 당신이 되찾아야 할지도 모르는 젊은 시절의 비전은 무엇인가?

성경 읽기 느헤미야 1:1-4; 2:1-20을 읽으라. 느헤미야는 어떤 면에서 한낮에 꿈꾸는 자라고 할 수 있는가?

26장 평범한 것에서 광채를

1. 근대성은 어떻게 우리로 하여금 '평범한 것의 광채'로부터 멀어지게 만들었는가?
2. 당신은 일상적인 일에 대해 어떤 태도를 가지고 있는가? 그러한 태도는 그 일을 수행하는 데 어떤 영향을 미치는가?
3. 저자는 현대인으로서 우리가 어떤 일을 할 때 내재적 가치를 위해서라기보다는 '도구적 이유'로 하는 경향이 있다고 말한다. 당신 자신도 이런 경향이 있지는 않은가? 이렇게 비천한 일을 무시하는 것은 왜 궁극적으로 한계가 있고 부족한가? 도구적 이유만으로 일을 하는 것의 핵심에는 무엇이 있는가?
4. 유일한 청중만을 의식하는 것은 가장 비천한 일들을 어떻게 변화시키는가?
5. 평균적인, 평범한, 아마추어적인 것에 관해 소명은 어떻게 말하는가?
6. 당신이 아무 대가를 기대하지 않고 순전히 즐거움을 위해서 하는 일은

무엇인가?

7. "단조로운 일이야말로 성품을 평가하는 시금석"인 이유는 무엇인가?

성경 읽기 요한복음 13:1-17을 읽으라. 제자들의 발이 더러운 이유는 무엇인가? 베드로가 처음에 예수님에게 발을 씻기실 수 없다고 거절한 것 뒤에는 어떠한 태도가 깔려 있는가? 예수님이 "종이 주인보다 크지 못하다"고 하신 의미는 무엇인가?

27장 네게 있는 것 중에 받지 아니한 것이 무엇이냐?

1. 어떤 인물이나 대상에 대해 깊은 감사가 솟아나는 경험을 한 적 있는가? 당신의 감사를 어떻게 표현했는가? 삶에서 당신이 당연하게 여기는 경향이 있는 것들은 무엇이며 그 이유는 무엇인가?
2. 감사하는 의식이 있다는 것은 우리가 하나님께 빚진 존재임을 어떻게 증거해 주는가?
3. 현대 세계가 하나님을 거부함으로써 감사가 손상된 이유는 무엇인가? 이것은 사회에서 어떤 양상으로 나타났는가?
4. 당신이 소유한 것에 대해 당신은 어떤 역할을 했는가? 이러한 소유에 대해 당신은 어떻게 반응하는가?
5. 또한 소명은 우리 삶에 베풀어진 하나님의 은혜를 어떻게 증거하는가?
6. 감사하는 의식은 왜 다른 사람을 향한 은혜를 낳는가?
7. 당신은 하나님께 감사를 표현하고 있는가? 그리고 어떻게 표현할 수 있겠는가?

성경 읽기 누가복음 7:36-50을 읽으라. 당신은 여인의 선물을 어떻게 설명하겠는가? 왜 예수님은 빚진 자의 비유를 말씀하시는가? 시몬이 손님들을 대하는 방식에서 무엇을 알 수 있는가? 여인이 예수님에게 그와 같은 낭비를 한 이유는 무엇이라고 생각하는가? 이 이야기는 우리가 십자가에 대해 어떻게 응답해야 한다고 말해 주는가?

제28장 그리스도를 위한 바보

1. 프란치스코의 삶을 변화시키고 그의 소명을 형성한, 갑작스럽고 그답지 않은 행동은 무엇이었는가?
2. '그리스도를 위한 바보'가 되는 것의 핵심에는 무엇이 있는가?
3. "그리스도께서 한 사람을 부르실 때 그분은 그 사람에게 와서 죽으라고 말씀하시는 것이다"라는 디트리히 본회퍼의 말은 무엇을 의미하는가? 그가 말하는 죽음이란 어떤 것인가?
4. 거룩한 어리석음이 예수님의 부르심에서 피할 수 없는 핵심인 것은 왜 그런가?
5. 교회에 다니지 않는 사람들과도 적당히 어울리는 사람이 되고자 하는 욕심 같은 오늘날의 몇몇 풍조들이, 세상 문화에 대한 항복일 수 있다는 저자의 의견을 어떻게 생각하는가?
6. 바보처럼 보이는 자로서 우리는 손해 그리고/또는 모욕에 대해 어떻게 반응하는가? 이것이 그렇게 극단적인 이유는 무엇인가?
7. 그리스도를 위한 바보가 된다는 것은 당신에게 어떤 의미인가?

성경 읽기 고린도전서 1:18-25을 읽으라. 십자가의 메시지는 세상의 지혜를 어떻게 전복시키는가?

29장 때가 왔도다

1. 당신의 목표를 성취하는 데 타이밍과 관련하여 어떤 경험을 하였는가? 당신에게도 '루비콘 강을 건너는' 순간이 있었는가? 설명해 보자.
2. '시대정신', '하나님의 옷깃이 스치는 소리', '우연, 행운, 운, 운명, 숙명,

섭리.' 디즈레일리, 비스마르크, 처칠은 적시성의 본질을 설명하면서 왜 이러한 이미지들을 사용했는가?
3. 예수님을 이해하고자 할 때, 그분의 소명 의식이라는 맥락 안에서 그분의 주장을 검토하는 것이 중요한 이유는 무엇인가?
4. 하나님으로부터 온 예수님의 소명에서 매우 급진적이고 초월적인 점은 무엇이었는가?
5. 예수님은 자신의 삶과 가르침에서 타이밍 감각을 어떻게 나타내셨는가?
6. 특정한 시점에 결정적이고 순종적으로 행동하기로 선택한다는 타이밍의 개념과 그에 관한 예수님의 기대에 대해 당신은 어떻게 이해하고 있는가? 이것은 당신의 소명을 삶으로 실천하고 추구하는 것과 관련하여 어떤 의미가 있는가?
7. 저자는 그리스도를 따르는 자들이 우리 시대를 읽어 내는 것을 도와줄 소명의 네 가지 측면을 말한다. 당신에게 특별히 도움이 되고 도전이 되는 것은 무엇인가? 그 이유는 무엇인가?

성경 읽기 마태복음 25:1-13을 읽으라. 타이밍 감각은 이 비유에서 어떻게 나타나고 있는가? 어리석은 신부들에 대한 신랑의 반응은 우리에게 적시성에 관해 무엇을 말해 주는가? 우리는 인자가 오실 시간을 어떻게 인지하고 있어야 하는가?

30장 최후의 부르심
1. 자신의 생애 마지막 시간을 보내는 몰트케의 마음 상태를 당신은 어떻게 설명하겠는가? 그는 '내 앞에 놓인 거친 길'을 어떻게 직면할 수 있었는가?
2. 이미 도달한 것처럼 사는 것이 성장과 목적 있는 삶에 방해가 되는 이유는 무엇인가?

3. 당신의 주변에서 자신의 경력을 넘어 목적 있는 삶을 산 사람들에게는 어떤 특징이 있는가?

4. '은퇴'의 심리는 우리 사회에 어떤 영향을 끼치는가?

5. **부름받은** 삶과 **쫓기는** 삶은 어떤 차이가 있는가?

6. 소명은 어떤 방식으로 지금의 삶을 초월하는가? 이것이 지금 여기서 당신에게 의미하는 바는 무엇인가?

7. 『천로역정』에서 믿음의 용사가 그랬던 것처럼, 당신이 최후의 부르심에 응답할 수 있기 위해서는 어떠한 삶을 살아야 하겠는가?

성경 읽기 요한복음 17:1-5을 읽으라. 예수님의 타이밍 감각은 그분의 기도에 어떻게 특징적으로 나타나 있는가? 자신이 어떤 존재인지에 대한 인식과 소명 의식은 어떻게 나타나 있는가? 그분은 무엇을 근거로 하나님께 자신을 영화롭게 하시기를 간구하는가?

옮긴이 **홍병룡**은 연세대학교 정치외교학과와 동대학원을 졸업하고 IVP 대표간사로 일했다. 캐나다 리젠트 칼리지와 기독교학문연구소(ICS)에서 수학했으며, 현재 프리랜서로 기획 및 번역 일을 하고 있다. 옮긴 책으로는 『그리스도와 문화』 『여성, 그대의 사명은』 『레슬리 뉴비긴의 요한복음 강해』 『일상, 하나님의 신비』 『일터 신학』(이상 IVP), 『일과 창조의 영성』 『G. K. 체스터턴의 정통』 『종교적 중립성의 신화』 『세계관 이야기』(이상 아바서원) 등이 있다.

소명(확대 개정판)

초판 발행 2000년 9월 18일 | 개정판 발행 2006년 6월 13일
확대 개정판 발행 2019년 4월 26일 | 확대 개정 7쇄 2025년 4월 25일

지은이 오스 기니스
옮긴이 홍병룡
펴낸이 정모세

편집 이성민 이혜영 심혜인 설요한 박예찬
디자인 한현아 서린나 | 마케팅 오인표 | 영업·제작 정성운 이은주 조수영
경영지원 이혜선 이은희 | 물류 박세율 정용탁 김대훈

펴낸곳 한국기독학생회출판부 | 등록번호 제2001-000198호(1978.6.1)
주소 04031 서울시 마포구 동교로 156-10
대표 전화 (02) 337-2257 | 팩스 (02) 337-2258
영업 전화 (02) 338-2282 | 팩스 080-915-1515
홈페이지 http://www.ivp.co.kr | 이메일 ivp@ivp.co.kr
ISBN 978-89-328-1707-1

ⓒ 한국기독학생회출판부 2019

책값은 뒤표지에 있습니다.
무단 전재와 복제를 금합니다.